武术谚语辞典

郭玉成　主编

人民体育出版社

图书在版编目（CIP）数据

武术谚语辞典 / 郭玉成主编. -- 北京 : 人民体育出版社, 2020（2022.3重印）

ISBN 978-7-5009-5744-7

Ⅰ. ①武… Ⅱ. ①郭… Ⅲ. ①武术－谚语－中国－词典 Ⅳ. ①G852-61

中国版本图书馆CIP数据核字(2020)第021065号

*

人民体育出版社出版发行

北京建宏印刷有限公司印刷

新 华 书 店 经 销

*

787×1092　16开本　30印张　545千字

2020年6月第1版　2022年3月第2次印刷

印数：2,001—3,000册

*

ISBN 978-7-5009-5744-7

定价：110.00元

社址：北京市东城区体育馆路8号（天坛公园东门）

电话：67151482（发行部）　邮编：100061

传真：67151483　邮购：67118491

网址：www.sportspublish.cn

（购买本社图书，如遇有缺损页可与邮购部联系）

编纂工作人员

主　编： 郭玉成

副主编： 李守培

编　委： 刘韬光　张　勇　赵景磊　朱永飞
滕希望　刘帅兵　王文粉

参与部分编写工作： 孙传晨　雷季明　宋永博
范铜钢　崔　晨　李文博

参与部分资料工作： 吴宣廷　薛更新　冯孟辉
方　敏　阚一工　宋呈祥
寻红星　张震宇　刘庆庆
李　涛

前　言

武术谚语即民间流传的武术固定语句，是用简单通俗的语言反映武术的深刻道理，其实质是传统武术理论。这部《武术谚语辞典》就是传统武术理论的译注，经意释、注释、说明，使谚语句意更为清晰、明了，可作为武术教育者、研究者、习练者及传播者使用的工具书，也可作为国外武术爱好者学习中文的参考书。

本书按照辞典的标准行文，释义力求文字简洁、准确、易懂，引文按照学术论文标准核实，便于研究者引用和习练者使用。本书启动于2008年，完稿于2019年，查阅资料涉及体育文史书、武术文史书、武术谚语书、高校武术教材、武术科普书、武术科普杂志、武术硕士博士论文、武术学术论文等，共计收录武术谚语872条（类）。

本书按照武术修身、技法、防身、健身、教学、训练、其他等进行谚语分类。其中，武术修身谚语包括武德总体、师德要求、择徒要求、习武之德、用武之德谚语；武术技法谚语包括技法总体、徒手总体、心法、气法、劲法、肘法、眼法、身法、步法、腿法、腰法、跌扑滚翻法、桩法、徒手攻防、打法、踢法、拿法、靠法、摔法、器械总体、剑法、棍法、枪法、器械其他、器械攻防谚语；武术教学谚语包括教学总体、待人、勤奋谚语；其他武术谚语包括太极拳、形意拳、八卦掌、大成拳、其他拳种、理论谚语。

本书对武术谚语的解释采用意释、注释、说明的三层次释义法。“意释”部分简要解释该武术谚语的本义；“注释”部分进行字词解释与史书解义；“说明”部分结合武术实际进行详解、论证，以使句意更明。

本书编纂时间较长，历时12年。我的许多届研究生参加了资料搜集工作，也经历了许多届研究生的入学和毕业。在此过程中，人民体育出版社的朱晓峰同志为本书出版提供了有力支持和保障。

武术技理博大精深，定存仁者见仁、智者见智之实。本书关于武术谚语句意解释代表一家之言，不当之处敬请武术行家和广大读者指正。

郭玉成

2020年3月9日

目 录

第一编 武术修身谚语

第二编 武术技法谚语

劲法

腿法 ……………………………………………………………………… (104)

第三编　武术防身谚语

第四编　武术健身谚语

第五编 武术教学谚语

第六编　武术训练谚语

第七编 其他武术谚语

第一编

武术修身谚语

武德总体

1. 尚武崇德

【意释】

崇尚勇武，推崇道德。

【注释】

（1）尚武：崇尚勇武。《三国志·陆绩传》："孙策在吴……绩年少末坐，遥大声言曰：'……孔子曰："远人不服，则修文德以来之。"今论者不务道德怀取之术，而惟尚武，绩虽童蒙，窃所未安也。'"

（2）崇德：推崇道德。《尚书·武成》："惇信明义，崇德报功。"

【说明】

此谚语强调习武者应崇尚勇武，推崇道德。"尚武"即崇尚勇武，通过武术强健体魄，习练技击攻防，以求武勇有力，格斗有术，培育自强不息的优良品质。"崇德"即推崇职业道德，遵守社会公德，承担社会责任，履行社会义务。"崇德"的文化精神已渗入整个社会生活的各个方面，武术亦然。为武之道，以德为本。武德是尚武与崇德的有机统一。在武术界，武德备受重视，强调以武修德，德技相长，从而达到尚武崇德。

2. 武以德立，德为艺先

【意释】

武德是习武者立足的根本，道德重于技艺。

【说明】

同类谚语有"拳以德立，无德无拳。""无拳无勇，无德无拳"。

在以伦理为本位的中国传统社会，“德为艺先”是中国传统技艺领域自古墨守的金科玉律，习武之人也不例外。从古至今，各拳种流派均十分注重道德修养，提升个人道德品质。谚语中，“德”即指武德，含顾识大体、艺高而不骄横、制人而不致伤等内容。学习武术是为了强身自卫、保家卫国，而不是去为非作歹。在武术修习过程中，应将德行与技艺紧密结合，德艺双修，德融于艺。

习武是一个内外兼修的过程，讲究德艺双馨。习武不仅是追求强健的体魄和自强不息的尚武精神，更要培育宽厚谦让、诚实守信的道德品质。因此，习武者必须加强武德修养，树立助人为乐、见义勇为的优良风尚，切不可恃武凌弱、打架斗殴、肆意闹事，违反社会公德。没有道德约束的习武者，也不会得到社会的认可。

3. 文以评心，武以观德

【意释】

通过文章内容可看出撰文者的心性，通过武术运用可看出习武者的德行。

【注释】

（1）评：①议论是非。如评理；评比；社评；诗评。②评判。如评选；评卷。引申为估量、评定。

（2）观：仔细看、观察。《论语·公冶长》：“今吾于人也，听其言而观其行。”

【说明】

此谚语意指文章内容是作者内心世界的表达，用武是施武者道德精神的展示。因此，读者通过阅读文章所表达的内容，可以看出作者的心性与涵养。同样，通过习武者的用武行为、方式及目的，可以反映其道德与品行。习武者用武应是匡扶正义、见义勇为之举，从中显现出武德修为，正所谓武以德显。中国文化的道德本位与历史发展紧密联系在一起，这种“泛道德”现象在中国传统技艺中普遍存在，体现了中华民族对于道德的重视和推崇。

4. 文以德馨，武以德显

【意释】

文人以道德流芳，武者因武德显扬。

【注释】

（1）馨：远处就可闻到的香气。《尚书·君陈》：“黍稷非馨，明德惟馨。”也是用来比喻流传给后人的美好声誉。

（2）显：显扬。《史记·孙膑列传》：“孙膑以此名显天下。”

【说明】

同类谚语有：“文贵文风，武重武德。”

此谚语凸显了道德对于文人和武者的重要性。在武术界，自古不乏武艺精湛者，但若品行不端，则难以得到推崇。因此，武术名家通常不仅武技精妙，而且品德高尚，且往往使其名声显扬的多表现在武德修为层面。可见，武术之贵在德不在术，习武者应始终以道德为本。

5. 不讲武德，便是武贼

【意释】

习武者武德低下，便是武术界的败类。

【说明】

武术界讲求“以德服人，而非以力服人”。一般而言，武德分为口德和手德。所谓口德，即不妄议他人之短，更不可对他人肆意诋毁，待人接物谦逊有礼，不骄傲自满。所谓手德，即习武一为强身，二为防身，不可恃强凌弱、以武欺人，即便与同道切磋交流，也不可有打伤人的想法，更不能乘人不备出冷手。因为武术界看重武德修养，才会有“不讲武德，便是武贼”之说。

6. 人讲信义，拳见正义

【意释】

注重诚信守义的习武者，拳术运用才能体现出正义。

【注释】

（1）信：诚实；不欺。《国语·周语》：“礼所以观忠、信、仁、义也……信所以守也。”《论语·学而》：“与朋友交而不信乎？”孔子把“信”作为“仁”的重要表现之一，要求“敬事而信”“谨而信”（《论语·学而》）。孟子认为“可欲之谓善，有诸己之谓信（《孟子·尽心下》）”，自身确实具有善德称为“信”。此后，“信”成为儒家着重提倡的道德规范之一。

（2）正义：①公正的道理。如伸张正义。《史记·游侠列传》：“今游侠，其行虽不轨于正义，然其言必信，其行必果。”②公正的；公道正直。如正义的战争。

【说明】

此谚语强调习武者的信义与拳之正义之间的联系。讲信义的人具有诚实笃信的心境，在练拳过程中，这种心境会自然影响到武术技术的修习与表现。武术家均崇尚信义，比武要光明正大，练拳也应体现出正大光明的气象。

7. 心正则拳正，心邪则拳邪

【意释】

内心正直则行拳正气凛然，内心邪恶则行拳偏邪不端。

【注释】

（1）正：①正中；平正、不偏斜。②使端正。③正直；正当。

（2）邪：不正当、不正派。

【说明】

同类谚语有："心正则拳正，心偏则拳偏。""心偏，拳不正。"

此谚语指出，习武者的道德修养可以影响到所练拳术的"正"与"邪"。拳法本无正邪之分，但却因人而异。由于人道德修养和性格气质的不同，其行拳风格也会大相径庭。心实之人，其拳实在；机敏之人，其拳活泼；坚毅之人，其拳刚劲；心宽之人，其拳舒展；性急之人，其拳脆快；性慢之人，其拳扎实；好勇斗狠之人，其拳风风火火；心术不正之人，其拳投机取巧；道德败坏之人，其拳多猥琐之态。前述虽非必然，但行拳风格确能在一定程度上反映出人的性格。

8. 武德比山重，名利草芥轻

【意释】

视武德重于山，视名利轻如草。

【注释】

草芥：比喻轻微而没有价值。

【说明】

此谚语将"武德"和"名利"喻为"山"和"草"，突出体现了武德的重要性，也认为习武者应重大义而轻名利。在历史上，关于武术家重义轻利的佳话有很多。许多武术家在列强环伺、民族危亡的民国时期，常以其技大显身手，教训欺辱中国民众的外国武士，为民族争光。

9. 武人相敬莫相倾

【意释】

习武之人应相互尊敬，而非排斥、倾轧。

【注释】

（1）相：①相互，交互。如相同，相反；相见以诚；相辅而行。②表示一方对另一方有所动作之词。如相信；相烦；相劝。

（2）倾：倾轧，打压排挤。《旧唐书·李宗闵传》："比相嫌恶，因是列为朋党，皆挟邪取权，两相倾轧。"

【说明】

此谚语指明了习武者之间所应提倡的相处之道。所谓"文无第 ，武无第二"，在门派林立、拳种繁多的武术界，自古以来便存在各门各派间的纷争，欲通过比武来树立个人威望或门派地位。对此，该谚语可以从三方面进行理解。首先，习武者虽门派相异、拳种有别，但都应谦虚友善、相互尊重，在切磋中取长补短，增进对武术理论和技法的理解。正所谓"各美其美，美人之美，美美与共，天下大同"。其次，习武者不应目中无人，一味排斥、诋毁其他门派或拳种，如此，自身也难以有所成就。最后，该谚语深蕴着一种积极意识，以一种充满期盼的规劝语气，表达了对习武者实现互敬互助和谐氛围的殷切之情。事实上，习武者之间的互敬互助，正是武术行业中的道德体现。

10. 爱徒如爱子，尊师如尊父

【意释】

像疼爱子女一样疼爱徒弟，像尊重父亲一样尊重师父。

【说明】

此谚语表明了武术师徒间的相处之道。自古以来，武术界非常重视师承关系。该谚语重在阐明师徒之间这种"师徒如父子""一日为师，终身为父""名虽师徒，义为父子"的类血缘伦理关系，体现了中华民族的优良美德。更深层面看，武术之所以能在广大民间传承、传播，与师徒制的维系有重要关系。

11. 尊师要像长流水，爱徒要像鸟哺雏

【意释】

尊重师父要像流水一样长且久远，爱护徒弟要像鸟儿饲养雏鸟一样细致

呵护。

【注释】

（1）哺：鸟以食物饲幼鸟。

（2）雏：①泛指幼小的动物。《礼记·内则》："不食雏鳖。"亦指幼儿。②幼小的、尚未成熟的。

【说明】

同类谚语有："师爱徒，要尽心尽力，无微不至；徒尊师，要诚心诚意，长年不断。"

此谚语说明了在传统社会中师徒之间的一种相处之道。在武术师徒制中，师父在培养徒弟的过程中，一招一式的技术传授、为人处世的谆谆教导，均凝结着良苦用心，故徒弟尊重师父应诚心诚意、持之以恒。同样，徒弟在如"父"般尊重师父时，师父对徒弟的关怀亦应无微不至。由此可见，武术中师徒关系是一种身份关系，即一种伦理关系。徒弟尊师如"父"，师父亦应爱徒如"子"。师父对徒弟的关怀不仅体现在武术技术的传授中，还体现在为人处世引导上，体现在徒弟成长过程中的各方面，而徒弟对师父尊敬也体现在礼节、称谓、做事等全方位。

12. 理字不多重，万人担不动。武夫不讲理，艺高难服众

【意释】

理尚公正，不因人数多寡而有偏颇。习武者不讲道理，技艺再高也难以服众。

【说明】

所谓"有理走遍天下，无理寸步难行"，自古尚"礼"的中华民族素来也尚"理"，因为"礼"与"理"之间本来就有着千丝万缕的联系，甚至可以说，"有理就是有礼，有礼也就有理"。该谚语以"万人担不动"凸显了"理"的重要性。习武者如果不懂"理"，也就失了"礼"，只是一介武夫。"武夫"二字含有蔑视的意味，体现了人们对于不讲道理的习武者的不屑。这种不屑的态度，

产生了“武夫不讲理，艺高难服众”的共识。

师德要求

13. 远行须问路，授拳先教德

【意释】

远行必须先问清道路，教拳必须先传授武德。

【说明】

此谚语说明在教拳过程中首先要传授武德。许多拳种流派的拳谱、门规均开章明义地阐明武德规范，提醒“教拳教德”，体现出对武德的高度重视。如本谚语所言，在授拳之初传授武德，就是要在学武之初给习武者树立正确的品德规范，这是找准习武方向的关键所在，正如“远行必须先问清道路”一样，否则会偏离目标。如果一味强调武术技能教学而忽视道德规范的养成，只会培养出“自以为是”“狂妄自大”的学生，这样的学生往往只会给老师带来麻烦，难以传承和振兴武术，更谈不上有所作为。正因为传统武术十分强调在初学阶段对习武者道德规范的培养，才能让武术在社会上得到认可和流传，否则“以武犯禁”的事屡屡发生，武术也就难以在追求法治、文明的社会里长期生存。

14. 教武要认真，不能把人误

【意释】

教授武术应认真，不能误人子弟。

【注释】

误：耽误，妨害。

【说明】

此谚语强调在教授武术时态度要认真。中国武术自古以来延续着口传、身传、心授的传承方式，在技术教学中老师的作用非常重要。老师只有态度认真，才能保证武术技术传授不失真、不走样，学生才能学到正确的动作、标准的技术；同时，学生学会技术之后，还要不断地练习，在这一过程中，老师要不断地指导学生纠正错误动作，直至学生的动作变得正确规范，如此，学生的技艺水平才能不断提高。

反之，老师在教拳过程中态度不认真，敷衍了事，不认真教动作，不给学生纠正错误动作，学生练习的效果就会大打折扣，甚至形成错误定型。正所谓“学拳容易改拳难”，错误动作一旦形成，便很难再改正过来，学生的技艺水平也很难提高，最后出现“误人子弟”的情况。

15. 传真不传假，教艺又教功

【意释】

教拳应教真功夫，既传授技法又训练功力。

【说明】

此谚语旨在阐明武术教学中要本着“求真”“求实”的态度全面传授武术技艺。传统武术作为习武者用以在社会上安身立命的技艺，在传承过程中容易滋生“保守”思想。尤其在古代，师父传徒弟时往往要留一手，以免徒弟全部学会而影响自己发展甚至生存。另外，中国武术本身技法繁多，真言与假话并存，在一定程度上影响了武术技术的广泛传播。尤其在当下，单纯通过神秘感无法让学习者领略武术的真正魅力，也难以在当代众多的武技项目中获得更多竞争力。

“练拳不练功，到老一场空”。武术教学既需要传授武术招式，还应注重功力训练，即拳谚中的“教功”。出于各种原因，不同拳种流派的功力训练方法不尽相同，如有的运用石担、石锁发展身体绝对力量和综合素质，有的则以木桩作为假想敌来进行速度和反应的练习，还有的用藤圈、皮条、木棒来做特殊功力训练。总之，相较于技法练习，功力训练更为重要，但也不能忽视技法学习，二者要相辅相成，因为对于单个技法的反复锤炼，本身就是一种增长功力的重要方式。

16. 浇花要浇根，教拳要教人

【意释】

浇花要浇其根部，教拳要教其做人。

【说明】

此谚语寓意为教拳应注重教学生做人的道理。日常生活经验告诉我们，要想植物得到充足的水分滋养，必须要将水浇到植物的根部，水沿着植物根部向下渗透，即所谓的“浇透水”。如果浇水只是浇到叶面或土壤表面，植物就会因缺少水分而影响其生长。同理，教授武术不能只是停留在武术动作教学的表层，还要从深层次上教学生做人做事的道理，只有这样，学生才能德艺兼备，成长为优秀的武术人才。

反之，如果教拳只注重技术，而不重视教授学生做人做事的道理，那么学生的武术技术水平越高，对社会造成的危害可能越大。因此，教授学生武术，既要教技术，更要教做人，把学生培养成德艺兼备的人才。

17. 教拳要严，授拳要慎

【意释】

教拳要严格，择徒要谨慎。

【说明】

此谚语阐明了老师择徒教徒的基本原则。“严师出高徒”既是中国传统教学理念的一种典型体现，也是在不断实践过程中总结出的真理。师严，方能使从学者的武术技术技法标准、规范，坚持习练可取得长足进展。“授拳要慎”主要指择徒要谨慎，重在考察学生的人品和素养，无德者、无礼者不可传其技。

18. 为武师，须教礼；德不贤，不可传

【意释】

作为武术老师，必须教授学生礼仪；德行不佳的人，不可传授。

【说明】

此谚语表明在武术传授中对师父和徒弟都有相应的要求。中国是“礼仪之邦”，在此环境下孕育而成的武术自古重视“礼”和“德”的培养，谚语“未曾学艺先识礼，未曾习武先明德”，即是对此最清晰的说明。同样，“为武师，须教礼；德不贤，不可传”，亦是在阐明“礼”和“德”在武术传承过程中的重要性及必要性。自古至今，道德修养始终是为师者择徒的重要标准之一，诸多流派对此皆有具体要求。

择徒要求

19. 徒访师三年，师访徒三年

【意释】

徒弟拜师需考察老师数年，老师收徒也需考察徒弟数年。

【注释】

（1）访：①访问；咨询。②调查；查处。

（2）三年：“三年”为概数，非确指。

【说明】

此谚语中“三年”应为概数，非确指，也即所谓“三年”实际上是“数年”的意思。这符合汉语用词习惯，如“三思而行”“三缄其口”中的“三”均是一种概指，表示多次或多数的意思，同时也内涵着一种谨慎的意味。

另外，之所以以“三年”为期限，是因为在古代学武一般要在三年以上。即第一年干杂活，负责武术习练场所的卫生、伙食等杂务，故有谚语“徒弟徒弟，三年奴隶”。在此期间也可熟悉武术礼仪、江湖规矩等。第二年主要练习武术基本功，基础扎实方能为日后学习奠定基础。到第三年才开始学习武术技术、技法。该谚语总体上表达了择师授徒需谨慎的意思。学生习武应注重考察老师的品行与功夫，择师而随；老师授技也应注意考察学生的道德品质，择人而教。

20. 万两黄金不卖艺，十字街头送志人

【意释】

教拳授艺应选有志之士，不受金钱影响。

【注释】

志：①志向；意志。如有志竟成。②立志。

【说明】

此谚语中“万两黄金”与“十字街头”皆是一种形象化的比喻，旨在凸显习武者理应具备一种“富贵不能淫、贫贱不能移”的气节与操守，即传拳授艺不可用金钱来衡量，如遇品行不端或习武动机不纯者，即便对方给予万两黄金也不能传授技艺。但若遇到真正致力于传承、发扬武术的有志之士，即便对方贫寒交迫，与自己萍水相逢，也应倾己所学，认真传授技艺。当代武术传承与发展更应坚守这一原则。

21. 宁可失传，决不误传

【意释】

武术传承宁愿失传，也决不能传给不合适的人。

【说明】

此谚语体现了师父对武术传承的严谨态度和维护社会安定的强烈责任感，意即宁可武术失传，也绝不传于歹人，防止其危害社会。传统武术选徒要求严格，往往是徒弟先学习一段时间，在人品、天赋、毅力等方面通过师父的考察后才能正式拜师，而且拜师要有推荐人对徒弟人品的担保。正因为怀着对武术的敬畏之心，为武术的长远发展考虑，才对传拳授技以及择徒模式要求如此严格。

22. 缺德者不可与之学，丧礼者不可教之技

【意释】
品德不佳的老师，不可向其学习武术；没有礼节的学生，不可教授其技艺。

【注释】
（1）缺德：缺乏好的品德。指人做坏事，损害人或搞恶作剧等。
（2）丧：失去。

【说明】
此谚语意在说明武德和礼仪在择师、选徒过程中的重要性。德，即人们共同生活及行为的准则和规范。若老师不能以好的道德、品行感染、教化从学者，则学生不应向其学习，以免“近墨者黑”，从而贻害自己。礼，即社会生活中依据道德观念和风俗习惯而形成的礼节。学生若不讲礼仪、礼节，蛮横无理，骄横放肆，则老师不应传授其技艺，以免学生学得技艺后害人害己。武术礼仪一般通过“抱拳礼”来体现。在“伦理本位”的传统社会，人们都非常看中习武者的道德和礼仪，甚至超过对武术技术的要求。

23. 德仁者不教失仁，不德之人传而失艺

【意释】
不教仁德之人，则失去了仁德；传给不道德之人，则失去了技艺。

【注释】
仁：古代儒家一种含义极广的道德范畴。《说文·人部》：“仁，亲也，从人，从二。”《礼记中庸》：“人者仁也，亲亲为大。”本指人与人相互亲爱。孔子指出，“‘仁’，以爱人为核心，包括恭、宽、信、敏、惠、智、勇、忠、恕、孝、悌等内容”。

【说明】
同类谚语有：“可传之人不传，失人；不可传之人而传，失拳。”

"德""仁"皆体现多方面的伦理道德价值，是对多种优秀品质的高度概括。对于具备仁德素质的学生，属于可传之人，若老师不教，便失去了一个仁德的学生，老师也在一定意义上失去了仁德。同样，若学生不具备仁德品质，老师却教给了他技艺，则是传给了不可传之人，对老师而言，不仅丧失了传承、发展技艺的机会，甚至会对技艺的发展产生负面影响，也即失去了技艺。

24. 拜良师方能学得好武艺，选贤徒始敢放心传功夫

【意释】

拜得良师才能学到好的武术技艺，选到贤徒才敢放心传授功夫。

【说明】

此谚语强调"良师""贤徒"在武术传承中的重要性。在武术领域，"良师"需文武兼备、德艺双馨，不仅在技术、技理等方面具有一定造诣，更需具备良好的道德品质，能引导、教化学生不断提升、完善自己，为学生树立榜样。"贤徒"，不仅要具备出众的才能、高超的悟性，还要具有高尚的道德修养。所以，拜良师不仅能学得好武艺，而且能学得优秀品质；择贤徒，才可放心传授其功夫，以免出现"不德之人传而失艺""不可传之人而传，失拳"的现象。

习武之德

25. 未曾学艺先学礼，未曾习武先明德

【意释】

没学习技艺之前先学习礼仪，没学习武术之前先明了武德。

【说明】

同类谚语有："欲学艺，先要学礼；欲习武，先要修德。""欲练武，先修德。""学拳宜以德行为先。"

此谚语强调习武者要将识礼、学礼与明德、修德置于习武的首位。中华民族

自古就有尚礼崇德的优良传统，正所谓“人无礼不立，事无礼不成，国无礼不宁”，这种优良传统在武术技艺中得以延续。该谚语中的“未曾学艺先学礼”，也蕴含着以礼修德的思想。道德乃做人之本，各拳种流派都将德行视为择徒的首要准则，如苌家拳《初学条目》中就曾提出“学拳以德行为先，方是正人君子”。明德、修德方能以道德规范约束自己，规范自己的思维模式和行为方式。因此，“未曾习武先明德”是中国武术伦理的一种典型特色。

26. 始练性，后练功

【意释】

先修心性，后练功夫。

【注释】

性：性情、脾气。如发性；使性。《红楼梦》第九回：“香怜本有些性急，便羞怒相激。”

【说明】

将“性”置于中国传统文化的大背景下，此处理解为“心性”更为适宜。战国时孟子有“尽心知性”的提法，后来佛教各宗更盛谈心性，如禅宗说“自心即是真性（佛性）”，明心见性，便顿悟成佛。宋儒如程颐、朱熹等批评佛教“认心为性”，以为“性”本身即“天理”，是客观的。“心”虽包涵着“性”，具有天赋观念（即理），但“心”“性”是有区别的。陆九渊从“心即理也”出发，认为“心”与“性”是一个东西，显然更接近禅宗。戴震认为：“人之血气心知，本乎阴阳五行者，性也。”“心”并无天赋的“理”，而只有思维能力，“理义在事而接于我之心知”，因此人能认识客观事物的理。他既反对“以性专属之神（即心）”，也反对“以性专属之理”。可见，“性”在中国传统文化中是一个核心概念，各家对其理解不尽相同，但结合武术，将其通俗地理解为“心性”似乎更为合适。此处所谓“心性”，主要是对心态、性情等人体内在相关范畴的统称。事实上，见拳知人，对于达到一定武学境界的习武者而言，其拳术表现基本上取决于其心性情态，也即一个人的心性如何，很大程度上决定了其武学修为的最终境界。所以，习武者强调“始练性，后练功”。另外，传统武术中的基本功训练，不仅是为学习更高层次的技艺打下坚实的基础，同时也是对初学者心性的磨练，基本功练扎实了，武术技艺自然就容易提高。

27. 十年练功，百年养性

【意释】

练功若需十年，养性则要百年。

【说明】

此谚语旨在阐明养性比武术技术学习更漫长。练就一身功夫，以“十年”形容，说明时间之久、过程之长。养性，以“百年”形容，强调道德品性的修养应是持之以恒的过程，与“十年树木，百年树人”同理。用“十年”与“百年”对比，凸显养性是一个更为重要且更漫长的过程。其实，练功的过程本身，也是一种养性的过程，二者相辅相成。

28. 练拳要勤，学拳要诚

【意释】

练拳要勤奋，学拳要心诚。

【说明】

该谚语指出习武之人要勤奋、心诚，唯其如此，才能在武学之道上有所成就。习武者应持之以恒、勤勉好学，这是因为“一日练一日功，一日不练十日空”。所以，“冬练三九，夏练三伏”的不懈坚持，是必不可少的。若“三天打渔，两天晒网”，则终无所成。另外，心诚是学得武术精髓并有所造诣的关键因素，一方面，心诚可打动老师以学到真功夫；另一方面，心诚也代表学生的端正态度，可不断加深对武术理论与技法的理解。

29. 良师倡武德，苦恒出高手

【意释】

好的老师倡导武德培养，刻苦坚持才能成就高手。

【说明】

此谚语旨在强调武德养成与长期刻苦训练在习武中的重要性。武德修养是在正式习武之前就要培养的必备素质，并且成为师父择徒的首要条件。与单纯注重技术传授的老师相比，良师教学都以武德为先，注重德技并进，并以身作则，赢得世人的认可与尊重。此外，“持之以恒”和“吃苦耐劳”，不仅是武德中的可贵品质，也是习武者提升武学水平的基本保障。如孙禄堂从学于郭云深时，常常是郭云深骑马奔驰，孙禄堂跟随其后，在奔跑中练功不辍，常日行百里，终成一代武学大家。

用武之德

30. 会拳莫打架

【意释】

会武术不可打架斗殴。

【说明】

此谚语强调习武者不能惹是生非。一方面，惹是生非者终究不会有好的结果；另一方面，技击是武术的重要功能之一，但习武并不是为了打架滋事，而是要修身养性、以武入道。由此，习武者不能随意出手伤人。许多习武伤人而终受惩治的案例充分说明了“会拳莫打架”的道理，它对习武者行为的约束价值，不仅是在保护普通群众，也是在保护习武者自身。

31. 宁输拳，不输人

【意释】

宁可输掉比试，不能输掉人格。

【说明】

培育健全的人格是习练武术的终极目的，对于技击方法的掌握只是培育人格的一种手段。若为了比武取胜而不择手段，即丢失了人格，如此则本末倒置。同时，两人切磋比试，要堂堂正正、遵守武德，只要充分发挥个人武术技艺水平，即便失败也会赢得他人的尊重。尤其当面对强敌之时，若仍能勇于出招，敢于比试，则体现出一种大无畏的武术精神，这种精神是武术人人格的重要组成部分。

32. 尚德为先，以守为重

【意释】

以崇尚道德为先，以重守慎攻为宜。

【说明】

同类谚语有："尚德不尚力，重守不重攻。"

中国作为一种伦理型社会，"尚德"是对做人最根本的要求。中华文明是农耕文明，其基本意识是固土自守、安土重迁，由此造就了中国人温和、谦逊、非侵略性的民族性格，也形成了中华民族防御型文化的特征。以"尚德"为指引，在武术技击攻防中必然突出"守"和"防"，致使中国武术形成为一种防御型武技，注重防守而不主动攻击。中国武术的"尚德为先，以守为重""尚德不尚力，重守不重攻"，是以中国文化的根本价值取向为根源，同时中国武术的这种特征也集中呈现了中国文化的价值取向。

33. 遇强不惧，见弱不欺

【意释】

遇到强者不畏惧，见到弱者不欺凌。

【说明】

"遇强不惧"一方面体现了中国传统文化数千年孕育而成的无畏刚健、自强不息的人格精神，另一方面也揭示了在日常武术训练与模拟实战中，唯有不惧、不屈服于外力，方能高效运用武术技法，从容应敌。同类谚语如"一胆、二力、三功夫"，将胆气放在首位，充分说明了具备无所畏惧的气概，才能在搏击中占据优势。"见弱不欺"则是对习武者的道德要求，即不可仰仗武力欺凌弱小。进一步引申，习武者还应该具备"侠气"，即敢于见义勇为，能够扶助弱小，关心国家安危，正所谓“侠之大者，为国为民”。整体来看，该谚语展现了一种从容稳健、不卑不亢的武术精神。

34. 宁可先挨打，决不先打人

【意释】

遇到冲突应尽量礼让，不可先出手伤人。

【说明】

此谚语需要辩证看待，一方面，习武者遇事应沉着冷静，克己和众，不能随意出手伤人，这是武德的重要内涵；另一方面，若所遇之人确是无知少德之徒，故意寻衅滋事、惹是生非、欺辱良善，则习武者理应急人之厄、匡扶正义、维护和谐，但打有轻重，须适度而为，这充分体现了中国传统武术的侠义精神。

35. 不会“打人”学打人，学会“打人”不打人

【意释】

不懂格斗要学习武术，但学会武术后却不会随意动武。

【说明】

此谚语描述了一种武术现象，也是对习武者的一种要求。习武之人学习武术多是为了学到“打人”的能力，但真正“学会、学精”武术的人，却不轻易“打人”。因为他们的武术水平已经非常高超，如果打人则伤害较大，需要承担法律责任和受到道德谴责，因此需要以技修德、以武修心，如此方能约束自己的行为。这一方面是为了防止滥用武力去伤害普通人，另一方面也是对个人自由的保护。只有这样，习武者才能与人和谐相处，更好地融入社会。

36. 有武功莫称霸，无人格失拳法

【意释】

会武术不可蛮横霸道，丢掉了人格，拳法也就无从谈起。

【说明】

此谚语揭示了修养武德才是习武之要的道理。首先，习武者以武争名、好名轻德，则必然会遭到社会唾弃，而轻利重德则必然积极地以道德礼仪约束和规范自己。其次，习武者理应保持谦和含蓄的人生态度，从文化的角度看，“有武功莫争霸”正是中国人中和性格的折射，也是中国文化中“和为贵”思想的反映。武德自古崇尚“威而不猛”“尚武而不失礼”，这与西方的“决斗”之风形成一种强烈反差。最后，“有武功莫争霸”也映射了道家所倡导的“不争之德”对中国人“和平性格”形成的重大影响，并成为习武者培养武德的一种主要信条。所以，纵然习武者武术水平高超，但若存有“称霸”的心理，不讲人格，便不会受到尊重与敬仰。

37. 艺高不压人，功硬不欺人

【意释】

技艺高不能压制别人，功夫强不能欺负他人。

【说明】

同类谚语有：“大武不兵，真武非斗。”

此谚语强调习武者要注重武德。其中，“压”与“欺”均是带有贬义色彩的动词，旨在揭示习武者切不可凭借“艺高”“功硬”而欺压他人，也阐明了武术界历来反对习武者倚仗武力好勇斗狠、恃强凌弱，而应提倡德义之勇，在习武时应注重将武术技艺与道德理性相结合。“艺高不压人”“功硬不欺人”皆强调习武者要注重道德修养，实现“德”与“艺”的统一。

38. 疆场搏敌莫留情，切磋拆拳手宜轻

【意释】

战场搏杀不可手下留情，切磋拆招出手要轻。

【说明】

此谚语说明了在不同场合及时代背景下的武术运用原则。技击是武术的突出

功用，在战争年代，武术是一种搏杀的技艺，尤其国难当头之时，理应以武技保卫国家。因为爱国爱民就是为武之道，习武之人要把国家、民族的利益放在首位，使尚武与尚德紧密结合。如抗倭英雄戚继光就是一位文武兼备、有勇有谋的民族将领，他为了抵抗倭寇的侵略，率领精兵劲卒力战疆场，保家卫国，抵抗侵略，是武德的最高体现。但是，当习武者与他人切磋武艺、谈拳论技之时，又应秉承点到为止、以武会友的原则，营造出和谐共处的良好氛围。

39. 人有好歹，艺有高低；文不乱讲，武不妄动

【意释】

人品有好有坏，技艺有高有低；言论不可随便发表，武力不能轻易使用。

【注释】

（1）好歹：好坏，如不识好歹。

（2）高低：或高或低。

【说明】

此谚语强调习武者不可妄动武力。通过前述谚语对武德的阐释可知，人的道德修养在很大程度上决定了其武术造诣的高低，所以人的“好坏”与艺的“高低”可呈因果关系。由于中国历来重视道德节操对人的约束与规范，反对一味习武却不修德行，所以千百年来，德艺双修者备受推崇。有文事者必有武备，其前提是有良好的道德规范来约束，文者不可肆意发表不良言论以混淆视听，扰乱国民生活，武者亦不可随意动武，危害百姓安全。

第二编

武术技法谚语

技法总体

40. 式贵于简

【意释】

技法贵在简单。

【说明】

此谚语可以从两个方面来阐释。一方面强调拳法重在简洁，如形意拳的技术要求都建立在三体式的基础上，掌握三体式要领并练得精熟则能举一反三，从而有助于学习该拳种的整个技术体系，如此练拳则效率较高、功夫提升较快，这也是“一年形意打死人”的秘诀之一；另一方面，在武术实战中，提倡招式要简洁，注重进攻实效性，一招制敌，用来表演的花哨动作在实战中并不能发挥技击作用。

41. 一开一合，拳术尽矣

【意释】

拳术要旨尽在开合之间。

【说明】

此谚语强调拳术精要在于动作的开合变化。《周易》概括了阴、阳既矛盾对立又和谐统一的规律，精练地称之为“一阴一阳之谓道”。所谓“道”，就是阴阳变化的规律。武术基于对这个普遍规律的认识，仅改动一个字，将“道”字改为“拳”字，称“一阴一阳之谓拳”，认为阴阳之道是武术的运动规律。而从技术层面上看，开合即是劲力转化的关键，甚至有“束展（开合）二字一命亡”的说法，其中的“开”是由内而外的发劲，“合”则是由外而内的收劲，均有击打、防化等作用，也就是说开是打，合也是打。同时，开合之间也即换劲之际，处理好了开合关系，也就掌握住了技击的关键。

42. 拳兵同源，理存于一

【意释】

武术与兵法根源相同，道理相通。

【说明】

此谚语强调武术与兵法同源同理。“同源”揭示了武术与兵法密不可分的内在关联，即同源于中国传统文化。和谐是中国传统文化的主流价值观，武术与兵法无不将“止戈为武”视为其发展的最终诉求，因而将“不战而屈人之兵”作为最高境界，着力运用智慧和谋略，将战争和争斗消弭于无形。“理存于一”则阐释了武术与兵法在诸多方面的一致性，如二者有关刚柔、虚实、动静、奇正等的论述均一脉相承。比如，王宗岳所著《太极拳论》中的“人不知我，我独知人”，与《孙子兵法》中的“知己知彼，百战不殆”的含义接近，谚语“自古拳势通兵法，不识兵书莫练拳”，即是对此的经典总结。

43. 拳打拢，棍打开

【意释】

打拳要聚拢，用棍要开阔。

【注释】

拢：①聚合；合拢。②靠拢；靠近。

【说明】

此谚语运用对比的方法，总结了拳术与棍术各不相同的技术特点。正所谓“劲以曲蓄而有余”。“拢”有“聚拢”之意，只有“拳打拢”时，拳术劲力才更有爆发力，招法也才更紧凑。“棍打开”是因为棍无刃，只有“打开”，才能在长距离加速中增加棍的威力，所谓“棍打一大片”即蕴含此意。另外，较短兵器而言，棍的优势在于长击，“棍打开”可充分使用抡、劈等技法，发挥其“一寸长、一寸强”的优势。

44. 一寸长，一寸强；一寸短，一寸险

【意释】

兵器越长，威力越强大；兵器越短，形势越凶险。

【说明】

同类谚语有：“一寸长一寸强，硬劈硬进人难防。”

此谚语概括了长短兵器不同的风格特点和攻击效果。兵器“长”，有先发制人的优势，通过控制双方间的距离，随机变换技法，伺机击中对方。“一寸长一寸强，硬劈硬进人难防”，便是对长兵器“强”的总结说明。兵器“短”，需要近身进攻，在短距离内变换招法，让对方不易躲闪，因而显得凶险。

45. 一寸小，一寸巧

【意释】

兵器越小，变化越灵巧。

【说明】

同类谚语有：“一寸小一寸巧，闪展腾挪人难找。”

此谚语强调兵器小则灵巧。其中，“小”与“巧”旨在描述短兵器的特征，即便于携带、藏匿和变化灵活。匕首、拳刺、点穴针、峨眉刺等短兵器的技法均以“巧”闻名，在实战中注重以“巧”搏敌。短兵器因其短小，对敌时的变化便更为随心所欲，具有“一寸小一寸巧，闪展腾挪人难找”的优势。

46. 巧从圆中生，妙从圆中得

【意释】

灵巧从圆中产生，奥妙从圆中获得。

【注释】

（1）巧：①技巧；技艺。②灵巧。如心灵手巧。

（2）妙：①美好，美妙。如妙语；妙品。②神秘；奥妙。

【说明】

此谚语强调灵巧来自“圆”。在武术练用中，“圆”既是方法，也是境界。作为一种方法，诸多拳种均要求动作练用轨迹循圆或依弧而动，在此过程中变化技法，借力打力。比如，太极拳要求周身无处不是圆，“四两拨千斤”需遵循“圆”的运动规律。作为一种境界，可从技击、思想两方面阐释。技击方面，如形意拳讲究“明劲、暗劲、化劲”三层境界，其中“化劲”的重点即为“圆”，所以形意拳认为圆为艺中之源、术中之母，推崇巧从圆生，妙从圆得，万法不离圆的圆运动理论。思想方面，但凡武术大家均追求道德涵养、和合共生，即从最初的不会战而不战，到可战而战，再到能战而不战，完成了一个由战到不战的轮回，可谓“思想之圆”，这是武学修为的境界转换。

47. 低头猫腰，拳术不高

【意释】

低着头猫着腰，拳法技术不高。

【说明】

同类谚语有：“低头猫腰，不打自倒。”“低头冒腰，把式不高。”“低头牟腰，传授不高，拧根拔站，不如不练。”

猫腰或冒腰，指练拳时没有塌腰，使腰部突起（腰向前俯）。《八卦掌四十八法·忌俯法》言其危害云：“低头如同眼不开，亦且身易往前栽。低头猫腰中枢死，全掌全步使不开。”也即低头会影响人的视野，不利于对整个局势的把控，且失上领之劲，使人不易站稳；低头猫腰，必然缩胸弓背，限制颈、肩、脊、胯等关节的活动范围，且令呼吸不畅，致使身体灵活性、灵敏性及移动速度等均下降。所以，练拳低头猫腰者，拳术水平必定不高。

48. 手眼身法步，周身是一家

【意释】

手法、眼法、身法、步法，全身各处协同一致。

【说明】

同类谚语有："手眼身法步，内外紧相随。""手眼身法步，精神气力功。"

在传统武术中，人的身体有"内""外"之别。"内"主要指人内在的神、意、气、力等；"外"主要指人外在的手、眼、身、步等。在传统武术练习中，"内练"与"外练"要相结合，"内"要相通，"外"要协调一致，这样才能发挥武术技击的最大效用。另外，还有"手眼身法步，精神气力功""外练手眼身腰马，内练心神意气力""外重手眼身法步，内修心神意念足"等说法。由此可见，这些谚语的根本意义，在于凸显"内"与"外"的联系，引起习武者的重视，不可偏重一面，并通过努力修炼达到内外相合、周身一家的境界。

49. 若论拳艺法，全凭手快腰身压

【意释】

若论拳术技艺的法则，全凭腰身压住手法快。

【说明】

此谚语突出强调了拳术技艺的法则。正所谓"手快打手慢"，手快能出其不意、先发先至甚至后发先至，所以是制胜的重要因素。但是，"手快"的前提是"腰身压"，唯有将腰身压住，发手出招才能快而不乱、速而不飘。这也提示我们，拳术练习要注重腰身，从而对"上下九节劲，节节腰中发""一身之劲主宰于腰"等说法形成更为深刻的理解。

50. 手似先锋，脚为主帅

【意释】

手似先锋搏杀在前，脚为主帅统领全身。

【说明】

此谚语阐明了手与脚在技击中的作用。一方面，“劲起于脚，行于腿，主宰于腰，形于手”，脚为主帅，是因脚为力起之源；另一方面，技击中的步法运用、距离掌控等均需由脚来完成，通过步法变化为手法进攻创造有利条件，而手则好似先锋一般冲锋在前。

51. 八面出锋，浑身是拳

【意释】

周身处处能出击，浑身上下能迎敌。

【注释】

八面：指八个方位（方向），即东、南、西、北、东南、东北、西南、西北。

【说明】

同类谚语有：“周身无处不是拳，挨着何处何处击。”“太极浑身都是手。”

此谚语是对武术实战的高度概括。“八面出锋”一方面是在阐明身体各部位皆可发放劲力，劲力所触皆有技击效果；另一方面，描述了习武者出招随心所欲的状态，也指出周身上下各部位都有攻防作用。

52. 心意为主帅，眼耳为先锋，活步如战马，手脚似刀兵

【意释】

心意为主帅发号施令，眼耳为先锋审时度势，活步如战马进退闪躲，手脚似刀兵奋勇搏杀。

【说明】

同类谚语有：“心为元帅，意为号令，气为先锋，力为将士。”“心为元帅，眼为先锋，手主宰胜负。”“心元帅，目先行，四肢兵。”

此谚语旨在阐明在习武、技击过程中，人的身体各个部位应协调配合，发挥各自功能。“心意”中的“心”指人体中枢神经系统，根据现实环境做出预判；

“意”是指信息传输系统，将外界各种预判信息传递给各执行部位。“心意”相合，共同发号施令，故把“心意”比作“元帅”。武术中有“眼看六路，耳听八方”之说，“眼耳”时刻观察外界变化，以发挥“眼耳”的先锋作用。“活步”指步法灵活，它是身体进攻、躲闪、顾盼的前提。“手脚”在接受“心意”命令后，像作战时的兵器一样，完成各种技击方法，克敌制胜。所以说，“心意”“眼耳”“活步”“手脚”在习武或技击中是一个整体，需相互配合并发挥各自功用。

53. 心为令，气为旗，腰为纛

【意释】

心为令以发动，气为旗以传布，腰为纛作主宰。

【注释】

（1）令：①命令。如政令；军令。②出令；召。

（2）旗：旗帜的总称。

（3）纛[dào]：古代军队或仪仗队的大旗。

【说明】

此谚语中的“心”应理解为“心意”，是人体中枢神经系统和信息传递系统相互协作的过程，对外界做出预判和反应。“气为旗”旨在阐明“气”作为“先锋旗”的作用，人体外部肢体运动和劲力发放都源自内在“气”的催动，即“以气催力”。“腰为纛”中的“纛”指坐镇军中的“大旗”，是作战军队的标识，喻示腰的主导作用，体现了腰在武术练用中的突出地位。

54. 手随步开，眼随手走

【意释】

手法随步法开合，眼法随手法移动。

【说明】

此谚语强调手、步、眼之间相互协作的关系。“手随步开”中的“手”指上肢双手，“步”指步法、下肢。“手随步开”是指在武术习练中上肢与下肢要协调配合，脚到手到。另外，在形意拳中，要求“内三合”“外三合”，其中有“手与足合”的说法，不仅外在形体要协调一致，内在意、气、力亦应相合。“眼随手走”中的“手”，泛指人体表现动作攻防意图的主要部位，行拳过程中，眼睛要一直“随视”该主要部位。

55. 举手投足皆为法，随心所欲亦为招

【意释】

举手投足都是拳法，随意挥洒也是招式。

【说明】

此谚语强调武术练就的功夫不应拘于固定的形式，与“举手投足皆为武，随心所欲可谓术”同理。所谓“苦恒出高手”“拳打千遍，其意自见”，凡武术大家均要经历初入武学时“看拳是拳，看腿是腿”，到略懂武学时“看拳不是拳，看腿不是腿”，再到精通武学时“无招胜有招”的境界，这是一个由简入繁，再由繁至简，进而领悟武术真谛的过程。“举手投足皆为法”是指拳法已经融入身体之中，在不经意的举手投足之间都能体现出武术的内涵、原理和规律。“随心所欲亦为招”突出了习武者功夫已经达到极高境界，随手举动都能攻击或化解对方。“周身无处不是拳，挨着何处何处击”“拳无拳，意无意，无意之中是真意”，可视作对此谚语的一种阐释。

56. 进不知退，莽夫之所为；退不为进，懦夫之所行

【意释】

知进而不知退，是莽撞的行为；后退而不以进为目的，是懦弱的做法。

【注释】

（1）莽：粗率；莽撞。

（2）懦夫：软弱无能的人。

【说明】

此谚语强调与人对搏应攻守结合，进退兼顾。一般而言，进为攻，退为守，应审时度势地“以退为进”“以守为攻”。对于武术造诣平庸者，只进不退、只攻不守，不仅会消耗大量体能，还会露出破绽，这是莽夫的行为。相反，如果只退不进、只守不攻，任由对手肆意攻击而不伺机组织进攻，则是懦夫的行为。武术攻守隐含着习武者的心态、气度和性格，尤其在面临强敌时，更能反映出习武者内心的真实状态。武术实战训练的目的，旨在培养习武者攻守合度的技能和临危不乱的心态，即便在面临强敌时，也不会自乱阵脚。

57. 心明眼亮武艺高，敏捷沉着信心足

【意释】

心明眼亮才能武艺高强，敏捷沉着则信心更加充足。

【说明】

此谚语反映的是一种因果关系。心明眼亮，则对敌我情态、实力以及出手时机等有确切把握，如此自然武艺较高。同时，迎敌时的技术与心态也会相互发生影响。动作杂乱，忙于应付，心态自然不能从容，相反地，动作敏捷沉着，则能使信心更加充足。

58. 眼为见感，手为快感，心为准感

【意释】

以眼观察情势，以手感知速度，以心感知准度。

【注释】

感：感知。

【说明】

在实战中，眼、手、心分别是对情势、速度、准度的感知器官。以眼观察情势，如双方距离、方位、实力等；以手感知速度，是因为在瞬息万变的较技过程

中，眼睛往往应接不暇，而只能以手的触感来感知对手速度；以心感知准度，则突出的是一种下意识，需要在千锤百炼中才能形成。

59. 颜柳欧褚，笔法不同，同归于字；少林武当，手法不同，同归于拳

【意释】

颜、柳、欧、褚四家，运笔方法不同，但都是楷书；少林、武当两派，练习手法有别，但都是拳法。

【说明】

此谚语重在指明各流派武术技法虽有区别，但总归都是拳法，有其共通之处。对该谚语，可主要从以下三个方面来理解。首先，各拳种门派招式技法均有其独到之处，但拳法理论无不源自中国传统文化，各拳种的理论内核可相互贯通。其次，拳种不同则具体的技法要求各不相同，因而习武如同学书法，不能学几天颜体又转学几天柳体，最终难得书法精要。最后，拳种不同但其理相通，即常言所说的“殊途同归”。总之，各家拳法“同归于拳”，同属中国传统文化之精华，理应摒弃“门户之见”，共生发展。

60. 花拳只求华丽，真拳不离朴实

【意释】

花拳绣腿只为华丽美观，真正拳术总是古朴实用。

【说明】

同类谚语有：“花招图好看，真艺讲实用。”

此谚语指出花拳绣腿仅是为了追求动作外在的华丽美观，使人赏心悦目，但在极大程度上削弱、忽视了其内在的攻防含义与技击用途。“真拳不离朴实”，则阐明了真正的武术并不追求外在动作的华丽美观，而注重对于技击功力、方法的训练。“式贵在简”，可视作对该谚语的补充说明。

徒手总体

61. 拳没掌活，掌没指能

【意释】

拳没有掌灵活多变，掌没有指杀伤力大。

【说明】

同类谚语有："拳不如掌长，掌不如指利。"

此谚语通过对拳、掌、指的比较，指出掌法较之拳法更为灵活多变，指法较之掌法杀伤力更大。掌法的运用，出掌时可戳、可削、可片、可按、可截、可推、可托、可钻、可拍、可打，回掌时亦可抓、可勾、可领、可带、可挂，可谓技法多样、变化多端，比拳更灵活。另外，"掌"比"拳"要长数寸，必要时可利用掌尖进行攻击，充分发挥人体自身的生理条件，实现一寸长一寸强的技击效果。再者，掌尖或掌缘比拳面的接触面积小，同样的力量，受力面积越小，则杀伤力越大。但"指"相比于"掌"，其力点更小，力量汇集于一点打出的穿透力、杀伤力更大，对于要害部位的攻击效果是"掌"所不能及的。而且"指"还能攻击"掌"所不能及的一些部位，能形成一些"掌"无法形成的技法，如以"拇指、食指、中指"形成"钳"状进行锁喉、抠腮等。

62. 腰腿不灵，功夫不深

【意释】

腰和腿不灵活，功夫就不深。

【说明】

此谚语强调腰腿的灵活性是衡量功夫深浅的重要标准。武术技法非常重视腰和腿的作用，外形动作要求以腰为轴，带动四肢，上下相随，左右相顾；内劲蓄发，要求以腰为主宰，在丹田气的配合下，上经旋腰转脊、旋膀转腕行于手指，下经旋胯转踝运于足趾，从而内外相合、协调一致。此外，身法变化也全赖腰腿协调。拳谚“打拳不踢腿，到老冒失鬼”“习武不活腰，终究艺不高”等，也是对腰腿重要性的描述。

63. 手是铜锤脚是马

【意释】

手如铜锤坚硬有力，攻防在前，脚如战马沉实稳固，进退转换。

【说明】

此谚语指明了武术练用对手与脚的不同要求，与“心意为主帅，眼耳为先锋，活步如战马，手脚似刀兵”的后两句同理。一方面，古代战将骑马携锤，须协调顺遂才能发挥威力，因而该谚语蕴含着对用武时手脚上下相随、协调配合的要求；另一方面，将手比喻为铜锤，将脚比喻为战马，也是对手法的坚硬有力、步法的沉稳灵活提出了要求。

64. 两肘不离肋，两手不离心

【意释】

两肘不能离开肋部，双手不能离开心口。

【说明】

此谚语强调肘与手防护的位置。肋和心口既是人体要害部位，也是人体薄弱部位。在传统武术中，对肘与手的位置也有明确的规定。形意拳有“两肘不离肋，两手不离心”之说，钻翻伸屈、拧旋往返，体现出严密紧凑的上肢运动特点；进步之后常随跟步，退步之后常带撤步，迈步如行犁，落脚如生根，体现出快速沉稳的下肢运动特点；脚到手到，齐起齐落，三尖相对，内外六合，体现出完整协调的整体运动特点；“起如风，落如箭，打倒还嫌慢”“硬打硬进无遮拦”，体现出快攻直取、寓守于攻的技击特点。此外，形意拳还有着动静相间、节奏明显、劲力充实、刚柔相济等运动特点。可见，形意拳的技术特点决定了人体肘和手的位置，不能远离肋和心口，这是进攻与防守的需要。武术散打实战，也要求利用双肘和双手保护好肋和心口。

65. 肘不含劲上肢空，膝不含劲下肢松，腰不含劲全身空

【意释】

肘不蓄含劲力，则上肢虚空；膝不蓄含劲力，则下肢松软；腰不蓄含劲力，则全身虚空。

【说明】

此谚语表明肘、膝、腰分别是上肢、下肢、全身蓄劲、用劲的关键部位。拳谚有云："手足之劲气源于肘膝，一身之劲在于腰。"武术练用，一般由腰来主宰劲力发放。人体腰的生理弯曲向前，发力时腰一挺，则由曲变直，曲短直长，劲力向上下延伸。其过程是以腰为主宰，由腰到胯、到膝、到足；由腰到脊、到肩、到肘、到手。如果腰部不蓄含劲力，则全身劲力虚空，即"腰不含劲全身空"。

又有拳谚云："膀不聚则肘必空，肘一空则手必松。"这是因为当腰部力量经过臂膀传递到肘时，肘不蓄含劲力就会变得松软，从而难以将力量迅速传递于手，劲力大打折扣。这就是拳谚"肘不含劲上肢空"所表达的意思。同理，膝如果不能蓄势含劲，则下肢不能协调整齐，劲力难以顺达，下肢必然松软。因此，在武术运用中，肘、膝、腰要蓄势含劲，做到肘沉、膝曲、腰挺，才能使劲力发放自然，身体协调一致。

心法

66. 意紧力松

【意释】

意识集中，筋肉放松。

【说明】

同类谚语有："紧不紧，紧心不紧身。"

此谚语强调意拳在练功时意念和劲力运用的辩证关系。“意紧”就是要精神、意识高度集中，做到凝神定意，可以采用默对长空、目光远望、扫除万虑等方法使思想意识集中，做到即使有人、有物在身边走过或移动，也视而不见，听而不闻。“力松”则是通过意识引导和控制使全身筋肉松而不僵，以达到拳谱中所说“肌肉不锻自练，神经不养自养”的锻炼效果。

从技击角度来看，“意紧力松”指的是临阵时的意识应高度集中，观察对手的每一个细节变化，但身体应处于松柔状态，一旦对方施招来袭或己方决定主动出击，在意识的引导下便可迅速调动全身气、力展开攻防，这是要求“力松”的根本原因。正所谓“用力则滞，用意则灵”。

67. 力松意须紧，浑身尽争力

【意释】

筋肉放松而意识集中，全身尽是筋肉关节抻拔对拉的争力。

【说明】

争力，就是运用意识引导身体处于放松和平静状态。在这种状态下，以意识诱导统帅全身，上下、前后、左右互相牵引于“中”，共争产生弹簧般相互呼应的力。“力紧意须松”是练习争力的必备条件，并非“意松力紧”就会产生争力。练习时，一般先由简单的“二争力”开始，在掌握一定的方法及体会后，再逐渐扩大到全身各部，最终达到周身整体的争力。这就是所谓“松即是紧，紧即是松，松紧互用”的意中力。争力从初步体验到以后，还要经过试力、发力等步骤的练习，才能就敌发力，逐步达到防身自卫的目的。

68. 主动在意，被动在形

【意释】

意识为主导，外形为宾辅，意识驱领外形。

【说明】

此谚语旨在说明“意识”与“外形”的主动和被动的关系。武术训练讲究以意造形、意到形到。在此过程中，意识为主导，起支配作用，外形为宾辅，是意识的外显和具象。反之，若外形的呈现没有意识的贯通和引领，就失去了拳术形架的实际意义，其劲力必定不够饱满，动作亦不善变化。至于通常所谓的“拳无拳，意无意，无意之中是真意”，或者“有形有意都是假，技到无心始见奇”，也并非毫无意识，而是武术水平到达极高境界后意识深潜的一种返璞归真的状态。

69. 用意不用力，重意不重形

【意释】

运用意识而非蛮力，注重意识而非外形。

【注释】

（1）意：指意识，即大脑中枢神经发出的各种指令、信号。

（2）力：此处主要指拙力、蛮力、直力、僵力。

【说明】

同类谚语有：“重意不重形，用意来造形。”

此谚语常见于太极拳理论。“用意”是指练习太极拳时，要用意识引导动作，使动作完全在意识的控制下，按意识指示的一定规格或意向进行。“不用力”并不是不要力，是指不用不符合技法要求的蛮力、拙力、僵力。“不用力”是相对于“用意”而言，如注意用力，则肌肉僵紧不松，动作涩滞不灵。完成太极拳动作的力，主要在于“用意”，意领气（内气）行，气到力生，从而获得的一种规格（一定方向、一定大小）的力。这种力在意识的控制下，正好足以维持动作的正确规范，没有一丝一毫的不足，也没有一丝一毫的多余。

“重意”是强调以意识支配身体形态和动作规格。如太极拳在行功走架时，须全神贯注，以意导气，一招一式的所有外形变化，均讲求意在身先，意不动身不动，意动身随，意静形止。这说明太极拳首先是意识运动，其次才是形体运动。“不重形”是相对于“重意”来讲的，并非完全不重视拳架外形，而是要内外兼修，形神兼备，既重意也重形，但意在形先。在重意的前提下，注重练拳时一招一式的规矩，达到外形（拳架）与意识的完美统一。

70. 以心运意，以意运拳

【意释】

以心神运使意识，以意识运使拳法。

【说明】

此谚语源自心意六合拳。此拳强调“心之发动曰意，意之所向为拳”，练习中讲究“外三合”与“内三合”。所谓“外三合”即“手与足合，肘与膝合，肩与胯合”，“内三合”指“心与意合，意与气合，气与力合”，故称为“心意六合拳”。此处的“心”，相当于具有思维、意识功能的中枢部分；“意”，相当于运动神经系统的传导功能活动。也即，“意”是“心”作用的结果，因而才有“以心运意”“意由心生”之说。“意”作用于人体相关神经末梢，支配相关肌肉运动，形成为“拳”，故又有“以意运拳”之说。

71. 用意之妙贵在空，有意无意乃真经

【意释】

意识运用之高妙在于心无挂碍，处于若有若无之际才是用意的真谛。

【说明】

“用意之妙贵在空”中的“用意”，是运用意识运转以支配手法、眼法、身法、步法等外在形体运动，练到一定程度便从有拳、有法、有形、有意进入无拳、无法、无形、无意的“虚空”状态。孙禄堂在《拳意述真》中说，“三派之理，皆是以虚无而始，以虚无而终”，意思是太极、形意、八卦三派功夫都是从虚无开始习练，通过内意和外形的锻炼，达到虚空的化境。虚空是传统武术意识修炼和运用所追求的最高境界。

“有意无意乃真经”，处于有意无意之间的自然而然的随意状态才是用意的真谛。拳谚“拳无拳，意无意，无意之中是真意”也表达了同样的意思。谚语中所说“无意”，并不是说完全不用意识而意念或者思想就能自觉自发，而是在长久的锻炼和体悟过程中，将武术的招法技术融会贯通。对敌时，从容镇定，不拘

于固定招式技法的运用，完全因敌势而接应之。这里的“有意无意”即似有意又似无意，是一种“意动形随”的“神形俱杳”状态。这样，做动作时没有任何预兆，让对方无迹可寻，不可捉摸。

72. 心稳则气不散，气稳则力自均

【意释】
心境平和则气息集聚，气息平稳则劲力均整。

【说明】
此谚语重在表明武术运动中心境平和与气息平稳的重要性。谚语中的“均”并非力量均匀之意，而是指劲力顺达，身体能够合理进行劲力分配。武禹襄所著《十三势行功要解》中有“以心行气，务沉着，乃能收敛入骨……以气运身，务顺遂，乃能便利从心”的论述，其中的“沉着”便有“心稳”之意，认为唯有从容镇定、不慌不忙、以心行气才能收敛入骨；以气运身，则要沉稳、顺遂，不沉稳则不能顺遂，不顺遂当然也不可能沉稳，唯有顺遂，才能便利从心。这些表述彰显了太极拳、形意拳等传统拳术“以心运意、以意行气、以气导体”，“意、气、力、身”高度互动、内外兼修的运动特点。

气法

73. 气要走平

【意释】
气息运行要平稳。

【说明】
太极拳尤其注重“气要走平”之说，这与其缓慢柔和的运动样态关联较大。传统拳术强调内外相合，要求气息运转与肢体运动要相互支撑、配合，如此才能“以意导气，以气运拳”，实现练拳与养气的同步化。

74. 气顶拳出

【意释】

以气催力出拳。

【说明】

此谚语表明在武术练习过程中，应当重视气与外形动作的协调配合，以及气在行拳走架发力时的作用。要做到“气顶拳出”，首先要以意行气，做到在出拳攻击前吸气蓄力蓄劲，攻击发力时以气催力将拳打出。吸为蓄，呼为发，以气导体，力从气行，以体内无形之气的运动来催动肢体做出有形的动作，声气劲力同时发放，做到气足而发，增强打击力度。因此，在拳术练习中，应当注重呼吸配合动作的练习，努力做到以气催力、气顶拳出，实现内外协调一致的整体劲力发放。

75. 拳打一口气

【意释】

拳术练用的关键在于气息。

【说明】

此谚语意在强调呼吸的重要性，因为气是练习武术的基础和关键。拳谚“外练筋骨皮，内练一口气”“呼吸乱，拳脚乱”“以气催力”“气顶拳出”“在外为拳，在内为气”等，从不同角度展现了气在武术运动中的作用。具体到拳术技术中的“一口气”，则不仅指“气沉丹田”“以意行气”之气，也泛指具体技术中每一动作与呼吸的配合，如擤气发力的用气形式。

76. 呼吸乱，拳脚乱

【意释】

呼吸没有节奏，技术动作就会混乱。

【说明】

呼吸变化在影响气息运行、意识运用的过程中，会严重影响到动作的节奏甚至架构，这是“呼吸乱，拳脚乱”的缘由所在。一般情况下，呼吸与武术动作的关系表现为：开为吸、合为呼、升为吸、降为呼，变换姿势时为吸，定势时为呼。这种动作与呼吸自然配合的运动方式，有利于胸部舒展宽松，使肺活量增大，保障机体运动中氧的供给，以及动作技术的顺利完成。如果不注意呼吸同技术的配合，不能在正确的时机采用正确的呼吸方式，如在两臂相合的时候吸气，则会因为生理结构和身体姿态的限制，不能够有效扩张胸腔，难以吸到足够的氧气，导致肺泡换气不完全，机体缺氧，动作难以完成。机体缺氧会反射性地加快呼吸节奏，使呼吸变得紧迫急促，从而造成身体和动作的不稳定，影响动作的完成质量和运用效果。

77. 出手要冷，行气要擤

【意释】

出手时要乘人不备突然发动，同时气息急促擤出。

【注释】

（1）冷：乘人不备的；暗中的；突然的。如冷箭；冷枪；吃冷拳。

（2）擤（xǐng）：用手捏住鼻子排出鼻涕。如擤鼻涕。

【说明】

出手要冷，重在强调对于出手时机的把握，要乘人不备突然发动。冷，不仅在于动作预兆小，令对手出其不意，还在于速度快，在对方没有察觉或刚有察觉之时已经完成进攻，给人以猝不及防之感。擤，则一般用于行气发力之时，通过气息在鼻腔中的快速喷出，达到以气催力的目的，同时也有助于发力的齐整，其最终要表达的是动作与呼吸间的密切配合。

78. 在外为拳，在内为气

【意释】

拳术练用外显为技术动作，内化为气息运行。

【说明】

此谚语表明拳术是气的外在表现，气是拳术的内在根本，“外练”拳术与“内练”气息相辅相成、缺一不可，体现了中国传统文化中“气”的观念对武术的影响。拳术和气息一体两面，表现在外者是动作技术、拳式功架，在身体内部便是气的积聚和运行。练拳时各种拳架的转折变化，从内在来看，都是气的不同运行方式的外化。武术理论中常提到的“以意领气，气到力发”“以心运意，以意运拳”等，正是由内而外，体现出了气与拳之间的关联。这也是武术理论强调拳势、劲力要顺达的原因所在，因为外在形体不顺，内在行气也必然不顺，不利于身体健康。同样地，练习过程中，对气息也不能刻意强求。尤其对于初练者而言，呼吸虽然讲究要与动作相互配合，但一定要注意自然，不可勉强。

79. 以意领气，以气催力，吐声助势

【意释】

以意识引领气息，以气息催动劲力，以发声助长气势。

【说明】

同类谚语有：“发力一声喊，强敌不倒也半瘫。”

“以意领气”是指练拳时应以意识支配呼吸，并使呼吸与动作相配合，引导气息流转周身。“以气催力”是指意识支配内气由丹田流注发力部位，同时以呼气配合动作击出。“吐声助势”，一方面指通过发声，加强拳势韵味。如在演练象形拳时，借助模仿性发声，可增加拳术韵味；另一方面，在必要时发声，可以为己壮胆，也可增加技术练用的效果，提高拳术威力。生理实验证明，吼叫发声可使大脑皮质兴奋性暂时提高，自我保护性抑制削弱，从而使神经激活能力提高，力量潜能得到挖掘。吼叫时，由于腹肌和膈肌强烈收缩，还可使胸腹内压骤增，为腹部和骨盆上的肌群收缩提供更牢固的支撑条件，从而增大肌肉用力效果。

80. 运气贵乎缓，用气贵乎急。缓急神其术，尽在一呼吸

【意释】

运劲时气息贵在平缓，发劲时气息贵在急促。一呼一吸缓急有道，可令技术

神妙。

【说明】

此谚语源自少林拳法口诀，原句为“拳打十分力，力从气中出，运气贵呼缓，用气贵呼急，缓急神其术，尽在一呼吸”，表明了拳术练习时运气和用气的要求和特点。运气需要在心境平和状态下，用意识关注身体的某一部分，通过意识的引导、控制和运行，在体内感受到一股气息缓慢地定向流动。作为配合的呼吸则要缓慢平和，如果气息急迫、呼吸混乱则不能将意识专注于体内准确部位，不能达到运气的目的和效果，正所谓“气不顺则意乱，意乱则气散”。用气，比如在发力时，动作指向何处，气便随之而至，力也倏然而至，做到意领气、气催力，这是在正确运气、蓄气之后“气顶拳出”的迅速发力过程。呼吸节奏应该是，以短促、快速的猛力呼气——擤气作为配合，做到气与力合，以增强拳式力量，此即“用气贵乎急”。运气之缓与用气之急合而观之，正如拳术之开合，掌握住了缓与急的规律，恰似掌握住了开与合的规律，所谓“缓急神其术，尽在一呼吸”，正与“一开一合，拳术尽矣”的道理内在相通。

81. 气畅则拳顺，气阻则功滞

【意释】

气息顺畅则拳法顺达，气息阻滞则功夫停顿。

【说明】

按照“在外为拳，在内为气”的理论观点，拳与气一体两面，气畅也即内在畅通，外在的拳自然就会顺达，而气阻也即内在阻滞，功夫自然也就不会增长，甚至还有碍身体健康。具体来讲，呼吸是维系生命的重要生理活动，在武术运动中，正确掌握和运用呼吸的规律和特有方法，有助于手、眼、身法、步的动作协调和精、气、神的融合化一，以气催力激发人的生理潜能，增强击打力度和速度，提高武术水平。正确的呼吸还可以提高动作稳定性，增强动作协调程度。如果气息顺畅，出拳就可以顺达有力，如果气息不畅，则拳术水平的增长就会受到阻碍。呼吸与技术动作的配合，要根据具体动作的结构进行科学的处理和协调。

82. 动步不动心，动身不动气

【意释】

步法虽动但心要静，身躯虽动但气要稳。

【说明】

该谚语意在强调内功练习时，要求做到心平气和，不随着身体外形的运动变换而心动气散。动步不动心，是之谓定；动身不动气，是之谓静。动静之机，静为本体，动为作用，表明武术内功修炼中动静的辩证关系与实际应用。“动步”为动，“不动心”为静；“动身”为动，“不动气”为静。动静之机，也就是阴阳转化、相辅相成之理。动步代表身体形式上虽然已经发动，但要求“心意仍然保持极为安静，千变万化，不失其机，无一丝一毫努筋拔力之感，这乃是动中寓静、虽动犹静之意。内家拳静为本体，最忌焦躁，盖因焦躁则心动，心动则气散，气散则神乱，必遭失败。故纵使大敌当前、情况险恶之时，亦需意定神宁，精神高度集中，真气归一，气势腾挪，居于将发未发之间……欲得静之妙用，要先懂呼吸调息之义，将气归于丹田，口虚含，舌抵上腭，以鼻中呼吸，细缓深长而均匀，全不用意，纯任自然，以神慑心，意静神安”。

83. 打拳莫憋气，憋气必伤身

【意释】

打拳不能憋气，憋气会损害身体。

【说明】

此谚语意在强调打拳时，应遵循呼吸的自然规律，不要刻意抑制，如此有助于体会拳术与呼吸的协调配合。此外，不要在技术不熟练时，刻意将技术动作与呼吸配合，从而出现“憋气”等不利健康的现象。对此，八极拳专门将“闭口”即憋气列为拳术练习八忌之一。

从运动生理学角度来看，憋气伤身主要体现在以下两点：①长时的憋气会压迫胸腔，使胸内压上升，造成静脉血回心受阻，进而心脏充盈不充分，输出量锐减，血压大幅下降，导致心肌、脑细胞及视网膜供血不全，产生头晕、恶心等感觉，影响运动的正常进行。②憋气结束，出现反射性的深呼吸，造成胸内压骤减，原先潴留于静脉的血液迅速回心，冲击心肌并使心肌过度伸展，心输出量大增，血压也骤升。对承受能力较低的儿童可能导致心肌松弛，对血管弹性差的老年人容易使心、脑、眼部血管破损，带来严重不良后果。所以，对于武术练习者而言，打拳时尽量不要憋气，但不是完全不能运用，有一些动作技术在憋气的情况下才能做得更好，比如在摔跤制服对手的一瞬间，可运用憋气。另外，合理的憋气还可以作为提高心肺功能的手段之一，只是要循序渐进而已，习武者需要辩证看待这个问题。

84. 动要气擎不散，静如山岳难摇

【意释】

动势要气息支撑集聚，静势要身体如山岳不可摇撼。

【注释】

擎：支撑，承受住压力。

【说明】

该谚语阐明了拳术练习中身体动静的特点和要求。“动要气擎不散”要求身体虽动，却意定神宁，气息不能散乱。需要注意的是，擎是松活圆整之意，并非凝滞僵硬之态。“静如山岳难摇”强调的是武术的静势动作，气息浑然，使身体如山岳般稳固，透出威严之势。

85. 吐为落雁，纳为鹰扬

【意释】

吐气时身体如雁之沉落深缓收束，吸气时身体如鹰之扬起舒展撑张。

【说明】

该谚语以落雁之态和鹰扬之姿比喻吐气和吸气时的形态，非常形象地体现出

吐气时的深缓收束、吸气时的舒展撑张之状。深缓收束才能吐气彻底，用劲深透，舒展撑张才能吸气饱满，蓄劲充实。二者相比较来谈，更加清楚地体现出气息吸吐的特点和要求。

86. 人无志不立，拳无气不成

【意释】

人无志气不会有成就，拳无内气不能有境界。

【说明】

此谚语以志气对一个人立身成才的重要性，来说明练气对拳术提高的重要程度。志气对一个人而言非常重要，没有志气很难成为栋梁之材。“拳无气不成”中的“气”可作两种解释，一种是传统中医理论中的元气、精气，即内气；另一种是外显的呼吸、气力。在武术运动中，武术的气法就是以武术意识支配呼吸和内气运行的方法。武术气法要符合一定的劲法要求，并与一定的形体动作相统一。在运用时，达到“以气助力”的效果。如果练习拳术不注意内气修炼，外在拳式也没有力气的情况下，就等于花拳绣腿，不能练成真正的功夫。

87. 深吸毛发开，猛擤力量得

【意释】

吸气深邃充分饱满，呼气擤出催劲发力。

【说明】

武术中的深吸气指深而长的吸气，使练习者产生一种全身毛孔尽数打开从外界吸进气体的感觉。然后配合意念，使气往小腹丹田处聚集，使小腹丹田坚实，达到聚气蓄力的效果。在武术套路练习中，起势或动作转换的间歇中也可以采用深吸气。深吸气是很关键的呼吸方法，与其他呼吸方法是纲与目的关系。如果深吸气运用得好，可以在行拳走架时做到呼吸自然不紊乱，从而使拳法运行流畅，动作快慢相间、动静相宜、节奏清晰。

武术是在攻防意识支配下的形体运行，讲究刚柔相济。在发刚劲时，为了发力能顺达协调产生更大的威力，一般采用猛呼擤气的方法来配合。配合发力的呼气由鼻腔喷出，气流大而短促，可以发出响声，达到“以气促力”“以声助威”的效果，是之谓“猛擤力量得”。

88. 内要提，外要随

【意释】

精神要提起，外形要跟随。

【说明】

“内要提”是指内中之意一动，精神即提起，精神高度集中，精神意识不可散乱。肛门微提，真气聚于丹田，腹如沸鼎，真意萌发，气势腾挪。所谓“外要随”有两重意思：一是指外形随内气之动而动；二是指在双方搭手后，既不能盲目出击，也不能硬顶硬碰。要根据对方攻防路数，择取应对之策。如对方猛力来攻，我当避其锋芒，先顺化对方之力，再伺机出击。

89. 上提下坠一气练，动静呼吸一气连

【意释】

在上提下坠之中练就浑然之气，在动静呼吸之间注意一气贯穿。

【说明】

此谚语源自少林拳法要诀。“上提下坠一气练”为气功中打通小周天练成“一气”的方法。一气，就是全身的气浑然一体。所谓提，即引气上升；所谓下，即导气下降。下降之气必然会逐渐缩小，聚于丹田之内。在功法练习中，随着意、息的高度协调统一，当身心进入完全松静状态时，体内之气全然通畅，浑然一体，即“上提下坠一气练”的含义之一。另一层含义即是，通过上提下坠的反复训练，不断修炼内气，最终形成浑然之气，也即“一气”。

所谓“动静呼吸一气连”，就是动静呼吸要一气相连，做到吸气蓄力的静和呼气发力的动一意贯穿、一气呵成，也即“动静呼吸一气连”的重要性。太极拳中提到的“一气”，与上述意思相同，如在太极拳练习中强调的上下一气贯通、内外一气流转等。

90. 含胸则气降，挺胸则气涌，提胸则气聚，凹胸则气抑

【意释】

含胸使气息沉降，挺胸使气息上涌，提胸使气息集聚，凹胸使气息阻抑。

【说明】

含胸、挺胸、提胸、凹胸，是武术运动中胸部常出现的四种状态。一般而言，以含胸的状态居多，如通常所谓的“含胸拔背”。含胸有助于下气，挺胸则容易使气息上涌。另外，气法一般讲究“提、托、聚、沉”，提胸是使气息集聚的一种方法，在武术运动中经常用到。凹胸容易使气息阻抑，一般是武术运动的禁忌，但在个别拳种的个别动作中也会出现，需要辩证看待。

91. 起吸落呼，合吸开呼，吸短呼长，吸轻呼重

【意释】

动作起时吸、落时呼，合时吸、开时呼。吸气短促，呼气绵长。吸时要轻，呼时要重。

【说明】

此谚语强调了练习拳术时呼吸与动作配合的一般规律。练拳时，要求呼吸自然，初学者更要保持自然呼吸，动作熟练后可根据个人体会，按照“起吸落呼，合吸开呼”的原理，使呼吸与动作自然配合。如24式太极拳的起势和收势：当手臂由体前向上举起时，应当均匀地吸气，当手臂举至肩平向下按时，应当均匀地呼气。“合吸开呼”指吸气时肢体曲聚、内劲蓄收，呼气时肢体伸展、内劲发放的一种状态。但也有“开吸合呼”的说法，这是根据胸廓的扩张和收缩来区分开合，吸气时胸廓扩张为开，呼气时胸廓收缩为合。这二者分别从肢体开合和胸廓收缩两个角度，来说明动作与呼吸配合的规律，无本质上的区别。

武禹襄所著《十三势行功心解》中说：“能呼吸然后能灵活。”意指唯有呼吸与动作合拍，然后动作才能灵活协调。在行拳走架的练习中，通过意识调整呼吸，按照“吸短呼长、吸轻呼重”的方式以“呼透”，呼出更多体内浊气，吸进

更多氧气，提高肺通气量，使肺组织弹性得到改善，提高呼吸系统工作效率，增强运动能力，进而提高拳术水平。另外，“吸短呼长、吸轻呼重”的原因还在于，人体发力击打时，速度要快，吸气时间略短，以最快时间将气与力充分曲蓄，在发力瞬间以气催力，呼气则可长可重，以催动劲力充分发放。

92. 形不正则气不顺，气不顺则意不宁，意不宁则气散乱

【意释】

拳架不规正则气息不顺畅，气息不顺畅则意识不安宁，意识不安宁则气息必散乱。

【说明】

此谚语意在表明形、气和意在武术练习中的内在关联及相互作用关系。无论哪一拳种或流派，拳架不规正，体内气息运行就不顺畅，气息不顺畅则意识难以集中，意识不集中又会导致气息散乱，可见，拳架规正与否尤为关键。正所谓“练气凝神，须向姿势平正中求之，形正则气和，形偏则气也偏”，即练气凝神，要向拳架规正中求得，拳架规正气息顺畅，拳架不规正则气息散漫。

在练拳实践中，若要使形、气、意协调配合，就必须明确拳术动作中的基本技术要领、动作要求等，并按照由浅入深、由表及里的规律循序渐进地练习。如果拳架外形不正确，或者做不到循序渐进并固执己谬、使用拙力的话，会使意识、内气均受到牵制和压抑，不能发挥它们之间相互协同的作用，也就很难提升拳术练习的水平。

劲法

93. 劲由内换

【意释】

劲力转换没有明显的外形动作。

【说明】

此谚语强调劲力变化的根源在体内而非身体外在的姿势形态。在太极拳中提得较多，在其他拳术中也有提及。形成“劲由内换”的理论是基于“心为元帅，意为号令，气为先锋，力为将士”的认识，所谓“以心行气，以气运身，意动形动，意到气到，气到劲到”。从此意义上讲，“劲”可被视为“气”的外显形式，所以若转换“劲路”，则须从“内气潜转”开始，因而有“劲由内换”之说。但“劲由内换”也并非完全无形无象，内动则外发、外发则劲至。从人体整体来看，换劲必以腰为轴，上下相随，螺旋圆转，节节贯通，以内气推动外形方可有成。故正如拳谱所云：“命意源头在腰际。”“紧要全在胸中腰间运化。”所以“劲由内换”须“刻刻留心在腰间”。

94. 去劲自回

【意释】

劲力发出后通过筋肌张力自动回弹。

【说明】

此谚语强调劲力来回变化是筋肌收缩过程。在武术进攻中，如散打的“直拳”、通背拳的“中拳”、形意拳的“崩拳”等，均要求手臂快速弹击而出，在肌肉弹性的作用下，当劲力发尽后自动弹回，快出快收。另外，从技击方面来看，不应仅限于直线型击打，还可以理解为以爆发力击中目标后，肌肉立刻放松的过程。也就是说，当劲力发出后，还要借助劲力回转的一瞬间，使动作与动作顺势相连，实现新的动作变化，发动新的进攻，其中迅速放松的瞬间就会出现“去劲自回”的现象。

95. 气劲合一

【意释】

气息与劲力相合。

【说明】

此谚语强调武术练习要做到气息与劲力相合，即“气劲合一”。“气劲合一”既是一种状态，也是一种要求。作为一种状态，是指以意识引领气息运行，以气催力，气到劲到的武术境界。这种状态是意、气、劲、形同一的过程，是内与外的合一，身体所发劲力齐整。作为一种要求，其意所指“气劲合一”几乎存在于所有的武术拳种中，这是传统武术在其发展上与气功相融合的一种必然趋势与要求，也是中国武术“内外兼修”的特色所在。如形意拳、太极拳、八卦掌等许多拳种均要求“六合”，其中的“内三合”一般是指神与意合、意与气合、气与力合，这在本质上即是要求做到“气劲合一”。

96. 力过难控

【意释】

发力过度则难以控制。

【说明】

此谚语强调武术发力对“度”的把握。以通背拳中拳为例，发力不够自然是柔弱无力，难以击敌，但发力太过却也“过犹不及”，甚至“劲易破体”而难以控制。所以，武术发力须得明白“中和”之道，无过不及，自然而然，从容中道，这样劲力自可刚柔相济、拿捏精准，预防出现“力过难控”的现象。这种技术训练方法事实上也是武术教化人的一种方式，将中国传统的“中庸之道”蕴于身体运动中，从而使习武者在技术训练中逐渐“以武入道”，打开了迥异于“四书五经”教化育人之路的另一条途径。

97. 力为万技之本

【意释】

力是各种武术技术的根本。

【说明】

此谚语强调力是各种武术技术的根本。在武术中，一般强调“劲力”，并认为“由招熟而渐悟懂劲，由懂劲而阶及神明”（《太极拳论》）。但是“劲力”并非凭空产生，而是要建立在“力”的基础上，通过各种武术技法千万遍地练习与打磨，才能形成武术中所谓的“劲力”，因此说“力”是形成“劲力”的基础和根本。同时，武术技术离不开“力”，离开“力”的武术技术动作是不存在的。各种武术技法均须以一定的“力”作为支撑来完成，即使“一巧破千斤”中被极度推崇的“巧”的发挥，也须以“力”为保障。武谚“一胆二力三功夫”“一力降服十会”等都体现了“力”在武术中作为“万技之本”的重要性。

98. 重劲不重招

【意释】

劲力比招式更重要。

【说明】

此谚语强调劲力的重要性。“劲力”是武术训练的核心内容，也是武术追求的终极目标。在初习武术时，就要求“换劲”，即去拙力，生活劲。而在武术训练中，由明劲到暗劲，由暗劲到化劲，则是武术追求劲力不断提升的过程。尽管武术拳种众多，但对劲力的追求永不停息。从训练学的角度来看，练习招式的重要目的之一就是获得劲力。当人体具备劲力时，则随手成招。因而，劲力是招式的内涵，招式是劲力的外显，此正是“重劲不重招”的缘由所在。

但是，武术中“劲力”与“招式”的关系是辩证的。“重劲不重招”并非理解为只注重劲力，完全不注重招式，只能说“劲力比招式更重要”。须知，招式蕴含着历代拳师对武术的理解，是对技击实践的经验总结，也是对各种动物搏杀动作的模拟，因此说招式是各代拳师集体智慧的凝聚。同时，它还是劲力获取的重要途径，完全抛弃招式则无法进入武术殿堂，即便是主张不被固定招式束缚的大成拳，在训练中也有相应的招式。所以，“重劲不重招”是一种相对的说法，不可作偏狭的理解。

99. 拳打滚斗之力

【意释】

拳打螺旋劲。

【注释】

“滚”为拧转之意。“滚斗之力”指的是拧劲，也称螺旋劲、麻花劲等。

【说明】

此谚语中的“滚斗之力”指拧劲、螺旋劲、麻花劲。对劲力的追求是中国武术的终极目标，这是由中国武术的技击属性决定的。劲力越强，技击效果越明显，可以说，几乎所有的武术拳种流派对劲力都有一定的要求，在太极拳、形意拳、八卦掌等内家拳中更为明显。如陈式太极拳突出缠丝劲，形意拳注重“起钻落翻”，八卦掌要求“滚钻争裹”，其实都是在强调“滚斗之力”的运用。“滚斗之力”作为一种控制身体拧转的劲力之所以重要，在于其运用的广泛性和有效性。如很多反关节技法均是对“滚斗之力”的直接施展，步法、身法的拗顺转换也离不开它的作用。可以说，正是由于“滚斗之力”的广泛运用，才造就了武术技法的繁复与多变。

100. 百拳以柔为贵

【意释】

各种拳术均以柔劲为贵。

【说明】

此谚语强调“柔”是武术最为珍贵的劲力特征。劲力作为武术训练的重要内容，对于推崇积柔成刚、以柔克刚的太极拳而言，“以柔为贵”很容易理解。对于大多数拳种而言，练拳多先求刚劲，然后再得柔劲，之后刚柔相济而成化劲。从劲力刚、柔、化的三步进阶来看，柔劲是关键性的过渡阶段，无柔劲则无化劲，所以同样“以柔为贵”。不同武术拳种，其劲力有刚劲与柔劲之别。事实上，武术中刚劲发挥也离不开柔劲，所谓“刚中藏柔方为坚”“柔中之刚为真刚”。欲求刚劲无坚不摧，柔劲调和至关重要，故而在训练刚劲之时也以得柔为贵。可见，无论何种拳术，柔劲都是劲力发挥的重要基础，因而说“百拳以柔为贵”。

101. 万拳求一力，万力求一整

【意释】

拳术追求的是劲力，劲力追求的是齐整。

【说明】

此谚语强调劲力是拳术的根基，而齐整是劲力的旨归。此处所谓“内劲”即是“指经过武术锻炼而获得的一种能随意转换方向、变化大小的力”。所以，各种拳术训练的目的，就是要获得称为“内劲”的“力”，即“万拳求一力”。通过练拳获得的“力”是“劲力”（或称为“内劲”），其迅捷灵活，有别于日常所说的“力量”，它是武术的核心训练内容，且表现形式较多，如冷劲、鞭劲、十字劲、横劲、竖劲、直劲、拧劲等。各种劲力虽表现不同，但却均以齐整为旨归。这是因为，劲力齐整则各肌肉群协同作用，这样产生的劲力大于任一局部肌肉产生的劲力，攻击时更具穿透性，防守时更具抵抗性；从攻防法则来看，所谓“胜人重在脚步齐”，劲力齐整正是“脚步齐”的内在支撑。基于此，故有“万力求一整”之说。

102. **劲到脚底，浑身是劲**

【意释】

劲力沉至脚底，全身才会有劲力。

【说明】

此谚语指出脚是劲力发放的根基。“劲到脚底”是指在发劲时气由丹田贯穿于足底，再由地面的反作用而发出的过程，即“脚蓄力”。“浑身是劲”是指以脚为根，以气助力，力发于身体，从各部位出击的过程，即“脚助力”。拳论讲“劲起于脚”，就是此意。同样，“脚底拔跟，功夫不深”“趾不仰，根不拔”等拳谚也指出，功夫深的重要衡量标准之一即是脚底不能拔根，要有劲力，也说明了“劲在脚底，浑身是劲”的道理。

103. **无劲非招，无招非劲**

【意释】

没有劲力招式无从发挥，没有招式劲力无从显现。

【说明】

此谚语重点阐释了劲力与招式的关系。“无劲非招”阐述了劲力是支撑招式的重要基础，招式的展现是以劲力的发放来实现的；“无招非劲”即指劲力是无形的，劲力的发放必须通过有形的招式来表现。在太极拳中就有“由招熟而渐悟懂劲，由懂劲而阶及神明”之说，指习武可分为三个阶段，第一为招熟，即有招无劲；第二为懂劲，即有招有劲；第三为阶及神明，即有招似无招，无招胜有招。对应此谚，即有招无劲不为招，有劲无招不为劲。劲力通过招式展现力量，招式通过劲力展示气势。

104. 松柔则长，僵劲则滞

【意释】

劲力松柔则绵延不断，劲力僵硬则阻塞滞缓。

【说明】

此谚语强调劲力贵在松柔。劲力松柔方能绵延不断，可一发再发。若劲力僵硬则阻塞滞缓，限制技法灵动发挥。太极拳强调“用意不用力”，以意导气，以气动身，劲力自然发放自如。松柔是太极拳练用的一个重要原理，劲力发放能够达到松柔的程度，技法与劲力才能达到最大限度的发挥，功夫也就自然增强。若劲力过僵，身法、技法、气血受阻，功力也很难有所提升。

105. 力如千斤压顶，劲似利箭穿革

【意释】

力大且沉如千斤压顶，劲透且整似利箭穿革。

【说明】

此谚语可从两方面进行阐释。一方面，该谚语指出了力与劲两者间的区别。在武术中，力与劲在参与肌群和击打范围上略有不同。人体在发力时，多为局部肌肉运动，作用面积较大。发劲则是聚集全身之力于一点，作用面积较小，但穿透力较强。另一方面，该谚语也指出，习武者通过专门的训练方法，不仅能提升自身本力，力大势沉可如千斤压顶，也能形成利箭穿革般的整透劲力。

106. 气以直养而无害，劲以曲蓄而有余

【意释】

以中正自然之法养气则无有损伤，以圆曲含蓄之道炼劲则愈加充沛。

【说明】

此语出自《十三势行功心解》。“气以直养而无害”原句出自《孟子·公孙丑上》：“我善养吾浩然之气。其为气也，至大至刚；以直养而无害，则塞于天地之间。”该谚语从“内养与外练”的角度，将养气之法同太极拳劲力发放的基本要诀相结合，指出了气宜直养、劲宜曲蓄的养气与练劲之法，养气时“中正自然，内外合一”则对身体无损伤，蓄劲时“关节微屈，发力有余”则劲力愈加充沛。此外，在形意拳、八卦掌等拳种中，也都有相似的练功要求。

107. 拳无刚劲拳不立，有刚无柔化不走

【意释】

没有刚劲不能成为拳法，只有刚劲没有柔劲无法化解来力。

【说明】

此谚语解释了刚劲与柔劲的不同作用。“纯刚易折，纯柔显懦”“刚柔相济，败敌不难”“劲中生劲，刚柔互根”等谚语均阐明了拳术练用唯有刚柔相济，方能有所成。“拳无刚劲拳不立”指出刚劲是拳之所以为拳的一个重要因素，刚劲纯透齐整也是衡量个人功力深浅的一个重要标准。“有刚无柔化不走”，即在阐明与人切磋交手时，若拳中无柔劲则无法化解对方来劲，只能以硬碰硬，以力对力，好似“莽汉以拳换拳”，有悖于武术技击攻防所倡导的以柔克刚、以巧胜拙的原理。

108. 柔里有刚攻不破，刚中藏柔方为坚

【意释】

柔劲中蕴含刚劲难以破防，刚劲中包藏柔劲才能坚韧。

【说明】

同类谚语有："刚中寓柔推不垮，柔中寓刚攻不破。"

"柔里有刚"形容的是一种"外在看似松柔，内里却蓄劲如刚"的态势，以此迎敌攻守皆有余地，攻可伺机制敌，守可先化后击，不易被对方破防。"刚中藏柔"不仅可促使劲力发放顺畅，力整通透，也可使技法招式变换灵活、曲蓄自如，一发不中可瞬时再发。

109. 柔中之刚为真刚，刚中之柔为真柔

【意释】

以柔劲为底蕴生出的刚劲是真正的刚劲，以刚劲为底蕴生出的柔劲是真正的柔劲。

【说明】

此谚语指出了刚与柔的密切关系。所谓"太刚则折"，劲力过于刚硬则缺乏韧性，看似坚强实则太脆易折。只有以柔劲为底蕴练就的刚劲，才能柔韧而刚，柔中蕴刚是为真刚。同理，刚中之柔为真柔，所谓"太柔则废"，只有刚中寓柔的柔才是真柔，刚柔之间可瞬间自如转换。

110. 柔极能克刚，刚极柔不防

【意释】

非常柔的劲能克制刚劲，特别刚的劲也能让柔劲无法防护。

【注释】

极：极限；非常。此处取"非常"意。

【说明】

刚与柔是太极理论与实践中一对重要的辩证关系。《道德经》曾对刚、柔进行过经典论述，即"天下之至柔，驰骋天下之至坚"，乃"柔弱胜刚强"之理。关于"柔极能克刚"，《道德经》中又云："天下莫柔弱于水，而攻坚强者，莫之能胜，其无以易之"，即是对柔能克刚的极佳印证。在太极推手中，柔劲力度

虽不及刚劲大，但其势圆活多变，一应不果，还可再应。因此，以柔应刚，即便不能制敌，但可自保。而刚劲力度虽大，其势刚直快疾，缺乏变化，且劲力一发即逝。若刚劲一发不中，则“尽力略过，新力未生”，极有可能被对方乘而击之。

“刚极柔不防”则指出当刚劲达到极致，其力之大、之猛也是柔劲所不能防御的。在太极实战或是推手中，若对方将刚劲练到了极高水平，劲力极大、极快，即便有“以柔克刚”之理，但受力方如果不能迅速作出判断以化解，或听劲功力尚不成熟，则对“刚极”之力仍难以防范，不能及时作出应对。

111. 太刚则折，太柔则废

【意释】

过于刚硬容易折断，过于柔软也会失去作用。

【注释】

（1）废：没有用的，失去效用的。

（2）折：断，弯转，弄断。

【说明】

刚劲和柔劲是武术中两种不同的劲法。就刚劲而言，劲力过于刚，会因为缺乏韧劲而导致容易折断。同理，柔劲如果过于柔，会因缺乏威力而达不到效果。因而在刚、柔问题上，既不主张至柔，也不提倡至刚，刚柔之力宜取“中和”。所以，刚柔相济，刚中有柔，柔中带刚，才是劲力的正确运用方式，在实践中应该“量度以取中”，然后用之。

112. 刚而不硬，柔而不软

【意释】

坚刚而不僵硬，柔韧而不松懈。

【说明】

“刚”作为一种劲力状态，是在日积月累的训练中求得，与“硬”不同，区别主要在于对“松”的掌控。一般而言，习武者在训练刚劲的起步阶段，容易给人以“硬”感，正是因为此时尚未能在爆发力量的同时协调好不同肌肉间的松紧。同样的道理，“柔”与“软”的区别主要在于对韧性的掌控，“柔”是一种饱含韧性的“松”的状态，而“软”则缺少韧性，处于一种“懈”的状态，所以武术理论常强调“松而不懈”的重要性。

113. 柔而不软在于韧，刚而不僵在于松

【意释】

柔劲不绵软在于有韧性，刚劲不僵硬在于会放松。

【说明】

此谚语强调武术刚、柔劲力的关键是松和韧。“柔而不软在于韧”中的“韧”指“韧性”。柔而软谓之弱，虽可受力，但因缺乏韧性而使以柔克刚之能失效。柔中有韧，才能在受力时如弹簧般凭借自身具备的韧性应对外力，不论力从何处来，均能化解自如。同时，韧性也起到稳定、控制、调节的作用。“顺逆合化”是对韧性习练的高度总结，只顺不逆或仅逆无顺皆不可取，只有将顺劲、逆劲合为一体方可练出韧性。总之，韧性乃柔劲之本。

“刚而不僵在于松”中的“松”意指放松。刚而僵谓之拙，虽有蛮力可用于攻击，但因缺少放松，若一发不中则严重影响再次蓄发。所以，松是刚的前提，在练劲过程中，只有深切体会了松，才能更好地体悟刚。可见，若想充分掌握刚、柔之劲，需认真在“韧”“松”二字上下功夫。

114. 柔过渡，刚落点

【意释】

用柔劲完成过渡，以刚劲落在一点。

【说明】

此谚语概括了武术劲力发放与运用的一般规律。劲力的正确发放往往表现为由松柔过渡至刚猛的短促过程。在此过程中，全身肌肉表现为由放松到瞬间紧张的过渡，以使劲力在触及目标的瞬间集中于一点爆发出来。刚劲发出后，身体瞬

间又要转入“柔过渡”的状态，以便蓄劲再发。反之，劲力若一直处于柔过渡的状态，则无法完成有效击打；而若舍弃蓄劲过程，让身体一直处于劲力发放的状态，则更加违反了人体生理的基本规律。

115. 出手软如绵，沾身硬似铁

【意释】

出手如绵般柔软，触身如铁般刚硬。

【说明】

拳术乃技击之术，唯击打力落至实处时，力道通透、坚实，才能产生理想的击打效果。劲力的发放是由松至紧、由软到刚的瞬间过程。出手看似绵而无力，劲力落点处却坚若磐石，使对手如被钢铁击打般疼痛。若想做到这一点，周身务必一家，将意识、劲力集于一点瞬间发放。另外，“出手软如绵”是“柔过渡”的过程，便于技法变化，也是在为“沾身硬似铁”的最终发劲做好准备。

116. 死力不足贵，活劲最为高

【意释】

蛮拙的力量不值得推崇，灵活的劲力才堪称高妙。

【说明】

死力是对蛮力和拙力的统称，因为它们直来直去，僵硬固化，不善变化。实战中，使用蛮拙的死力进攻，容易因为惯性而难以迅速收回，致使攻击不能环环相扣。所以，死力运用的是绝对力量，无势可顺，无力可借，不足为贵。中国武术尚劲不尚力，所谓的“劲”是去僵存柔和运柔成刚的结果，灵活性是其重要特征，因此有“活劲”之称。能否练出活劲，是武术水平的重要标志之一，因为唯有懂劲后才能愈练愈精，也唯有懂劲才能阶及神明，故而有“活劲最为高”的评价。

117. 治劲有三策，一导二分三乱堵

【意释】

应对来劲有三种策略，一为疏导，二为分化，三为截堵。

【注释】

（1）治：处理，管理，整理。

（2）堵：阻塞。

【说明】

此谚语阐明了应对来劲的三种策略，分别为疏导、分化与截堵。力来时，顺势引化谓之疏导，破坏力来方向谓之分化，迎面截击谓之截堵。同时，该谚语也说明了治劲三策应用的优先顺序，这与个人水平高低有关。在实战中，如对方之力向我击来，水平高者，可顺势引化以引进落空，并乘此时机直接制服对方，所谓“治劲如治水，宜导不宜堵”；水平次之者，可以直力破横力或横力破直力，通过改变劲力方向减弱其力道，再伺机制敌；水平尚浅者，可迎面截堵其劲，在自保的前提下谋求进攻时机。

118. 两臂直如干，力大劲不济

【意释】

两臂挺直即使力量大，也发挥不好劲的作用。

【说明】

武术理论中，一般认为力是呆蛮、拙笨、不善变化的，劲则是灵活圆妙的，因而有“死力”“活劲”之称。所谓“劲以曲蓄而有余”，活劲的蓄发需要身体在各种武术技术的打磨中形成“弹性”，而当两臂挺直如干的时候，虽可将全身之力作用于外界，但由于手臂的直挺，也使得力量不善变化，此时所发出的更多的是“死力”而非“活劲”，所以说“力大劲不济”。

119. 练劲不练力，劲力打拙力

【意释】

练拳追求的是劲力而非拙力，劲力胜拙力。

【说明】

习武者练劲不练力，是因为劲力胜过拙力。相较而言，劲更为圆妙、灵活、通透、齐整、柔韧、惊炸，在技击中更具隐蔽性、灵活性、击打力。所以，各拳种在技术训练中才会不约而同地强调“换劲”的重要性，认为唯有经过这一去除拙力、求得活劲的过程，才算窥得武术门径。正所谓“懂劲后，愈练愈精，默识揣摩，渐至从心所欲”（《太极拳论》）。

120. 柔软则灵活，坚韧则有力

【意释】

柔软是灵活的基础，坚韧是有力的前提。

【说明】

根据运动生理学理论，人体不同的骨骼通过关节、肌肉、韧带等组织连成一个整体，对身体起支撑作用。骨骼与肌肉、肌腱、韧带等组织协同，共同完成人的运动功能。骨骼提供运动必须的支撑，肌肉、肌腱提供运动的动力，韧带的作用是保持骨骼的稳定性，使运动得以连续进行。通过压腿、撕腿、踢腿、劈叉、压胯、下腰、涮腰等专门的柔韧性练习，可以提高骨骼与肌肉间的协调性，扩大骨与骨之间关节的活动范围，使身体表现得更为柔软，提高身体运动的灵活性，因此有“柔软则灵活”的说法。另外，劲力的大小与韧带、肌肉和肌腱共同表现出的韧性也即弹性有关，韧性大则有力、小则无力。因此，武术的柔韧性训练应注意掌握好柔软和坚韧的关系，以便在灵活和有力之间做好平衡。

121. 关节不松，柔劲不来

【意释】

关节不放松，柔劲练不来。

【说明】

柔劲是以身体放松为前提形成的劲力。身体不同部位的连接处为关节，身体的各种动作是在各关节的协同中形成的，所以关节放松是身体放松的前提。也即，关节放松，是柔劲形成的前提；关节不松，则柔劲不来。当然，关节放松也只是柔劲形成的必要条件，而非充分条件。

122. 拳假功夫真，力大强三分

【意释】

功夫比招法重要，力大者更具优势。

【说明】

此处的“拳”可理解为“招式”，它只是武术练用的形式或载体，真正体现一个人武术水平高低或者在实战中起决定作用的是功夫。功夫包含了劲力、速度、协调性、反应能力等要素，只有功夫高了，使用的招式才能发挥作用，否则招式便是“假”的。也即招式只是表面现象，是求得功夫的手段与过程，功夫才是习武者真正追求的目的与结果。另外，力量也是功夫的重要组成部分，“一胆二力三功夫”“一力降十会”等谚语充分表明了力量的重要性，尤其在两人技术水平相当的情况下，力大者更占据优势，所以说“力大强三分”。

123. 膝胯合扣，全身力凑

【意释】

膝与胯相合相扣，全身力量才能紧凑集中。

【说明】

此谚语多见于形意拳，意在阐明若想发出周身整劲，需膝、胯相合相扣。在由李仲轩口述、徐皓峰整理的《逝去的武林》中，在形意拳二十四法部分写到“三扣”，要求“肩扣，则气力到肘；膝胯扣则全身气凑；手足指掌扣，则周身力厚”。从劲力发放的普遍规律而言，力皆起于脚，而后行于腰，再达于手。所以说，脚是力起之源，而膝是下肢的主要关节，胯位于腰部以下，是身体劲力传递和转换的主要部位，与腰部共同组成贯穿上下身的枢纽。劲力在由下而上的传送过程中，膝、胯的传递和转换作用尤为重要，膝、胯合扣顺达，方可使劲力传送顺畅，否则劲力中断不畅，无法形成周身整劲。

124. 筋长一寸，力巧三分

【意释】

筋练长，可使力更巧。

【说明】

同类谚语有："筋长一寸，力大十分。"

此谚语着重强调了筋在劲力运用中的重要作用。筋长一寸，可使关节活动范围更大，筋的弹性更强，从而产生更加强大且灵巧的劲力，因而有"宁练筋长一寸，不练肉厚三分"之说。明代程宗猷在其所著《耕余剩技》中也有类似观点，认为两人在水平相当、其他条件相似的情况下，若一方筋能伸长哪怕是一寸，在实战中也能抢占先机，先发制人。这正是因为筋长者可有更灵的变化、更巧的劲力、更快的速度、更大的力量，从而在实战中占据主动权。

125. 蓄力如弓满，着敌似电急

【意释】

积蓄劲力如满弓般饱含张力，触及敌手似闪电般应变迅疾。

【说明】

此谚语出自意拳创始人王芗斋先生所著《拳道中枢》，意在说明技击时对蓄力和发力的要求。习武者讲究"一身备五弓"，即身弓、臂弓（左右）、腿弓（左右）。五弓中以身弓为主，臂弓和腿弓为辅，五弓合一，形成全身统一协调的整体劲。蓄力饱满则一身五弓处处充满张力，犹如满弓待发一般。蓄力在不同的武术动作中有不同的要领，但腰部均要注意塌住劲，也即塌腰，这样身弓这张大弓才有可能充满张力。"着敌似电急"主要形容的是在与对方交手时，反应速度一定要快，要在极短的时间内，以极快的速度做出反应并完成动作。

126. 纯刚必折，纯柔必松，刚柔相济才出功

【意释】

纯粹坚刚必然废折，纯粹柔韧必然松懈，刚与柔互相补益才能练出功夫。

【说明】

此谚语意在阐明太刚则折、太柔则废的道理。纯粹坚刚因缺乏松的调剂而易折断，纯粹柔软因缺乏韧的特性而易松懈，所以必须刚柔相济，发挥“刚能济柔之偏而不致于弱，柔能泄刚之偏而不失于强”的作用。这也符合“孤阴则不生，独阳则不长”（《幼学琼林·夫妇》），“万物负阴而抱阳”（《道德经》第42章）的规律。所谓“纯刚”正是“独阳”，所谓“纯柔”则为“孤阴”，必然不是理想状态。武术训练必须“用刚相济柔力，用柔相济刚力”，才有可能在实战中达到“看似至柔，其实至刚；看似至刚，其实至柔。刚柔互运，无端可寻”的境界。

127. 有圆无方则不立，有方无圆则滞泥

【意释】

拳术练用轨迹只有圆没有方不合规律，只有方没有圆也不灵活。

【说明】

同阴阳、刚柔一样，方圆在武术中也是一对重要的概念。武术之方圆有“只圆无方是滑拳，只方无圆是硬拳”之说，可见这对辩证关系之重要。方圆之论内涵丰富，如“内方外圆”“圆生化劲”“方为落点”等。方圆在武术练用中互为依存，只有圆没有方则不合拳法规律。同样，只有方没有圆则生硬死板，缺乏灵活。

128. 一人张弓，万夫拔河

【意释】

蓄劲如满弓，犹有可与万夫拔河般的强大力量。

【说明】

此谚语以“万夫拔河”形容“一人张弓”后所具备的强大力量。武术素有“一身备五弓”之说，“五弓”指身弓、两臂弓、两腿弓。“一人张弓”即是一种身体处处蓄力饱满，犹如“五弓”引满待发的状态。此时的身体架构处于一种非常合理的结构状态，因而能形成强大的争力或爆发力。

129. 蹬之于足，劲发于踵

【意释】

用足掌蹬地，以脚跟发劲。

【注释】

踵：脚后跟，举～，接～而至。

【说明】

此谚语描述了“力起于脚”的过程。以蹬足上步为例，首先是由脚跟蹬地获得反作用力，在脚跟离开地面后，由脚掌借助脚跟蹬地之势继续完成蹬地过程，以进一步加快上步速度。原地发劲时，同样是在脚掌的配合下，由脚跟蹬地发劲，经由脚踝、膝关节、胯传递到身体各处。

130. 呆力越大，巧劲越小

【意释】

拙蛮的力量越大，灵巧的劲力越小。

【注释】

呆力：不能因对方劲路的变化而变化的力，常表现为对方直来则直顶，横来则横抗。

【说明】

此谚语阐明了武术中“巧劲”与“呆力”之间的辩证关系。武术中有“一胆二力三功夫”之说，说明了力量在武术中的重要地位。但是，人们认为处于重要地位的力应是“巧劲”，而非拙蛮的呆力。呆力每个人都有，巧劲则要从武术技法中练得。武术训练中非常注重的“换劲”过程，其实就是去呆力、得巧劲的过程。伴随呆力的逐渐消失，巧劲就会越来越多。这是因为呆力是肌肉、肌腱、关节等在呆滞中形成的僵力，与生成巧劲时肌肉、肌腱、关节等所需要的灵活、柔韧几乎是完全相悖的。反之，呆力越大，则巧劲越小。

131. 劲走圆，力走直

【意释】

劲力圆妙，力量直拙。

【说明】

此谚语点明了劲与力相区别的基本特性，而非运动轨迹。劲具有灵活善变的特性，较为圆妙，所以称“劲走圆”；力具有迟滞呆慢的特点，较为直拙，所以称“力走直”。

132. 劲浮易丢、扁，力量易顶、抗

【意释】

用劲虚浮易丢、扁，用力蛮拙易顶、抗。

【说明】

“粘连黏随，不丢不顶”是太极推手的要求，“丢、扁、顶、抗”违反了该要求，被视为太极推手的“四病”，也即四种不应出现的情况。所谓“丢”，是指己方与对方肢体或劲力相脱节的现象；所谓“扁”，是指身形或劲力不能保持中正的情况；所谓“顶”，是指对来劲不能走化而形成的一种顶牛状态；所谓“抗”，是一种更为严重的顶的状态。从“无过不及”的太极推手原则来看，“丢、扁”属于不及，“顶、抗”则是太过。因此，用劲虚浮不实，就容易丢和扁；而使用蛮拙的力量，因不善变化，自然就容易顶，甚至抗。

133. 身手变换，要在劲整

【意释】

招法变换的关键在于劲力的连贯均整。

【注释】

要：重大，值得重视的，如窍要。

【说明】

此谚语阐明了武术招法和劲力的关系。在传统武术中，招法变换是外在的形体变化，其实质在于内在劲力的调整。武术技击，最能发挥作用的不是招法，而是劲力。也就是说，劲力是招法的内在支撑，劲力不连贯、不协调的招法变换，也就丢失了其变换的根本意义。另外，招法和劲力是一体的，但变劲比变招快，从此意义上讲，招法变换的关键也在于劲力的连贯均整。

134. 顺则透，速则穿；松则悍，一则坚

【意释】

和顺则透达，疾速则贯穿；放松则强劲，合一则坚刚。

【说明】

“顺则透，速则穿”意在阐明若想劲力发放达到“穿透”效果，则必须身体和顺、动作疾速。身体和顺则动作协调、内外顺遂、劲力齐整。以此为基础，动作疾速，可使劲力由表入里，齐整穿透，而且越是疾速，穿透效果越好，甚至可贯穿击打目标。

“松则悍”指出“松”是身体坚实、强劲的前提，因为放松才能应物自然，表现出很好的韧性。“一则坚”突出了“合一”的重要性。身体内外处处合一，则能在“松”的基础上运柔成刚，发出坚刚之劲。

135. 脚上无力，整劲难发

【意释】

脚上缺少催发之力，整劲就难以发出。

【说明】

在武术中，劲力发于根，主宰于腰，形于手。这就意味着脚是武术劲力的起源，若脚上没有催发之力，不能使力量节节贯穿，劲力的传递受阻，全身整劲就不能有效发挥和发放。形意拳尤为强调整劲的习练，以上步劈拳为例，脚上有力，上步稳健，落步沉稳，劲力才能周身协调一致地发挥出来。另外，整劲的蓄发，需要下盘稳固，脚上无力，则无法提供稳定支撑。

136. 发劲必蓄劲，化劲务顺人

【意释】

发劲必先曲蓄劲力，化劲务必顺人劲力。

【说明】

先蓄后发是劲力发放的普遍规律。只有在发劲前很好地收蓄，劲力发放才能达到最佳效果。在化解对方劲力时，务必要顺其势方可走化，切不可逆势顶撞。太极拳劲力有多种表现形式，但可集中归纳为化、蓄、发三劲。王宗岳在《打手歌》中提到的“引进落空合即出”，即是对推手过程中化、蓄、发三劲运用的高度凝炼。

具体而言，化劲即化解对方之力，使其劲力在我方任何部位都无着力点，顺势牵引使其来劲落空。所以，“引进落空合即出”中的“引进落空”即指化劲。蓄劲就是积蓄全身之力于一处，蓄势待发，但积蓄内劲的过程应做到含而不露、悄无声息，做到“蓄劲如张弓，发劲如放箭”。“引进落空合即出”中的“合”即指蓄劲，“合”即是“蓄”，“蓄”即是“合”。劲蓄至恰到好处时，可一触即发，将积蓄于体内的劲力进行有目的的发放。

137. 拧腰顺肩急旋臂

【意释】

冲拳要拧腰、顺肩、疾速旋臂，一气呵成。

【说明】

同类谚语还有：“出手旋臂，打拳似打钻。”

此谚语是冲拳技术动作要领。冲拳技术要求“发于腰，传于肩，催于肘，达于手”，通过拧腰、顺肩将蹬地之力传至手上，将触及对手时迅速旋臂，将劲力转化为螺旋劲，以提高冲拳的攻击效果，此过程中要做到蹬地、拧腰、顺肩、疾速旋臂一气呵成，才会达到最佳技击效果。

138. 钩手如鹰嘴，擒拿似鹰爪

【意释】

钩手坚硬如鹰嘴，擒拿有力似鹰爪。

【说明】

此谚语概括了钩手和擒拿的不同特点。“勾”是基本手型之一，经常将其喻为“鹰嘴”，也有谚语云：“五指指尖紧撮牢，尽量屈腕似镰刀。”在具体运用“钩手”时，要做到如鹰嘴坚硬有力，或点或戳对方要害。“擒拿似鹰爪”是指在使用擒拿手法时，要如鹰爪般迅疾有力、牢固，一旦抓拿住对方关节、要害，便不可使其轻易逃脱。鹰爪拳的主要技法就是以抓拿为主。

139. 掌似飞凤，拳如猛虎

【意释】

掌法灵巧似飞凤，拳法重实如猛虎。

【说明】

此谚语指出了掌与拳的不同特点。“掌似飞凤”不仅指出武术中“掌”法轻

盈灵活的演练风格，也阐明了在实战中掌法要灵活多变，配合身法、步法的灵动敏捷，声东击西，变幻莫测。如八卦掌就是以掌法变换，配合身法转动、行步走转的一种拳术。同理，“拳如猛虎”既指出拳术演练风格多呈威猛之势，行拳虎虎生风，也指出在实战中，拳术招法应重实迅猛，步步紧逼，使对方难有招架之力。

140. 去时撒手，着人成拳

【意释】

用拳击出时虚握，触人时握实。

【说明】

此谚语出自陈长兴太极拳著作《用武要言》，其原句为：“上左须进右，上右须进左。发步时，足跟先著地，十趾要抓地。步要稳当，身要庄重。去时撒手，着人成拳。”出拳是柔劲向刚劲转换的过程，太极拳要求拳在触人之前虚握、松柔，便于变化，也节省能量；在触人瞬间握实，劲力由柔劲迅速转成刚劲，充分发挥弹抖劲制动产生的打击作用。

141. 肩平而顺，两膀相系

【意释】

通过两肩的平实顺达，实现两膀的相系相通。

【说明】

此谚语强调肩膀运动的一般技术要领。在太极拳练习中，上肢主要要求沉肩、坠肘、坐腕。从生理解剖学上看，上臂、肩胛骨及锁骨于三角肌相连，胸椎、腰椎及肱骨于背部肌肉相连，肱骨、胸骨及锁骨于胸部肌肉相连。若做全臂部活动，要求肩部放松，胸、背部放松，方可使身体轻松灵活、下肢沉实稳当。在太极拳习练中，两肩不可一高一低，要始终保持水平，沉肩不可压肩，定势时要松沉，而且肩胛骨要微向前松，两臂肩膀互相牵引，自然就会产生相系相通的感觉。

142. 一臂莫单行，上下紧相跟

【意释】

技击时不可单臂独进，而需上下照应。

【说明】

同类谚语有："上下相随，两膊相系。"

"上下紧相跟"是武术技法的基本要领，即全身协调一致地运动。其中，"上"指身体的腰以上部分，以肩、肘、手为主；"下"指身体的腰以下部位，以胯、膝、足为主。拳谚云："掤攦挤按须认真，上下相随人难侵"，可见"上下相随""上下紧相跟"的重要性。因为要"上下紧相跟"，所以拳谚强调"一臂莫单行"，当然，其中也蕴含着"两膊相系"的要求。

143. 短手能自顾，长手贵力足

【意释】

短打手法方便自我防护，长打手法贵在劲力充足。

【说明】

此谚语强调短手与长手各自不同的技法优势。短手指短打手法，长手指长打手法。短手劲短，出击距离近，可以随时变化，且回手防守便利，可以自顾。以肘法为例，有"肘去步进，步到身拥，短手能自顾"之说。长手劲长，击打距离远，不易回手防护，所以贵在劲力充足，将对手制服于自我安全范围外。短手与长手，没有好坏优劣之别，需要习武者根据实际情况合理运用，以充分发挥二者各自的优势。

144. 出手似闪电，回手似火燎

【意释】

出手迅疾如闪电，回手机敏似火燎。

【说明】

同类谚语有："出手如流星，收手如飘风。""出手似闪电，击打如迅雷。"

此谚语强调出手和收手都要快速。出手要做到迅疾如闪电，让对手防不胜防。所谓"拳贵神速"，只有快速才会有技击效果，如果出手太慢，出击就无效，甚至会受到对手的反击。同样，回手也要机敏迅捷如同被火燎一样，太慢则会使后续的攻防动作脱节，甚至会给对手以可乘之机。

145. 出手不见手，见手不能走

【意释】

出手快至不被觉察，对方察觉时已无法躲避。

【说明】

同类谚语有："出手不见手，见手不算手。""手出一条线，打出人不见。"

此谚语强调在武术习练中出手要快捷。所谓"出手不见手，拳打人不知"，又所谓"出手如闪电，击打如迅雷"。在这里"出"又作"伸"；"不能走"又作"抓不着""非为能"。拳谚中还有一句话可与之呼应，"用拳不见拳，用掌不见掌"，这些谚语均强调在武术中，要求手法须快捷，出手快至对手都无法觉察，当对手察觉已经无法躲避，如此技击方能奏效。另外，"出手不见手"也隐含着对出手隐蔽性的要求，在出其不意中实现技击意图。

146. 前手领，后手追，两手互换一气催

【意释】

前手认方向，后手追前手，于一气催发中互追互换。

【说明】

此谚语是在解释出拳的技术要领，也是太祖长拳的主要特点。戚继光所著《纪效新书》载，"古今拳家，宋太祖有三十二式长拳"。该谚语意指前手掌控攻击方向及目标，后手追前手，两手互换、连环进击，同时配合呼吸，做到

以气催力，以密集、组合的手法攻击对手，如此可产生较强的击打力量和密集的攻击。

太祖长拳，相传为宋太祖赵匡胤靠此技打下宋朝天下，其拳法传于后世，立太祖门，因此被称为“太祖拳”。太祖拳广泛流传于我国北方，于康熙中期传入现在的河北省沧州市。太祖拳在演练上体现豪迈、奔放特征，非常注重手、眼、身法、步的协调配合，手法有挑、砍、拦、封、闭、缠、扫、踹、弹、撩、钩、撞、绊、缠。

肘法

147. 肘在屈使

【意释】

肘法通过屈臂来运用。

【说明】

此谚语强调肘法的技术特点。肘法主要在贴身时使用，运用肘尖以及肘关节弯曲时的上臂、前臂进行攻击，如顶肘、盘肘。“肘在屈使”意在强调要充分发挥肘尖的作用。拳谚中云“肘屈勿轻使”，也可看出肘法为实战中的利器。

148. 肘屈勿轻使

【意释】

屈臂成肘威力大，不可轻易使用。

【说明】

此谚语为肘法的应用法则。所谓“肘在屈使”，运用肘法多将肘关节弯曲成直角或锐角。肘法力大，且肘尖尖锐，容易给对手造成较大伤害，不可轻易使用，因而又有“宁挨十手，不挨一肘”“肘过如刀”等形容肘法威力巨大的说法。

149. 远使手，近用肘

【意释】

远距离攻击运用手法，近距离攻击使用肘法。

【说明】

此谚语意在说明，技击中应视双方距离远近而采用合适的击打方法。距离远时，可通过放长击远的技法运用，达到增长攻击距离的效果，故为“远使手”。而当敌我双方距离较近时，诸多招式技法无法充分施展，所以可在攻防中看准时机实用肘法击敌。肘法丰富，可攻可守，可为破敌制胜创造机会。

150. 宁挨十手，不挨一肘

【意释】

宁可挨手打多次，不愿被肘击一次。

【说明】

同类谚语有：“三拳难挡一掌，三掌难挡一肘。”“宁遇十脚，莫遭一肘。”

此谚语强调肘的技击威力。肘法在武术技击中，具有尖而硬、攻击力大的特点，被称为“近身之利器”。拳谚云：“手轻，脚重，要命肘。”“肘技威力强，挨上真够戗。”形象地指明了肘法的强大威力。谚语“宁挨十手，不挨一肘”，是指手法力度远不及肘法。这里的“十手”“一肘”为虚指，意在从对比中突出肘的击打力度。当然，肘法的运用也需要得机得势，尤其要注意对方与我之间的距离，否则容易给对手以反击的机会。

151. 近身靠打，挨身发肘

【意释】

近距离对抗靠拳法，身体贴近靠肘法。

【说明】

同类谚语有："远用手，近用肘，挨身施用肩膀头。""远使手、近用肘，贴身短打进肘膝。"

此谚语强调在技击中，根据两方距离的不同，需采用不同的打法。近身时，在以拳击打的范围内，适合用拳打。挨身后，拳打不易发力，以肘击则更为合适。肘击不仅有力，而且更为隐蔽。

152. 肘不下垂劲力飘，肘不相合劲力消

【意释】

肘不松坠劲力虚飘，两肘不合劲力消减。

【说明】

此谚语阐明了肘部与劲力之间的关系。肘不下垂，则肩部易耸，由腰而来的劲力经肩部、肘部两次传递，将一次比一次虚飘。另外，两肘不相合，则劲力不能齐整，所发出的劲力较之齐整时将大大消减。

153. 肘法护心，盘肘克人，要在近取，不宜远寻

【意释】

肘法保护心口，盘肘克制对手，关键在于近击，不适宜远攻。

【说明】

此谚语阐明了肘法的作用及使用方式。"肘法护心"指的是肘部距胸口、肋部等距离较近，起落之间便可有效保护心口附近诸要害部位，正所谓"两肘不离肋，两手不离心"。"盘肘克人"中的"盘肘"是肘部运用的主要技法，以横肘进攻，力大且猛，在技击对抗中极易重创对方。"要在进取，不宜远寻"，说明用肘时应设法拉近双方距离，伺机以肘法进击，若双方距离较远，肘法就基本难以发挥其效能。

眼法

154. 眼无神，拳无魂

【意释】

眼睛没有精神，拳术就没有灵魂。

【说明】

此谚语强调眼法在武术演练及实战中的重要性。在武术演练中，眼法与手法、身法等的协同配合，可增加套路演练的气势及精神。即便行拳走架未达精妙之境，若眼神能炯炯有神、神采奕奕，也会渲染套路的美感，给人以气势磅礴之感。在技击中，一方面，“破敌全凭一双眼”充分说明了双眼的重要性，眼神敏锐可捕捉对方漏洞，预判对方招法。另一方面，眼神所散发出的气势可起到威慑作用，正所谓“发手应敌眼神逼”。所以，俗话说“眼睛是心灵的窗口”，如同人的灵魂，武术中的眼法训练值得每个习武者关注。

155. 拳技以眼为尊

【意释】

拳术技法要尤其重视眼法。

【说明】

同类谚语有：“百拳之法，以眼为尊。”“拳法之神，眼为先。”

此谚语强调眼法在拳术技法中具有重要地位和作用。“以眼为尊”，“尊”即为推崇、重视、重要之意。拳谚云：“练拳莫闭目，闭目非真拳。”首先，任何拳种演练，其动作表现均需眼法配合，否则无法展现拳种神韵以及演练者的精神气质。如象形拳猴拳，若无生动机灵的眼法渲染，其动作表现则索然无趣。其次，眼法敏锐有助于技法发挥。与人交手，眼法的锐利洞察，可根据对手招式变化预判其攻防意向，一旦有机可乘便瞬间乘机而起，占据上风。最后，眼法训练越纯熟，眼神一动便可散发出不可抗拒的威严，气势磅礴逼人，可对对手形成心理威慑。

156. 眸子练得精，制敌占上风

【意释】

眼法练得精湛，与人交手时可占优势。

【说明】

此谚语强调眼法训练在技击中的重要作用。眸子作“瞳仁”解释，泛指眼睛。眼睛是观察对方的关键，拳谚有“破敌全凭一双眼”之说。为何眼法在防御及攻击中如此重要，是因为搏击对抗中，眼法的灵活运用，可以预判对方动作的用意及招式，也可运用眼法诱骗对方，以达声东击西之效。

157. 手眼相随，手到眼到

【意释】

眼神随着手动，手到眼到，手眼配合。

【说明】

同类谚语有：“眼到拳到，拳到眼到。”

此谚语强调武术中眼法的基本用法。眼法具体包括随视、注视及传神达意。其中，“随视”指目光随自身动作或攻防需要运转。“注视”指视线凝聚成束，毫不移闪眨动，亦称“凝视”。“手眼相随，手到眼到”指武术运动中需要手眼配合。在武术演练中，手与眼的协调配合极为重要，该谚语中的“手”不仅指“双手”，也指代其他能用以攻防的人体部位。拳谚云：“手眼相跟步随身，眼到手到方为妙。”这样打出的拳方可形神兼备、以意传神。

158. 眼不随手走，精神不抖擞

【意释】

练武者眼法跟不上手法，就没有精神。

【说明】

同类谚语有："手眼相随，形神合一。""手眼相随，决如闪电。"

此谚语强调眼随手动的重要性。在武术运动中，眼神随招式变化而变化，随攻防手法、脚法变化而变化，以便充分发挥眼睛在拳术练用中的重要性。武术动作若无眼法配合，则会显得拖泥带水、呆板、没有生机，体现不出武术技法"手眼相随，形神合一"的神韵。

159. 眼神不到，武艺不妙

【意释】

眼神不到位，武艺就不够精妙。

【说明】

同类谚语有："眼到手到，以眼注眼。"

此谚语强调眼神在武术练用中的重要作用。在武术演练中，眼神到位可体现武术"手眼相随，形神合一"的神韵，而且眼神锐利可以意传神，行拳走势中形神兼备，无不透露出武术的艺术之美。民国时期，著名武术理论家金一明先生曾编著大量武术丛书，如《擒拿浅释》《孙氏太极拳与擒拿》《六通短打》等著作。其中，他在《武当拳术精艺》一书中写道："战场之上，须耳听八方，眼观四面，用尖锐之目光，观敌人之意向，伺隙蹈瑕，乘机而起，皆眼之作用。"该论述可视作对"眼神不到，武艺不妙"的一个注解。

160. 眼随手转，步随身移

【意释】

眼神随手法转动，脚步随身法移动。

【说明】

同类谚语有："手眼相跟步随身，眼到手到方为妙。""身随意转。"

此谚语强调眼与手、步与身的配合。"眼随手转"是指眼神要紧随手动。在武术演练中，眼神到位可体现武术"手眼相随，形神合一"的神韵，展现武术艺术之美；在技击实战中，眼神紧随手动，可以观敌意向，乘机而击。“步随身移”是指武术行拳走架或技击实战，要做到脚步紧随身法移动，使人体上下顺遂，身到步到，整体协调，这样才能“手到步亦到，打人如薅草”，否则便“步到身不到，打人不得妙”。

161. 眼随手转，手因敌变

【意释】

眼神随手法转动，手法因敌而变。

【说明】

同类谚语有：“眼随手走，手到眼到，眼到意到。”

在武术习练中，无论套路演练还是技击实战，都离不开“眼法”的运用，正所谓“练拳莫闭眼，闭目非真拳”“眼神不到，武艺不妙”。其中，“眼随手转”中的“手”不单指手，也指代人体其他可用于攻防的肢体部位。“眼随手转”是武术演练的基本要求，可以凸显演练者的精气神，增添演练韵味；在技击实战中，可以通过眼睛观察来感知自己的技法运用，也可以对对手的攻防路线、招法变换等进行提前预判。“手因敌变”是指人体各部位要随对方招法的变化而变化，尤其是实招手法、脚法的变化。

162. 破敌全凭一双眼

【意释】

发现对手破绽主要凭借一双眼睛。

【说明】

同类谚语有：“兵贵神速，武需眼快。”“手为先锋，眼为元帅。”“踢打摔拿跌，五法靠眼捷。”

此谚语重点强调眼睛在武术实战技击中的决定性作用。要通过眼睛来观察对手的一招一式，并且要对格斗的环境、态势，以及对手的技击意向、运动节奏、劲气势态和风骨神韵等进行全方位把握，以便发现对手破绽，预判对手战术，同时还要掩饰自己的攻击意图，防止被对方察觉，由此体现出眼睛的关键作用。可以说，失去眼睛的作用，就很难做出有效的攻击。

163. 眼到神自到，眼行胯先行

【意释】

眼神到则意识到，眼神动转后，胯先于其他部位而动。

【说明】

同类谚语有：“眼睛随着头转，头随着腰走。”

此谚语强调眼神与身体移动之间的关系。武术的“精气神”须通过精神、意识来表现，若眼神不到位或散漫，意识就无目的性，精神就会涣散。拳谚讲：“眼随手走，手到眼到，眼到意到。”眼神的移动和身体动作同步、协调，才能体现出武术演练的意境之美。武术作为身体运动，其身形变化大，多迂回旋转，且发力要求拧腰转胯。胯与腰相连，是身体的主要部位，与腰部共同组成贯穿上下身的枢纽。劲力在由下而上的传送过程中，胯的传递和转换作用尤为重要。眼神动转后，胯先于其他部位而动，有益于腰胯带动下的周身协调统一，以及劲力的顺达。

164. 顾三前，盼七星；随手转，似闪电

【意释】

眼神如闪电般随手法快速变动，同时兼顾自我“三前”变化，警惕对方“七星”攻击。

【注释】

（1）三前：眼前，手前，足前。

（2）七星：头、肩、肘、手、胯、膝、足这七个出击点。

【说明】

同类谚语有：“目随手动，目随势注，眼中有势，神中有威。”

眼神要如闪电般随手法快速变动，因为在实战中，得失一瞬间，手法的变化若无眼法的密切配合，很容易陷入“盲动”状态。“顾三前，盼七星”，是指眼

神不仅要兼顾自己，而且还要警惕对手。顾好眼前，能在实战中看清对手的进攻意图；顾好手前，能使自己手法变化无障碍；顾好足前，可使自己步法运用更自如。同时，要警惕对手的进攻，而一般可进攻部位主要是“头、肩、肘、手、胯、膝、足”这“七星”，所以要“盼七星”。只有顾住自己“三前”，并知晓对手“七星”各部的变化，才能进退自如、攻防如意。

165. 眼似闪电光千里，声如疾雷惊敌魂

【意释】

眼神似闪电般凌厉，声音惊炸如疾雷般令对手心惊。

【说明】

同类谚语有：“发手应敌眼神逼。”

此谚语体现了习武者的一种武术境界。“眼似闪电光千里”中的“光千里”，体现出眼神的凌厉和敏锐。当武术练到一定水平时，习武者的精气神饱满，眼神自然就显得十分凌厉，尤其在技击过程中，特殊的情态更能激发这种精气神的迸发，让对手心生畏惧。同时，如闪电般“光千里”的眼神，还展现出眼神的敏锐性，能够迅速“看透”对手的技击意图。“声如疾雷惊敌魂”中的“声”，是习武者吐气发力时自然迸发出的一种声音。到达一定水平的习武者，这种声音短促惊炸如疾雷，可令对手心惊。

身法

166. 练拳本是求身法

【意释】

练拳主要是追求身法。

【说明】

同类谚语有：“拳法贵变化，身法是根本。”

此谚语意在说明身法在武术中的重要性。武术运动中躯干的运动方法称为身

法。身法的变化带动身体四肢的变化，四肢随着身法而动。以长拳为例，身法是长拳的“八法”之一，要求“腰如蛇行”，其主要由腰部来体现。腰是贯穿身体上下的重要关节，对人体起支撑作用，并传递、转换上下肢之间的劲力。身法顺，则周身协调，劲力顺达。练拳注重追求身法，则抓住了练拳的主要矛盾，因为绝大多数技术动作的完成都需要靠身法来带动，由身法来体现，劲力的有效传递也需要身法的顺畅运行。

167. 身法不活，变转不灵

【意释】

身法不灵活，技术动作的变换与运转就不灵巧。

【说明】

此谚语意在强调身法灵活的重要性。身法是武术技法之一类，身法以活为要，以明阴阳变化为妙。戚继光在《纪效新书·拳经捷要篇》中指出：“学拳要身法活便。”身法以腰为轴，须腰、胯、腹、胸、肩、背各肌群协同配合。身法一动，基本调动了全身主要骨骼、关节和肌肉。此外，招式变换和劲力转换都需身法配合完成。如果身法不灵活，则腰、胯、腹、胸、肩、背等肌群的协调性差，动作变换不流畅，劲力传递不顺达，即“身法不活，变转不灵”。

168. 进退闪躲凭身法，若无腰腿便无神

【意释】

进退闪躲靠身法，腰腿不活则身法不灵。

【说明】

身法，是武术运动中躯干的运动方法，以躯干为主导，以四肢为配合，如“起、伏、转、折、闪、展、腾、挪”等，均可视为身法的表现形式，因而有“进退闪躲凭身法”之说。身法的主宰是腰腿，通过腰的折、叠、扭、转，实现上下身各种姿势变化的相顺相随；通过腿的高低起伏、前进后退、左移右挪，展现身法整体的运动趋向。可见，腰腿的配合与变化，为身法的整体展现注入了灵魂与神采。

169. 上虚下实，中间灵

【意释】

拳术练用的一般法则是上身虚灵，下身稳实，中间腰部灵活。

【说明】

拳谚中有劲力“发于根、顺于中、达于梢”之说，劲由脚跟而起，若下身不扎实、沉稳，则松懈消散，无法传递至腰。腰部作为上下身的中枢环节，起到协调全身的作用，也是劲力运转的主宰所在，尤须灵活。劲力在腰部的催动下，通脊背、过肩膀、经肘部、达手指，处处皆可发劲，因而要松柔、虚灵。反之，若上身僵硬，则劲力阻滞，无法有效发放。总之，下身稳实，中间灵活，上身虚灵，劲力才能节节贯穿，顺达均整。

170. 动如风，站如钉

【意释】

动时快如风，站时稳如钉。

【说明】

此谚语强调动与静的技术特点。动静分明是各拳种流派共同遵守的准则，有“动迅静定”的规律概括。“动迅静定”在各武术流派中的表达方式不一，但内涵是相通的，如查拳要求“行如风，站如鼎”，华拳讲究“动如奔獭，静如潜鱼”，意拳强调“动如山飞，静如海溢”等。该谚语中的“动如风”是指身体动则快速凌厉如同旋风掠过；“站如钉”则指身体站定时要沉实稳固，似铁钉入地。“动如风，站如钉”既是对练习过程中的技法要求，也是衡量武术水平高低的一种标准。

171. 起如猛虎落如山

【意释】

起势威猛如虎，落势稳重如山。

【说明】

同类谚语有："去意好似卷地风，出势好比虎扑羊。"

此谚语是对技击过程中出手起势和收手落势的要求。"起如猛虎"强调武术出手起势要如猛虎般迅捷威猛，刚健有力，要做到"七疾"，即"眼要疾、手要疾、脚要疾、意要疾、出势要疾、进退要疾、身法要疾"，给对手以势不可挡之感。"落如山"强调武术收手落势要沉稳重实，让对手如大山压身般无法招架。唯此，才能实现心意六合拳所追求的"一起一落一命亡"。

172. 身动如打闪纫针

【意释】

身法移动疾快如打闪、灵巧如穿针。

【说明】

此谚语形容身法在移动过程中要以快取胜，犹如"打闪"，灵活巧妙，譬如"纫针"。突出了"打闪纫针"般的快速灵巧，在打法、拿法、腿法、摔法等武术技法中的重要支撑作用。在武术训练中，要重视身法训练，针对不同的拳种技术，采取相应的身法训练。事实上，习武者只有具备此"打闪纫针"般的身法，其在"两两相当"之时所用出的技法才能更为"妙、巧、暗、精、准"。

173. 雕爪蛇腰出水龙，金钩入地得太平

【意释】

手如雕爪般锋利，腰如蛇身般灵活，身法有出水之龙的气势，十趾抓地如金钩入地般稳实。

【说明】

此语出自三皇炮捶拳理中的"三皇炮捶之根"，原文为："雕爪蛇腰出水龙，金钩入地得太平；和颜悦色真刚毅，舌丹入海得内情；怀抱太极乾坤在，阴阳变化鬼神惊。"此42字歌诀是三皇炮捶拳的"根"。

三皇炮捶中的“雕爪”是一种手型，此处还寓指该拳爪指功夫刚劲，如雕爪般凶狠锋利；“蛇腰”指腰应如蛇身般迂回曲折、柔韧灵活；“出水龙”则指身法运用中有如蛟龙出水般的变化和气势。“金钩入地”是指足部十趾屈扣抓地，脚面骨、足弓骨隆起，涌泉穴虚提，则形状如钩，以“金钩”誉之，如此自然足下生根、身形稳实，可“得太平”。另外，在武术练用中，人体要形成一个整体，手法、身法与下肢不能脱节，从而形成周身的整劲。

174. 五点金落地，落地如生根

【意释】

五趾落地如脚下生根般稳固。

【说明】

此谚语强调步法的稳固性。不论练拳还是技击，步法落地时均须脚下生根，即要求五趾抓地，使劲力透入地下如大树生根，如此，不论身形如何变幻，脚下始终稳固，恰如大树将根深深扎于土壤里，不论风吹雨打，依然挺拔站立。步法稳固之所以重要，是由于步法的运动承载着全身的变化，从武谚“步稳如磐石，根固敌难催”“步慢则拳慢，步乱则拳乱，步快则拳快，步稳则拳狠”中，即可窥见步法稳固与否对身体其他部位的重要影响。

175. 起要直起，起如举鼎；落要展落，落如劈砖

【意释】

起身要垂直向上，犹如举鼎般沉稳；落地要舒展向下，犹如劈砖般干脆。

【说明】

该谚语阐述了“起”与“落”的要领，也是一种交手要诀。“举鼎”常常被古人作为练习气力与证明力量的一种“物什”，楚霸王项羽因“鼎”而“一举成名”。“举鼎”之要义不仅要求举者具有强大无比的力量，更要求举者能够掌握一定的技巧，如站功口诀指出“霸王举鼎托天力，上托下按要用意”。“起如举鼎”讲究起立时身体垂直向上，要力求身体平稳、沉实。“落入劈砖”讲究身体下落应

力求干脆、利索，以腰带手，力达掌外沿，整个过程要舒展利落，不可拖泥带水。类似关于“起”与“落”的论述，如少林拳的“起如举鼎，展身而起；落如分砖，缩身而落”，形意拳的“束身而起，长身而落”等，均表达了相似的思想。

176. 胯随腰转，身随步行

【意释】

胯部随着腰部转动，身躯跟随步法运行。

【说明】

此谚语阐述的是身体不同部位间的主从关系。所谓“其根在脚，发于腿，主宰于腰，形于手指”，因腰为主宰，所以需“胯随腰转”；因脚为根，即步法为根，且“打人步为先”“步法乱，手法慢”，所以需“身随步行”。腰主导胯的转动，身躯紧随步法运行，否则动作就会脱节，无法形成有效劲力。

177. 腰胯能运转，上下自协调

【意释】

腰胯能运转良好，全身上下自然可协调一致。

【说明】

此谚语突出了腰胯在协调全身动作中的主宰作用。从人体来看，腰胯乃全身中枢，连接身体上、下肢，具有协调全身运动的重要作用。所以，在运动中大多以腰为轴，以胯为辅，以四肢为轮进行运转。在这种轴与轮的关系中，作为轴心的腰胯能运转良好，发挥好其连贯、带动的作用，作为轮子的四肢自然可以协调一致，腰胯与四肢之间亦可顺遂自然。

178. 猫蹿、狗闪、兔滚、鹞翻、蛇鹰眼

【意释】

蹿如猫般轻巧，闪如狗般敏捷，滚如兔般迅疾，翻如鹞般灵活，眼如蛇鹰般锐利。

【说明】

同类谚语有："猫蹿、狗闪、兔滚、鹰翻。"

中国武术注重天人合一，在象天法地、师法自然中成拳立论，所以在武谚、拳论、技法命名等中多自然山川、飞禽走兽的内容，如力劈华山、白鹤亮翅等。更有甚者，还出现了许多专门从某些动物象形取意而成的象形拳，如蛇拳、虎拳、鸭拳、鹤拳、龙拳等。即使在非象形拳中，由象形取意而成的武术技法也比比皆是，不胜枚举。这些均折射出了中华民族的思维方式。

此谚语从象形的角度抽绎出了"猫、狗、兔、鹞、蛇、鹰"等动物的特性，蹿要像猫那样轻巧，闪躲要如狗般敏捷，滚动要像兔子一样迅疾，翻转如鹞子般灵活，眼睛要像蛇鹰般锐利，以其"窜之轻巧、闪之敏捷、滚之迅疾、翻之灵活、眼之锐利"来喻指拳技特点，同时也提出了训练标准，较为形象、完整地概括出了其对于身法、眼法的要求。

179. 艺备身法方显高，技至无形始见奇

【意释】

拳术具备身法方能显示技艺的高超，技艺达到无形之境方能显现奇妙之处。

【说明】

武谚云："拳法贵变化，身法是根本。"所以"练拳本是求身法"。然而"身法无定也有定，千变万化难形容"，只有在拳练百遍甚至千遍之后，才能"身法自现"，所以身法是拳法纯熟至极的成果，故有"艺备身法方显高"之谓。

"技至无形始见奇"是指练拳者起初不会任何技艺，可谓自虚无而起始，后渐学渐丰，待技艺水平到极高程度后则又重归虚无，逐渐进入无拳无意之境，此时已无拳种之别，亦无技法之异，而是万象皆空，一气浑然，奥妙不测，然却于无意之中存有真意，即"拳无拳，意无意，无意之中是真意"之谓，也即"技至无形始见奇"之意。

180. 折、弯、扭、拧身法必行，含、挺、收、放身法别忘

【意释】

运用身法，必定包含折叠、弯曲、扭动、拧转，亦不可忘记含蓄、挺拔、收

拢、展放。

【说明】

身法变化离不开身形的“折叠、弯曲、扭动、拧转”，即“折、弯、扭、拧”，它们是身法运行的必备因素，故说“折、弯、扭、拧身法必行”。但是，身法若欲变幻灵动、柔韧稳实，在技击或演练中体现得更具张力，则必须在“折、弯、扭、拧”中运用好“含、挺、收、放”四字。此四字不局限于身体的某一部位，可体现于任意部位、任一动作中。从某种意义上说，如果将“折、弯、扭、拧”视作身法之形，则“含、挺、收、放”即是身法之魂，正是因为“魂”的赋予，“形”才具备了生命，所以“含、挺、收、放身法别忘”。

步法

181. **未习拳，先学步**

【意释】

在学习拳法之前应先学好步法。

【说明】

谚语有云：“步不稳则拳乱，步不快则拳慢。”“打拳容易，走步难。”说明步法对拳法具有支配性作用，步法稳实快速是拳法扎实迅疾的基础。另外，“技击步为先”，步法灵活与否基本决定了在技击中是否能掌握制胜的主动权，所以步法在整个武术训练体系中具有极其重要的地位，故须将其置于训练之始，做到“未习拳，先学步”。

182. **未学拳，先扎马**

【意释】

在学习拳术之前，应先练好马步。

【说明】

在中国武术的训练体系中，“扎马”“站桩”存在于诸多拳种中，而且均极受重视。所谓“要学打先扎马”“入门先站三年桩”，即反映了对马步、桩功的重视。马步是武术技术体系中最基本的训练内容之一，在武术演练和技击中具有广泛的应用，且通过对它的练习还可增强下肢力量，使下盘稳固，提高平衡能力。练习马步须循序渐进，初学马步之时，在达到马步规格的前提下，扎马时间不宜太久，贵在持之以恒。

183. 走为百拳之长

【意释】

步法是众多拳法的根基。

【说明】

此谚语也作“走为百练之祖”“走为百练之长”，强调步法是拳术训练的重要基础练习。拳谚“打拳容易走步难”“先看一步走，再看一伸手”，集中体现了步法在武术技法中的重要性。此谚语中的“走”并不是简单的身体移动，尤其是融入技击动作的“走”要比基本步法复杂多变。为了让练习者更准确地掌握武术技法，步法练习尤为重要，如形意拳和心意六合拳的踩鸡步，即是一种直趟反复训练的步法，而八卦掌更是以掌法变换和行步走圈为主，以“行桩”“趟泥步”为入门步法。只有在“走”的练习中提升下肢的支撑力及耐久力，才能进行其他动作技术的学习。

184. 技击步为先

【意释】

技击之道以步法为重。

【说明】

同类谚语有：“法门以步为先。”

此谚语强调了步法在攻防中的重要性。实战运用讲究“以步试敌”“以步为先”。武术对步法的熟练及掌握水平有较高要求，是武术训练的基本功练习，主要有如下原因：第一，从实战运用角度看，灵活的步法能保持身体重心的平稳，准确调整与对手之间的距离，增加击打精度与效果。第二，从练习内容来看，“步”不仅指武术的基本移动步法，它还与身体姿势和劲力运转联系在一起，因而武术初练者要从基本步法开始。在民间拳种教学中，尤其重视步法的练习，这是武术前辈对步法的重视和对武术运动规律的认识。第三，从武术劲力训练方法来看，武术追求全身参与的“整劲”，这就要求身体任何动作都要“手到脚到”，“步”到则劲力才可以自由发放。

185. 运动忌壅塞一方，发放忌上动下滞

【意释】

运动切忌身体有阻塞的地方，劲力发放切忌上盘运动下盘滞涩。

【说明】

此谚语强调武术是一项整体性运动，讲求周身一家，一动无有不动，一静无有不静。打拳时，身体为一整体，某部位或关节运动，周身各处都要随之而动。反之，身体运行就会受阻，难以达到整体如一的效果。

武术各门各派虽对整体劲的要求不尽相同，但主要宗旨一样，即“有上即有下，有前必有后，有左必有右”，需要周身上下肢协调配合。如果身有壅塞或上下散乱，其劲力发放必定松懈，不齐整，更难以运用于实战。

186. 步稳如磐石，根固敌难推

【意释】

步法、步型应沉稳如磐石，下盘稳固则不易被对手击倒。

【注释】

磐石：厚而大的石头。比喻稳定坚固。

【说明】

此谚语主要强调步法与下盘稳固的重要性。武术讲究“步不稳则拳乱”，意指步法不稳固，则拳法容易混乱。步法在武术的攻防中起主导作用，因此有“教拳不教步，教步打师父”的说法。只有步法如磐石般稳固，下盘才沉实坚固，在此基础上，进退闪躲才能灵活自如，从容应对对手的攻击，做到“根固敌难摧”。

187. 先看一步走，再看一伸手

【意释】

先看步法移动，再看手法运用。

【说明】

该谚语说明评判武术水平高低要先看步法，再看手法。“未习拳，先学步”“教拳要教步，教步不用悟”“步大不灵，步小不稳”“技击步为先”“功夫不够步子凑”等谚语，均从不同角度强调步法在武术练用中的重要性。步法直接影响到身法、拳法的灵活性，关涉到技击双方制胜权的掌控，因而是衡量武术水平高低的重要指标。只有步法灵活、稳固了，才看手法的运用。所以，有经验的习武者在评判别人武术水平时总是“先看一步走”，而后在此基础上“再看一伸手”。

188. 教拳要教步，教步不用悟

【意释】

教拳要教步法，领会了步法要旨，其他技术就能得心应手。

【说明】

此谚语强调了步法在教学过程中的重要性。步法为习拳的基础，正因为步法在拳术中如此重要，所以在教授拳术时先要学习步法。步法训练一般分为三个阶段：首先是基本功阶段，腿功、桩功是练习步法的关键。其次是进行基本步法的训练，要求掌握各种步法的要领，练熟练精。第三个阶段是进行各种步法的变化和灵活运用的训练，还要进行步法与招法的配合训练。步法能习练精熟，可为其

他技术的习练打下坚实基础，有助于更快地掌握拳法技术要旨。

189. 打拳容易走步难

【意释】

打拳容易，但走好步法较难。

【说明】

此谚语强调步法是拳术的根基。拳术是在不同步法移动变换下完成的，走步难就难在习练者对于步法的熟练与运用上。首先，熟练技法是所有运动技能的关键，越是高水平的习练者，越是基本功扎实，甚至可以做到“熟能生巧”，在实战情景下发挥出超常的技能水平。其次，掌握基本步法后重在“运用”，要做到“稳”与“活”。在进行套路演练或技击格斗时，身体处于快速运转或极速对抗中，若步法不稳，身体就会失去平衡。在稳的基础上，还要灵活多变，才能使身法巧妙、手法灵活。所以，“走步难”并不是指步法难于习练，而是难在步法沉稳、灵活的运用上。

190. 步大不灵，步小不稳

【意释】

步型大则身体不灵活，步型小则身体不沉稳。

【说明】

此谚语强调步型大小与身体灵活性、稳定性的关系。一般来讲，步型大，则下盘低，重心稳，但不够灵活；步型小，则下盘高，移动灵活，但身体不沉稳。对于不同拳种来讲，又有各自的步型要求，即使同一拳种，也往往有高、中、低三种练法，以适应不同水平的习武者。因此，在武术练用过程中，采取何种高度的步子，需要据实际情况而定。

191. 脚底拔跟，功夫不深

【意释】

脚下虚浮无根，则功夫不够精深。

【说明】

此谚语强调在武术练习过程中脚下要稳固。中国武术劲力传递的原理是“力起于脚，发于腿，主宰于腰，形于手”。一方面，脚跟抬起，则身体重心不稳，一旦受到对手攻击就很容易失去平衡；另一方面，脚下虚浮无根则不能发出劲力，进攻对手更是无从谈起，只能处于被动挨打的境地。另外，所谓“步稳如磐石，根固敌难摧”，步的稳固与“根”即脚底的稳固关联紧密，脚实根固是功夫高深的基础。反之，若脚底虚浮无根，则功夫必然不深。

192. 趾不仰，根不拔

【意释】

脚趾不仰，则根基不易被拔起。

【说明】

此谚语强调脚趾在保持身体稳定性中的重要性。谚语云：“步不稳则拳乱，步不快则拳慢。”脚趾上仰易使身体后仰，重心后移，导致重心失衡，劲力散乱。因此，不论在练习还是实战运用中，最好都能做到十趾抓地、步型稳固，并以整个脚底紧贴地面。一方面，这样增加了脚与地面的接触面积，脚掌踏地更加稳固，身体重心即根不易被拔起，有利于保持身体平衡；另一方面，“十趾抓地”也是武术劲力发放时的基本要求，只有“脚趾不仰”才能做到“十趾抓地根不拔”，脚底才能踩实，劲力才能“起于脚，发于腿，主宰于腰，形于手”。

193. 掌运八方，足行五步

【意释】

掌法运使有掤、捋、挤、按、採、挒、肘、靠八种劲力，足下移动有进、退、顾、盼、定五种步法。

【注释】

（1）八方：指的是八种劲力，即掤、捋、挤、按、採、挒、肘、靠。

（2）五步：进、退、顾、盼、定。

【说明】

十三势是太极拳的基本技法，主要分为八种劲力与五种步法。其中“掤、捋、挤、按、採、挒、肘、靠”为八种劲力，“进步、退步、左顾、右盼、中定”为五种步法。王宗岳所著《太极拳释名》中指出：“掤、捋、挤、按，即坎、离、震、兑，四正方也；採、挒、肘、靠，即乾、坤、艮、巽，四斜角也。此八卦也。进步、退步、左顾、右盼、中定，即金、木、水、火、土也。此五行也。合而言之，曰十三势。”八种劲力与八卦相对应，五种步法与五行相对应，在练习劲力时可参考阴阳八卦的原理，练习步法时可参考五行相生相克的原理。杨露禅所说的“怀藏八卦，脚跐五行；手步八五，其数十三，出于自然”（《杨谱：清代杨氏传抄老谱》），也是此意。太极拳先辈们把阴阳、八卦、五行理论运用到太极拳技法中，不仅丰富了太极拳文化的内涵，而且增添了太极拳文化的奥秘。

194. 上步要快，让步要活，落步要稳

【意释】

上步要快速，让步要灵活，落步要稳健。

【说明】

此谚语阐明了上步、让步、落步的技术要求。“上步”在技击实战中属于正面进攻，容易引起对方注意，此时最重要的技术要诀就是一个“快”字，以迅雷不及掩耳之势，在对方反应动作未形成前完成。“让步”是避开对方正面进攻的锋芒，从侧面寻求反击机会的一种步法。“让步”并不一味追求动作速度，“灵活”才是关键，要做到动作娴熟、时机精确、变化巧妙。“落步”是步法动作的最后一个环节，技术要领是“稳”字，步稳则身稳拳稳，不易为对方所乘，同时也为发劲或再次变换步法创造条件。

195. 身随步走，步随身换

【意释】

身法跟随步法移动，步法跟随身法变换。

【说明】

此谚语强调身法与步法要相互配合。武术运动讲究周身一体、上下相随，其中包括上肢运动与腰身躯干的配合，下肢运动对拳脚劲力发放的支撑与变化。身法与步法相互配合体现在练和用两个方面：其一为拳法演练，打拳时所有动作都要使步法与身体相协调，做到“一动无有不动，一静无有不静”，随动作的变换身体亦随之变化，才能让每一个动作练得传神，观者才能被带入到一种技击情景中，从而感受到武术的魅力；其二为技击实战，任何武术动作都要求肢体运动完全与步法移动紧密结合，所谓“手到脚不到，鬼也打不到；手脚一齐到，金刚也跌倒”，便形象地说明了身法与步法配合的重要性。

196. 功夫不够步子凑

【意释】

功夫不深，可以步法弥补不足。

【说明】

步法可以前进、侧移、后退，可以步走直线快速移动，也可摆扣结合身走步换，巧妙的步法运用本身就是功力的体现，同时也是其他技击动作有效施展的前提。当与对手距离较远时，首先需要运用步法来拉近彼此距离，以在适宜范围内展开有效击打。当功夫没有对手深厚时，巧妙运用步法也可使自己免于被动状态，甚至在某些情况下占据优势。另外，功夫不够步子凑，还蕴含着以步法催动身法、叠加劲力，或以步法破坏对方平衡等内涵，进而求取更多胜利的可能。

197. 步动打人显神通

【意释】

在步法移动中实施击打可显现神通。

【说明】

同类谚语有：“步动身随手方到，打人动步方得妙。”“手到脚不到，鬼也打不到；手脚一齐到，金刚也跌倒。”

善于运用步法，可有效加强击打效果，甚至给人以“神通”之感，原因主要有三。其一，通过步法的适度调整，可使全身劲力发放更加顺达。其二，通过步法的合理移动，可破坏对方的平衡，使其失去重心，进而明显增强我方击打效果，如形意拳的趟步，运用得当可有步到人跌之效。其三，通过步法的巧妙变换，在闪展腾挪中寻得有利时机和方位，可达到出其不意、攻其不备的效果。反之，如果没有步法配合或步法配合不当，则劲力往往不顺达，动作往往不协调。

198. 拳快不如半步跟

【意释】

拳速快不如跟上半步更有效。

【说明】

在技击实战中，即便拳法再犀利，速度再快，如果没有步法的跟进也只能在原地发挥作用。下肢不仅可给肢体发力提供稳定支撑，而且是力量生成的源泉，通过“半步跟”，能够把步法和拳法的力量、速度进行“叠加”，从而增大、加强技击效果。另外，拳法快速，击打效果也终归有限，但半步跟进，则为各种技法的实施提供了更多的机会与空间。

199. 胯如奔马，步似寒鸡

【意释】

两胯变化如奔马般迅速灵活，步子变换如寒鸡般迅捷沉稳。

【说明】

胯部是人体的重要关节，与腰一起在上下肢间起着劲力传递的作用，同时，由于胯部直接连接两腿，所以对于步法、身法的灵活与否起到至关重要的作用。“胯如奔马”，意指两胯变化如奔马般迅速、灵活，如此才能有益于劲力传递、步法变化、身法调整。寒鸡是鸡在寒冷的冬天瑟瑟发抖的形象，此时往往一脚着地，单腿支撑，另外一条腿则蜷缩离地贴近支撑腿，谓之“寒鸡步”。寒鸡的一条支撑腿为实，另外一条腿离地为虚，如此不仅沉实稳固，也有利于步法的快速伸缩变换。“寒鸡步”用于武术训练与实战中，正符合阴阳互用、虚实转换的武术哲理，具有天然的攻防技击效用。总之，中国武术的技术特点是师法自然、观物取象、象形取意，自然界的动物、植物以及各种自然现象都可成为武术学习、模仿的内容。“胯如奔马，步似寒鸡”正是其师法动物、象形取意的结果。

200. 胯根撑开裆自圆

【意释】

胯关节撑开则裆部自然撑圆。

【说明】

此谚语强调打拳时要圆裆开胯。圆是中国武术的运动特点，这种特征在太极拳和八卦掌中更加突出。“圆裆”是下肢劲力运转的基础，裆不圆则下肢劲力转换受阻，难以化解对方来力或发放劲力。圆裆的关键在于两胯外撑，胯关节运动的关键是裆走下弧线，逐步拉开胯关节。如太极拳的“野马分鬃”，需撑胯圆裆，力求身体八面支撑，使整个动作稳定且具有“张力”。

201. 脚不正，姿势歪

【意释】

脚的位置不合要求，则拳架姿势也有违规范。

【说明】

此谚语强调脚步对武术姿势的重要影响。若脚步方向倾斜，则姿势不正，正确的姿势是练拳养生的基础。脚不仅支撑身体的重量，也是各种劲力发放的基础。练习太极拳，要求斜出脚、正落步。斜出脚是为了步法的稳固；正落步是要求脚步的方向与打拳的方向一致，脚尖必须与膝关节方向一致，如此才能保证身体姿势的正确，也防止膝关节受伤。

202. 宁可无拳，不可无步

【意释】

宁可拳法不佳，不可步法不好。

【说明】

同类谚语有："步架拳走，步不到家难成家，步不成型难成雄。"

此谚语强调步法训练在拳术中的重要性。步法训练是武术练习的基础，有"未学拳，先学步""未学拳，先扎马""打拳容易走步难"之说，不能轻视。这主要是因为，步型和步法是拳术的基础技术，步型不但支撑身体重量，也是在具体动作中保障劲力顺达的重要因素，而步法状态更决定了拳法样态，正所谓"步不稳则拳乱，步不快则拳慢"。

203. 落步如钢钉，进步快如风

【意释】

落步如钢钉入地般稳固，进步如疾风骤至般快速。

【说明】

此谚语是对落步与进步的技术要求。在技击实战中，落步时不能有半点迟疑，否则会被对方看破而抓住攻击机会，因而武术界有"宁可一思进，不在一思停"的说法。落步就要如钢钉入地般稳固，这样身体才能在移动中保持稳定。同理，进步时需快速如风，不能优柔寡断，移步迅速是进攻成功的关键。从武术演练的角度看，落步如钉、进步如风的步法所展现的意蕴和气势让观者精神振奋，给观众一种"动迅静定"的独特审美体验，产生一种"动如涛，静如岳；缓如鹰，快如风"的武术意象。

204. 学者要知真消息，只在眼前一寸中

【意释】

学习者欲探知形意或心意拳的精髓，只需在平时练习的寸步中细心体会。

【说明】

在此谚语中，"真消息"指形意拳的精髓。"只在眼前一寸中"主要是就形意拳的寸步而言。寸步是形意拳最有特色的步法，蕴藏着形意拳的"真消息"。以劈拳为例，在上步之后，后脚又向前跟了一小步，这一小步即为寸步。寸步的重要性主要体现在以下两方面：一是上步之后的寸步步幅较小，可使上步的步法

更为稳健，步稳则力实，上步发力也就更为稳实、浑厚；二是寸步使得形意拳步法更为灵活，比如，可连三赶四发寸步成串步快速逼近对手，也可在上步后利用寸步调整对敌角度，以占据有利位置。

“眼前”二字意在提醒练习者不要忽视寸步，形意拳的“真消息”就蕴藏于此。所谓“拳不论势，而扼要者为步，治用在于步，而灵与不灵亦在于步”，寸步即是形意拳灵与不灵、治用与否的关键所在。“宁可无拳，不可无步”，练习形意拳须在“眼前一寸中”细心体会“真消息”。另外，心意拳与形意拳一脉相承，此谚语也是练习心意拳的重要指导思想。

205. 步架拳走，步不到家难成家，步不成型难成雄

【意释】

步法支撑拳法运行，步法练不好很难成为行家，步法不成型也难以称雄。

【说明】

此谚语强调步法在拳术中的重要作用。步法一直以来被拳家视为拳术的基础，“教拳要教步”，初学者一般先从基本的步型学习，如弓步、马步、仆步、虚步、歇步等，步型练习熟练与规范后再开始学习前进、闪避、后退等步法，最后才是结合拳法与腿法进行的训练。武术从易到难的训练方法，是各门派都采用的技艺传授方法，比如咏春拳首先从二字钳羊马的步型开始，徒弟一练就是数月，直到师父觉得足够扎实了才开始教日字冲拳、独角捶、摊掌、膀手等基本拳法。初学者往往希望多学几个漂亮的招式或完整的套路，但“欲速则不达”，尤其是忽略步法的练习，便难以掌握武术的精髓，也就不可能成为行家里手。

206. 前腿弓，后腿绷。弓如弓，绷如钉

【意释】

弓步前腿呈弓形，后腿要绷紧。弓腿如张弓蓄劲饱满，绷腿如钻钉劲透地下。

【说明】

此谚语强调对弓步的技术要求。弓步俗称“弓箭步”，是武术基本步型之

一，在武术中具有重要地位。弓步的要求是前腿呈弓形，膝关节弯曲，与脚尖成垂直，胯关节下沉，与大腿呈水平；后腿膝关节绷紧，胯关节下压；两脚五趾用力抓地，后脚不能拔跟或脚外沿掀起；两脚不能在一条直线上，弓步重心主要在前腿上，大约占三分之二，后腿大约占三分之一，突出了“前如弓，后如钉”的要求。

207. 前如空，后如丁

【意释】

虚步前腿放松如虚无，后腿稳固似钻钉。

【注释】

丁：为“钉”的古字。

【说明】

此谚语强调虚步的技术要领。虚步属于武术基本步法，具有“前虚后实”的特点。前腿为虚，脚法移动时较灵活，便于踢腿和向前上步抢攻。此外，虚步也可作为戒备式，如心意六合拳的“熊形”和咏春拳的“问手”，就是近似“虚步”的动作，是应敌基本姿势。前脚为虚，抬起就是正蹬脚，下挫对方小腿就可以截击对方，向前迈步则可以后脚踢击或变化身体姿势；后腿为实，步法移动时较稳固，支撑整个身体的平衡，是保持身体稳定和步法移动灵活的关键。

208. 弓步不拔跟，力量蓄其中；弓步不偏斜，前人难牵动

【意释】

弓步脚跟不拔起，则力量蓄于其中；弓步步型不偏斜，身前之人就难以牵拉动摇。

【说明】

同类谚语有：“弓钉合，力蓄中，象山岳，稳固重，千钧力，牵不动。”

此谚语主要强调对弓步的技术要求。拳谚云：“前腿弓，弓如弓；后退

绷，绷如钉。”强调前腿像弓一样撑劲，后腿如钉子一般稳固。弓步重心在两脚中间，两脚不能在一条线上，两脚的横间距约有15厘米，身体上身挺直，不能前后或者左右倾斜，练到这种水平，就很难被人牵引动摇。弓步的易犯错误，主要有膝关节容易弯曲、脚跟拔根、脚外侧掀起等。少林歌诀曰：“前腿要弓，后腿要蹬。弓步如弓，蹬步如钉，弓钉相合，力蓄其中，静像山岳，稳盘固重，千钧人力，牵我不动。”由此可知，此谚语中的“弓钉相合”指的是弓步和蹬步。所以在练习步法时，要做到“前腿弓，后腿蹬”“弓如弓，蹬如钉”，以使动作稳固。

209. 步不稳则拳乱，步不快则拳慢

【意释】

步法不稳固则拳法混乱，步法不快速则拳法迟缓。

【说明】

同类谚语有：“步慢则拳慢，步乱则拳乱，步快则拳快，步稳则拳狠。”“步快则身快，步慢则身慢。”

步法稳固是支撑身体平衡的根基。全身作为一个整体，下肢步法不稳，则上身必受牵扯，拳法也必然凌乱。由于“步为周身之枢纽，灵与不灵在于步，活与不活在于步”，所以步法倘若不能快速灵活，则全身必然迟滞呆慢，拳法自然也不会快速。

210. 步不紧，则手慢；步不顺，则手散；步不稳，则手乱；步不灵，手难变

【意释】

步法不紧凑，手法就滞慢；步法不顺畅，手法就松散；步法不稳固，手法就紊乱；步法不灵活，手法就不善变。

【说明】

同类谚语有：“步法乱，手法慢。“步一乱，拳必慢。”

此谚语强调步法在武术训练中的重要性。步法是全身运动的根本所在，从根本上影响着全身的劲力传递、身法变化，并以劲力、身法为中介，最终影响着作为人体梢节的手法的变化。

腿法

211. 十腿九凶

【意释】

腿法大都凶险易奏效。

【说明】

此谚语突出强调腿法的实战效果。腿法又称脚法、腿技，是与人交手的重要技法，因有上肢掩护，隐蔽性好，且较之手臂长而有力，故攻击效果显著，为武术“四击”——踢、打、摔、拿之首，因而得到习武者的广泛重视。所谓“手是两扇门，全靠腿打人，”即凸显了腿法的重要性，亦是对此谚语的有力注解。国外武技如跆拳道、泰拳等，也都十分重视腿法。

212. 腿高练低用

【意释】

腿法训练时踢得较高，运用时则较低。

【说明】

此谚语意在说明腿法训练与实用之间的关系。“高练”反映了运动训练的“从难”原则。腿法“从难”训练，有助于获得更好的力量、速度、柔韧、灵敏、协调等素质，可令难度较小的“低用”更加随心所欲。强调“低用”，是因为“抬腿丢了半个家”“好腿不过膝”。事实上，在实际运用中需要辩证看待，当高则高，当低则低，但主张尽量少用高腿，多用中、低腿。

213. 抬腿不过脐

【意释】

实战中起腿高度一般不超过肚脐。

【说明】

此谚语意在强调武术技击应谨慎运用高位腿法。出高腿者，若腿部柔韧性较差，容易自我跌倒，即使击中对手，也发挥不出自身的最大力量；而对于腿法功底较好的人来说，出高腿也面临重心不稳、腿法隐蔽性差等问题。弹腿门与螳螂拳对腿击法的主张是“抬腿不过脐”，心意拳腿法的特点之一是“好腿不过膝”，它们都是为了在实战技击时最大限度地保持自己重心的平稳。

214. 抬腿轻，落地松，踢起腿来一阵风

【意释】

起腿要轻灵，落地要松快，过程快速带风。

【说明】

此谚语阐明腿法练习的要求。抬腿轻，指起腿要松柔不僵；落地松，指落腿要拿捏好落点和力量，不可有笨拙之相；踢起腿来一阵风，指从起腿到落腿的中间过程要快速如风扫过，且在击中（假想）目标的前后有加、减速的过程。如此练习可有效提高腿部柔韧、力量、速度、灵敏等素质。武术中直摆性腿法、屈伸性腿法、平扫性腿法练习时，都应该遵循这些原则。

215. 只压不遛不中用，只遛不压笨如牛

【意释】

只压腿不遛腿，软而无力不好用；只遛腿不压腿，重而不灵笨如牛。

【注释】

（1）压：指压腿、耗腿、搬腿、撕腿等腿部柔功静压法。

（2）遛：从辵，表示与行走有关的活动。如慢慢走、散步。遛腿是武术术语，指摆腿、踢腿等腿部柔功动转法。训练方法可概括为一腿直立，另一腿以髋关节为轴，依靠大腿肌群与髋腰肌的收缩与协调配合而运动。

【说明】

此谚语阐明对腿部伸展性练习与弹性练习的辩证看法。压腿与遛腿是腿功训练的两大途径，二者相辅相成、缺一不可。前者重在发展腿的伸展性，可增加髋关节、膝关节、踝关节等的灵活性与活动范围；后者重在提高腿部各肌肉群的协调能力、力量素质与速度素质等，使起腿快而有力。因压腿与遛腿的功能不同，过于偏重前者，腿法柔软有余，劲力不足；过于偏重后者，腿法快猛有余，灵活欠缺。所以，此谚语“只压不遛不中用，只遛不压笨如牛”才将压腿与遛腿做了一个“巧搭妙接”，意在得二者“中和”之道。因此，腿功训练只有合理把握“压腿”与“遛腿”的度，才能使腿真正柔韧有力，既不轻软又不笨滞，且变化迅捷，达到“出腿似箭，猛如钢鞭”“两腿连发如排炮，转换灵活似臂掌”的效果。

216. 脚有多法，用必谨慎

【意释】

脚法多样，使用必须谨慎。

【说明】

中国武术脚法众多，如踢、踹、摆、弹、撅、勾、别、丁、点、扫、搓、踏等，加之身法、步法的配合，可谓变化无穷。以戳脚为例，其是一种以腿脚功夫为主的拳术，重点锻炼腿法、脚功，有“北腿之杰”之称。戳脚的基本腿法有挑、剪、丁、转、迎门插拦和左右八脚，其中左右八脚指的是丁、踹、拐、点、蹶、错、蹬、碾八种踢法，由此可见脚法的用法之多。

强调“用必谨慎”，一是因为“十腿九凶”，易给对手造成不同程度的伤害，所以应针对不同情况选择不同腿法，以达到理想的制敌效果；二是因为“抬腿丢了半个家”，甚至有“脚踢浑身是空”的危险，所以应谨慎用腿以防被对手所乘，比如可采用“抬脚为腿，落腿为步”式的起腿方法，多起低腿、暗腿；或者在起腿的同时加强自身防护，如“拢手保身”等。

217. 身动如风，腿似鞭

【意释】

身法迅疾如风，腿击好似抽鞭。

【说明】

速度是武术技击制胜的重要因素。此谚语强调的便是身法与腿法的迅疾、快速，另外还隐含着对身法、腿法放松的要求，因为身法唯有迅疾放松才能“如风”，腿击也唯有快速松弹才能“似鞭”。散打运动中的边腿是一种犀利性的腿法，在民间也被称作“鞭腿”，“鞭”字从侧面生动地反映了边腿击打力度大的技术风格特点，唯有像鞭子一样出击快速而又松弹，才能有理想的击打效果。

218. 收髋猛收腹，过腰要加速

【意释】

正踢腿要收髋且快速收腹，腿高过腰后再次加速。

【说明】

此谚语阐明了正踢腿的练习要领：收髋、收腹、过腰加速。另外，头要有上顶之意，眼平视前方，颈项竖直；支撑腿全脚掌着地，五趾抓地，两膝伸直；收髋收腹的同时，整个躯干须挺直，且要沉肩下气、重心稳实；过腰加速要体现出爆发性，力争脚部达到力点时可发出寸劲。

219. 脚踢丢了半个家

【意释】

起脚踢击的同时，身体半侧虚空。

【说明】

此谚语说明出腿应谨慎。正所谓“起腿半边空”，不论腿法好坏，出腿尤其是高腿，都很容易降低自身的平衡能力和防守水平，所以在使用腿法时应当多加小心，注意加强防守意识，这也是传统武术一般均认为“好腿不过膝”“起腿不过腰”的原因。同时，本谚语也体现了中国传统武术注重动态平衡的思维特点和内守稳健的文化特征，折射出中国传统文化对武术的深刻影响。

220. 起脚三分虚，无搭不起脚

【意释】

起脚时自身也有三分空虚，没有搭配防御措施时不可贸然起脚。

【注释】

搭：接触；相接。此处实质上泛指手部的防御措施。

【说明】

同类谚语有：“起腿三分险。”“腿起输三分。”“高腿三分灾。”

此谚语强调应谨慎运用腿法。武术中对用“腿”有严格的规定，不让轻易使用。因为人在用腿时，另外一条支撑腿就会空虚，起脚攻击他人也给自己带来危险。一般来说，没有搭配防护措施的前提下不可贸然起脚。手是用腿时最好的防护，谚语有“抬脚三分险，拢手可保身”之说，“拢手”就是指在抬脚起腿攻击对手的同时，自身双手所采取的一种回拢护身的防御措施。

221. 拳打遍身是法，脚踢浑身是空

【意释】

以拳法击敌，自己全身都是方法；以“脚踢”击敌，自己全身都是防御漏洞。

【注释】

浑身：全身。杜荀鹤《蚕妇》：“年年道我蚕辛苦，底事浑身着苎（zhù）麻。”

【说明】

此语出自心意拳《四拳势论》，原文为“拳打遍身是法，脚踢浑身是

空，远去不发脚，发脚也不打人”，说明心意拳不主张以腿法（尤其是高位腿法）击敌的独特态度。但是，在心意拳中，不应将“脚打”等同于“腿法”，否则就抹煞了心意拳的特色。心意拳认为“手打三分脚打七”，此处所谓“脚打”，不同于“脚踢浑身是空”中的“脚踢”式腿法，而是指进步踩打、手脚齐到、趟劲发人等具有典型心意拳特色的“脚打”方法。所以，理解武术谚语，必须针对拳种特色辨证深入进行。“拳打遍身是法”是指以拳法击敌，自己全身都是方法。“脚踢浑身是空”应该理解为以脚踢打时，身体会给对方留下很多漏洞。

222. 出腿似箭，猛如钢鞭

【意释】

出腿快似射出之箭，劲猛如抽出的钢鞭。

【说明】

此谚语强调出腿时要快速。武术中的速度和劲力之间存在因果关系，出腿速度越快，对方越无法防守，加之快速就会产生强大的劲力，如同抽出的钢鞭，可产生较强的击打效果。在散打中，鞭腿尤其强调速度要快，击打猛烈。

223. 宁挨十拳，不吃一脚

【意释】

宁可挨拳打多次，不愿被脚踢一次。

【注释】

吃：表示被动，此处是被打击的意思。

【说明】

此谚语强调了腿法巨大的威力。在日常生活中，有“胳膊拧不过腿”之说，强调腿的力量比胳膊力量大。实际上，腿部力量比拳头的力量要大得多，且腿法较拳法更为隐蔽，当实战双方注意力更多地集中在腰部甚至胸部以上时，若被腿法出其不意地击中，后果将更为严重，所以“宁挨十拳，不吃一脚”。

224. 若要练武成，功从腿上生

【意释】

若要练武有成效，首先应提升腿上功夫。

【说明】

此谚语可从两方面来理解。一方面，是从腿功（包含步法上的功夫）与其他武术技术的关系来看，腿功是所有武术技术的基础。“步稳如磐石，根固敌难摧”，双腿支撑身体，掌控着全身的平衡，其功力的深浅和身法、步法的灵活、稳健与否息息相关。“步不稳则拳乱，步不快则拳慢，步不实则拳散”，腿与步的稳实灵快与否决定着拳法运用的效果。另一方面，是从腿的击打效果来看，这也是技击的需要。在实战运用中，腿较臂长且力大，有“宁挨十拳，不吃一脚”的说法。腿处于人体下部，发动较为隐蔽且易奏效，有“十腿九凶”的说法。正是基于这些，“手是两扇门，全凭腿打人”“手打三分脚打七”才会成为武术技击的共识。也正因此，才有“若要练武成，功从腿上生”的劝诫。

225. 两腿连发如排炮，转换灵活似臂掌

【意释】

两腿连续击出像排炮一样密集，转换则像手臂手掌般灵活自如。

【注释】

（1）排炮：开矿、掘巷道、开山造田等工程中，许多相连的炮眼同时进行的爆破；很多炮同时向同一方向或目标开炮。

（2）臂掌：手臂和手掌。

【说明】

此谚语特指胡氏戳脚腿法的技法特点。胡氏戳脚有以中低腿法为主的完整拳术体系，含有自己独特的拳术套路、器械套路、实战单操腿、拳理论述、桩

功、腿功、手功等各种功法训练。发力讲究蓄发分明，先蓄后发，手出涌泉发力，腿出丹田发力，手脚配合，上下呼应，形成周身之整力。胡氏戳脚以八根、八母、八法十六字决，三十二字根本用法为核心，其中的“八根”丁、踹、拐、点、蹶、错、蹬、碾，指的就是其腿法技击的特点。这八种腿法通过前后、左右、直斜等不同方位的变化连环运用，两腿前后进攻紧密如排炮，手法转换灵活，故有“两腿连发如排炮，转换灵活似臂掌”的比喻。

腰法

226. 臂由腰撑

【意释】

手臂由腰支撑。

【说明】

一方面，该谚语说明了手臂与腰之间的关系，臂由腰支撑，手臂运用才会有强大的“后盾”。另一方面，人体腋下含空，像在手臂与腰之间装有弹簧一样，使手臂好似受到弹簧的支撑而富有弹性。总之，臂由腰撑，手臂发力就不只臂上力量，否则只是一臂之力，其劲定然飘浮不沉或迟重板滞。

227. 七分踺子，三分小翻

【意释】

在做踺子小翻的过程中，踺子做得好与坏，对后续的小翻具有决定性影响。

【注释】

（1）踺子：又称侧手翻向内转体90°。经手支撑，向侧腾空翻转1周，同时绕身体纵轴转体90°的动作。

（2）小翻：后手翻。

【说明】

同类谚语有："七分毽子三分过。""七分毽子三分提。"

此谚语强调踺子技术完成对小翻的重要作用，所以说"七分踺子"。在踺子小翻技术中，先要顺利完成踺子动作，才有完成小翻动作的可能。踺子动作的结束形成了小翻开始前的身体姿势，为小翻动作向后翻腾的方向和初速度提供了保障。

228. 腾空飞身起，霹雳响九天

【意释】

腾空跃起，空中击打声音响亮如霹雳响彻九天。

【说明】

此谚语是对腾空飞脚的身体姿势和手击打脚背声音的要求。腾空飞脚是一条腿前摆，另一条腿蹬地起跳，在空中完成单拍脚的一种"腾空腿法"技术动作。在完成腾空飞脚动作时，要求身体腾空而起，在空中利用腰腹力量先使左掌击右手背，后完成单拍脚动作。要想高质量完成腾空飞脚动作，助跑速度要快，腾空要有高度，滞空时间要长，摆腿要迅速，脚面要绷紧，手主动迎击脚面，这样才能做到身体腾跃而起，在空中击打响亮如同霹雳。

229. 俯身平地起，霹雳响九霄

【意释】

仆步俯身穿掌起身，腾空飞脚空中击响，声音要响亮，如霹雳响彻九霄。

【注释】

九霄：天之极高处；高空。晋代葛洪《抱朴子·畅玄》："其高则冠盖乎九霄，其旷则笼罩乎八隅。"

【说明】

此谚语描述了仆步穿掌与腾空飞脚的动作过程。仆步是武术基本步型之一，其具体做法是一腿屈膝全蹲，大腿紧贴小腿，膝微外展，脚尖外摆45°；

另一腿伸直平仆接近地面，脚掌扣紧与小腿成90° 夹角。仆步穿掌要求俯身手掌贴平仆腿内侧前穿，从脚面穿出。仆步穿掌起身后跟腿跃步接腾空飞脚。腾空飞脚的具体动作要求参见“腾空飞身起，霹雳响九天”的“说明”部分。

跌扑滚翻法

230. 滚翻一个蛋，倒地一条线

【意释】

滚翻时身体要做“蛋状”团身运动，倒地时身体要成一条直线。

【注释】

滚翻：指身体的某些部位依次支撑地面或器械，并经过头部的翻转动作。方向上有向前、向后、向侧滚翻。

【说明】

此谚语阐明了武术中滚翻和倒地的动作要点。在练习抢背等滚翻动作时，要求身体相关部位依次着地，并在翻滚中团身弓背，呈“蛋状”。在练习仰摔、支撑倒地等跌扑动作时，无论是向前的支撑倒地还是向后的仰摔，都要求身体呈直线，头顶竖直，腰背肌肉收紧，倒地的瞬间，双手手臂主动迎击或拍击地面。身体在整个过程中要保持直线。

231. 推手甩腿快如风，落地无声

【意释】

侧手翻要求推手撑地、摆腿的动作快速如风，落地时轻柔无声。

【说明】

此谚语阐明了侧手翻的动作要领。侧手翻要求双手依次扶撑地面，两腿分开呈扇状摆动的翻转动作。落地时，要求轻柔无声。侧手翻可原地做、上步做，也

可加助跑做。另外，侧手翻还应注意，支撑的双手和落地时的双脚需要在一条直线上完成，动作要舒展，分腿幅度要大。

232. 腾空要高，翻转要快，两腿要直，落地要轻

【意释】

侧空翻要求起跳腾空高，摆腿翻转快，两腿伸出直，双脚落地轻。

【说明】

此谚语阐明的是侧空翻的动作要领。侧空翻是以侧手翻为母体的衍生翻旋动作。做侧手翻时，抽空支撑地面的双手，即为侧空翻。侧空翻是现今竞技武术比赛中常见的难度动作，它要求起跳腾空高，飘逸自然，在空中双腿伸直且要摆动翻转迅速，落地时需轻盈。

桩法

233. 练拳无桩步，房屋无立柱

【意释】

练拳没有桩功做基础，如同房屋没有支柱。

【说明】

同类谚语有："练拳无站桩，起屋未打桩。""练拳不练桩，一身无力量。""练拳要站桩，功力响当当。"

桩功主要来源于各拳种的基本步型、身形，练习时多保持一定姿势不变，以站式居多，是武术气功的一种重要锻炼形式。桩功的作用有很多，比如可以畅通气息、稳固身法、扎实功法、壮内增力、防病健身等，此谚语主要是就桩功稳固身法的作用而言的。桩功在拳术中是基础，如果桩功没有练习好，就如同房屋没有支柱，很容易坍塌垮散，体现了桩功在武术中的重要地位。

234. 练功先练桩，大鼎增力量

【意释】

练功要先练桩功，拿大鼎可以增强力量。

【注释】

大鼎：指倒立。拿大鼎，可使肩宽、身轻、腰韧、臂力强。

【说明】

此谚语强调武术桩功的重要性。“练功先练桩”是因为桩功具有正体圆招、稳固下盘、凝神整劲、壮内增力的作用，为之后的武术修习奠定坚实基础。中国传统武术的各拳种技术虽千姿百态，但训练却大多以桩功起始。如形意拳即有“要学形意拳，先站三年桩”的规矩。在该谚语中，拿大鼎即倒立，倒立需要“耗功”。倒立可先用双手支撑，而后单手。还可先十指，后减为八指、六指、四指。最后到单手的二指和一指，即是“二指禅”“一指禅”。拿大鼎可使臂力明显增强，还可使肩膀变宽，体重减轻，腰变纤细柔软。

235. 要学拳，须站桩；欲习打，先练桩

【意释】

要学拳，必须先练站桩；要学习格斗，就要先练习桩法。

【说明】

“要学拳，须站桩”也作“未习拳，先站桩”。桩功之所以在中国传统武术中具有举足轻重的地位，首先是因为在技术层面，其在传统武术的不同训练阶段具有不同的训练学作用。当然，不同训练阶段的训练方法，包括形体和意识两方面，如以桩姿的高低而论，可分为上盘桩、中盘桩、下盘桩等，也大不相同，所以才有不论学拳还是习打，均须先练好桩功的要求；其次，在文化层面，强调练习桩功，注重下盘稳固，与中华民族安土重迁、重实际求稳定的农业文化心态一脉相承，体现了传统武术作为国粹对中国传统文化深深的融摄，同时也反映了中

国传统文化强大的同化力、渗透性。

236. 要把精髓洗，先从站桩起

【意释】

要想调整身体内部机理，就要先从练习站桩开始。

【注释】

精髓：①精气真髓；②比喻事物的精要部分。王夫之的《姜斋诗话》："然读古人文字，以心入古文中，则得其精髓。"在此特指身体的内部机理。

【说明】

站桩作用较多，此谚语所突出的主要是站桩的"内调"作用，可以使习武者达到诚心凝神、整体发力、意到气到等效果，使身体内部机理得到良好改善。这与中国传统文化的内倾性相吻合，因此得到中国传统武术的普遍重视。如形意拳认为"三劈不如一站""万法源于三体式"，而在意拳、卢氏结构中，桩功更是被推崇到无以复加的程度。

从注重"内调"的角度来看，中国传统武术有别于在西方外倾文化中形成的注重"外强"的武技。所谓"外强"，是指其在训练中更多地将注意力放在肌肉力量的增强与发力速度的增快上。这两种侧重点不同的武技训练模式，最终导致其习练者在身体形态上表现出较大差异。

237. 动步不摇晃，站桩不拿桩

【意释】

移动步法时身形不可随意摇晃，站桩应自然放松而不可矜持。

【说明】

移动步法时，只有身步合一才能步法敏捷，正所谓"步到身到"；倘若身体摇晃，必然导致步法散漫、迟滞。站桩时身心应自然放松，不可将注意力过度拘泥在桩法的外形上，否则为桩法所挟制，必然到达不到桩功的高级境界，甚至还会导致气血不畅，影响身体健康。

如浑元桩的站桩，“两腿开立与肩同宽，两腿屈膝略蹲；两臂自然下垂于身前，手心朝里，身正直，自头顶到两脚之间成一垂线；舌上卷抵于上腭，周身放松，闭目，绝杂念，徐徐以鼻吸气入腹，旋即又徐徐以鼻呼出。练习时要求以静为主，必须身正，胸舒、腹松、气匀，渐入至静至寂之境，遂使气息平和，血脉畅达，并能增长下肢力量。”（鲁越，许奎元主编《体育规则实用全书（卷7）》）事实上，有时我们不必完全拘泥在桩法的标准动作上，不必具体到两手放在身体的哪个确切位置，而只要做到周身放松、头正身直无杂念、血脉畅达等即可。

238. 欲求技击有妙用，必得练好站桩功

【意释】

技击中若想招法能运用奇妙，必须先练好桩功。

【说明】

练好站桩功，有助于习武者意、气、劲、形的一动俱动、一到俱到，真正实现内壮外勇、内外合一，可以更好地激发习武者在技击中的人体潜能，从而产生神妙的发挥。在以意拳为代表的桩功训练体系中，有撑抱桩、降龙桩等专门用于提高练习者技击能力的一类桩法，被称为“技击桩”，其特殊的意念训练可有效提高练习者的胆量、应变等能力，从而为在技击中不期而至的“神妙之用”的产生奠定基础。形意拳“万法源于三体式”之说，是此谚语的一个很好的注脚。

239. 桩功不动法无形，静态里边大力生

【意释】

桩功锻炼不动形体，方法也不外显，在静态中逐渐生出很大的劲力。

【说明】

桩功锻炼，外静内动，在对形、意、气、力和四肢百骸的不断调整中，使身心畅达、气血调和、上下相应、内外合一、连通一贯，不断转化身体的内部机理，变拙力为活劲。随着桩功训练水平的不断提高，锻炼者内外合一、身心和谐的程度不断提升，劲力不仅更为整齐，也在由小变大，由刚而柔，进而刚柔相

济、阴阳和合。意拳大师王芗斋先生所说的“大动不如小动，小动不如不动，不动之动，才是真动，才是生生不已之动”，正暗含此理。锻炼者若能对“静中触动，动尤静”一语详加体会，悟其“发动一点生机而致无穷”之理，当能更好地实现“静态里边大力生”。

240. 站桩如山岳难撼，行步似水中游龙

【意释】

站桩沉稳如山岳难被撼动，步法变化似水中游龙般灵活。

【注释】

山岳：高耸入云而延绵不断的山岭。《左传·庄公二十二年》：“山岳则配天。”

【说明】

“站桩如山岳难撼”中的“山岳”一词用得极妙。“山岳”是高耸入云而延绵不断的山岭，而非孤峰，所以也就更为博大、沉稳，非常形象地传达了桩功的锻炼效果。如形意拳特别注重站桩练习，形意拳名家孙禄堂传授弟子齐公博时，让齐公博站了三年桩，当孙禄堂发劲把齐公博打出后，齐公博仍是以三体式桩稳稳落地，这充分说明了站桩所练就的高深功力。

形意拳也非常讲究脚上功夫。形意拳大师唐维禄的徒弟们，必须每天早上两手背后步行十里，锻炼走路行步的功夫。唐维禄说：“形意拳又叫行意拳，有个行字，功夫正在两条腿上。”（李仲轩口述，徐皓峰整理《逝去的武林》）因此，该谚语中所谓将行步练得像“水中游龙”，正是功夫达到高水平的体现。

徒手攻防

241. 手似两扇门，上下护全身

【意释】

双手就像两扇大门，可护住全身上下。

【说明】

此谚语强调了手的防护作用。双手比双腿运用更为灵活，因此更适合防护全身。将双手比喻为两扇门，门开可诱敌深入，门闭可防敌攻入，在开与闭的变化中发挥其防护全身的作用。武式太极拳强调左右手各管半个身体，形象地说明了“手似两扇门，上下护全身”蕴含的道理。

242. 拔步、拔步，拔其根基，摧其根本

【意释】

用拔步拔掉对方作为根基的支撑腿，摧毁对方视为根本的重心。

【注释】

拔步：是指近身用足扣膝等法，破坏对手重心使之摔跌的腿部技法。

【说明】

“根”在武术练用中极为重要。不论是拳术演练，还是实战技击，脚下有“根”是关键基础。拔步是近身破坏对手重心使之摔跌的腿部技法。脚步在实战中决定着攻防效果。不论出击迎敌，还是退防闪避，都离不开脚步的灵活移动，所以，着力破坏对手的步法是取胜之匙。因为，同直取对手上盘不同，破坏对手根基更为直接有效，往往可迅速制敌。

243. 站稳脚跟自得力，扼腕掣肘引人跌

【意释】

下盘稳固上肢自然有力，抓腕拉肘使人跌倒。

【注释】

（1）扼：用力掐着，抓住。如扼杀，扼腕。

（2）掣：拉，拽。如掣肘，掣后腿。

【说明】

此谚语强调了下盘稳固的重要性。力源于脚，只有站稳脚跟、下盘稳固，才能使劲力形之于手臂，抓住对手手腕，扣住对手肘部，把对手摔倒。就全身而

言，下肢是全身的根节，躯干为中节，上肢为梢节。陈长兴在《太极拳十大要论》中写到："以腿言之，胯为根节，膝为中节，足为梢节。"人体直立时，脚部站得稳，整个根节就沉稳了，下盘也就稳固了。

244. 步不至，招无功；面不过，手必空

【意释】

步法不到，出招也不会奏效；在一臂之长以外（出手不及对方之面），出手也必定成空。

【说明】

此谚语是对峨眉拳出招要领的阐述，强调了施用技法要手脚协调配合，尤其步法要紧随招式变化。步法迟缓，所出招式难以奏效。在敌我距离的掌控上，应时刻进行移动调控，使之在适合己身攻防的范围之内。峨眉拳注重充分利用一臂之长，要求手臂尽量前伸，手臂灵活伸缩以配合步法，使对方打不到我却又一直在我的攻击范围内。其核心观点为：以一臂之长为限，对方置身其外，便无法打到我；对方进入其内，我就可以先打到他。

245. 上肢不到，腿脚何益

【意释】

上肢不到位，腿脚没有作用。

【说明】

"手是两扇门，全凭腿打人"的前提是手要发挥好防护、诱惑、掩蔽的作用，否则只凭腿法攻敌，所发出的腿法均为明腿，明腿易躲，且抬腿半身空，自然是"上肢不到，腿脚何益"。手脚相互配合，做到手到脚到，此时发出的腿则为暗腿，达到出腿不见腿的效果，所以暗腿难防易奏效。

246. 步到手到身到，方为上手到

【意释】

步、手、身协调一致，一到俱到，才是武术高手。

【注释】

上手：此处指高手。

【说明】

同类谚语有："手随脚行，脚到手到。"

"步乃身之基"，步法带动身法，身法带出手法，所以应手脚相随，脚到手亦到，即"步到手到身到"。另外，武术讲究"内外六合"，"外三合"是指手与足合、肘与膝合、肩与胯合；"内三合"是指心与意合、意与气合、气与力合。"六合"是评判武术技艺水平高低的一个重要指标。"步到手到身到"即达到了"外三合"的标准，是武术高手的标志之一，可视为"上手"。

247. 手到脚不到，破敌不得妙。手到身也到，破敌如吹草

【意释】

出手的同时脚跟不上，则不能很好地击败对手。出手的同时身体也同时到达，击败对手则如吹动一棵草一样简单。

【说明】

同类谚语有："手到脚不到，打人不倒。"

此谚语突出强调"手脚齐到"在武术技击中的重要性。手脚齐到，一则劲力齐整，增强自身打击力；二则上下齐攻，虚实变幻，令对手防不胜防。所以，"手脚齐到方为真""步到手到身到，方为上手到"。

248. 拿不如打，打不如摔

【意释】

拿法不如打法，打法不如摔法。

【说明】

一般而言，拿法比打法更复杂，在真实技击中较少有施展机会，所以"拿不如打"。此处"打不如摔"中的"摔"指的是包含有大量拳打脚踢和致伤、致残、致死内容的摔法技术，而非纯粹的摔跤。"具体而论，现在流行或历史

上曾经流行的摔跤大致有两种：一种是技术简单，以较力为主，只是‘摔、掼、跌、扑’，没有伤人技术动作的摔跤，如古典式摔跤、日本相扑；另一种是技术复杂，以致伤、致残、致死对手为目的，包含了大量搏击技术的摔跤，如日本柔术、一些武术流派中的跤法。前者一般裸袒上身，后者一般以着衣方式进行。”（程大力著《中国武术：历史与文化》）事实上，此谚语也应辩证看待，在有些条件下，拿也许比打更有效果，打也可能比摔更为合宜，要根据实际情况灵活运用。

249. 巧拿须防痴打，妙摔谨防赖拼

【意释】

精巧的拿法也要防止对方疯癫地乱打，高妙的摔法也需谨防对方无赖般地拼打。

【注释】

（1）痴：疯癫。如发痴；痴癫。

（2）谨：慎重小心。如谨言慎行；谨记在心。《论语·学而》：“谨而信。”

（3）赖：耍赖。亦指无赖的作风和行为。如赖子（赖皮子，赖皮狗。刁钻撒泼、不讲道理的人）。

【说明】

拿法固然精巧，但若遇到不顾疼痛、硬击蛮拼之人，则很容易被对手解脱。所以，拿法讲求“拿其一点，制其全身”。运用拿法时，多以双手拿控对方的一节，但若遇“痴打”之人，他还可用未被拿住的身体部位进行还击。例如，对方一手被拿控，但其另一手、头、足，以及肩、背、臀、膝等部位均可进行技法运用，从而“以打解拿”。又或对方不畏疼痛，直击我方要害。因此，若不能“拿其一点，制其全身”，就不能轻易运用拿法。“巧拿须防痴打”也有作“巧拿不如痴打”。此处“痴打”可作“拙击笨打”理解，意指拿法虽巧妙，却不如拙击笨打实用，体现了一种“拿不如打”的思想。

摔法虽奇妙，运用时却须严防对方不顾武德无赖拼打。原因在于，运用摔法大多需贴身发力，此时对方若没有武德，则很可能像无赖一样使用一些刁钻泼辣

的阴招狠招，所以“妙摔谨防赖拚”。

250. 跌扑诱敌纵，双腿把敌摧

【意释】

自己主动倒地诱使对方进攻，再用双腿制服对方。

【注释】

纵：①本义：松缓；②身体猛然向前或向上。这里特指对方上前进攻。

【说明】

此谚语讲述了一种技击谋略，即以主动跌扑的方式诱敌来击，进而将其制服。此谚语所阐述的技击方法在地术犬法、地躺拳、猿功拳中尤为显著，是其典型特色所在。“地术犬法”也称“狗拳”，主要流传于福建一带。此拳是以腿法为主，配合手法和步法组成的拳术，注重卧地以腿击人。与人对搏时，多顺对手攻势，主动倒地反击对手。被对方击倒时，则迅速滚闪躲避，同时以腿防守反击。“地躺拳”亦称“地功拳”，源于清代，传于福州、闽南、闽北一带。因套路多由跌、扑、滚、翻动作组成，故名。其有南拳特点，腿法丰富，倒地腿法独特。“猿功拳”是河北唐山具有代表性的地方拳种之一。此拳以仿猿形为根本，其运动身形犹如猿猴，属于内外结合、刚柔相济的拳法，以地如冰滑的地躺攻法尤具特色。

251. 高手点到为止，低手撞翻为止

【意释】

武艺切磋时，高手大都点到为止，低手则直至将对方打倒在地才结束。

【说明】

同类谚语有：“走手比武，点到而已。”

此谚语可从两个维度来理解。一是从技术的维度，武术高手谙熟技击之道，对方稍一作势，便知功夫高低，正所谓“行家一出手，便知有没有”，所以点到即可为止；而低手不谙技击，评判输赢的标准只能是将对手打倒在地。二是从武

德的维度，真正的高手不仅技艺高超，而且武德高尚，所以他们往往为顾存对手颜面而点到为止；低手则武德低劣，为逞一时之勇而不惜打翻对手，甚至让对手受伤。事实上，武术锻炼人的不仅是技术，更是心性。所以，修习武术，应术、德并进，才能成为真正的高手，从而体悟到武术的最高境界——和谐。

打法

252. 打法各家各不同，静如处女瞥如鸿

【意释】

各武术流派的技击方法不尽相同，但均要求静时安定如处女，动时迅速如大雁。

【注释】

（1）瞥：突现，即很快地出现一下。张衡《舞赋》：“瞥若电灭。”

（2）鸿：大雁。

【说明】

此谚语中的“静如处女瞥如鸿”与越国时的一位越女所论的剑道相似。东汉赵晔《吴越春秋》记载，越国有位剑术家擅长剑道，被称为越女，她说：“道有门户，亦有阴阳。开门闭户，阴衰阳兴。凡手战之道，内实精神，外示安仪，见之似好妇，夺之似惧虎。”它从阴阳的角度说明了剑道动迅静定、内动外静的道理，与武术中的打法相似。各拳种、流派虽因技击风格不同而各行其是，但却遵循着许多共同的规律，如就本谚语所呈现的动静关系而言，“动迅静定”是共同的要求。这也是许多武术家在很多拳种间能“一通百通”的原理所在。

253. 打中有拿，拿中有摔，摔中有打

【意释】

打法、拿法、摔法相融相通。

【说明】

同类谚语有："打中寓跌，跌中寓打。"

打法、拿法、摔法是相融相通的，在技击中只有灵活运用，才能变化无穷，更有效果。武术技击不是由单个招式组成的，而是由一系列招式组成的复合体，包括了打法、拿法、摔法。在实战中，因为所处环境、所遇对手的身高、体重、武术水平等因素的不同，决定了实战不可能只靠某个单一的、固定的招式就能取胜，而是要根据实际情况灵活变化打法、拿法和摔法相互融合、灵活变化，才能达到克敌制胜的目的。

254. 手不离中门，招不让子午

【意释】

双手不离开自己身体正前方，同时防护好自己的身前、身后。

【注释】

（1）中门：也作"正门"，指身体正前方。

（2）子午：一些拳家以习拳者身体的正前方为午位，正后方为子位，进而定右方为酉位，左方为卯位。根据传统的说法，子位为北方，午位为南方，卯位为为东方，酉位为西方。

【说明】

人身的眼、喉、脏器、阴部等易被击伤的要害部位都处于身体的正面。因此，与人搏击时，手不能擅离正中，运用招法也不能让出正中，以免此部空虚，而被人击中要害，即"手不离中门"。手占据正中，防护身体任一部位的路线最近，攻击对方的路线也近，要做到攻中有防，还需防护好自己的身前、身后，即"招不让子午"。

255. 有力夺正中，无力闪两旁

【意释】

与对手相较，力大则直攻对方正中，力小则闪开正中攻击对手两侧。

【说明】

同类谚语有："力强入中攻，力弱踩边法。""有力当头上，无力踩两旁。"

"有力""无力"是相较于对手而言，指力量的大与小。力大者可以力取胜，硬打直进，抢攻中门要害，速战速决。力小者可以巧取胜，凭身法之迅捷取敌两侧或背后。如"四两拨千斤"即是"闪两旁"的一种技法表现。假设对方用"千斤"巨力击来，则要依据对手来力方向，迅速调整身法、步法以闪避进攻，使其巨力落空的同时伺机回击。

256. 交手抢外门

【意释】

交手中要抢占对手出击臂外侧的范围进攻。

【注释】

外门：指出击臂外侧的范围。

【说明】

作为一种技击策略，"抢外门"并不意味着放弃自身中线，而仍要始终"招不让子午"，与此同时发挥一只手封住对方两只手的所谓"一臂双功"的作用，还有"有力当头上，无力踩两旁""力强入中攻，力弱踩边法"等技击策略（详见武谚"有力夺正中，无力闪两旁"条目）。对此谚语应作辩证看待，具体实践中则须在"知己知彼"的情况下"择善而从"。另，"外门"，又叫侧门、小门、边门、偏门等。由外门进攻俗称"走外"。

257. 上乘落，下乘举，前乘冲，跃乘起

【意释】

对方由上向下击打，可趁其下落时击打上部；对方由下向上击打，可趁其上举时击打下部；对方猛力前冲，可趁其前冲时引其前倾；对方跃起来击，可趁其跃起未落时击打。

【注释】

乘：趁着，利用。张溥《五人墓碑记》："于是乘其厉声以呵，则噪而相逐。"

【说明】

此谚语列举了乘势借力的方法，其关键之处在于把握对手"旧力略过，新力未生"的时机。"上乘落"指对方由上向下击打，我应趁其下落，发力难收，来不及格挡时，击打其上部。"下乘举"是指对方由下向上施招时，我应在其上举，身体部位出现防守漏洞时，随其上举之势攻其下部。"前乘冲"是指对方猛力向我袭来时，我应迅速闪身避开其力，借其前冲之势，顺势引其前倾失衡。"跃乘起"是指当对方跃起来击，可趁其未落时击打。

258. 来的高，往上挑；来的矮，往下斩；不高不矮，左右排拦

【意释】

对方来手较高则往上挑托，较矮则往下斩切，不高不矮则向左右排拦。

【说明】

同类谚语有："高者掤低者架，不高不低用截法。""高了架，低了压，不高不低朝外挎。""上来崩，下来砸，遇到中盘往里打。""上来者挑托，中来者拦路，下来者砸切。""高来则挑托，平来则拦格，低来则砍切。"

此谚语阐明的是技击中的一些格挡方法。也就是说，当遇到对手出手较高时，用上挑之法，对手出手较低时则用斩切，当对手出手不高不矮的时候，可以将来手向左右挡开。各谚语虽因拳种不同而用字有别，理念却一致，即如心意拳中所说的"中户（门）不开门"，要防护好自己的中门。

259. 长拳照架子打，短打遇空子进

【意释】

长拳击打对手拳架，短打得到空隙便进身。

【注释】

(1) 长拳：泛指遐举遥击、进退疾速的徒手攻防技术和运动形式。

(2) 短打：泛指贴身近战、势险节短的徒手攻防技术和运动形式。

【说明】

此谚语阐明了长拳与短打的不同技击风格。在武术分类中，有“长拳”与“短打”的分法，“长”与“短”是相对而言的。明代程宗猷著《少林棍法阐宗·问答篇》载：“长拳则有太祖、温家之类，短打则有绵张、任家之类。”现代流行的典型的“长拳”有通背拳、劈挂拳等，短打有形意拳、八极拳等。长拳擅远击，短打擅近攻，正如明代唐顺之《武编》所言：“逼近用短打，若远开则用长拳。”

现代武术运动中的“长拳”，一般指新中国成立后，以查拳、花拳、华拳、红拳、炮锤、少林拳等拳种基本技法为基础创编而成的拳种套路。它是现代武术教学和竞赛的主要内容之一，具有撑拔舒展、势正招圆、快速有力、灵活多变、蹿蹦跳跃、闪展腾挪、起伏转折、腿法较多、节奏鲜明、气势磅礴的运动特点。2014年10月，蔡龙云先生在上海体育学院体院大讲坛第385讲讲述武术套路运动时提出：“顺肩为长拳，收肩为短拳。”武术中典型的短拳主要有形意拳、八极拳、咏春拳、翻子拳等。

260. 右来右迎，左来左迎

【意释】

对方从我右边攻来，我从右边迎击；从我左边攻来，我从左边迎击。

【说明】

此谚语出自形意拳“交手法”。原文为“远不发手打，双手护心旁，右来右迎，左来左迎，此为捷取”，意在指出形意拳“捷取”的交手法则。此处所谓“迎”，涵盖了各种接手方法，并非单指防守、进攻抑或寓攻于防等接手方法中的某一种，具体采取何种接手措施则因人因境而异。此“捷取”交手法也不仅限于形意拳，在太极拳、心意六合拳等其他拳种乃至现代搏击中都是一种重要的交手策略。

261. 打拳不怕，怕拳不打。拳来闪避，拳去追踪

【意释】

面对对手出拳不要害怕，若心有胆怯就不要出手。对方来拳我要闪避，对方拳回我要顺势跟踪而击。

【说明】

此谚语前两句重在说明技击之时应无所畏惧和有畏惧时不出手。出拳就不要害怕，否则就不要出手。正如形意拳谚所言，“打人如走路，看人似蒿草”“进步不胜，必有怯敌之心”，体现出心理素质对技击效果的重要影响。后两句说明技击中应把握时机闪避和出击，对方来拳我要闪躲，在对方收拳之际，要顺势追击，做到能防能攻。

262. 转身回打，其机在头

【意释】

转身往回击打，关键在于头的运用。

【注释】

机：对事情成败有重要关系的中心环节，或有保密性质的事件。如军机。

【说明】

此谚语事实上运用了运动生理学中“翻正反射”的原理，其作为一种重要的姿势反射，对武术技法的练习与运用具有重要影响。这一反射包括一系列的反射活动，最先是头位置的不正常，刺激视觉与内耳迷路，从而引起头部的位置翻正；头部翻正后，头与躯干的位置不正常，刺激颈部关节韧带及肌肉，从而使躯干的位置也翻正。因此，利用好翻正反射，在此基础上有意识地“转身回打”会更为顺畅、协调。此外，“转头”也可为“回身”预查敌情，有助于选择更妥帖的转身回打方式与技法。所以，才有“其机在头”之说。在此需要说明的是，“转身回打”要求步法灵活，身法稳健，避免自绊腿脚。

263. 打人好比弓断弦

【意释】

格斗应如弓满弦断般干脆猛烈、抖弹有力。

【说明】

所谓“练拳容易得艺难，灵劲上身天地翻。六合相聚人难躲，遇人好似弓断弦”，此为心意六合拳大师买壮图为“灵劲”所作描述。人身好比一张弓，蓄劲则如弓满弦，动手出招劲力发放之时，正如弓弦断裂迅猛干脆，弓身弹抖而出则刚柔相济、抖弹有力、锐不可当。

264. 见招破招，见式打式

【意释】

看见对方出什么动作就破什么动作，看见对方用什么方法就破什么方法。

【注释】

（1）招：拳术的动作。如使了一招儿。

（2）式：法度；规矩。如式，法也（《逸周书·谥法》）。

【说明】

此谚语说明技击须因敌而变，而不可墨守成规。《孙子兵法·虚实篇》有言：“夫兵形象水，水之行避高而趋下，兵之形避实而击虚；水因地而制流，兵因敌而制胜。故兵无常势，水无常形。能因敌变化而取胜者，谓之神。”这正是对本谚语的很好注解，也即在破招打式因敌而变的过程中须辨清虚实，避实而击虚。比如，对手将要使用挟头摔，右脚迅速横上步到我体后，右臂欲夹我颈部的时候，我可迅速下蹲，用左手向中猛托对手的左臂，即破了对方的动作。对手使用其他招式，我便使用其他招式的破解方法，根据对手而应变。

265. 他拳放过须忙进，腋下轻舒难抵挡。若要短打敌长手，跟身到腋是良方

【意释】

对方出拳，我闪过之后需迅速跟进，在其腋下稍微舒展手臂击打，对方便难以抵挡。若想用“短打”对付“长手”，跟步进身到对方腋下击打是好方法。

【注释】

（1）短打：泛指贴身近战、势险节短的徒手攻防技术和运动形式。

（2）长手：又称“长拳”，泛指遐举遥击、进退疾速的徒手攻防技术和运动形式。

【说明】

在此谚语中，“他拳放过须忙进”强调闪身进步速度要快；腋下神经末梢分布密集，是人体要害之一，所以“腋下轻舒难抵挡”。“短打”优势在于贴身近战，以其对付“长手”，必须在躲过“长手”进攻之后迅速“跟身”进入“短打”有利范围之内，而“跟身到腋”便是短打敌长手的良方。

266. 攻防进退横竖找

【意释】

攻防进退的机势要从横与竖的奇正变化中寻找。

【说明】

横，有身法之横、步法之横、手法之横、劲力之横等多种情况；竖，亦有身法之竖、步法之竖、手法之竖、劲力之竖等不同内容。此谚语所谓“横”与“竖”并非确指身法、步法、手法、劲力等多种情况中的某一种，而是作各种理解均可，但却不离横、竖之总纲。以身法为例，“横”指侧身法，即侧身对敌的身法；“竖”指正身法，即正面对敌的身法。就此而言，

所谓“攻防进退横竖找”，即是在身法横与竖的奇正变换，也即侧身法与正身法的相互变换过程中，寻找攻防进退的机势。因为在此奇正变化过程中，敌我双方的对立角度必然在不断变化，而此中便蕴含着攻防进退的机势。在形意拳、心意拳等拳种中常提到的手法、身法、步法的“拧裹钻翻”，其实就是指的“横”与“竖”的相互变换。

267. 你行当面我行傍，你行傍来我直走

【意释】

你攻我中门我就走你侧门，你走我侧门我就攻你中门。

【注释】

傍：同“旁”。旁边，侧。傍，侧也。在本谚语中，“行傍”指走侧门。

【说明】

此谚语源出于明代武将唐顺之所作《武编》，原文为“你行当面我行傍，你行傍来我直走；倘君恶狠奔当胸，风雷绞炮劈挂手。”阐述的是劈挂手的技击原则与用法实例。“你直我傍、你傍我直”的技击原则，体现了劈挂不与对手硬顶的巧打风格，但不论是“行傍”还是“直走”，“手不离中门，招不让子午”的交手法则应始终遵守。“风雷绞炮”四字则是对劈挂风疾雨骤、大劈大挂技击理念的高度概括。此种技击风格在当今的劈挂拳中体现得仍较为明显。此谚语可与“有力夺正中，无力闪两旁”相互参照运用。

劈挂拳，古称“披挂拳”，是武术古老拳种之一。早在明代中叶就较广泛地流行于民间。明代著名战将戚继光（1528—1587年）在《纪效新书》中，对劈挂拳有多处论述。如在《拳经捷要篇》中有“披劈横拳而其快也”，其中“披”为披挂战衣之意，“劈”“横”皆为拳术招法。这是描述了劈挂拳快猛迅速、立劈横抽、直来横档、横来直击，犹如带盔披甲的特点。劈挂拳的动作要领是：拧腰切胯，合膝钻足；吞胸凸背，缩肩藏头；前握后扣，大开大合；两臂条直，搂臂合腕；两臂劈挂，赛似抽鞭。（薛仪衡《通背拳翻子拳劈挂拳》）“你行当面我行傍，你行傍来我直走”描述的是劈挂拳直来横档、横来直击的技击原则。

268. 远则拳打脚踢，近则肘顶膝撞

【意释】

距离较远用拳法打、脚法踢，距离较近用肘法顶、膝法撞。

【说明】

“远则拳打脚踢”说明拳法、脚法多用于远距离攻击。武术拳种如通背拳就讲究放长击远之效，通过自身技法的“放长”来实现技击距离的“击远”。而脚法则是运用人体下肢先天之长在双方距离较远时进行攻击。在双方交手周旋时，一旦距离较近，进入肘和膝的击打范围内，便可以使用肘法顶和膝法撞。

269. 远掌、近肘、贴身靠。远脚、近膝、贴身胯

【意释】

距离较远用掌法，较近用肘法，贴身用靠法。

距离较远用脚法，较近用膝法，贴身用胯法。

【说明】

此谚语指出了人体各部位运用的有效距离。距离较远时，可以用掌根、掌背、掌尖进行击打，也可用踢、踹、扫、蹬等腿法加以进攻，手脚并用，上诱下击，攻守兼备。距离稍近时，上可以肘法迎击，下可以膝法克敌，且肘部与膝部较为坚实，攻可形成巨大威力，守可实现良好防护。但肘关节与膝关节也较为脆弱，须谨防对方针对性的拿、打、点、戳。待双方贴身之时，可使用靠法和胯法。中国武术的靠法非常丰富，如肩靠、背靠、胯靠、臀靠、胸靠等。不论使用哪种靠法，时机掌握均应精准，否则容易受制于人。

270. 远之拳足，近以膝肘，靠之以摔，相机以擒

【意释】

距离较远用拳法、脚法，较近用膝法、肘法，贴身相靠用摔法，看准时机

用擒拿。

【说明】

此谚语充分说明了技击中不同距离所适用的不同技法，即较远时用脚法、拳法，较近时用肘法、膝法，贴身时用摔法，看准时机还可使用擒拿法，体现了中国武术技法的丰富性、立体性、多变性与严密性。在形意拳中，有“七拳”之说，即头、肩、肘、手、胯、膝、足，左右共十四处打法；在太极拳中，有“周身无处不是拳，挨着何处何处击”的追求，这体现了中国武术对于技击的独特思考，有别于在西方文化中成长起来的，以“快”为能事的西方拳击“直、摆、勾”的简单思维模式。

271. 足起望膝，膝起望怀；手起熄灯，肘起索命

【意释】

起脚以对方膝关节为目标，起膝以对方胸口为目标；起手要封住对方双眼，起肘要取敌性命。

【注释】

怀：胸口；怀抱里。如免于父母之怀（《论语》）。

【说明】

此谚语是对足、膝、手、肘实战用法的经验总结，分别指明了其有效的击打部位和肘法的威力，在传统武术技击中讲得较多。在散打等现代搏击赛事中，从参赛者的安全角度考虑，大多是禁用的，尤其“手起熄灯”之论，极易致伤、致残，更为赛事所禁止。具体而言，“足起望膝”是因为膝关节较脆弱，受击易使下盘不稳，从而失去抵抗能力，且传统武术认为“好腿不过膝”，在膝关节的高度使用腿法不仅隐蔽性好，还可有效控制自身平衡；“膝起望怀”是由于膝由下而发，提而上去，加上上肢的协同配合，“望怀”较顺，且击中效果较好；“手起熄灯”是因“百拳之法，以眼为尊”，可谓“手为先锋，眼为元帅”，而“擒贼先擒王”，所以出手必先“灭其帅”，如此，则对手不战自败；“肘起索命”意在体现肘法的威力，所谓“宁挨三拳，不挨一肘”，以肘击打对手的脖颈等要害部位，轻则致伤，重则致命。

272. 足来提膝，近便加膝，膝起望怀，膝落近移

【意释】

对方踢来，我提膝防守，靠近了就起膝攻击对方胸口，落膝要向对方靠近落下。

【说明】

此谚语是关于膝法系列用法的总结。“足来提膝”按就近原则一般提起的是同侧膝，如对手右中鞭腿击来，我可提左膝防守或以击代守；“近便加膝”是指双方距离较近在膝法攻击范围之内时，以膝击敌较为隐蔽且效果明显，但不宜强起膝法，因为过近则击之无力，过远则预兆太大；“膝起望怀”是指膝由下而发，提而上去，加上上肢的协同配合，其攻击目标应该在对方胸肋部，且击中效果较好；“膝落近移”是指落膝时要向对方靠近落下，便于发起连续进攻，让对手无暇自顾。总之，膝法运用的关键之一是掌控好与对手的距离。

273. 两手结合迎面出，自然把定五道关

【意释】

双手配合向对方面部递出，自然而然地控制住上、下、左、右、前五个方向。

【注释】

（1）把定：控制住，把握。《朱子语类》：“告子不动心，是硬把定。”

（2）五道关：上、下、左、右、前五个方向。

【说明】

此谚语描述了一种前后手协调配合迎敌面而出的技击架式，其守中用中，既因“两手结合”“迎面”而为攻击对手提供便利，又因“两手结合”“把定五道关”而为被攻击时提供防护，所以“进可攻、退可守”，能攻善守、顾打合一。另外，“两手结合迎面出”的“两手同出”“顾打合一”的传统技击思路，也明显有别于现代搏击“一手出一手防”的技击理念。

踢法

274. 点腿如穿梭

【意释】

点腿应如穿梭般快速。

【注释】

穿梭：织布机上梭子往来穿越，比喻快速或往来频繁。此处主要是形容点腿快速。

【说明】

脚面绷平，以脚尖弹击对方的腿法，称“点腿”，有平点、侧点、插点、仰点等多种点法，着力点主要是大脚趾。点腿要求快速、准确，所以有“点腿如穿梭”之说。脚尖在弹击对方的瞬间应如鸟啄物般，发寸劲。

拳论云：“梢节起，中节随，根节催。”由一腿而论，胯为根节，胯与躯干的合一发力是点腿时根节催劲的保证；“中节不明，浑身是空”，膝关节作为“中节”，在点腿之时的松弹挺伸使劲力贯串至脚，催动脚面绷平，进而达至脚尖；脚作为“梢节”，其击发应对准目标，在发劲瞬间快速完成“由柔至刚再至柔”的刚柔转换，才能表现出寸劲，使劲力充分击透。总之，只有“梢节起，中节随，根节催”，点腿劲力发放才能“顺达”，而劲力的顺达又是其“如穿梭”般快速准确的内在保证。

275. 若用腿打人，全凭连环腿

【意释】

要以腿法攻击，全靠连环腿制敌。

【注释】

连环腿：又名连环脚、鸳鸯腿，也泛指一切连续进攻的腿法。

【说明】

此谚语强调了连环腿在腿法体系中的重要性。以腿击敌，本有“起腿半边空”之虞，而连环腿“环环相扣、连续进攻”的“连环”腿法正是以腿法弥补腿法之缺陷的有效方法。“连环”之妙，首先在于不同腿法间的环环相扣，有上有下、有左有右、前后变换、左右开弓，令敌应接不暇、难以防范；其次，“连环”之中暗含虚实互易之道、动静相生之机，在虚者实之、实者虚之、以动诱静、以静打动的阴阳变化之中，实践“似惊而实取，似取而实惊”的技击策略，令敌如坠五里雾中，受击而不知何以被击，被打而莫知防范之策。另外，连环腿又名鸳鸯腿，“鸳鸯”二字点明了腿法的要义所在，即连环击出的不同腿法之间应如鸳鸯般“心有灵犀”默契无间，这也正是实现上述“‘连环’之妙”的保障。

276. 一百零八连环腿，全凭手领脚先夺

【意释】

一百零八招连环腿法，都是依靠手领脚出先发制人。

【说明】

此谚语为戳脚歌诀，是对其腿法运用的高度概括，点明了戳脚腿法的运用要点：手领脚发。所谓“足踢敌人莫容情，全凭手领门路清”，手在技击中更多的是发挥其“手是两扇门”的作用，通过“开门闭门”的转换，引领对方的技击意识和手眼身法步的变化，在此过程中寻找“门路”发脚击敌。另外，就自身而言，“手领”还有以手领腿的作用，手到脚到，指哪打哪，在领腿进击的同时也起到引诱、防护的作用。

《水浒传》第二十八回合，描述武松醉打蒋门神：“武松迎上去，举起两个拳头在蒋门神面前晃了晃，忽然转身就走。蒋门神大怒，正要追赶，没提防武松回转身起左脚踢中蒋门神的小肚子，疼得蒋门神蹲下去，紧接着武松的右脚又起，踢在对方额角，蒋门神往后便倒。这一招有讲究，叫‘玉环步，鸳鸯脚’。”武松在用腿前“举起两个拳头在蒋门神面前晃了晃”，体现的正是连环腿中“手领”的作用。

277. 敌推我拉主动倒，借力蹬腹向后挑

【意释】

借对方推我之力主动后倒并拉带其前跌，借其前跌之力蹬其腹部向后挑出。

【说明】

此谚语直白而形象地讲解了“兔子蹬鹰”技法的使用诀窍。在自然界，鹰抓兔子天经地义，但也确有“兔子蹬鹰”的特例。有一只老鹰从空中俯冲下来去抓一只野兔，野兔闪开后不但未逃反而躺在地上。老鹰再次更为迅疾地俯冲下来准备啄兔子的双眼，但兔子却在老鹰靠近它的瞬间，突然将后腿重重地蹬在老鹰身上，俯冲与上蹬的合力使老鹰扑棱了几下翅膀便栽地而亡。

武术中的“兔子蹬鹰”技法是由自然界鹰兔相斗的实例“象形取意”而来，体现的是一种巧打的智慧。运用好这一技法，需要注意三方面内容：一是主动后倒将自己置身于看似不利状态的勇气，即所谓“兔子蹬鹰”的气概；二是后倒应团身弓背缩头，注意体会、借鉴“滚翻一个蛋”的蕴涵；三是掌握好后倒与蹬脚的时机，后倒拉带对手要借其前推之力，蹬腹要借其前倾之势，可顺其前倾之力将其“后挑”至头后，亦可逆其前倾之力蹬腿而形成力量上的对撞，后者的杀伤作用更为明显。

拿法

278. 反筋偏骨，拿法夺人

【意释】

利用拿法使对手筋反骨偏而取胜。

【说明】

此谚语出自张孔昭《拳经拳法备要·问答歌诀二十款悉尽其中之秘》：“问曰：拿法可以夺人何也？答曰：在反筋偏骨。膂力千斤真个奇，筋节乖舛任施

为。紧拿不许松松放，神迷牵来莫钝迟。”

擒拿法是以人体解剖结构、筋骨活动规律和经络学说为依据，以拿敌一部、制敌全身为目的的擒捕技法和反擒捕的解脱技法。（康戈武《中国武术实用大全》）擒捕技法分为拿骨、拿筋、拿穴三类。本谚语所谓“反筋偏骨，拿法夺人”是就擒捕法的主要技术而言。其中，“反筋”指拿筋法，以伤害对手筋肉为目的，使筋肉挫伤或断裂；“偏骨”指拿骨法，以伤害对手关节为目的，使骨头偏斜或错位。这两种技法均较易掌握或实施，而拿穴法则因在认穴准、取穴精、点击力度大等方面不易达到要求而较少使用。所以对于“拿法可以夺人何也”的回答是“在反筋偏骨”，体现了《拳经拳法备要》的务实精神。

279. 不明经络，举手便错

【意释】

不清楚人体经络分布，点穴便找不准穴位。

【注释】

经络：中医学名词。经脉和络脉。指人体内血气运行通路，包括主干和分支。

【说明】

此谚语讲的是点穴，可视为擒拿中的拿穴法之一。中医有“学医不明经络，举手动口便错”之说，原因在于经络学说是中医的重要支撑理论。武术在其不断成熟的发展历程中，对于中医经络学说的借鉴与融摄，形成了独具中国特色的点穴技击方法，同时也形成了“不明经络，举手便错”的有关点穴的谚语。

具体而言，所谓“点穴”，就是通过拿、打、点、戳等方法击中对方穴位，使其气血运行受影响而受制的一种技击方法。因点穴的前提是认穴、取穴，而穴位正是人体经络通路上脏腑经络气血出入会合的节点，所以认识经络便是运用点穴之术的前提，否则，“不明经络”而想要点穴，必然“举手便错”。

280. 只有抓得住，才能拿得住

【意释】

抓住对手是运用拿法的前提。

【说明】

一般而言，“抓”是拿的前提，即若想施展拿法，必须先能抓住对方，有施力之点。根据“抓”的虎口是否朝向被抓者的根节，整体上可分为顺抓和逆抓两大类，朝向根节为顺抓，逆向根节为逆抓。不同抓法对应的拿法亦不相同。此处所谓“拿得住”，体现了施拿者的功力，蕴含了劲力和技巧两大方面，二者在“拿人如入榫，一对准，二落实，三吃劳”的要求中缺一不可，尤其就“百巧奇能，无力不行”所强调的劲力而言，在技巧协助下具有足以“抓得住”对方的劲力，更是“拿得住”对方的基础与前提。但是“抓”也要突出一个“活”字，“活”才善“变”，“变”才能顺势而为拿住对方之劲，从而拿住对方之“形”，同时将对方的解脱之法消弭于无形。

281. 伸手擒拿快打慢

【意释】

擒拿手法运用速度快的战胜慢的。

【说明】

手快打手慢，是武术技击的真谛，当然也适用于擒拿。尤其在双方劲力相差不大的情况下，速度便具有决定性优势，所谓“一快制百慢”，谁的速度快，谁就占据了拿法的主动权。尤其在速度足够快的情况下，被拿之人即使在力量和技巧方面均占据一定优势，但未及反应已被拿住，也往往无法解脱，故有此谚语。须注意的是，快固然有助于捕捉战机，赢得制胜时间，但“快而不乱”却是对“快”的最基本要求，要在快中求稳、求准、求巧、求活，才能获得更好的效果。

282. 擒拿四劲：望、懂、借、巧

【意释】

擒拿讲究四种劲：望劲、懂劲、借劲、巧劲。

【说明】

此谚语重在强调望劲、懂劲、借劲、巧劲在擒拿中的重要性。望劲要求洞察

来劲的大小、手法、着力点等；懂劲要求辨别来劲的阴阳变化，诸如虚实、刚柔、动静等；借劲要求以柔克刚、顺势而为、借力打力；巧劲要求奇正相生、避实击虚、变化莫测。其实四种劲力关联紧密。望劲、懂劲是借劲、巧劲的前提与基础；借劲、巧劲则是望劲、懂劲的变化与运用。唯有将此四种劲力或者说为四种对劲力运用的要求融会贯通，才能真正将擒拿运用到“拿其一点，制其全身”，甚至“拿法入扣，神鬼难救”的境界。

283. 拿其一点，制其全身

【意释】

通过擒拿对方的一个部位，即可控制其整个身体。

【说明】

此谚语强调擒拿的核心原理。按照人的生理结构特点，人的关节生长发育是带有一定规律的，有一定的活动范围，其旋转、伸展都有一定的方向和限度，若超过这个限度，就会加倍疼痛甚至被破坏。再者，人体是一个统一整体，一个部位受制，其他部位也会受到影响。擒拿正是利用此原理，希望达到“拿其一点，制其全身”的效果。要实现这一目标，需要充分发挥擒拿四劲——望劲、懂劲、借劲、巧劲的作用，在“望”中“懂”，在“懂”中“借”，在“借”中“巧”，知己知彼，让对方无从化避，束手就擒。

284. 百巧奇能，无力不行

【意释】

擒拿技法再巧妙，没有力量也不能成功。

【说明】

同类谚语有：“要毒要狠，力量为本。百巧百能，无力不实。”

擒拿制敌主要依靠两大因素：力量和技巧。力量是技巧的支撑与保证，正所谓“只有抓得住，才能拿得住”。“抓得住”首先在于力量的发挥，要求力贯指端并透入对方筋骨，倘使软弱无力，用拿骨法则无力扳折或拧错对方关节，用拿筋法则无法“分筋”，用拿穴法更是不可能力透穴位、截闭气血，此时的拿法再巧妙也是徒劳的，故有“百巧奇能，无力不行”之说，体现了擒拿对力量这一基础性、保障性因素的突出重视。

285. 拿人如入榫，一对准，二落实，三吃牢

【意释】

使用拿法像器物对接入榫一样，要求对准、落实、吃牢。

【注释】

榫：器物两部分利用凹凸相接的凸出的部分。

【说明】

此谚语以器物入榫形容拿法，贴切生动。擒拿之法，无论拿骨、拿筋抑或拿穴，均有重点着力部位，部位不准则容易被对手解脱，甚至没有任何效果反被对方所乘。对准之后，劲力需落实，才能在运用手法的过程中造成对手相关部位空虚并以实击虚，反之则必因劲力轻浮松散而难以牵动对手。将对手拿住后必须将劲吃牢，否则对手容易在空隙中寻得生机，从而在“阴阳转换”的不断变化中获得解脱。

286. 拿法入了扣，神鬼都难救

【意释】

一旦被拿法吃牢，便难以解脱。

【说明】

此谚语意在突出拿法实施成功后的巨大威力。人被拿法拿住之后，就像扣子扣进了扣眼，扣子就很难解开，被拿住的人也很难逃脱。如拳谚所云：“拿人如入榫，一对准，二落实，三吃牢。”入榫后被吃牢便是“入了扣”。真正“入扣”之后，身体完全处于“一点被拿，全身被制”的状态，很难解脱，故有“神鬼都难救”之说。

287. 拿人走外门，提防不丢人

【意释】

从对方出击手臂的外围使用拿法，提防对手还击或逃脱。

【注释】

外门：指出击臂外侧的范围。

【说明】

运用擒拿时常双手同出，注意力多集中在拿的技法上，容易被对手乘隙反击。所以，运用拿法应多走外门，从对方出击手臂的外围使用技法，这样可以做到既拿人又防人，做到“我顺人背”且“一臂双功”。尽管如此，技击过程毕竟瞬息万变，所以还是应多“提防”。

288. 拿前不知觉，知时已发出

【意释】

运用拿法时不让对方察觉，等对方察觉时已将其发放出去。

【说明】

此谚语重在强调拿法的迅速性、突然性，如“拳打人不知”一般令人猝不及防、应变不及。以推手为例，发前必拿，但因变化迅速，对方未及反应已被发出，故说“拿前不知觉，知时已发出”。拿法是发法的前提，故有“发前必拿”之说。但此时的拿不同于分筋错骨之拿，往往重在控制对方劲力以为后续发放做准备。以“引进落空合即出”的运动过程为例，对手在被“引进落空”的过程中其实劲力已被拿住，但由于重心陡失、应变不及，尚未察觉到自身已被拿住的状态，即“拿前不知觉”，等到察觉之时“合即出”也已完成，即“知时已发出”。

289. 缠腕掣肘擒拿法，要防伤筋与骨折

【意释】

使用缠腕、掣肘的擒拿技法，要避免使对方筋伤、骨折。

【说明】

在踢、打、摔、拿的实战技术体系中，拿法作为控制性技法而特色突出。水平高超的习武者对劲力的拿捏恰到好处，可做到“拿而不伤”，即通过拿法控制住对手，将其制服，却并不使对方受伤。这充分体现了擒拿技术“巧打拙、柔克刚”的特点。对于一些极易造成伤筋、骨折的擒拿技法而言，如缠腕、掣肘等，更应力求“拿而不伤”。能否如此，不仅仅是对施武者擒拿技术水平高低的考察，更是对其武德高尚与否的考量。因为，武德真正高尚的习武者，从不轻易使用武力，即使运用也不会逞血气之勇，而始终以止戈为武、追求和平为宗旨，以让人心服口服为目的。

靠法

290. 靠在肩胸

【意释】

使用靠法的关键在于肩部、胸部。

【注释】

在：关于某方面，指出着重点。唐·刘禹锡《陋室铭》：“山不在高，有仙则名。”

【说明】

靠法是太极推手掤、捋、挤、按、採、挒、肘、靠八法之一。具体而言，在太极推手过程中，当我与对方近身或贴身时可使用肩、背、臂、胯靠撞对方。推

手过程中，靠法使用频率较多，而“靠在肩胸”指出了发力点主要为肩部与胸部。例如，当对方捋带我左臂，我即可顺势上左步充分贴随，借力以左肩、臂部靠击对手肩或胸部，使之失去重心，身处劣势。另一方面，推手过程中，靠法亦可通过胸部、背部、腹部、胯部、臀部实现，但由于太极推手主要是双方通过上肢行圈走圆来试劲、听劲、化劲、发劲，所以，以肩靠击的频率更大，技法更为灵活。在使用肩靠时，施靠的肩应自然放松，肩关节周围的骨肉亦应放松，让对方找不到力点，从而把握时机一招制敌。掌握“靠在肩胸”的要点有助于技法的使用、发挥。

291. 靠人要防背后手

【意释】

使用靠法要防备对手从背后出击。

【说明】

此谚语强调在使用靠法时，要谨防对手从我方背后进行攻击，正可谓“明枪易躲，暗箭难防”。因为，靠法大多使用肩、胸、背、胯等身体侧面和肩后背部进行攻击，这致使整个后背袒露于对方，且对方举动不完全在自己可控的视线范围内，一旦靠法未能着敌，对方极有可能从背后对我后心、腰肾等要害部位进行重击。所以，使用靠法时不仅要看准时机，不可勉强为之，也要防备对方从后方施招。

292. 跌仆尚有七寸靠

【意释】

跌仆时可使用七寸靠的技法。

【说明】

此谚语意在阐明，两人进行格斗比试，我方若被对方使用摔法或拿法几近跌倒时，仍有使用靠法的时机，以达反败为胜或化解败势之效。具体而言，大致有两种情形，因靠法多使用身体上半部分，所以当我方被对方牵引跌扑，但上身未倒地时，可借势向对方靠击，在败势中寻找时机使对手也遭遇败势。二是在被擒拿时，可遵循太极推手“要啥给啥”的原则，以步伐调整重心，顺势向对方倾倒，趁此时机以靠法击之，不仅可扭转败势，亦可解脱擒拿。

此外，中国武术将人体与四肢均分为三节，即梢节、中节、根节，不论摔法或擒拿，控制其中一节实则不能完全制敌，皆有可化解之机，可通过剩余两节进行转化调整，该谚语亦是在阐明此理。

293. 远用手，近用肘，贴身用靠无处走

【意释】

距离对方远时用手，近时用肘，贴身时用靠法让人无处走脱。

【注释】

走：逃跑。唐·杜甫《石壕吏》：“老翁逾墙走，老妇出门看。”

【说明】

同类谚语有：“远踢近打贴身靠。”“远则拳打脚踢，近则擒拿抱就摔。”

此谚语所阐述的技击理念即针对不同距离使用不同技法，体现了中国武术的技法多样性。在武术技法中，身体各个部位均可用以技击，诸如头撞、肩撞、肘撞、拳击、腕缠、背靠、胯打、膝顶、足踢等。在依据敌人的远近距离判断的基础上，可使用手、肘、靠等不同技法。攻击距离较远时，可使用拳法进攻或试探，在周旋中施以制敌一击。若对方频频近身，可使用肘部进行顶、压、盘、拐、掩、推、挑等，伺机击其要害。若仍不能奏效，可主动近身或待对方贴身时使用肩部、胸部、背部、胯部进行靠击。

摔法

294. 拳加跤，武艺高

【意释】

拳法和跤法配合运用，技击水平高超。

【说明】

同类谚语有："拳无跤艺不高，跤无拳艺不全，拳加跤武艺高。""武术加跤，越练越高。""拳加摔跤能夺刀。"

此谚语说明武术拳腿技法和摔跤一同练习和运用，可在实战对抗中获得明显优势。武术习练主要以拳腿技法为主，这要求双方交手时的敌我距离应时刻保持适中，若对方步步紧逼近身，拳腿技法将很难发挥其优势，而摔跤却最擅长贴身搂抱制敌，这时若以摔跤技法应对往往会占取优势。另外，民间素有"三年套路不敌一年跤"的说法，可见摔跤技法更容易掌握，在实战中更易于发挥。如果拳和跤结合，且运用自如，就能在敌我不同距离间运用适宜技法制敌。

295. 走对步赢跤

【意释】

摔跤时走对跤步是取胜的关键。

【注释】

步：特指跤步，是摔跤对抗中调整身体重心的步法。

【说明】

同类谚语有："步子走对，胜跤一半。"

此谚语可从两方面进行解读：其一，在两人切磋比试时，若对方尤为擅长跤法，那么我方应对之时要时刻保持适当的距离，切不可给予对方近身、贴身之机。这就要求我方步法一定要灵活多变。其二，如若敌方贴身使用跤法，亦不必惊慌。因为，跤法主要是在缠身搂抱中，以巧劲破坏身体重心进而使绊子制敌。所以，只要能以步法调整身体重心，维持身体稳定，就可控制自身根基，而后再设法解脱对方缠抱。摔跤跤步十分丰富，如盖步、背步、钻子脚、滑步、车轮步、冲步等，在不同情况下有不同运用。但无论运用哪种步法，都要讲究"步动重心移"，即重心随步的变化而移动。所以，只要能走对步，就可在交手中占有先机。

296. 取胜在变脸

【意释】

摔跤取胜的关键在于变脸。

【注释】

变脸：在摔跤使绊子的同时，将脸向自身的左右或左后、右后快速而有力地甩动。

【说明】

此谚语强调变脸在摔跤使绊子中的重要性。变脸是摔跤中的关键动作，一方面通过头部摆动，带动人身整体发力以及发力方向，这是摔跤中使绊子发力的前兆，所以取胜在于变脸。另一方面，变脸也可以是假动作，通过头部晃动迷惑对方，掩饰己身发力意图。再者，在摔跤中，不同摔法皆有各种防法和解脱法，若一味用蛮力强行使用摔法，往往很难奏效，因而运用变脸寻求进攻时机便十分重要。

297. 输跤不输把

【意释】

宁愿输掉跤法不能输掉把位。

【注释】

把：指把位，分上领、门襟（又称片门）、衣襟、小衩、中袖、上袖、下袖、腰带（又分前腰带和后腰带）等。

【说明】

同类谚语有：“让跤不让把。”“摔跤不输手，输手如输跤。”“手是两扇门，无把难赢人。”“宁输跤，不输手。”

此谚语着重强调“把”和“手”在摔跤中的重要地位，“让把”“输手”就等于输跤。两人在摔跤比试时，把位是攻守关键，不可丢失。对把位的抢控，是取得攻防主动的前提。反之，若能有效地抵制或解脱对方抓控，自然也能免于被动。把位可以说是控制敌我重心的着力点，稳定与失衡均是在把位的争夺中来保持和实现的。所以说，输跤不输把，让跤不让把。从另一方面而言，即便是已失去重心着地，若可保证不失把，仍有机会在带倒对手后再伺机反败为胜。

298. 站如熊，卧如虎

【意释】

站架如熊般稳固，卧架如虎般威猛。

【说明】

此谚语是对“跤架”的形容。“跤架”即摔跤的架式，是维持身体重心、保持身体平衡的前提。自己重心失掉，其他便无从谈起。摔跤的架式有很多种，如右架、左架、自然架、小车架等，整体上表现为站架和卧架两种形态。各种跤架均要求自然有力、刚柔相济、身形稳固。其中，站架因重心高而尤其强调身形的稳固，卧架因姿势低而特别突出气势的威猛。

299. 跤好撂，手难学

【意释】

跤法容易使用，抢把不易学好。

【说明】

此谚语着重指出使绊子摔人并非难事，而抢把、夺把以及手上劲法的精熟运用才是关键所在。所谓“手”就是抢把，“手好”即指手不吃亏，精通抢把，是衡量摔跤者跤法水平的重要因素。抢把技术丰富，变换较多，且不同绊子都有其相应的抓抢部位，如正襟、偏门、小袖、大袖等，学习、掌握这些技术并非易事。同时，“手”的技法有很多，如借手、迎手、绕手、蹬手、裂手、撕手等，熟练掌握这些手法，需要经过长期的训练，如此再练绊子就轻而易举。

300. 谁走在头里谁赢

【意释】

摔跤对峙时，占得先机者易获胜。

【说明】

此谚语强调摔跤中获得主动权的重要性。在两人摔跤互不相让时，谁能争得主动，谁的胜算就大。此谚语中的“走”可作诸多理解，一可理解为对重心的控制，摔跤之关键即是控制对方重心，通过技法使之失衡，可快速制敌。二可理解为把位的占守，两人摔跤谁若能在抢把上始终占有主动，并能保证己方不输把，谁就有更多的进攻机会，其胜率也就相对较大。三可理解为步法上的占先，谚语有“走对步能赢跤”，若在走对步的基础上又能快于对手，加之手法配合，可占有取胜先机。

301. 转体输一半

【意释】

转体会增大输的风险。

【说明】

在摔跤对抗中，不管采用哪种跤架，都以维持自身平衡、保持身体稳定为首要目标。若要转体，需在有极大把握摔倒对方的情况下进行。因为，转体虽然可带动对方重心以取胜，但与此同时，身体必然会有一半空虚，这就导致重心的瞬间不稳固，此时对手可顺势加力，轻易取胜。因此，在摔跤过程中需谨慎转体，不给对手留有可乘之机。

302. 摔棍不摔绳

【意释】

僵硬者较柔韧者更易被摔倒。

【说明】

此谚语强调了摔跤对抗时韧劲与灵活性的作用。若对方是善用死力硬劲之人，且身体僵直如棍，我方可轻易施加巧力将其摔倒。而善用柔劲、韧劲之人，身体柔韧灵活惯于化劲，则不易被摔倒。在摔跤过程中，人体不能如木棍般僵硬，否则便不能通过自身调整、协调控制自身重心。而应如绳子一般，处处可受力引化，保持重心稳固。

此外，跤力中还有脆劲和绵劲。脆劲主要用于进攻，劲力运用强调冷脆，瞬间爆发，猝不及防，不发则已，一发即见胜负。绵劲约同于韧劲，常用于防守。绵劲十分注重柔韧素质和应变能力，反应快，化解快，寻找时机，反守为攻。

303. 你不倒，我倒，地下见

【意释】

你不倒地，我倒地，在地面上较技。

【注释】

地下：地面上。

【说明】

此谚语说明了在摔法中还有地面技术，可通过自主倒地的战术来克制比自己力量大、难以摔倒制服的对手。一旦进入地面状态，对方拳脚技术的发挥会受到极大抑制，而我方却可因主动倒地而占有主动权和心理优势。地面技技术众多，分为地面打击技和地面关节技。地面打击技有地面捶击、地面肘、地面膝、足球踢、颜面践踏等技术；地面关节技有裸绞、断头台、三角绞、袖车、肩固、脚踝锁、十字固、木村锁等。巴西柔术就是地面技的一个典型代表。

304. 大怕薅腰，小怕揪梢，大胖子就怕三转摇

【意释】

身高者怕被抱腰拔起，矮小者怕被揪住梢部，大胖子怕被不停转动。

【注释】

薅：①除去田中的杂草。如薅草。②泛指拔去、揪。此处宜取第二种解释。

【说明】

同类谚语有："长怕拿腰，短怕薅，胖子摔跤怕转摇。"

此谚语概括了不同体型对手在摔跤过程中的弱点，同时也针对不同体型对手所应采取的进攻方法进行了总结。其意在强调要知己知彼，以己之强打敌人之

弱。如遇身高体壮者，可着重对其腰部及下盘进行攻击。对于矮小体轻者，可直取其头部或上路。而对于体态较胖、体力较差的对手时，可通过牵扯拉拽使对方不停转动，消耗其体力，然后乘机进攻。

305. 练跤不练功，到老一场空

【意释】

学习摔跤不注重功力练习，到老也是徒劳。

【说明】

此谚语表达了摔跤对基本功的重视程度。单纯的摔跤技法较容易掌握，但若没有长期的基本功习练奠定基础，技法运用就不能达到理想效果。摔跤基本功种类很多，如腿功、腰功、臂功等。这些基本功与基本技法对力量、柔韧性和灵活性的要求较高。因此，基本功练习是一个长期积累的过程。基本功练扎实后，摔跤技术的学习就能很快入门，即便较长一段时间没有练习摔跤，但因之前有过扎实的基本功训练，摔跤技术也会很快恢复。

306. 手是两扇门，无把难赢人

【意释】

双手是两扇防御对手的门，抢不到把位就难赢得别人。

【注释】

把：指把位，分上领、门襟（又称片门）、衣襟、小衩、中袖、上袖、下袖、腰带（又分前腰带和后腰带）等。

【说明】

此谚语强调了摔跤抢把的重要性。两人在摔跤过程中，双手的作用是干扰对方，并顺利抢把或在缠斗过程中试探、迷惑对方，但若只是这样则不仅不能制服对方，长时间下去也会消耗较多体力。唯有在干扰、缠斗过程中主动抢把占有先机，才能取胜或免于被动，即在对峙时，都要力争抓握住对方得力把位。抓控对

方把位即取得了攻防主动。

307. 抱拉扭绊踢，缠别勾绊挑

【意释】

摔跤的主要动作有抱、拉、扭、绊、踢，缠、别、勾、绊、挑。

【说明】

此谚语是对摔法主要动作的高度凝练。“抱拉扭绊踢”指出在两人交手过程中，可先搂抱对方，而后通过听劲感知对方并顺势拉扯，或对上肢关节进行扭按，一旦得势便可使绊踢对方下三路。“缠别勾绊挑”意在指出在两人缠抱过程中，可用手或脚去别撇对方四肢、关节，或以腿脚技术进行勾绊、勾挑。另一方面，此谚语也形象描绘了一方抱拉扭绊踢，另一方缠别勾绊挑的你争我抢的摔跤场面。

308. 四两破千金，借力把人摔

【意释】

以小力化解大力，借助对手之力把对手摔倒。

【说明】

此谚语说明了摔跤时要懂得借力打力的技法思想，可主要从以下四个方面来理解。一是以柔克刚，避敌之锐，不以硬对硬，在顺化柔和中抓住有利瞬间击倒对手。二是借力，双方争斗是双方力与力的转换和落实，借敌之力可为我用。三是引进落空，先给对方明确的力，等待对方劲力要暴露时，突然将自己化空，可以直接破坏对方的力根。四是运用人的智慧而不是拙力。摔法中非常注重破坏对方重心，通过顺、别、扭转等技巧借力打力，能够使用很小的劲力化解对方凶狠的进攻，这一思想在摔法中表现得尤为突出。

309. 上架是形意，走起来是八卦

【意释】

上架是形意架，但走动起来却是八卦步。

【说明】

此谚语说的是跤架，即大架中的八卦架，也叫天津架，故说架子看起来是形意拳的拳架，而步子走动起来却是八卦掌的八卦步。上架似形意，两手分高低，上下左右防止对方抢把，势呈守势。但当进攻之后，上步并非如形意拳直接向前，而是以八卦步与对方周旋，伺机寻求进攻时机。

310. 摔跤是土地的文章、当时的变化

【意释】

摔跤是与地面打交道的运动，靠的是瞬间的劲力变化。

【说明】

此谚语强调了两个道理：一是摔跤是注重根基下盘与地面技法的对抗运动，判断胜负的依据是能否将对手摔倒着地，因此称为“土地的文章”；二是摔跤注重速度和时机，输赢胜负往往在一瞬间即可决出，因此说是“当时的变化”。此外，有一种说法叫“大绊三百六，小绊赛牛毛”，说明大、小绊子不计其数，摔跤技法变化无穷，也正因此才能制敌于瞬息万变中。

311. 立腿勾子，横腿别子

【意释】

站位高时用腿勾踢对方，站位低时用腿别倒对方。

【注释】

（1）立：站，引申为竖起来。

（2）横：跟地面平行的。

【说明】

勾子和别子都是中国跤中常用的技术。“立腿勾子”意在阐明在高站位或正对敌方时，适用勾子腿。因为，站位高致使重心也高，而勾子腿的优势就是勾拔立足之根，从而很容易破坏对方平衡。“横腿别子”指出的是在低站位时或侧对

敌方时可用别子腿。因为站位低，重心也低，身体多呈前倾之势，此时若用勾子腿致对方向后倾倒，则很容易被对方顺势搂抱带倒。所以，可侧身采用别子腿，以横力破坏对方重心，进而使对方倒地。

312. 勾子不离脚后跟

【意释】

摔跤使用勾子腿时，要紧勾对方脚后跟。

【说明】

此谚语说明了勾子腿这一“勾拔之法”的要领。人在站立时以双脚支撑身体，而脚后跟更是立足之根，若脚后跟悬空，人也就很容易失去重心倒地。所以勾绊脚后跟最容易使人脚部离地。再者，就使用勾子腿的一方而言，也应“不离脚后跟”，因为在使用勾子腿时常以脚后跟及小腿末端进行勾敌，若以小腿中部进行勾敌，力度、威力皆会骤减。

313. 勾子腿最粘，切子腿最搀

【意释】

勾踢对方的腿法使人难以逃脱，以腿切对方的腿法最易奏效。

【注释】

搀：扶，牵挽。此处指的是效果最稳当、最靠得住。

【说明】

此谚语说明了中国跤中勾子腿和切子腿的特点。勾子腿的劲在腿上，常用脚后跟及小腿末端将对方脚勾住或勾起，以破坏其重心。前半句谚语中的“粘”字表明，该腿法若勾住对方则不易逃脱，因为勾子腿是勾拔或勾带劲，加之上肢配合能轻而易举地破坏对方重心，起到良好效果。切子腿见空即钻，运用灵活多变，一切不中，可迅速收腿再切，其攻击效果因可连续出击而尤为实用、奏效。如在使用时，有时不揪袖或铡肩，也能把对方切倒。切子的劲在于上身前欺，即

欺近、欺身，表示近身上前动作。脚用力切，可算作单独的绊子。（彭卫国《中华武术谚语》）

器械总体

314. 刀袍剑穗枪缨

【意释】

刀、剑、枪的饰物分别称为袍、穗、缨。

【说明】

此谚语说的是刀、剑、枪的饰物。刀袍、剑穗分别装于刀、剑柄端，枪缨位于枪头与枪杆连接处。刀袍又称为刀彩、刀衣或飘彩，多由彩色丝绸做成，长不过刀尖。一般认为，刀袍仅用于套路演练，可以增强演练效果，以壮声势。剑穗，其前身为剑缰，剑缰一般为皮绳，在古代用于将剑悬挂于手腕以备近战之用。现代剑术套路的用剑可根据剑穗的长度，分为长穗剑和短穗剑。枪缨在古代多由马鬃、犀牛尾或牦牛尾做成。现代的枪缨多以细亚麻丝为主，一般为须状红色。

刀袍、剑穗和枪缨不但有装饰美观作用，在搏斗中也有一定的实用价值：一是可以扰乱对手视线；二是刀袍、剑穗可以缠绕于持器械的手上，防止兵器脱手；三是枪缨能够预防血液溅溢到枪杆上。

315. 剑无缠头，戟不舞花

【意释】

剑法没有缠头动作，戟法没有舞花技术。

【注释】

缠头：刀法的一种，称为“缠头刀”，刀尖下垂，刀背沿左肩贴背绕过右肩，头部竖直。

【说明】

此谚语强调了剑与戟的使用禁忌，同“剑无缠头，戟无花”。缠头属刀法，要求刀背贴身，紧靠头部和肩部。类似技法还有“裹脑刀”，与“缠头刀”的区别在于绕背方向相反。刀之所以能做缠头技术，是因为刀背无刃，可以贴身环绕以防守，而剑两面皆刃，若缠头则会损伤自身。因此，“剑无缠头”。

戟是古代一种合戈、矛为一体的长柄兵器，具体制式不一，最普遍的为“方天画戟”，即戟头有一对相对称的月牙。舞花是器械技法的一种，刀、枪、剑、棍、鞭等器械都有舞花技法，每种器械的舞花有所不同。戟在古代军事战争时期一般作为马上用的兵器，技术讲究实用、简单有效。戟没有舞花，还因为戟头的复杂制式在舞花时有可能误伤自己。戟的杆柄过长，做舞花动作易触地，且戟头较重，难以舞花，故“戟不舞花”。

316. 舍命单刀，救命花枪

【意释】

使用单刀要“舍命”般勇猛；运用花枪要“救命”般谨慎。

【说明】

刀与枪都曾经是军事战场上应用极为普遍的兵器，实战性较强。刀的形制平直、细长、带尖，单边有刃。单刀长约一米，属于短器械的一种，在与持长器械者对战时，必须要勇猛，敢于磕碰开对手兵器后迅速近身。刀术勇猛快速、气势逼人、刚劲有力，使刀时会有连续的翻跳、劈砍等动作，故有“习刀尚猛”之说。本谚语以“舍命”一词突出了使刀者的勇猛无畏。

花枪是枪的一种，一般指短枪，长度在1. 7米到2米，由枪头、枪缨和枪杆组成，花枪的枪杆一般为木杆。枪有“百兵之王”之称，运用难度较其他器械大，有“年拳，月棒，不离手的枪”“月棍，年刀，天天练的枪”之说。但枪的技法却极为实用，可忽长忽短、忽用枪头扎、忽用枪把打、攻防兼备、远扎近打，使对手防不胜防。因此，枪曾一度成为冷兵器时代最重要的临阵兵器之一，善用枪术者关键时刻可以救命。

317. 剑走青，刀走黑

【意释】

剑法运用注重灵巧，刀法运用注重狠猛。

【注释】

（1）青：通假为“轻”，指轻灵便利。

（2）黑：指狠毒凶猛。

【说明】

此谚语阐明了剑法与刀法最为典型的技战术风格。“青”通假为“轻”，是轻灵快捷之意；“黑”是狠毒、凶猛之意。交手之时，剑法轻灵快捷，进退极速，变化万千，称为“走青”，反之则为“沾青”；刀法运用，如猛虎出笼，凶狠勇猛，强取硬攻，谓之“走黑”。

“剑走青，刀走黑”的技法特色是由剑与刀各自的形制特点所决定的：剑体轻盈，剑身细薄，不宜猛劈硬架，而只能逢坚避刃、遇隙削刚，凭“走青”取胜，所以又有“剑似飞凤”之说；刀背厚钝，刀刃薄利，利于大劈大砍、硬挡硬架，凭“走黑”取胜，所以又有“刀如猛虎”之说。

318. 刀如猛虎力无边，剑似飞凤上下翻

【意释】

刀法犹如凶猛的老虎力大无边，剑法好似飞翔的凤凰上下翻转。

【说明】

同类谚语有：“剑似飞龙腾云，刀如猛虎下山。”

春秋战国起至三国时期，刀逐渐在军事战争中兴起，为军队步兵的主要近战武器。其形制特点是刀背厚钝，刀刃薄利，技法特色为快、疾、猛、狠，在运用中常硬挡硬架，大劈大砍，实战性强。所以，用“猛虎”比喻刀法，很好地体现了刀的力大和“猛虎下山”般猛不可挡的威势。

剑较刀而言轻而细薄，运用起来灵动迅捷，飘逸洒脱，尤重身法，常在开合

伸缩、起伏转折中寻机制胜，有“剑走美式”之说，故以“飞凤上下翻”和“飞龙腾云”作比，可谓形象恰当，意味深长。

319. 刀为练，剑为舞

【意释】

刀法是练出来的，剑法是舞出来的。

【说明】

此谚语阐明了刀和剑不同的技法练习特点，也说明了剑和刀用法的不同。从历史角度来看，春秋战国起至三国时期，刀因其制式特点便于在战场上硬挡硬架，大劈大砍，逐渐在军事战争中兴起，取代了剑的地位，成为军队步兵主要的近战武器。此外，由于刀法具有凶悍勇猛、气势逼人的特点，有“刀如猛虎”之说，实用价值较高，故说“刀为练”。

剑的形制平直、细长、带尖，两面有刃，是我国最古老的兵器之一。随着冶铁技术的发展，剑无法与新出现的长、重兵器相抗衡，逐渐退出了古代战场的舞台。之后，剑主要用来防身和作为一种饰品，佩剑成为身份的象征。同时剑舞活动也逐渐兴盛起来，特别是一些文人和达官贵人，以学剑、舞剑、咏剑彰显尚武精神或用以舞乐。如《史记·项羽本纪》载：“军中无以为乐，请以剑舞。”《观公孙大娘弟子舞剑器行》中亦有“昔有佳人公孙氏，一舞剑器动四方”的描述。这都证明了剑从很早时期就开始作为舞蹈娱乐之用，甚至形成了专为表演而设计的剑术，故曰“剑为舞”。

320. 死把刀，活把剑

【意释】

握刀要紧，持剑须活。

【注释】

（1）死：牢牢固定的；移动不了或极难移动的。《北齐书·宋游道传》：“与顿丘李奖一面，便定死交。”

（2）把：握持、执。唐·孟浩然《过故人庄》：“把酒话桑麻。”

【说明】

此谚语强调了对刀法与剑法握把的不同要求，同时也反映了刀法与剑法的不同技法特点。刀法尚猛，具有快、疾、狠、猛的特点，这就要求在持刀时，必须要紧握刀把，加强对于刀的控制。如在大刀的演练中有“手不离盘”“手不离定手”的要求，即“死把刀”。但这里所说的“死把刀”并非僵硬的持刀，而是依据具体技法灵活变化，如在缠头裹脑、扫、刺等技法中，则要求手腕具有一定的灵活性。

“活把剑”意在说明用剑时，手握剑把且不可紧抓，其原因主要是紧握剑把会影响舞剑时剑法的灵活性，丧失掉剑法轻灵飘逸、招法多变的技法特点。使剑挽花时要“缩轴留腕，过中发劲”。在舞长穗剑时，若要使剑穗舞起来而不缠手，就必须注意持把和手腕的灵活。因此舞剑时要注意持剑手的灵活性，即“活把剑”。

321. 枪出如飞箭，鞭舞若转轮

【意释】

出枪要如飞箭般迅猛直出，舞鞭要如转轮般快速旋转。

【说明】

“枪出如飞箭”同“枪扎一条线”，讲的是枪法中扎枪的技法特点。扎枪讲究直出直收，同时讲求寸劲爆发，像射箭一样迅速有力。其技法要领是，首先枪要平，扎枪持法分为上平、中平和下平等；其次枪尖要对准目标点；最后通过腰的拧转，带动全身之力力透枪尖。中平枪威力大，因而有“中平枪，枪中王，当中一点最难防”之说。扎枪关键还在于握法的要求：后手紧握枪把，以保障出枪速度，前手既要套牢枪身又要中空虚握，保证枪身在掌心的自由滑动。从而可以使枪如飞箭般扎出，达到“去如箭，来如线”的效果。

软鞭泛指以环将数节棒棍串联而制成的兵械。因此软鞭舞起来有圆无直。软鞭的技法以立舞、横抡而形成的鞭花为主。舞花的主要目的是使软鞭快速转动，从而运柔成刚，才能做好防御或攻击对手，因此要“鞭舞若转轮”，即软鞭舞立圆时要如同旋转的轮子一般衔接紧密、飞快。而且舞鞭花时必须顺着鞭的运动方向挥舞，不可在鞭舞动的时候硬抽硬拉。

322. 枪如游龙，棍如旋风

【意释】

枪法使用如游龙行空，棍法运用若旋风掠地。

【说明】

同类谚语有："枪似飞龙，棍似雨。""棍似疯魔，枪似游龙。"

此谚语指出了枪法与棍法的风格特点。枪的技法主要集中在"枪头"和枪头段，较为复杂、多样，实战中还常兼用棍术技法，做到枪头扎、枪身击、枪把打配合无间，恰如游龙行空，上腾下跃，左翻右折，变化莫测，故有"枪如游龙"之说。棍因圆滑无刃，以棍梢或棍把的抡、扫、劈等技法为主，运用起来犹如旋风掠地，横击一片，好似暴雨倾泻，迅猛激烈，更像疯魔狂舞，势不可挡，故有"棍如旋风""棍似雨""棍似疯魔"之说。

323. 枪扎一条线，棍打一大片

【意释】

枪法扎击路线为一条线，棍术打击范围为一大片。

【说明】

"枪扎一条线"讲的是枪法扎枪的技法特点。两点之间直线距离最短，所以扎枪时讲究直出直收，进攻路线为枪尖和进攻目标之间的一条直线。技法要领是，首先枪要持平，扎枪持法分为上平、中平和下平枪，其次枪尖要对准目标点，最后通过腰的拧转，带动全身之力力透枪尖，直出直收。其中中平枪扎枪威力大，有"中平枪，枪中王，当中一点最难防"之说。

"棍打一大片"是突出棍的轮、扫、劈等技法打击范围大的特点。这是由棍的形制所决定的。棍是一种直、长、坚韧，由圆木杆制成的兵械，亦有金属制棍。棍因无尖、无刃、无棱、无勾，故周身都可持用。棍法之利在于"梢把并用"，最常用的技法是手持棍的一端，用棍身进行大抡、大劈、大扫等，攻击面广，打击范围大，上下左右一打就是"一大片"。

324. 棍打一片，枪围身转

【意释】

棍术特点为击打一片，枪法特点为贴身运使。

【说明】

此谚语主要说明了棍法与枪法的技法要求与使用风格的不同。“棍打一片”重点突出棍的抡、扫、劈等技法打击范围大的特点。棍因无尖、无刃、无棱、无勾，故周身都可持用，棍法之利在于“梢把并用”，最常用的技法是手持棍的一端，用棍身进行大抡、大劈、大扫等，攻击面广，打击范围大，上下左右一打就是“一大片”。

枪与棍相比，一般要比棍长且重，尤其大枪枪杆长度一般为3.3米以上，而且枪法的技击位置又主要在枪的枪尖和枪头段，这就大大增加了使用枪时身与枪协调的难度。在完成枪的拦、拿、扎与圈枪等技法时，要使枪“贴身运转”，充分利用腰身带动全身之力，加以身法、步法的配合，故也有“身不离枪，枪不离中心”之说。

325. 扎枪、劈刀、搂钩、抡棍

【意释】

枪法在扎，刀法重劈，钩法贵搂，棍法要抡。

【说明】

同类谚语有：“刀削、剑刺、枪扎、棍打。”“刀法重削、剑法多刺、枪法在扎、棍法为打。”

此谚语列举了枪、刀、钩、棍、剑等器械的代表性技法，也是它们主要的进攻技法。枪的技法以拦、拿、扎为主，同时还有点、崩、劈、穿、挑、拨、圈枪等，而最主要的进攻技法是扎枪，有“枪扎一条线”之说。刀术主要有缠头裹脑、劈、砍、斩、抹、挂、撩、刺、扫、搅、云等刀法。因为刀身一侧有刃，而刀背厚实，一般把劈、削作为其主要进攻技法。钩是一种多刃带钩的兵械，有单钩、双钩、鹿角钩、虎头钩、护手钩等诸多形制，技法以钩、带、捋、锁、拿、摘等为主，搂钩是其主要进攻技法，这是由其特殊的形制特点而决定的。棍的主要技法有劈、抡、戳、崩、扫、点、撩、挂、拨、云、挑、搅等，“棍打一大片”是其最主要的技击展现形式，所以棍主要的进攻技法为大范围的抡、打。剑法主要有挂、点、挑、刺、撩、劈、击等，由于剑身两面皆刃，比较轻薄，故进攻技法以轻快、敏捷、活灵、顺畅为主，刺、击为剑最主要的进攻方法。

326. 月棍、年刀、一辈子枪，宝剑随身藏

【意释】

习技时间棍术需一月，刀法需一年，枪术需终生，宝剑则需始终随身携带。

【说明】

同类谚语有：“百日刀，千日枪，万日剑。”“年拳，月棒，不离手的枪。”“月棍，年刀，天天练的枪。”

此谚语说明掌握各种兵械的难易程度，以及学习所需的相对时长。棍为百兵之首，棒为棍中较粗大者，技法与棍相通，因棍棒长短合宜、圆滑无刃等较为安全的形制特点，使得棍法技术大多较为易学易练。

刀法以勇猛著称，多硬挡硬架、大劈大砍，较为实用，多用于军事战场。因为单刀为一手持刀，在练习时对臂力有一定的要求，且单刀多缠头裹脑、舞刀花等贴身技术，稍一失误便会伤到自身，因此对于身体的协调性要求较高，故习练难度较大，需“百日”方可练成。

枪术的技法看似简单易学，其实难以练精，仅拦、拿、扎三个基础技术，要想真正地练出功夫都需要常年的练习。枪一般要比棍长且重，尤其以前大枪枪杆长度达到3.3米以上，而且枪法的技击位置是枪尖和枪头段，这就大大增加了使用枪时身、枪协调的难度。加之枪的技法复杂多样，故习练难度比刀、棍等要大，有“终生枪”“久练枪”“日日枪”等说法。

剑身两面皆刃，比较轻薄，技法有挂、点、挑、刺、撩、劈、击等，以轻快、敏捷、活灵、顺畅为主要特点。练习剑术不但要求手、眼、身、足的轻灵快捷，还要求技法动作的衔接活顺和动作流畅。此外，剑法灵动迅捷，对身法的灵活与柔韧要求很高，技法的学习也相对比较困难，需随身携带，随时练习。

327. 百日袖箭千日镖

【意释】

学习袖箭要百日，学习飞镖则须千日。

【说明】

此谚语主要在于说明飞镖的难度大于袖箭。袖箭与飞镖都属于暗器。袖箭是一种简单的机械装置，因藏于袖内发射而得名。一般由箭筒和箭组成，其发射动力为箭筒中的弹簧，使用时将箭装入箭筒并将弹簧压紧，发射时对准目标触动机关即可，使用方法比较简单，“百日”即可学会。飞镖是一种投掷类暗器，没有机关装置，主要通过手腕的直甩发镖来击打对手，所以飞镖也称为“脱手镖”，技法有阳手镖、阴手镖、回手镖等。因为使用飞镖全部依靠自身的手部力量进行投掷，若想和袖箭射得一样精准，难度要大许多，故飞镖的学习需要“千日”。

328. 先练刀棍，后练枪剑

【意释】

学习器械要先练习刀、棍，之后再进行枪、剑练习。

【说明】

此谚语主要说明刀、棍之法和枪、剑之法有相通之处，且枪法和剑法要难于刀法和棍法，学练刀、棍是学练枪、剑的基础。刀和剑同属平直、细长、带尖的短器械，不同之处在于刀一面有刃，刀身厚重，而剑两面皆刃，剑身轻薄，相比较来说学剑比学刀要难一些。

棍和枪从形制上来说极为相似，棍装上枪尖即为枪，最初的枪就是把棍的梢端削尖而成。枪身如同棍身，棍梢比棍把细且坚硬，可作枪尖用，因此棍法和枪法有极多相互交融借鉴的地方，有“少林棍法有七分枪法”之说。之所以先练棍后练枪，一是由于枪较之于棍多一个锐器枪头，先习棍法较为安全，适于初学者。二是由于棍为百兵之母，是学练枪的基础，而枪法技术更为复杂难练，棍法练好可触类旁通，能更快地学会枪法。

329. 前手如管，后手如锁

【意释】

枪法运用，前手虚握如管环套，后手紧持如锁缚牢。

【注释】

管：①本义：一种类似于笛的管乐器，起初用玉制成，后改用竹，有六孔，长一尺；②泛指筒形、中空而细长的物体。此处取第二种解释。

【说明】

“前管后锁”是枪术的基本技法要求，也是两手控制枪身时的基本手法要求。抓握枪身时前手如“管”，意在套牢枪身不至脱落，而且握枪之手要活，以保证枪杆在做直扎等动作时能自由平滑地出收。这要求前手既要中空虚握枪，又要拇指与其他四指紧贴相扣，以防止枪脱手和控制枪前进的路线和方向。此外，前手还有作为枪身支点的作用。

抓握后手如“锁”，即后手紧握枪把。将枪身紧贴腰部，有利于充分利用腰的拧转，通过手、腰和枪把的配合将全身之力传达枪尖。后手紧握枪把还能够稳牢地推送和拉回枪身，并能快速灵活地掌握枪的方向与速度。

330. 枪里藏棍人不知，棍里藏枪人难防

【意释】

枪法中暗藏棍术无人察觉，棍术中暗藏枪法使对手难以招架。

【说明】

同类谚语有：“枪似棍，棍似枪；枪使棍，棍使枪。”

此谚语意在阐释枪法与棍术的相互融通、借鉴之处。“棍为百兵之祖”，众多兵械技法中都包含了棍法，枪法中尤多。因为棍和枪从形制上来说极为相似，枪只比棍多了一个枪头，最初的枪就是把棍的梢端削尖而成。枪法主要是以拦、拿、扎、圈枪为主，但也包括点、崩、劈、穿、挑、拨等基本棍法，枪法暗藏棍法，不宜让人觉察，故有“枪里藏棍人不知”之说。

棍比枪少了一个枪头，但棍梢比棍把细且坚硬，可作枪尖用。棍法当中也融入了枪法，有“少林棍法有七分枪法”之说。棍有劈、抡、扫、撩、抽、打、劈、砸等棍术技法，又有拦、拿、扎、圈串、穿梭等枪法。棍法中暗藏枪法，不仅充实了棍的技法，还使棍法更为灵活多样、变幻莫测，使对手难以防范，故说“棍里藏枪人难防”。

331. 七尺枪，八尺棍，大枪一丈另八寸

【意释】

花枪长约七尺，大棍长约八尺，大枪长约一丈八寸。

【注释】

尺：中国市制中的长度单位。西汉时一尺等于0.231米，今三尺等于一米。

【说明】

此谚语旨在说明枪、棍与大枪之间不同长度的对比。七尺枪指花枪，枪长一般为练习者站直伸臂上举时至指尖的高度。花枪枪头下方缚有红缨，使用拦、拿、扎与圈枪等技法时枪头抖动万变，令对方眼花缭乱，难以捉摸，所以被冠以“花”名。棍一般为五尺，称为“齐眉棍”，也有六尺的“条子棍”，八尺长的棍为“大棍”。大棍的技法相比于其他棍更为注重腰腿之劲和臂力，实战中以身长棍重为优势，往往先发制人。大枪长约一丈八寸，枪头一尺二寸，重达1.5到2斤，没有枪缨。枪身粗重且长，舞练大枪对腰臂劲力要求极高，长时间练习有利于增加功力。大枪技击性较强，技法有拦、拿、扎、崩、挑、绞、锁、扣等，没有舞花技法。练习大枪要求身不离枪，枪不离中心，扎枪时要以腰为主宰、以身步前送，力达枪尖。因为大枪抖动起来气势汹涌，众人难防，故有“枪中之王”之称。

332. 鞭舞一堵墙，所以强调在顺；镖发似流星，用劲的关键在巧

【意释】

鞭舞好似一堵墙，主要技巧在于力顺；镖发好似流星过，用劲关键在于巧妙。

【注释】

鞭：此处特指软鞭，如九节鞭、十三节鞭等。

【说明】

同类谚语有："巧打镖，顺打鞭。"

此谚语主要在于说明软鞭与镖的技法关键。软鞭的种类可分为七节鞭、九节鞭、十三节鞭和链子鞭等，以各种舞花技法为主。舞花是鞭法中最主要的护身技法。鞭花快速轮转，软鞭即可化柔为刚，舞立花时就像在身边竖起一堵墙一样，密不透风。舞鞭花时必须顺着鞭的运动方向舞动，不可逆着鞭的运动方向硬抽硬转，因此鞭法的关键在于"顺"。

镖属于暗器，种类有很多，有带衣镖、袖镖、简镖、绳镖等。发镖时用劲关键在于巧妙。以绳镖为例，绳镖是将金属头缚于绳子一端制成的兵器，其技法要求是发力如流星般快速，但要用巧劲：一要掌握绳长的变化，使缠绕的长度恰到好处，能够缠绕紧致；二是要掌握发镖的时机，绳镖属于软器械，十分灵活，多于变化、动作迅捷，因此出镖的时机难以掌握，需用巧劲。

333. 学会鞭换手，遇敌不丢丑；滚鞭有站动，站鞭无地滚

【意释】

学会双手交换用鞭，与敌交手时才不会出错；滚躺鞭法里有站鞭舞法，但站鞭中没有滚躺鞭法。

【说明】

此谚语旨在说明练习软鞭技法时要注意左右手的交互练习，站鞭和滚鞭要根据实际用法进行适宜的练习。软鞭技法主要是由立舞、横抡而形成的各种花法。练习软鞭时左右手都需要练习，一可避免在实战或演练中一只手疲乏无力，另一只手却有力使不上；二是软鞭练习难度较大，熟练运用可避免失手；三是双手若都能熟练掌握鞭法，可为学习双鞭、刀里加鞭等技法打下良好的基础。

滚鞭指地趟鞭，代表性的鞭法有前滚翻上下扫鞭、乌龙绞柱、就地十八滚、鲤鱼打挺身等，地趟鞭的鞭法也有站鞭的立舞花等技法。站鞭套路以立舞花为主，技法连贯，衔接紧密，动动有法，花花相连，没有滚躺鞭法的内容。

334. 鞭是一根绳，全靠缠得精，来去要带风，还要看步型

【意释】

软鞭本是一根绳子，其运用全靠缠法精当，打出收回要迅疾，还要注意步型。

【说明】

鞭分为硬鞭与软鞭，此谚语是指软鞭。软鞭包括三节鞭、七节鞭、九节鞭和十三节鞭等。“一根绳”是指鞭的形制特点，由于其本身特有的结构特点，主要鞭法有抡、绕、挂、缠、甩等，其中以缠绕技法为主。以九节鞭为例，演练中多有围绕身体躯干、颈部、四肢缠绕几周后，将器械轮转、抛出的技法动作，此类动作是实战攻防中的基础技法。软械类器械多舞花技法，各种舞花技法之间的衔接动作通常是由缠绕动作完成的。此外，鞭的缠绕动作，还用于在进攻时缠绕对手的手腕、脚和颈部以及对手的器械等。缠绕时要有力，一旦缠住要快速回拉，将对手拽到，或顺势近身用踢打摔拿等技法制胜对手。因此软鞭的缠绕技法十分重要，故有“全靠缠得精”之说。

“来去要带风”是指对出鞭、收鞭速度的要求。在实战中，软鞭击打或缠绕对手，出鞭速度快才能使对手难以预兆和招架。尤其在缠绕对手时，一旦缠住要迅速回收，若不快则鞭很容易停滞，给对手以趁势反击的机会。在鞭法运用中，还要注意步型，因为在舞鞭花动作中步子要与鞭花方向一致，以防被自己误伤；实战中缠绕对手后需要下肢稳固，否则反而被对手拉倒。

335. 流星打手腕，绳镖打心喉

【意释】

流星锤击打点在对方手腕，绳镖击打点在对方心、喉。

【说明】

此谚语强调不同的软绳类器械的击打点不同。“流星”指锤类的绳索软鞭，如流星锤、链子锤等。此类软鞭是将金属锤头系于长绳的一端或两端，击打着力点是其金属头。金属头通常为无刃钝器，以撞击为主，所以要打手腕，目的是令对方手持武器脱手。绳镖与流星锤的主要不同点在于绳镖的镖头带刃，而且镖头

一般较流星锤的锤头要轻，攻击点更为精确。因此，绳镖的击打方式以刺击为主，打击部位以心、喉等致命部位为主。

剑法

336. 剑起吴越

【意释】

剑兴起于吴越之地。

【注释】

（1）剑：古代的一种兵器。在此为剑术、剑论、铸剑工艺等的总称。

（2）起：①开始、开端。《史记·项羽本纪》："项庄拔剑起舞。"②源起、起因于。宋·文天祥《过零丁洋》："辛苦遭逢起一经。"此处为兴起之意。

（3）吴越：春秋时期吴国与越国的并称，这里特指春秋时期吴、越区域（今为江浙一带）。

【说明】

此谚语说明了春秋时期吴越地区剑的兴盛与其历史地位，而非"剑起源于吴越"之意。在古史传说中，有"蚩尤受而制之以为剑"的记述。据考古发掘所得的实物资料，剑产生在商代。西周至春秋时期，军事战争以车战为主，剑不能适应这种作战方式，因而未能广泛应用于军事作战。吴越地区多丘陵、林木，复杂的地势影响了战车进入，军事对抗以步兵为主。在这种特殊的地理背景下，剑较轻便易携带，适合近身作战，成了吴越军队主要的作战武器。

吴越地区剑的普及，推动了剑术与剑论的发展。如《吴越春秋》中记载的"越女论剑"，即讲述了吴越地区一个无名少女因高超剑法引起越王勾践赏识，并受封为"越女"的传奇故事。越女讲述的剑之道，"凡手战之道，内实精神，外示安仪，见之似好妇，夺之似惧虎"，成为剑论经典。同时，该地区的铸剑工艺也达到极高水平，迄今我国考古发掘的众多青铜剑，以春秋战国时期为主。著名的"勾践剑"，虽距今已历两千余年，却仍锋利无比，百张宣纸切过即透、整齐如削。“勾践剑”代表了当时吴越地区铸剑工艺的水平。总之，吴越地区在剑的应用、剑术与剑论的兴起、铸剑工艺等方面，对剑的发展均产生极为重要的影响，故有“剑起吴越”之说。

337. 尚活不尚力

【意释】

剑法崇尚灵活而非蛮力。

【说明】

此谚语表达了剑法轻盈灵动的风格与注重巧劲的特点。剑是中国古代常见的短兵器，其轻便，可随身佩戴，多作为贴身武器。剑法的技击特点为“轻快便捷、身活腕灵”，即指剑术在轻快的行步、潇洒的腾跃中表现敏捷出击、纵横劈刺、锐利攻势、闪展避让，才能体现出剑器本身的特点，因而说剑法“尚活”。同时，由于剑与刀在制式上的差异，刀单刃背厚，以劈砍为主；剑双刃脊厚，以击刺见长。俗语有云“剑走偏锋”，即说明剑法不是使用蛮劲劈砍击刺，正所谓“不尚力”。

338. 剑为百兵之秀

【意释】

剑在各种兵器中最为秀雅。

【注释】

秀：①秀美高雅。宋·欧阳修《醉翁亭记》：“野芳发而幽香，佳木秀而繁阴”；②中国元明两代称贵族、官僚、富室子弟（称平民子弟为“郎”），如成语：不郎不秀（喻不成材或没出息）。

【说明】

剑，在古时多为王公贵族的贴身武器，常被古人作为权利与地位的象征，有时更被看成是高贵与典雅的代名词。“剑为百兵之秀”，是其作为兵器之外所发挥的作用使然。春秋、战国时期，剑就开始作为一种饰物，拥有了其身为兵器之外的一个身份。《汉书·隽疏于薛平彭传》中记载："门下欲使解剑，不疑曰：'剑者君子武备，所以卫身，不可解。请退'。"可见当时文人将随身的佩剑视为自身尊严的象征。此外，人们逐渐赋予了剑更多的艺术内涵，文人墨客常常以舞剑为乐，达官贵人更是将"剑舞"作为一种艺术专供欣赏。同时，盛行佩剑的士大夫们则赋予"佩剑"以阶级内涵、身份象征，如古代君王赐予官员"尚方宝剑"以代表帝王行使皇权。由此，便有了"剑为百兵之君"的说法。此外，该谚语也表现出了剑法的技击风格：无凶狠好战的特点，却伴有儒雅之风，这是对剑高雅形象的一种称赞。

339. 剑为短兵之帅

【意释】

剑是短器械中的统帅。

【注释】

帅：军队中的主将、统帅。这里象征剑的地位高贵。

【说明】

剑为短兵，是近身防卫的武器，从春秋战国时期开始，就多为武将统帅配备，因此能象征军事统帅的身份。同时期，贵族阶层也开始将剑作为一种饰物，甚至开始成为一种收藏品，剑因而被赋予了更多的文化内涵和象征意义。剑常被用以表现佩剑者的身份地位，配剑者也赋予剑高贵权威的形象身份，因而剑被称为"短兵之帅"。

此外，在古代所谓"尚方宝剑"能够代表皇权，剑成为至高无上的权力象征。同时，剑为短兵之祖，近搏之利器，加之"刚柔相济、气度恢弘、洒脱自如"的统帅风范，因而高于其他短兵，故有"短兵之帅"之称。

340. 路法易习，剑点难找

【意释】

剑术套路容易学会，力点不易拿捏。

【注释】

路：指拳械套路。

【说明】

此谚语阐明剑术在技击运用中“力点”掌控具有难度。一般来说，剑术套路比较容易掌握，通过师父传授，不断练习就能掌握。但是，剑术技击效果关键在于对“力点”的掌控。“力点”是指剑在点、刺、截、削等技法运用过程中剑与人身体接触的受力点，如点剑力点就是剑尖，削剑的剑点就是接触人体一侧的剑刃。剑在实际运用中，对于力点的掌控与拿捏，除了靠师父的点拨与平时刻苦练习之外，还要注重在实战中总结经验，这是一个漫长的过程。所以说，剑法套路学习比较容易掌握，而准确找到“剑点”却是很难的事情。

341. 身如游龙，剑如吐芯

【意释】

身法如游动蛟龙之飘逸，剑法如吐信长蛇之迅捷。

【注释】

芯：信，同“芯”。

【说明】

此谚语用龙与蛇形象地比喻了剑术的身法要求与击刺风格。“身如游龙”是指剑术动作的身法在开合、动静、伸缩之间，要灵动迅捷、飘逸洒脱，身随剑走，移形换步宛如游龙一般灵活，又有“剑走美式”“剑如飞凤”之说。当然，用剑之时要做到“身如游龙”，仅靠灵活的身法是不够的，剑与手、眼、身、步协调配合，才能真正使身法如蛟龙般洒脱自如。

“剑如吐芯”首先是形象地表现了出剑应像长蛇吐信般迅捷，强调一个“快”字；其次是“剑走偏锋”的剑术必须依靠灵活迅捷寻求进攻时机，这就要求出剑必中，正如长蛇吐信一般，快速且精准。

342. 剑动则身活，一动带全身

【意释】

剑的动转使得身法变得灵活，剑的舞动带动整个身体随之而动。

【说明】

此谚语既强调了剑法与身法的融合统一，又指出“身随剑走”的演练要求。剑法演练讲究刚柔相济、张弛有度、动作轻盈、造型优美、招式迭逞，身随剑走，这对身法提出了很高的要求，一般情况下从身法的灵活程度即可窥出习练者剑法演练的水平。剑法技艺高超之人，剑法的舞动定能带动身体随之而动，达至身械合一之境。同时，此谚语也是对剑法演练的要求。

343. 剑如飞凤，剑走一圈，宝剑看镡

【意释】

运剑犹如凤凰飞翔，旋转画圈舞动，眼神注意剑格处。

【注释】

镡：专指宝剑剑柄与剑身连接处两旁突起的部分，即通常所说的剑格、护手、剑盘。

【说明】

此谚语对运剑的身法、路线、眼神等作了具体要求。“剑如飞凤”是指剑法的舞动应轻快敏捷，洒脱自如，潇洒飘逸，宛如凤凰飞翔于天，变幻莫测；“剑走一圈”是指剑法配合身法划出一个个纵横交错的圆圈，呈现了剑法的主要技术动作路线；“宝剑看镡”主要是指剑法演练时，“眼”要与“手、身、步”保持协调，做到眼神随手、剑的技术变换而变化，从而达到“精气神”的和谐统一。

344. 剑行如飞凤，剑落如停风，剑舞如花絮，剑刺如钢钉

【意释】

行剑如凤凰飞翔自由洒脱，落剑如疾风骤停快速突然，舞剑如花絮飞扬轻盈曼妙，刺剑如钢钉入物坚定干脆。

【说明】

此谚语描述了剑法演练“行、落、舞、刺”技术的风格特点。“剑行如飞凤，剑落如停风”，从动静的角度出发，形象地指出演练剑法应动迅静定，体现了张弛、起伏、顿挫的节奏感，剑行自由洒脱，剑停快速突然，剑随身走、身随剑行、人剑合一、内外贯通。“剑舞如花絮，剑刺如钢钉”，主要描述了云、穿、挂、撩、挽花、刺等技术演练的特点：剑轻便刃利，通过手腕的灵活运转，以剑带手，以剑带身，将技术动作发挥至极致，宛如花絮般漫天飞扬，轻盈曼妙，即“剑舞如花絮”；剑法的运行与舞动虽应如凤凰飞翔、花絮飘扬，但击刺之时却必须坚定干脆，如钢钉入物，即“剑刺如钢钉”。

棍法

345. 棍为百兵之首

【意释】

棍是最早被使用的兵器之一。

【注释】

（1）兵：泛指兵器。

（2）首：①第一，最高。②最先，最早。此处取第二种解释。

【说明】

同类谚语有：“棍为百兵之祖。”“棍为百兵之母。”

对此谚语可从棍的产生、形制、技法三方面来理解。一般而言，棍是由一种直而长的坚韧圆木杆制成的兵械，也有铁棍、钢棍，更为刚猛，但韧性稍差。《中国武术实用大全》中载："原始人狩猎时'斩木（树枝）为兵'而制成的'棍'，是人类早期最原始最普遍的兵械。"将棍作为一种兵械载入史册却相对较晚，《史记·陈涉世家》对于陈胜、吴广起义的描述，"斩木为兵，揭竿为旗"，可能是目前记载最早的，但这并不影响"棍为百兵之首"的历史地位。

从兵械形制的角度来看，很多器械均是由棍衍生而来，如"殳"是将棍制成多棱形，两端套以铜或铁箍而成；枪是在棍的一端装以锐长枪头而成。所以，也有"棍为百兵之母""棍为百兵之祖"之说。

从兵械技法层面而言，棍因其长短合宜、圆滑无刃等较为安全的形制特点，使得棍法技术大多易学易练，学练的人群较多，且习武之人的器械学习大都是从棍术开始的。通过习练棍术所形成的身械合一的能力，则是习练其他武术器械的基础。正如何良臣在《阵纪·技用》中所言："学艺先学拳，次学棍。拳棍法明，则刀枪诸技，特易易耳，所以拳棍为诸艺之本源也。"俞大猷在《剑经》中亦说："若能棍，则各利器之法，从此得矣。"

346. 少林棍，七分枪

【意释】

少林棍法之中，枪法的内容占百分之七十。

【注释】

七分：百分之七十。

【说明】

此谚语意在说明少林棍法"兼枪带棍"的技法特点。一般来说，枪扎直线，拦、拿、扎是枪法的基本技术，还包括挑、崩、劈、砸、抖、拨等技法。少林棍包含枪法的内容，从形制上来看棍和枪有相似之处，枪主要由枪杆和枪头构成，类似于在棍上加以枪尖，最初的枪就是棍梢削尖而制成的。棍无尖无刃，一般以抡、劈、扫等为主要技术，但在程宗猷《少林棍法阐宗》中也有"打人千万，不如一扎"的说法，故棍虽无尖，但棍梢也具备了枪尖的作用，这是少林棍棍法中包含枪法的基础。

少林棍法中包含枪法内容，程宗猷曾师从明代少林寺著名武僧洪转学习少林棍法。洪转不仅精于棍法，而且对枪法亦颇有研究，并著有《梦绿堂枪法》一书。在论及枪棍关系时，就曾借古诀言："枪为诸器之王，棍乃枪家之奴婢。"而观程宗猷《少林棍法阐宗》内容，其"三分棍法，七分枪法""兼枪带棒"的特点，大概也是受洪转枪法的影响。此外，我国西北地区的"条子"内容也以枪法为主，棍法为辅，讲究七分枪、三分棍。

347. 甘肃人生得硬，出门不离一条棍；棍打轮子，条打榴

【意释】

甘肃人健壮结实，出门喜欢以棍为伴；棍以抡扫为主，条子以抓机会打要害为主。

【注释】

（1）硬：健壮结实。贾思勰《齐民要术》："十日一放，令其陆梁舒展，令马硬实也。"

（2）榴：同"隙"，这里指机会、空子。

（3）条：即条子，棍的一种，长约至练习者眉尖的高度，较其他棍稍细。

【说明】

甘肃地处我国西北地区，民风朴实，强悍尚武，热衷棍术。古时的甘肃人出门远行，习惯随身携棍以防身，故谓"出门不离一条棍"。甘肃棍术有轮子、折子、扎枪、撒手、撩扫等基本技法。不同尺寸的棍，技法往往不同。这里的"棍"打轮子指的是齐眉棍，长5尺，粗细以手握适中为宜。棍法主要为横方向用力，以抡扫为主。"条子"略细，长4.5尺，灵活巧用，以攻击对方要害为主。概而言之，条子跟棍用法不同，其主要以寻找机会，击打对方要害。

348. 豹子坪的鞭杆，河州的魏家棍，高家山的壳子棍不出门

【意释】

甘肃豹子坪的换手鞭杆、河州的魏家棍、高家山的壳子棍声誉较高，并有壳子棍非"高"姓不传的传统习俗。

【注释】

（1）豹子坪：甘肃省天水市甘谷县新兴镇豹子坪村，位于甘肃省东南部。

（2）河州：甘肃省临夏市西南，位于甘肃省南部。

（3）高家峁：峁，山坡；斜坡。“高家峁”位于甘肃省天水市秦安县。

【说明】

甘肃武术门派林立，以棍法著称，此谚语便以简练的语言列举了其中三家：豹子坪鞭杆、河州魏家棍与高家峁壳子棍。甘谷豹子坪换手鞭杆，也叫掉手鞭，在甘肃省内外享有较高声誉。魏家棍与壳子棍属于甘肃地方特色棍术流派。魏家棍，又名天启棍、河州棍，因传人魏廷贤而得名魏家棍。壳子棍，也叫撒手棍，相传为清代少林和尚传于高家峁高家兄弟。一个壳子一般由三个、四个或五个、六个动作组成，每个壳子可单练，也可几个壳子串联起来进行演练。壳子棍有非“高”姓不传的传统习俗，故有“高家峁的壳子棍不出门”一说。壳子棍现已列入甘肃省非物质文化遗产。

枪法

349. 枪不离怀

【意释】

花枪在演练的时候出枪、回枪，枪不远离胸前。

【注释】

怀：胸前。《韩非子·初见秦》：“出其父母怀衽之中。”

【说明】

此谚语强调了花枪演练的规律和要点。枪法演练中有“花枪不离怀，大枪不离腰”的说法，而枪不离怀主要指花枪。一般而言，枪以长度来分类，尺枪为花枪，在演练时气势奔放、身形多变，枪扎一条直线，出枪、收枪，枪不离怀。而大枪长度一般长3米以上，枪长、身重，大枪演练中需要借助身形与步法，再凭全身之力使出拦、拿、扎、挑、崩、劈、砸、抖、缠、绞、锁、扣等技法。

350. 枪为百兵之王，大枪为枪中之王

【意释】

枪是兵器中的王者，大枪是枪中的王者。

【注释】

大枪：武术长器械的一种。全长1丈8寸。把端直径为一虎零一拍（即满把握住、拇食指指尖相对，中间尚空三指之距）。枪头长1尺2寸，其重根据枪杆分量而定，一般重1.5~2斤。

【说明】

此谚语强调了枪在众兵器中的重要位置，尤其突出了大枪的地位。“枪为百兵之王”一说，可能出自明末清初武术家吴殳，其言“以诸器遇枪立败也”，便是对该句最好的解释。冷兵器时代，枪占有十分重要的地位，无论步兵、骑兵、战车，枪是主要兵器。此外，枪长而锋利，技法灵活多变，在两军对峙之时，其具有较大杀伤力。同时，枪的精微之处，也是其他器械难以匹敌的。因此，以“百兵之王”尊枪，从普遍性和功用性两个层面来看，都是实至名归的。此外，枪为“百兵之王”，除单练外，在与其他兵器对练时也展现出了其“对练之中看枪法”的重要作用。

按杆子规格不同，可分为大枪和花枪。花枪技法多为棍术。所以，枪术指大枪而非花枪。大枪的用法、身法、步法、劲力运用均与拳理相通。练大枪可为练就其他枪术奠定基础，因此也有俗语说“学会拳不练大枪，只学会一半”。大枪属技击性枪，拦、拿、扎、崩、挑、缠、绞、锁、扣等是其主要枪法，演练时以腰为主宰，八方出击。此外，大枪枪长身重，练好大枪不仅在实战中能够占得先机，而且习练大枪也是增强功力的好方法，长久的练习可以增强身体的劲力。

351. 中平枪，枪中王，当中一点最难防

【意释】

中平枪是枪法中的王者，对敌时中路的进攻使对手很难招架。

【注释】

中平枪：枪术动作的一种。做法是两手握枪，使枪在胸腰间高度向前直刺，力达枪尖。要求扎枪动作要用臂、腰、腿之劲，后手须触及前手，枪杆成水平，枪头颤抖。

【说明】

此谚语说明了枪法中中平枪的威力。拦、拿、扎是枪法中的基本技法，拦、拿是挡拨防御之法，扎枪是进攻之法。持枪时要求平正中直，顶平、肩平、枪平、脚平，扎枪时直出直入，力达枪尖，做到枪扎一线。扎枪分上平、中平、下平，其中尤以中平为要。中平枪法路线最短，快速有力，与拦枪、拿枪的配合令敌方难以防御，有“中平枪，枪中王，高低远近都不防，高不拦，低不拿，当中一点难遮架”“中平枪是枪中王，上下枪来不用忙”之说。吴殳著《手臂录》中也认为“以中平枪为枪中王，为诸艺皆从此出也”，可见其也被视作枪术的基本技法。

352. 枪在精而不在力，花宜小而不宜大

【意释】

枪法的好坏关键在于精巧而不在于蛮力，立舞枪花时枪尖的运动范围要小。

【注释】

（1）精：①细致，精密。②精通，《清稗类钞·战事类》：“于是集谢庄少年之精技击者。”这里指枪法使用时贵在精巧、细致。

（2）花：指枪花。也称“舞花枪”“打花子”“要枪花”等。运用劈枪、压把、提撩等枪法连接成立抡枪花，或以拨把、横抡等连结构成平抡枪花。即为立、平舞花。

【说明】

此谚语言简意赅地指出了使用枪法的技术特点：精巧、花小。枪法主要以拦、拿、扎为主，此外还有点、崩、挑、拨、缠、舞花等。“圈法”是组成上述技法的主要内容。以“圈法”为基础，以“扎法”为目的的使枪规律，要求习练者不仅精通圈、扎技法，更重要的是掌握圈、扎技术的准确程度和运用时机，达到“枪扎藏技乘隙之时”，这正是强调使枪的精巧性。

枪花分立舞花和平舞花，这里所说的“花小”主要指的是立舞花。立舞枪花由拦法、拿法和扎法组成，属于防御性枪法。所以，面对对方进攻，不能盲目迎敌。若防守动作过早，则运动线路变长，且动作幅度大，对方会因预判而转变进攻之法，使得我方措手不及。由此可知，作为防守技法的枪花，宜小不宜大。一般而言，拦、拿技法的运用不大于体侧宽度。此外，在舞枪花时也要求枪杆紧贴身体部位，立舞枪花要求枪杆成立圆，这都体现出了“花法宜小”的技术特点。

353. 枪扎一线，工于一圈

【意释】

扎枪注重直扎，而枪法功夫则主要体现在走弧走圈的技法上。

【注释】

（1）工：①擅长；善于。魏禧《大铁椎传》：“宋，怀庆青华镇人，工技击。”②通“功”，功夫，本领、能耐。此谚语中的“工”，两种解释都讲得通，或意为枪法擅长走弧走圈，或意为枪法功夫见于其走弧走圈上。

（2）圈：环形，环形的东西。这里指枪法中的走弧。

【说明】

枪由枪尖、枪缨和枪杆组成。枪尖和目标之间直线距离最短。因此，直扎远取可最大化地发挥枪的优势。“枪扎一线”即直扎，其是枪术最为主要的攻击之法。扎枪要求沿枪身纵轴用力以直线扎出，做到力达枪尖的同时，亦应快、准、狠。因此，“枪扎一条线”意在强调枪法要直扎。

枪的主要防守方法是通过枪尖画弧或画圈形成的圈转动作。《手臂录》指出：“唯枪亦然，总用之则为一圈。”实战中两枪相交，或拦，或拿，或缠。而“圈法”即为使平枪走弧线，避对方来枪。此外，枪术流派众多，技术内容各异，但主要技法都离不开“圈”“扎”。上述“圈法”是枪技训练的主要内容。由此而言，不论攻防实战还是技术基础，“圈法”都是评判枪法功夫好坏的重要标准。

354. 刺枪如射箭，往来一条线

【意释】

扎枪如射箭般迅疾，出枪收枪要直来直去，成一条直线。

【注释】

刺枪：即枪法中的扎枪。

【说明】

“刺枪如射箭”强调扎枪时动作应迅疾。扎击时出手速度的快慢是决定能否“先发制人”的重要条件。在此谚语中，以“射箭”喻“刺枪”，即在突出刺枪动作应迅速、突然，以速度优势达到“攻其不备，出其不意”的效果。

“往来一条线”概括了整个扎枪过程：一出一收、一往一来。“枪扎一条线”贯穿整个扎枪过程，出枪要求直扎，即枪尖首先对准攻击目标，枪身要平，右手握把，把底抓于手心，双脚蹬地，劲力经腰直透枪尖，做到直出一条线。收枪时要求枪身平腰，两手滑把，最终前手贴于枪缨处。“枪身平腰”，收缩枪把时才能以“一条线”滑把至枪缨。

355. 吐枪要疾快，扎枪如放箭，格枪挪、扣、搬，拦、拿一圈见

【意释】

出枪要如箭离弦般迅疾，格挡时运用挪、扣、搬的方法，拦法和拿法是圈枪的重要方法。

【注释】

（1）吐：放出、露出，这里的吐枪指扎枪。

（2）格：阻碍、隔阂。有防御、阻挡的意思。

【说明】

此谚语主要描述了枪在进攻和防守时的方法和特点。首先以“吐”字为开端，形象地描绘了扎枪的特点。此后又以“疾快”“放箭”，指出包含扎枪在内的出枪动作要急速，“出其不意，攻其不备”。格枪属于防守技法，包含挪、扣、搬等技法。明戚继光《纪效新书·长兵短用说篇·二十四枪势》中的“苍龙摆尾”，即为挪退之法。其言：“苍龙摆尾势，乃挪退救护之法。电转风回，惊散梨花闪转。”一转一回间，有效实施了挪退救护。圈枪主要是通过枪尖划弧而形成的圈转动作，针对敌方来枪，格挡时应采用不同的圈法动作，表现为不同的运行轨迹。如拦、拿之法，以枪尖为基准，经上向左划弧为拦，经上向右划弧为

拿。一般圈枪时，尽量划小圈，避免防守动作过大，露出空当，而且划小圈有利于迅速从防守转为进攻。持枪防守，重在圈法的不同使用。

356. 收枪如按虎，出枪如射箭，扎枪如斗豹，压枪如压山

【意释】

收枪如按虎猛且稳；出枪如射箭准且快；扎枪如斗豹狠且刁；压枪如压山沉且定。

【注释】

压枪：指借对方之力，乘势用枪尖下压其兵械之法。

【说明】

此谚语从收枪、出枪、扎枪和压枪四个方面阐释了枪法的特点。以“按虎”来形容收枪，意在突出收枪的勇猛和稳固；出枪，为枪进攻之开端，需先明确目标，尔后如射箭般将枪使出，突出准、快二字；扎枪是枪术最主要、最基本的攻击方法，以枪扎敌，需如斗豹般凶狠、刁钻，扎枪时要灵活、迅速，才能使对手难以防御且中则必伤；压枪，则为借对方之力，以枪尖下压其兵械之法，应做到快、沉、定。

357. 枪是缠腰锁，先扎手和脚，疾上又加疾，扎了还嫌迟

【意释】

使枪以腰发力，枪杆不离腰间；出枪先扎对方的手与脚，扎枪的速度要快，再快都不过分。

【注释】

疾：快速；急速。《左传·襄公五年》：“而疾讨陈。”

【说明】

此谚语主要讲了大枪的使用方法。“缠腰锁”即是将枪杆置于腹部右肋下，

如同把枪杆锁在腰上一般。大枪有“枪不离腰”之说，因大枪一般长在三米三以上，枪长且重，将枪放在腰间，在减轻手部负重的同时，还有利于增加枪的稳定性，将枪牢牢锁在腰上，以便枪身合一，以腰带枪发劲。

此外，后手持枪末端置于腰际，可灵活控制枪梢变化，便于攻防。“先扎手和脚”是杨家枪“乘胜追击”的重要条件。手是枪的依靠，脚是步法变换之基，一旦重创对手的手与脚，便可趁胜追击，使对手失去抵抗能力。“疾上又加疾，扎了还嫌迟”更为直接地点明“快上加快”在枪法运用中的重要性，灵、快、准、狠是大枪称为“枪中之王”的基础。

358. 彼枪发，我枪拿；彼枪不动，我抢扎

【意释】

对方发枪，我就拦拿；对方枪不动，我就抢先扎。

【说明】

此谚语所指的是枪的基本技法和使用技巧。枪以拦、拿、扎为基本技法，其中拦和拿为防御技法，快速灵活，变幻莫测。当对方枪扎过来时，我可以通过拦、拿技法将对方进攻防住，即为“彼枪发，我枪拿”。

扎是枪法最主要的进攻技法，有“枪扎一条线”之说。技法要领为枪要持平，枪尖对准攻击目标，通过蹬地转腰将全身之力力透枪尖。扎枪技法杀伤力大、速度快，对手很难招架。当对方没有攻防动作时，我就抢先扎枪，占得先机，故为“彼枪不动，我抢扎”。

器械其他

359. 钩走浪势，戟扎戳势

【意释】

钩的用法多波浪之势，戟多用戳的技法。

【注释】

（1）浪：波浪。晋·左思《魏都赋》：“温泉毖涌而自浪，华清荡邪而难老。”此处“浪势”指如同波浪起伏连贯的样子。

（2）戳：刺。

【说明】

兵器往往因形制不同而技法各异。钩由古兵器戈演变而来，形制有钩、多刃、有钻，还带月牙，形制比较复杂，演练中易伤及自身，故对演练者的身法要求极高。钩主要有钩、掏、搂、托、带、挑、压、创、刺、挂、推等技法。“钩走浪势”，描述的是身钩协调、钩随身走、起伏连贯的姿态。

戟由戟头和戟杆组成，戟杆长约3米，下端有尖，并套以圆锥形金属套鐏，戟头有金属的尖和月牙制成。古代因其使用广泛，往往成为军资丰厚的重要象征。毛遂说服楚怀王联赵抗秦便有“今楚地方五千里，持戟百万，比霸王之资也”一说。除此之外，亦有唐杜牧“折戟沉沙铁未销，自将磨洗认前朝”的诗句。戟的月牙有钩挂和劈砍的作用，但戟尖锋利修长，不能舞花，少横劲，而多刺扎等直劲动作，故称“戟扎戳势”。

360. 锤走曳式

【意释】

锤法运用多牵引、拖拉。

【注释】

曳（yè）：拖拉，牵引。林嗣环《口技》：“又夹百千求救声，曳屋许许声，抢夺声，泼水声。”

【说明】

锤，又名椎，其形似瓜，有“立瓜”“卧瓜”之称。所以，古时持锤者又称“金瓜武士”。锤是冷兵器时代主要用于砸击的重兵器，但重量不一，轻者数斤，重者可达数十斤。历史上曾出现过铁锤、铜锤、木锤和石锤等制式。锤之形制有方头形、长头形、蒜头形、瓜形、八棱形等。锤柄还有长、短之分。长柄锤一般为双手执一锤，使短柄锤者多双手各执一锤，称“双锤”。

由于锤一般较重，使锤之人多力大无比，抡砸起来虎虎生风。因锤重量较大，使用之时应黏住对方，顺其势以牵引、拖拉。锤的使用方法除牵引、拖拉，还有涮、挂、砸、擂、云、盖等。

361. 镋扎捻势，镋不离肩

【意释】

扎镋要不停捻转，收镋、抱镋时镋头两翅要始终顺于肩上。

【注释】

（1）镋（tǎng）：古兵器。亦称镋钯、镋叉。为半月形或当中有枪尖，两边出翅，略似叉。

（2）捻：用手指搓转。白居易《琵琶行》："轻拢慢捻抹复挑。"也作"拈"。

【说明】

镋属长柄、多刃的重兵器，镋头形似叉，具有截击、防挡对方进攻的作用，故又有"镋名何为镋，四面八方挡"的说法。镋的用法有拍、拿、遮、推、转、支、拦等。镋头上横有月牙，上下两侧横有四棱利刃。由于镋身重、柄长而多刃，故镋的主要技法为捻转，而无舞花。练镋时持握要分前后手，两手交替换把，并要不停地捻转左右把，时前时后，所以"镋扎捻势"。"镋不离肩"是指抱镋时，镋的前把需置于肩前部，镋头两翅须前后顺于肩上。

362. 硬锤打涮，软锤打悠

【意释】

硬锤用涮劲，软锤用悠劲。

【注释】

（1）涮：在此谚语中意在突出硬锤击物的点弹之力。

（2）悠：摆动。汉·张衡《东京赋》："建辰旒之太常，纷焱悠以容裔。"

【说明】

此谚语意在从锤的软硬两种形制比较分析其技法运用的不同。锤的种类有长柄锤、短柄锤及链子锤等，又可分为硬锤、软锤。硬锤是由铁或木制成的大头，装以木柄而制成，古时也有石制锤。锤是主要用于砸击的重型武器。一般是两手各持一锤，称为“双锤”；长柄锤为双手持。硬锤在使用时多以硬架、硬砸为主，常用方法有涮、挂、擂、冲、盖、曳等。“涮”取硬锤点弹之力，即不提倡以拙力硬击而使力停滞，而是锤击时要使用涮劲，即留有一定余力，点弹即收，为下一招式的变化留有余地。若只使用蛮力、拙力硬击死打不留余力，则一击不中，再击之时重新蓄力会耽搁战机。

软锤，属于软兵械，种类较多，有流星锤、狼牙锤、少林流星双头锤等。软锤技法包括缠、抛、抡、扫等。在演练和使用过程中，应以灵巧柔韧之力控制软锤的摆动、走向，是为涮劲，如此才能挥舞自如，软中见硬。

363. 雨打白沙地，锏打乱劈柴

【意释】

用锏之法需如雨打白沙般迅猛、刀斧劈柴般干脆。

【注释】

白沙：白色沙地。沙地分红、白两色。红沙地于冬、春两季雨后生长草木，可供放牧、打柴，驼队也多于此时借此穿行沙漠。白沙地则大部分草木不生，夏季极其干热，穿行尤其困难。

【说明】

“锏”一般由铜铁制成，源起先秦时期。“锏”为无节、无疙瘩、无尖、无刃之形。锏柄尾部带有小孔，可穿一绳套在腕部，锏身呈方形凹面，四边角凸起成棱。锏有单双之分，练双锏者居多，其击法有上磨、下扫、中截、直劈、侧绞等，招数有横三竖四、崩、滚、挑、架、挂等。

大雨滂沱打入沙地时，因其穿透力强，往往能将沙地砸出一片雨坑。此处取“白沙地”，是因为白沙地大部分草木不生，尤其能呈现出“力透沙地”的景象。使锏亦如此，发劲须有穿透力。“锏打乱劈柴”意在强调用锏时要脆、猛、快，因此有“雨打白沙地，锏打乱劈柴”之说。

364. 巧缠劲力顺，镖出快十分

【意释】

镖绳缠绕巧妙则劲力顺达、发镖更快。

【说明】

此谚语讲的是绳镖的技法要领。绳镖一般由金属镖头与长绳构成。镖在使用时，发力要迅速，因其特殊的形制特点，一般会将镖绳缠于身上，以便借巧力将镖快速发出或收回。镖绳的缠绕要讲究技巧，镖绳必须要缠得紧，而且镖绳留的长度要适中，才有利于把镖发得又快又直。所以说，镖绳缠得巧妙，劲力才能顺达，镖出的速度才会快。

365. 鞭舞成堵墙，点水泼不进

【意释】

舞鞭之密犹如一堵墙，水都泼不进。

【说明】

同类谚语有：“舞鞭如飞轮，遮日不见天。”

此谚语在于说明软鞭的技法特点。软鞭一般由鞭头、握把及若干铁节串联而成，该形制特点可使其软硬兼施，极具杀伤力，甚至有“善用者能胜刀剑”之说。软鞭技法主要为立舞和横抡，立舞时由于速度之快如同在身前设起一堵墙，既严密又强硬，常以“点水泼不进”来形容软鞭防守的严密性。

366. 缠无力则松，绕不快则滞

【意释】

缠法无力则松懈，绕法不快则滞怠。

【注释】

缠：扎束；围绕。如臂缠红布。

【说明】

软鞭的技法主要有缠、抡、扫、挂、抛、舞花及地趟鞭等，可用“抡起来，似车轮飞转，舞起来，如钢棍一条”形容舞鞭时速度之快、力量之大的技法特点。软鞭缠的技法不仅指演练时的缠、绕、收、放的技法特点，更重要的是软鞭可以用于缠绕对手的手、腿、颈等部位以及对手的器械。在使用缠法时，不论演练或实战，都应有力坚韧，否则鞭法松懈无力，无法展示技法，亦不能制敌。在使用绕法时，挥鞭速度要快，鞭缓则滞，无法绕住所绕部位，影响技法发挥，同时会给对手以趁势反击的机会。

367. 收回一团，放出一片；收回如虫，放出如龙；收回如鼠，放出如虎

【意释】

软鞭之用，收回要聚成一团，如虫蜷收、似鼠缩避；放出要展开一片，如龙腾跃、似虎凶猛。

【说明】

软鞭由多节金属相互串联并辅以鞭彩而成，两头分别是握柄和鞭头。软鞭制式较多，有三节鞭、七节鞭、九节鞭、十三节鞭等，由于软鞭的制式造就了其可长可短的攻防效果。此谚语着重突出了软鞭的收放形态和用法特点。鞭收回时“成团”“如虫”“如鼠”，是指鞭回收时须呈团状，如虫子或老鼠缩身一般，迅速抱成一团；而软鞭放出时，则要“成片”“如龙”“如虎”，意在突出其与收鞭时截然相反的状态，点明了鞭的打击范围，同时也表现出软鞭舞开后如龙似虎般迅猛、刚劲、有力。

器械攻防

368. 长兵贵短用，短兵贵长用

【意释】

长兵能短用比仅作长用更可贵，短兵能长用比仅作短用更可贵。

【注释】

（1）长兵：长器械。泛指其长度等于和超过习练者直立时眉之高度的兵械，如齐眉棍、枪、大刀、方天戟等。

（2）短兵：短器械。泛指其长超过习者前臂，而短于习者直立时眉之高度的兵械，如刀、剑、鞭（硬）、锏等。

【说明】

长兵器的优势在于双方拉开距离的时候，一寸长，一寸强，长兵器可以利用其优势放长击远，占得先机，但一旦近身，长兵器就会有所不便，无法施展，如徒手对敌，必须要能“长兵短用”，近身攻击。如戚继光《纪效新书·长兵短用说篇》中所说：“夫长器必短用，何则？长枪架手易老，若不知短用之法，一发不中，或中不在吃紧处，被他短兵一入，收退不及，便为长所误，即与赤手同矣。”

短兵器的优势在于敏捷灵活，在近身时利于技法发挥，但在拉开距离时必须要通过灵活的步法、敏捷的身手，持短入长才能扬长避短。如戚继光《纪效新书》所言：“短兵利在速进，终难接长，持久即为所乘。必如总戎公俞虚江之法，则所执钗、棍、钩、钯皆有六七尺在外，彼若以长入我，必须深进五尺，被我一格打歪，即用棍内连打之法，下下着在长兵上，流水点戳而进，彼先进我五尺，我一进又有五尺，是得一丈之势矣。被我连打，势不得起，欲抽脱去，岂能便抽一丈。一入长兵之内，则惟我短兵纵横，长兵如赤手同矣。”持长兵器者要擅长近身使用，并要找准时机拉开距离，而使短兵器者要擅长利用身法，猛追近打，这样持长、短兵器才能远近都可运用自如。

369. 不沾青，入红门

【意释】

用剑要尽量避开对方兵刃，直取要害。

【注释】

（1）青子：古时江湖黑话指“兵刃”。

（2）红门：此处指对手要害。

【说明】

同类谚语有："不迎不架，避青入红。"

此谚语所指对象为剑，剑为比较轻灵的短器械。剑身比较薄，平直细长，且两面为刃。在和重兵器交手时，由于剑体轻盈，不宜猛劈硬架以硬力迎击，只能避实就虚、以斜取正、逢坚避刃、遇隙削刚，即为"不沾青"。剑的重要用法在于"护中直刺"，是指通过轻灵快捷、进退疾速、变化万千的身法和手法避开来械，保护自己正中，并利用剑轻灵小巧、易于变化的优势，攻击对手的要害，即为"入红门"，力争一击即中。

370. 打人千万，不如一扎

【意释】

用棍抡打多次不如直扎一次。

【说明】

此谚语主要在于阐释棍法中融入了枪法的原因。由于棍无尖无刃，其技法以抡、劈、扫等为主，打击面积较大。棍两端虽无枪头，但棍把比较粗，棍梢细且极为坚硬，做枪头使用可以使棍法达到枪法的效果，并可完成拦、拿、扎等技法。棍的扎、戳可对内脏等产生较大杀伤。所以，枪法被融入到诸多棍法技术体系。如少林棍法素有"三分棍，七分枪"之说，也是其被视为"棍法之上乘"的主要原因。

371. 刀劈空，谨防柄砸；枪扎过，须防把打

【意释】

闪过对方刀劈，谨防刀柄砸击；躲过对方枪扎，须防枪把击打。

【注释】

（1）柄：刀柄，手握刀的部位，也称刀把。这里说的是柄首，刀柄底端突出的部分。

（2）把：枪把，枪杆的底端。

【说明】

同类谚语有："刀劈空，谨防后钻把；枪扎空，谨防带棒打。"

此谚语说的是在与持刀或持枪者交手时，当对方击空后应防范其后续进攻，同时也说明了在使用刀、枪时，进攻落空仍可顺势采取其他后续技法。兵械的每一个组成部分，都有其存在意义与攻防价值，刀枪亦是。

刀由刀身、护手盘、刀柄和刀首组成，刀身一侧有刃，刀背无刃，可用于防守，主要有劈、砍、拦、扎、抹等进攻技法。刀柄为握刀之处，有长有短。在持刀劈砍时，一旦劈空还可顺回手之势用刀柄砸压对手。枪为"百兵之王"，由枪尖和枪杆组成，辅以枪缨、枪纂等。枪可拦、可扎、可拿，其中扎法是枪的最基本进攻技法，在以枪扎对方而不得时，还可顺势上步换把，用枪把横扫、上挑或下劈对手。因此，在对抗持刀、持枪者时，在其劈空、扎过之后，仍要谨防其柄端的二次进攻。

372. 棍如常蛇

【意释】

棍法头梢互用如常山之蛇般首尾相应。

【注释】

常蛇：常山之蛇，首尾相应，具有迅疾灵敏的特点，见于《孙子兵法》："故善用兵者，譬如'率然'；'率然'者，常山之蛇也。击其首则尾至，击其尾则首至，击其中则首尾俱至。"

【说明】

此谚语以"常蛇"喻棍法，旨在说明棍法头梢互用，可如常山之蛇般首尾相应，灵活多变。棍的种类很多，有大棍、齐眉棍、齐头棍、大梢子棍、手梢子棍等。因为棍无尖无刃，所以棍的把、梢和中段皆可持握，任意使用，灵活多变。距离较远时，棍持一端可用于大劈、大抡、大扫。距离较近时，可持棍中段两头抡打，手持中段，手一动则两端齐动，且两端的运动幅度远高于手的运动幅度，手快速连动，则两头连环出击，棍点快密，使对手防不胜防。棍法不仅有抡、劈、扫、架、压、托等技法，由于棍把稍粗、棍梢稍细且坚硬，又被加以枪的点、戳、扎等技法，所以棍有"远可击打一片，近能严遮周身，迅疾善变，浑身藏法"的风格特点。

373. 棍打二头，一打一掀

【意释】

用棍可梢打把掀，两头进攻。

【注释】

二头：指棍的梢段和把段。

【说明】

同类谚语有："梢把兼用，横打一片。""梢把两头用，握把活而变。"

棍由棍梢、梢端、梢段、中段、把段、把端、棍把组成。此谚语中的"二头"不仅指棍梢和棍把，还包含了除棍中段以外的棍梢、梢端、棍把、把端的梢段和把段等部位。此处的"梢、把"是对棍的梢段和把段的概指。

此谚语主要讲的是棍法中"握中近战，两端连环"的技法。在近距离对敌时，可手握棍的中段用棍的梢端和把端击打对手，手握棍中段，手一动则梢端和把端齐动，可运用下劈上撩、左右挂拨、前后戳扎、上架下压等多种技法进行攻防。"一打一掀"是指棍的梢打把掀的技法。一般而言，"打"为"劈打"，"掀"为"上掀"，是连环进攻的技法。明代抗倭名将俞大猷的《剑经》对"梢打把掀"也有所论述："一打一揭，遍身着力，步步前进，天下无敌。"

374. 棍打一大片，点戳技精巧

【意释】

点、戳技法使以大范围击打为特长的棍法更为精巧。

【说明】

同类谚语有："抡扫劈挑打一片，巧点猛戳扎一点。"

棍在使用抡、劈、扫等进攻技法时，手持棍的一端，用棍身进行大抡、大劈、大扫，攻击的范围很大，故有"棍扫一大片"之说。而棍的点、戳技法取之于枪法，与抡、劈、扫等技法具有截然不同的风格特点。所谓"点棍"，是指双手持握棍把，棍梢朝前，手腕向下短促用力点击，力达棍梢；所谓"戳棍"，是指双手持棍，用棍梢或棍把端进行戳击。点棍与戳棍的进攻目标较为精准，用力精巧短促。善用点、戳，可使棍法更为精妙。

375. 枪怕摇头棍怕点

【意释】

若枪头摇抖、棍用点法，则须格外留意。

【说明】

“摇头”，指摇动枪头划弧成圆。枪头摇动之时亦是攻防准备之时。因为，枪头摇动过程中，若对方进攻，可直接拦、拿、挑，制约或截取进攻者出击路线。与此同时，也可直接出击进行扎、崩、劈等技法的运用。可以说，枪头摇动则攻防兼备，当格外留意。

棍的技法虽以抡、扫、劈等为主要技法，但却因融进枪法中的点、戳、穿而威力倍增。“棍点头”运用的是棍法中的点棍，指用棍的一端由上向下点击，使力达棍梢的一种技法。以“棍点头”也预示棍可作枪使，可扎、可点、可刺。点棍技法灵活多变，具有隐蔽性、精准性，且杀伤力较大，使对手难以反应和防御，从而重创对手，因而也有“棍打一大片，点戳技精巧”之说。

376. 枪怕摇头，棍怕换把

【意释】

若枪头摇抖、棍把变换，则须格外留意。

【说明】

“摇头”，指摇动枪头。“圈为枪法之母”，若将圈抖得快且圆，不仅可以用于拦、拿对方的进攻，防守稳固，还可突然进行有力扎击，令人难以设防。此外，枪“摇头”蕴藏着多种进攻方式，如可扎、可挑、可崩、可劈等，变化莫测，可谓“暗藏杀机”，应当谨慎防范。

就棍而言，用法丰富多样。棍两头皆可打，且棍身抡打可横扫一片。棍的换把方法主要有单手抛换把、背后换把、掉把、滑把、撒把等。如单手抛换把，由手持握把端，向上提拉抛起，换至梢端，则可以把端作劈、打之法。整体来讲，换把可令棍法倏忽纵横、变化莫测，甚至绝处逢生。因此，也有“只把钱来帮，不把把法传”一说。在和持棍者交手时，对手换把，就可能会使技法变化多端、难以防守，因此要谨慎应对。

377. 抡打一大片，带步到跟前

【意释】

以大范围抡打之势带动步法靠近对手。

【说明】

棍法常以抡、劈、扫为主，能远能近，可长短兼施。抡棍时手持棍的一端，以腰部发力，向左或向右平抡，攻击范围大，故有“抡打一大片”之说。抡棍时创造出了比较大的攻防空间，在技击过程中，应利用好这一空间，借抡棍的惯性，顺势“带步到跟前”，贴近对手，以点、戳等更为精准的技法实施打击。该谚语所论棍术由远击到近打的技击过程，在“棍如长蛇”“长兵贵短用”等理念中亦有所体现。

378. 远扎挑，中钩扫，近用（枪身）砸、推、靠

【意释】

双头钩镰枪的使用，远距离用扎法、挑法，中距离用钩法、扫法，近距离用砸法、推法、靠法。

【说明】

此谚语具体地阐释了“双头钩镰枪”在与敌不同距离时不同技法的使用。双头钩镰枪由双头枪和钩镰枪结合而成。钩镰枪是中国古代枪的一种，又称“麻扎刀”，其形制是在长枪枪头锋刃上装有一个倒钩，专门用于对付敌人骑兵，运用钩镰枪横割马腿，迫使敌军落马，以创造战机。双头钩镰枪即是在木杆两端都装有钩镰枪头的一种特殊长兵武器，结合了双头枪和钩镰枪的用法，其技法中的扎、挑、钩、扫、砸、压、靠等，都是直接来源于枪和戈类武器的使用技法。双头钩镰枪形制复杂，用法多样，长距离可扎可挑，中距离可以用钩法和扫法，近身时可用枪身砸、推、靠对手，使对手防不胜防。

第三编

武术防身谚语

379. 平时练武技，危急能防身

【意释】

平时练武习技，危急时能自卫防身。

【注释】

武技：武艺。《新唐书·卫伯玉传》："卫伯玉，史失其何所人。少习武技，为有力。"在此泛指武术。

【说明】

此谚语意在阐明平时练武习技，危急时能自卫防身。练武不仅能强身健体，还能掌握一定的攻防能力。尤其在战争时期，于国家而言，习练武艺可以用以保家卫国；对自身来讲，习武可防身自卫。

380. 用火不戢将自焚，学技不晦将自毁

【意释】

用火不知谨慎将引火烧身，学武不知低调将害及自我。

【注释】

（1）戢：收敛、约束。陶渊明《归鸟》："翼翼归鸟，戢羽寒条。"

（2）晦：掩蔽、隐秘。如晦迹（隐居）；晦抑（隐藏；隐瞒）；晦心（隐藏本心）；晦光（蒙蔽光明）。

【说明】

此谚语主要在于告诫习武之人要有德行，收敛谨慎，不要轻易用武。中国传统文化强调"中庸之道"与"和"的理念，因而十分注重"度"的把握。"火"

可以为人类带来光明与温暖，但若“用火不戢”就很有可能“引火烧身”；武术可以用来健身、防身和修身，但若一味崇尚勇武，不知甚至无视和谐理念，则可能不仅仅是因为武术技术水平不高，更有可能是武德缺失的问题。

缺少德行的人，拳艺再高，终难令人信服。拳谚有云：“没有武德，便是武贼。”武贼人人得而诛之。从另一方面说，习武之人如果狂妄自大、目空一切、四处炫耀，不知隐忍和藏艺，遇到问题就想用武力解决，即使能赢也有可能伤人性命，招惹牢狱之灾，故说“学技不晦将自毁”。

381. 手不离七孔

【意释】

手法攻击要以对手面部为主。

【注释】

七孔：嘴、鼻、眼、耳的总称，这里用来指代面部。

【说明】

同类谚语有：“出手不离面，落手劈三山。”

手法是用手来实现的各种攻防方法的总称，包含了拳法、掌法、指法、勾法、爪法等多种技法，攻防兼具，灵活多变。拳术的手法攻击一般强调手不离面，主要原因包括：其一，在双方对面站立时，拳和对手的面部距离最近，可以直接进行攻击。其二，人体的上肢关节相对于下肢来说方便灵活，打击手法多样，可攻可防，但上肢先天力量一般都比下肢要小许多，打击部位应以对方要害为主。

此谚语所指的“七孔”，从狭义上讲，特指嘴、鼻、眼、耳等，均为人体要害，受击后能显著影响身体的机能；从广义上讲，概指头、面部，因其抗击打能力较差，所以是手法击打的重点对象。

382. 有手就有肘

【意释】

手法攻防要有肘法配合。

【说明】

此谚语主要说明在攻防中手法和肘法配合的重要性。肘有平肘、竖肘、叠肘、端肘、举肘等肘型。常见肘法的有架肘、挑肘、栽肘、截肘、盘肘、格肘、掖肘、顶肘等。在贴身近战时，肘法的优势比较明显，肘的硬度大，加之肘法的隐蔽性好，威力大，可用肘法从不同角度以不同的技法进行击打。因而有“拳轻掌重肘要命”“宁挨十掌，不挨一肘”之说。

“有手就有肘”主要是从攻防中手和肘的配合来说的。就拳技来说，拳的进攻范围较肘大，但近距离对敌时，肘法可以有效弥补拳法不能施展的短板，且可以增加攻击技法的多样性、灵活性和连续性，做到远用手近用肘，实现击打空间上的无隙衔接。另外，从防守一方考虑，肘法还可用于上架、下掩和左右格挡，可对自身进行十分严密的防护。

383. 变劲不变手

【意释】

劲力改变而不需变换手法。

【说明】

武术所讲求的劲，是由人体运动表现出来的融于武术技术、技法的力。劲主要发自脚，有“脚上无力，整劲难发”之说。按照作用强度的不同，可大致分为刚劲和柔劲两大类，进一步按照外部表现和作用形态等的不同，又可细分为寸劲、冷劲、抖劲、鞭劲、崩劲、挫劲、横劲、捋劲、滚劲、沉劲、披挂劲、撞靠劲、十字劲、螺旋劲、缠丝劲等。

谚语中的“变劲”，是对敌过程中用劲方式的转变；“变劲不变手”主要是指用劲要善于变化，当出手落空时，可以顺势变化，产生另外一种劲，甚至几种劲出来，而不需换手。“变劲不变手”即通过劲法之“虚”与招法之“实”的变与不变，来达到理想的攻防效果。

384. 打动不打静

【意释】

在对方有所动作时进攻，静待时不进攻。

【说明】

此谚语阐明了在技击过程中，对方若处于静定状态，则全身浑然无懈可击；若处于运动之中，则必出漏洞有隙可乘，所以才有“打动不打静”之说。事实上，此谚语意在说明实战中应注意创造、掌控进攻时机，即“动打静不打”，而对方若处于“静”的状态，我则应设法使其由静入动，进而乘隙攻之。同时，此谚语启示，在技击过程中应注意“虽动犹静”，正所谓“静中触动动犹静，因敌变化示神奇”。

385. 进打中，退打肢

【意释】

进身时击打对手中门，退步时击打对手四肢。

【说明】

武术技击，进是打，退亦是打。“有进无退徒拼命，有退无进似逃命”，进与退的奇正变化是一种攻防策略，更是一种技击智慧。所谓“手不离中门，招不让子午”，可见“中门”之重要性，而“进打中”正是要击打这要害集聚的“中门”，如此才易奏效。但技击之中不可能只进不退，否则便是“徒拼命”。而退亦有退的策略，这便是“退打肢”，如此在“以打代防”的过程中，更可扰敌精神，破敌间架，从而为“进打中”进一步创造条件，以赢得最终胜利。

386. 惊慌之下无拳艺

【意释】

惊吓慌乱之时无法有效运用拳法。

【说明】

此谚语重在指出心理状态对于拳术水平发挥的重要性。形意拳要求“打人如走路，看人似蒿草”，并认为“进步不胜，必有怯敌之心”。临阵对敌需从容镇定，将平日所学用于攻防。若惊慌失措，不仅不能有效地运用拳法，还不能较好地保护自己。其实，心理状态与技能发挥之间的关系是辩证的。所谓“艺高人胆大，胆大艺更高”，便形象地说明了心理与技能之间相互促进的辩证关系。

387. 有形剁形，无形剁影

【意释】

刀法练用，有对手剁对手，无对手则剁假想敌。

【注释】

剁：斫，斩碎。刀身猛然向前、向下，谓之剁。

【说明】

此谚语源自梅花单刀练法，其告诫习练者“凡练习时，须存有对敌之观念，所谓‘有形剁形，无形剁影’。久而习之，自然临敌如入无人之境。”梅花单刀在身法上要求轻、圆、飘、倏。轻则灵变敏捷，有生龙活虎之态；圆则转动自如，有闪电旋风之妙；飘则进退迅速，有飞箭流星之快；倏则左右突忽，有鬼没神出之奇。为达此目的，在演练梅花刀时须有假想之敌，从而使心、意、精、气、神与眼、身、手、步、刀内外合一，临敌时方能做到“人虽千变，我心归一”，达到“以此制敌，何敌不摧”的效果。演练其他拳种抑或器械技术可借鉴此法，于习练中设假想敌，营造攻防对搏意境，进一步体悟动作技击内涵。

388. 起脚先出手，落脚手亦随

【意释】

起脚之先、落脚之时均以相应手法防护。

【说明】

此谚语意在说明实战中腿法与手法应相互配合，缺少手法配合的腿法攻防无法达到理想效果。拳谚“起腿三分险”“起脚三分虚”等均说明了腿法进攻的风险与缺憾，手法辅助可弥补腿法进攻的纰漏，所以应“起脚先出手”。所谓“无搭不起脚”便是对此的有力注解。“落脚”作为攻防转换的过渡动作，容易为对手所乘，所以需要手法防护，即“落脚手亦随”。

389. 诸艺不可惧，就怕出纰漏

【意释】

对手的任何拳艺都无需畏惧，就怕自身出现破绽。

【说明】

此谚语强调了攻防中细节的重要性。“纰漏”就是武术中的破绽。交手时一定要处处提防，否则，稍有破绽就会给对方以可乘之机。正如《孙子兵法》所言，“先为不可胜，以待敌之可胜。不可胜在己，可胜在敌。”

《水浒传》第九回《柴进门招天下客林冲棒打洪教头》中写道：“洪教头喝一声：‘来，来，来！’便使棒盖将入来。林冲望后一退，洪教头赶入一步，提起棒，又复一棒下来。林冲看他脚步已乱了，便把棒从地下一跳，洪教头措手不及，就那一跳，和身一转，那棒直扫着洪教头臁儿骨上，撇了棒，扑地倒了。”林冲正是抓住了洪教头脚步已乱、重心不稳的“纰漏”，才获得胜利。

390. 似惊而实取，似取而实惊

【意释】

看似试探，实为进攻；看似进攻，实为试探。

【说明】

此谚语意在说明攻防之中的虚实变化。攻防之中，通过“虚则实之、实则虚之、虚虚实实”的阴阳变化，令对手不知我的真意，从而在“虚招拳花一片，实取拳打一线”的变化莫测中战胜对手。同时此谚语也启示我们，与人对敌时必先“审势”，要深刻理解“兵无常势，水无常形”的道理，做到因敌变化而取胜，才能“谓之神”。

391. 输在慢上，赢在步上

【意释】

输的原因在于速度慢，赢的关键在于步法运用得当。

【说明】

同类谚语有："技击步为先。""步不活则拳乱，步不快则拳慢。"

此谚语表明速度和步法是攻防制胜的关键因素。首先，速度越慢，完成攻防动作的时间越长，获得最佳进攻的时机越少，制胜几率自然也就越低。所以，有拳谚要求攻防动作要"动如脱兔""拳如流星，眼似电"等。其次，步法在攻防中至关重要。拳谚云"百练不如一走"，灵活、多变、稳实的步法既可化解对方的凶猛攻势，又可出奇制胜，转危为安。在前进后退、左闪右躲的移动中，也可保持重心稳定、身体平衡。

392. 连环步，往前攻，巧打飞踢占上风

【意释】

连环步向前连续进攻，灵巧击打、腾空飞踢以占优势。

【说明】

此谚语旨在说明连环腿的技击特点。连环腿亦称连环脚、鸳鸯连环腿，是一种融合技术、战术为一体的连续性进攻腿法。此腿法如同鸳鸯，相互配合十分默契。左腿出击，右腿待发；左腿回收，右腿速发。一腿接一腿连续进攻，灵巧击打并以腾空飞踢占据优势。

393. 拳本无法，有法也空，一法不立，无法不容

【意释】

拳术原本就是没有规矩的，有规矩也只是遵循自然规律，任何规矩都不设立，但所有规矩又自在其中。

【说明】

此谚语源自王芗斋著《拳道中枢·总纲》，是意拳的重要指导思想，与李小龙"以无法为有法，以无限为有限"的武学思想相融相通。意拳，又称大成拳，认为"凡以拳套方法而为拳，是不啻以蛇神牛鬼之说而乱大道，皆拳道之罪人也"（《拳道中枢》），因此不提倡"方法、招式、套路以及各种局部功夫"（《拳道中枢》），而要求"拳拳服膺"，成"本能之拳法"。这种思

想与佛家“一切有为法，如梦幻泡影，如露亦如电，应作如是观”（《金刚经》）的思想一脉相承，即是希望如禅宗所云“无法无执”“无执破执”。

千百年来，传统武术在其不断的成长过程中，逐渐提炼出“练时有定规，用时无定法”“有形有意都是假，技到无心始见奇”等拳学理论，认为武术练习者不应拘泥于一招一式，而应追求无形无象、随心所欲的武术境界。在这些理论、认识的基础上，王芗斋进一步提炼出了“拳本无法，有法也空，一法不立，无法不容”的拳学指导思想。这一思想绝不仅限于意拳的范畴，而适用于全部的中国传统武术。但是，在武术学习过程中，绝对的“无法”是不可能的，纵使意拳的训练也存在诸多“法”的痕迹。王芗斋本人也经历了从“有法”到“无法”的训练历程，所以“无法”更应被视为一种境界。在此境界内，“从心所欲不逾矩”，无法却又无处不是法，无处不是法却又无法，一切均合乎自然之道。事实上，所谓的“神明之境”即是如此，“无思也，无为也，寂然不动，感而遂通”（《易传·系辞上》）。这也是“返璞归真”之境、“道法自然”之境，从无到有再从有到无，无形无象，应物自然。

394. 学时有定势，用时无定法

【意释】

学武时有固定姿势，用武时无成法可依。

【说明】

唐顺之《武编》云：“拳有定势，而用时则无定势。然当其用也，变无定势，而实不失势。”通背拳论中也有“学时有定规，用时无定法”之说。这些拳谚、拳诀均强调实战中要灵活运用所学的武术技法，而不可为成法所拘。正如明人庄元臣《叔苴子·内篇》论剑术所言：“教剑者有法，及其能剑，忘其法并忘其剑矣……未忘法而用剑者，临战斗而死于剑。”所以，“学时有定势”是入门之径，不得不如此，否则便无以窥堂奥；“用时无定法”是返璞归真之境，“无定法”却已蕴含了已学之法，出手发招之间处处合乎阴阳变化之道。唯其如此，才是真正步入了武学正轨，否则便是有偏于正的“斯技之旁门”。

395. 莽汉以拳换拳，练家抢步占位

【意释】

拳术不精者只会乱打硬拼，拳术精湛者擅长步法赢人。

【说明】

“技击步为先”，步法是武术的核心内容，也是“练家子”与普通人在技击时的重点区别所在。不会武术的粗莽之人只会以蛮力僵劲互相殴打，由于手比脚灵活，就出现了拳来拳往、互击互殴、扭缠乱打的不堪场面；“练家子”则懂得进步占势、退步避锋，以步法的变换求得位势的有利，发挥“脚踏中门夺他位，就是神仙也难防”、我顺人背、一臂双功等作用，甚至在步法的转换中已调动起对方的重心，令其不跌自倒，正是“步动打人显神通”。所以，武术界才对步法格外重视，甚至有“教拳不教步，教步打师傅”的谚语流传，这当然是不足取的保守思想，但由此也凸显出步法在武术中的核心地位，以及“以拳术立命”的师傅们对步法的珍视。

396. 未到尽时休发劲，不见劲来方是劲

【意释】

未触及目标时不要发劲，触及目标能瞬间发放才是真正的劲。

【注释】

来：在本谚中是语助词。

【说明】

“未到尽时休发劲”指不触及目标不要发放劲，原因在于提前发劲容易给别人以预兆，且消耗能量，不能将自身最大的劲力作用到对手身上。而“尽时发劲”正是我们常说的“沾衣发劲”，此种发劲隐蔽性极好，具有“打人不见形”的妙处，且穿透性更强，可以产生更好的击打效果。能“尽时发劲”需令对手“不见劲”，否则必为对手所阻，而这种“不见劲”的劲才是真正的劲，即“不见劲来方是劲”。其不为对手所见且能突然发放，体现出了较好的隐蔽性、灵活

性与突然性，这正是劲与力的重要区别所在，是“劲”的重要特征。

397. 先松后紧，先柔后刚，不到终点不发劲

【意释】

发劲须先松柔后紧刚，触及目标才发放。

【说明】

此谚语讲的是发劲的方法与原则。先松后紧，先柔后刚，紧后复松，刚后复柔，是发劲的全过程。但“松、紧、柔、刚”四字要做到“松而不懈、紧而不僵、柔而不软、刚而不硬”，唯如此，才能在最大限度地减少对抗肌消耗作用的同时，将参与发劲的肌肉调整到最佳的协同状态，从而发放出最大的劲力。同时，“松、紧、柔、刚”之间转换得宜，也是做到“不到终点不发劲”的前提。关于“不到终点不发劲”的详细阐释，请参见“未到尽时休发劲，不见劲来方是劲”的“说明”部分。

398. 拳去不空回，空回不为能

【意释】

发出之手不能徒劳回收，否则技艺不精。

【说明】

同类谚语有：“拳去不空回，空回总不奇。”“拳无空出，手无空回。”

此谚语强调在攻防过程中“回手”也应具有攻防作用，如此才能拳势紧凑，不在变招的过程中给对手以“旧力略过，新力未生”的可乘之机，形成“进（出手）是打，退（回手）亦是打”的连续性与压迫感，从而在手法“出”与“回”的过程中完成一个完美无暇的“技击之圆”。“不空回”是一种技击策略，具体可用的手法，诸如勾、捋、带、刨、抓、搂等，不一而足。

399. 找胜机，靠心眼；论攻守，赖腰腿

【意释】

凭借智慧和计谋寻找制胜时机，依靠腰腿功夫来完成攻防。

【说明】

此谚语表明实战若想取胜，智慧与功夫缺一不可。实战中应“料敌在心，察机在目”，通过思考和观察来寻找对方破绽，创造获胜时机。但仅凭计谋与智慧，没有过硬的腰腿功夫也是徒劳。此处所谓“腰腿”，实质上是对武术技术的概指，但却也隐现着对“腰功”和“腿功”的格外重视，原因在于“腰为一身之主宰”“手是两扇门，全凭腿赢人”。

400. 斜撤得横，直退易溃

【意释】

步子斜撤可获得左右向位优势，直步后退则容易被击败。

【说明】

对方进攻时，我乘势斜撤步，转直为横，占据对方旁门，有助于闪躲或引化对方来劲，扼其攻势，实现退中带打、以退为进，即所谓“得横即得势，得实即得机”。若我直步后退，则因后退速度慢，容易被对方赶上击中，且不易防守，造成溃败。太极拳的“退步跨虎势”要求“退步跨虎闪正中，如虎劲敌受扼制”，即是一种通过弧形撤步后退，闪开正中点以遏敌来势，进而反攻的招式，是对“斜撤得横”原理的实践。

401. 起手要有路，打人要有步，无路被人打，无步被人跌

【意释】

出手要有方法，打人要有步法，没有方法就会挨打，没有步法就会被摔。

【注释】

（1）跌：摔，摔倒，摔跤。

（2）路：方向、路线和方法。

【说明】

此谚语旨在说明路数和步法在武术格斗中的重要性。“路”主要指招式和方法，在格斗对抗时心中就要有路数，出手不可随意，要知道如何进行格斗，方能取

胜。同时此谚语中“路”亦指路向，即出手要有击打目标，东一拳西一腿就会显得毫无章法可言，不仅难以击中对方要害，还容易使自己方寸大乱，败下阵来。

武术的手、眼、身法、步是重要基础。步即指步法，是根基。步法在武术对抗中有着极其重要的作用，有“教拳不教步，教步打师父”之说。步法的准确运用，有利于有效控制自己与对手之间的距离，通过灵活的运用步法可以有效打击对手，并闪躲对手的攻击，达到“别人打我打不着，我打别人跑不掉”的效果。对战中要注重步法的稳定性，以协调自身重心平衡。要防止因步法的混乱和拳法不协调，致使重心不稳，从而被对手抓住时机摔倒。因此步法稳定、灵活，出手时方能技高一筹，步法不灵活或没有步法，一出手就容易处于劣势。

402. 吃一不二

【意释】

一招奏效不要重复使用。

【注释】

（1）吃：挨、承受。

（2）二：再次。

【说明】

“吃一不二”是指在武术摔法中，同一种摔法重复使用就很难再次起到效果。此谚语也适用于武术其他技法。在攻防格斗中，双方都在不断变化，以寻找对方的薄弱及失误之处。如果仅依仗一种招法，就会被对手洞悉虚实，轻松破解。正所谓“立守一势，难以应敌”。因此，“须立一势，又立一势，复换一势”，迅速变换，才能使对手应接不暇，寻得其破绽，击中其要害。同时，此谚语也启示我们在与敌对抗中，要善于观察和总结对手招式或攻防习惯，以避免败于敌手相同技法之下。

403. 内不动，外不发

【意释】

内在意识不触动，外在招式不发出。

【说明】

此谚语说明了外形动作的施展是以体内意识的发动为前提。“内”主要指精、神、气、力、功，也就是人的精神、意识；“外”则指手、眼、身法、步，即演练或技击时外在的运动表现形式。拳谚有云：“心意不动，外形寂然不动，心意一动，周身处处皆动。”身体外部招势要随着身体内部意识、意念的改变而改变。“内”不动，外部招势不可轻举妄动；“内”若动，全身各处都要共同协调运动。如同太极拳谚“先以心使身，从人不从己，后身能从心，由己仍从人”所表述的，在习武初始阶段要“以内导外”，待技术动作达到自动化阶段后，才能达到“外从于内，内动外动”的高级阶段。

404. 一手未完，二手难出

【意释】

一个动作没完成，另一个动作就会受到制约。

【注释】

手：武术招法动作。

【说明】

此谚语强调在与敌交手时切忌不可招式混乱，一招未完成之前不可急于使出新招。在实战对抗中，如果一个动作没完便急于承接下一个动作，极易出现技法混乱，从而导致攻不奏效、防不护体的情状。从另一方面，如果对手在攻防中一招未完、一招又起，则是极好的进攻时机，可以在对方阵脚错乱之时趁虚而入，攻击对手的防守漏洞，在防守反击中给对手制造威胁。

405. 上步不老，打人不到

【意释】

上步不到位，打人不奏效。

【注释】

老：老练，熟练。

【说明】

此谚语表明进攻时对步法距离的控制十分重要。步法在武术技击中，不仅可协调身体重心平衡，更重要的是在攻守中控制、调整与对手间的距离。进攻时如果上步不到，即使差之分寸也不能击中对手。若在无效攻防范围内盲目出步，则白费力气，不仅无法形成威胁，甚至可能还会露出破绽，给对方以可乘之机。另一方面，当被动受敌时，可通过步法的灵活调整，既保持敌我间的安全距离，防护己身，又可在移动中伺机出击。因此，正确、及时地对敌我距离做出精准判断，是攻防中一击奏效的重要因素。

406. 进步要紧趹，退步要松身

【意释】

上步要紧身疾速，退步要放松灵活。

【注释】

趹：疾行。同“趹蹄而行千里”。

【说明】

此谚语说明了武术实战中进、退步的注意事项。“紧趹”即身体各部位在上步时要保持紧张状态，并快速上步进身击打，做到招随步到、力大势猛，使对手难以逃脱自己的攻击范围，并寻机将其制服。在退步时，要保持身体处于灵松状态。一方面，退步时多处防守态势，身体松活更为机敏，可有效避开敌方攻击；另一方面，放松时中枢神经更容易支配发力的骨骼肌，且肌肉放松易于产生收缩力，有利于有效组织进攻或防守反击，故“退步要松身”。

407. 能胜在于进步占势，不败在于退步避锋

【意释】

能胜在于进步可占据优势，不败在于退步能避其锋芒。

【注释】

锋：刀剑锐利的部分，此处指对方锋利的进攻。

【说明】

此谚语主要强调了步法应用在实战中的关键作用。两人交手，制胜之关键在于进步占据有利身位，如快速进步夺其中门，闪进贴身使用肘法、膝法或摔法，斜进步制造“我顺人背”的位势等，都是依靠看准时机的进步来实现的。能立身不败之关键在于退步避其锋芒，控制好敌我间距，能够从容且准确预判对方招数，目的是有效避开对方具有威胁的击打，在防御中谋求进攻之机。攻防兼备，即便不胜，也很难被对手击败。

408. 脚底如鱼窜，打人如闪电

【意释】

脚底移动如鱼蹿般快、滑，打人发招如闪电般惊、迅。

【说明】

同类谚语有：“打人如闪电，拔步如放箭。”“身势如闪电，脚底如鱼窜。”

此谚语意在说明进攻中移动和出击速度至关重要。“脚底如鱼窜”要求进攻中步法要灵活多变，前进后退、左躲右闪如鱼儿在水中游窜一般。步法的灵活运用既可迷惑敌人以扰乱其判断，亦有利于在进攻中寻求最佳进攻时机。“打人如闪电”指进攻时应出其不意，以迅雷不及掩耳之势攻击对手。利用手法、腿法、身法等的协调配合和灵活运用，使敌躲避不及，无从防守。此外，该谚语也启示我们，在实战中步捷手疾是战胜对手的重要因素。同时，以快制慢，以快制快，以快制柔，以快制刚等都是克敌制胜的重要法则。

409. 动人之将动，动人之将静

【意释】

在对方将要发动时先发制人，在对方将要静止时开始打击。

【说明】

此谚语强调在实战中要准确把握进攻时机。在格斗对抗中，“将动”和“将静”都是攻防动作转换的瞬间。“将动”，即将要发起攻击或防御动作的刹那，动作刚刚萌发，但并未施展出来。此时若能识破对方意图先发制人，不仅可有效抑制对手进攻，还可以伺机主动出击。洞察对手意图的方式一般有出拳先动肩、走腿先动髋等。

“将静”，即将要结束上一个攻击或防御动作之时。此时，对手进攻将完未完，上一个动作虽然未完成，但已经处于收劲阶段。可以说，对方进攻之时也是其防守最为薄弱之时，亦是我方及时进攻的最佳时机。“动人之将静”在武术格斗中也可称为防守反击，统计数据显示，在高水平散打比赛中，防守反击是最有效的得分和制敌手段之一。

410. 上保咽喉下保肾，左右两肋中当心

【意释】

身体上部的咽喉、下部的腰肾、左右两侧的软肋以及中间的心口，要注意保护。

【说明】

此谚语与“上打咽喉下打阴，左右两胁并当心”的含义相反，前者是针对自我的要害防护，后者则指出应有效地攻击对方之要害。由此可见，咽喉、腰肾、左右肋骨及心口等是人体的要害部位。咽喉指颈的前方上部紧接面颊的部分，包括咽、食管上部、喉及气管通向胃和肺的通道，咽喉受击会影响呼吸，导致动作无力，重击非死即伤。下阴部神经分布密集，且异常敏感，若受重击，轻则疼痛难忍，重则休克甚至死亡。左右肋骨是保护肺、心脏、肝脏等器官的骨骼，是整个胸腔的构架。肋骨脆弱易骨折，重击容易造成内脏受伤甚至威胁生命。“中当心”泛指胸腹中央，即心口部位。心口受到伤害，轻则影响血液循环，导致昏迷，重则休克甚至死亡。因此，这些身体要害、薄弱部位作为“拼命打法之落点，进击必取之地”，在实战中更应做好及时防护，以免受到重创。

411. 一要眼尖，二要手捷，三要胆稳，四要步坚，五要力实

【意释】

武术技击要眼神敏锐，手法快捷，胆气沉稳，步法扎实，力量坚实。

【说明】

此谚语表明实战中应具备“五要素”。第一，眼睛要敏锐，做到“眼观六路”，能在变动中观察和捕捉到对手攻防细节的变化，及时作出反馈。第二，手法要快捷。手是整个人体中最灵活的部位，拳谚云：“手主宰胜负。”手越迅速快捷，完成各种攻防技法的速度也就越快，实战中的优势也就越发明显。第三，胆量要稳沉。武谚云：“一胆、二力、三功夫。”实战中应有不畏强敌、敢打敢拼的胆量，做到遇强不怯、遭难不慌，这样才能保证体能、技能和战术的充分发挥。第四，步法要坚实。脚步如战马，抢位、进攻和避锋都依赖脚步的支撑，所以要做到“迈步如犁耕地，落地如树生根”。正如拳谚云：“步不稳则拳乱，步不合则拳散。”第五，力量要坚实。“力为万技之本”，进攻中只有劲力坚实才可攻击对手一举奏效，但是此力非是死力、呆力、僵力，而是练功打拳所生之力。此“五要素”相辅相成，缺一不可，实战中只有综合运用，才能发挥出理想水平。

412. 上场不留情，留情不举手

【意释】

交手不要保留情面，保留情面就不要出手。

【注释】

举手：举即发起，举手在此指出手、动手。

【说明】

同类谚语有：“上场不退步，出手不留情。”“举手不留情，抬腿不让步。”

此谚语旨在说明赛场上运动员应全力以赴，顽强拼搏，不能因“一己之私”而为对手“留有情面”。敢打敢拼、全力以赴的态度是运动员对对手、裁判及观众的尊重，是对长期刻苦习练的一种回馈，也是对自身技术水平的一种检验，更是对“公平公正”竞技体育精神的恪守与弘扬。

413. 拳打五尺不为远，寸间发人不为近

【意释】

可于五尺之外打人，亦能于寸间之内发人。

【说明】

此谚语强调“长击”和“短打”各具所长，均能不受距离限制击发对手。敌我间距较远时，通过步法调整和招式变化可达到放长击远的效果，即便“五尺”之外，也能击中对手。距离较近时，可改变进攻路数，伺机近身使用寸劲瞬蓄瞬发，发人于不知。该谚语也意在阐明武术习练应求全面，根据实战情况自如使用不同招数、劲力，远有远之打法、劲法，近有近之打法、劲法。

414. 存心要精，不精则受愚；打手要跟，不跟则不济

【意释】

用心要缜密，不缜密会被愚骗；出手要紧跟，不紧跟就不起作用。

【说明】

此谚语旨在说明用招施招要灵活精明、动作连贯。“存心要精，不精则受愚”出自陈式太极拳陈长兴所著《用武要言》，意指与敌交手要心思缜密，明白对手拳路和拳法优劣，以及对方所擅长的技法、善攻或善守的风格等，并根据对手变化做好防御或还击准备。存心不精，盲目施招，便有可能被对手所洞察，或以相克制的招式被对手愚骗。“打手要跟，不跟则不济”则为灵活且富有计谋的进攻路数。与敌对决时，一旦发现对手破绽要果断出手，招法连贯，一气呵成，从而一举击溃对手，切不可犹豫不决，错失良机。

415. 剑到身边心不乱，拳到眼前亦等闲

【意释】

剑到身前不可心慌手乱，拳到眼前亦能轻松应对。

【注释】

等闲：寻常，平常。明·于谦《石灰吟》：“烈火焚烧若等闲。”

【说明】

此谚语一方面描绘出临敌安然自若的理想状态和高级境界，另一方面也指出在与敌对战中要有胆有识、淡定从容。武谚有云：“一胆、二力、三功夫。”

戚继光在《纪效新书》中亦云："对敌若无胆向先，空自眼明手便。"实战中"胆"至关重要，一是来自对自己技艺的高度自信，武艺高超众人难挡，自然能有恃无恐，临危不乱。其次是来源于对对手的了解，知己知彼，熟悉对方进攻路数，从容拆招破防。另外，气盛胆壮亦有利于提高技艺水平。与敌对战无惧无畏、敢于出手，可使技艺能够充分发挥，甚至超水平发挥。但要达到"剑到身边心不乱，拳到眼前亦等闲"的状态与境界，绝非仅有胆量就可企及，要通过勤于切磋、增长见识、经验积累等各方面的完善方可达到。

416. 手快打手慢，手长打手短

【意释】

出手快的打出手慢的，攻击距离远的限制攻击距离近的。

【说明】

此谚语指出武术格斗中"以快制慢""以长制短"的技战术要点。武术界自古就有"天下武功唯快不破"之说。实战中，"慢"一时就会在攻防两端处于劣势，唯稳中有快，才能占得先机。"以快制慢"须做到眼神要快、判断要快、出手要快，方能取得"制慢"效果。

"手长打手短"在长械对短械、身材高大者对矮小者、善长击者对不善长击者等方面均有体现。如长者打击距离和防守范围远且广，敌不及我，我已及敌。所以，在实战技击中应充分发挥自身"长"之优势，在距离、速度、移动等方面占据上风。但不可否认，"快"与"长"并非一劳永逸，没有破绽。当自身条件不具有明显优势时，就要设法尽可能地培养以慢抑快、以短制长的技法能力。

417. 内实精神，外示安仪，见之似好妇，夺之似惧虎

【意释】

内在精神充实，外表安定淡然，看似恬适女子，动手骇人如虎。

【注释】

（1）实：充满；充实；填塞。《中山狼传》："乃出图书，空囊橐，徐徐焉实狼其中。"

（2）安仪：平和的模样。仪：外貌；外表。《孔雀东南飞》：“入门上家堂，进退无颜仪。”

（3）好妇：美貌的妇女。《乐府诗集·相和歌辞十二·陇西行》之一：“好妇出迎客，颜色正敷愉。伸腰再拜跪，问客平安不。”

【说明】

此谚语出自《吴越春秋·勾践阴谋外传》，讲述的是越王勾践与剑术家越女谈论“剑道”的故事。“内实精神，外示安仪”是指斗剑时内心精神贯注，高度警戒，外表安静淡定，表面看起来好似美少妇般安静贤淑，一旦对敌却骇人如猛虎。与后两句类似的说法还有“静如处子，动如脱兔”“下场如书生，上场似猛虎”等，均是在阐明与敌对战时，不出手，周身放松，安静待发，不显露攻击意图，一旦出招，招招凶猛，使敌难防。

418. 示之以虚，开之以利，后之以发，先之以至

【意释】

故意展示弱点，引诱对方攻击，后于对方出手，先于对方到达。

【注释】

（1）开：启发。《礼记·檀弓》：“曩者尔心或开予。”此为“引诱”之意。

（2）利：有利的形势。《过秦论》：“因利乘便，宰割天下，分裂山河。”

（3）发：发作。《唐雎不辱使命》：“怀怒未发。”这里是发起攻击的意思。

【说明】

此语出自《庄子·说剑》：“夫为剑者，示之以虚，开之以利，后之以发，先之以至。愿得试之。”强调的是一种以弱胜强、以智胜拙的战术。明代军事家俞大猷在其所著《剑经》中，将此列为武术技法基本法则之一。“示之以虚，开之以利”说明对敌时要有意制造虚处、弱点让对方察觉，造成“强而示以弱，实而示以虚”的假形佯攻，引诱对方出手攻击。

“后之以发，先之以至”指出我方虽后于对手发起攻击，却要抢先击中对手，是一种中途截击对手、防守反击的技击思想。在此过程中，注意力应高度集中，一旦对方进入自己的攻击范围，要尽可能地实现一招制敌。

419. 快而不乱，慢而不散

【意释】

招式快出不凌乱，慢打不松散。

【说明】

此谚语是武术练用时对招式的技法要求。快速出招易造成招法混乱，一方面是因为出招快，脚下步法必然加快，若步法慌乱会使身法发飘、下肢摇摆而造成招式混乱无章；另一方面，在演练时，出招过快会因呼吸混乱而引起拳法混乱。因此，在招式练用时，要在快中求稳，手脚配合，招式与呼吸相协调。“慢而不散”是相对“快练”而言。“慢练”是指行拳走架“慢而不散”“松而不懈”，且内含劲力，动作没有折顿和散漫之感，呼吸和动作协调一致。

420. 身趋步不踊，不败也狗熊

【意释】

进身不上步，即使不败也很狼狈。

【注释】

（1）趋：快步走。《庄子·胠箧》：“则负匮揭箧担囊而趋。”
（2）踊：往上跳。《公羊传·成公二年》：“踊于棓而窥客。”

【说明】

此谚语意在强调步法与身法协调配合的重要性。当两人格斗时，进身必上步，如此可增强身体稳定性，延长攻击距离。进身上步是进身和出手的基础，身到步到，身法、手法与步法浑然如一，才是攻防格斗的正确方法。相反，若身法移动而步法不动，就极易导致身体失衡或动作散慢，很难击中对手，即使能险胜，也会因为身体失衡、拳法混乱而显得十分狼狈。

421. 三年套路不敌一年跤

【意释】

三年套路练习的实战效果不如一年摔跤。

【注释】

跤：指中国式摔跤。

【说明】

此谚语主要在于强调实战训练的重要性。“跤”在此并非单指中国式摔跤，而是对实战训练的整体概括。武术套路是对攻防技法等的演练及展示，其价值在于较为完整地传承攻防技法体系。虽然，套路练习有利于习得攻防技法和掌握技击缘由，但其实战效果较之摔跤、散打等对抗训练还很薄弱。所以，习得套路后要加强实战对抗练习，在自身技法和拳理兼备的基础上学会真正运用。

422. 手打三成脚打七，先打顾法后打人

【意释】

技击中三分靠手七分靠脚，先做好防守再进攻。

【说明】

同类谚语有：“七分看脚，三分看手。”“拳打三分不易，脚踢七分不难。”

在此谚语中，“手打三成脚打七”指出腿法因其威力巨大，攻击距离长而在实战运用中占主导地位。“手打三分”主要发挥诱敌、防御、掩护等作用，故有“手是两扇门，全凭腿赢人”之说。“顾法”是作防守之意，技法运用中经常有先顾后打、不顾直接打、顾打合一等。其中，顾打合一又可分为两种：一是指一侧防守另一侧进攻，如咏春拳的摊铲掌；二指顾即是打，同一个动作既是防守也是进攻，如心意六合拳的虎抱头。此处需要注意的是，对形意拳、心意拳而言，“顾”的含义不仅限于防守之意。宝鼎著《形意拳谱》即指出：“顾法者，用手肘身蔽住敌之遍身使不能移动也。”暗含控制的意思。

但武术界对于顾法的认识不尽相同。由韩瑜口述、徐皓峰和徐骏峰著的《武

人琴音》一书中认为，形意拳的顾法并非防守之意：“顾法可用于防守也可用于进攻，不是照顾的顾，是左顾右盼的顾。顾法具体来说就是交叉手。劈、崩、钻、炮、横都是左一拳右一拳地交叉练习，拳头是不变的一个点，身子则是左钻右钻，钟摆一般地进出变化。顾法可以用‘之’字来表达，上面一点是拳头落点，始终不变，下面的‘Z’形是身体摆动的幅度。顾法可进可退，如果是活步练习，一拳一步，拳击点是一条虚的直线，地上的步痕是一串‘Z’形。”

423. 手打三分步打七，胜人重在手步齐

【意释】

技击中三分靠手法，七分靠步法，能胜对方的关键在于手法与步法配合齐整。

【说明】

同类谚语有：“手打三，步打七；手脚齐，莫迟疑。”“上下相随人难进。”“手到脚到，神仙跑不掉。”

此谚语强调与人搏斗时，要重视步法的技击功用，并指出取胜的关键在于“手步齐”。七分与三分指主次关系，实战中眼光应虚视其上而实窥其下，这便是七分看脚三分看手。因为对手进攻的方位与速度都与步法有关。如被对手抢占位置，那么对手尚未出击，自己的重心便已被扰乱。此谚语还强调手脚要整齐如一不能脱节，才能发挥出技击的最佳效用。步的作用若想充分发挥，还需要手的配合，从而达到“手步齐到”的效果。如此，在技击中不仅力整劲大，还因上下齐攻而令对手防不胜防。

424. 手起莫往空里去，脚落莫往空里落

【意释】

起手进攻目标要明确，落脚也不能徒劳落下。

【说明】

同类谚语有：“起是去，落是打，起亦打，落亦打。”

此谚语主要指技击中以手进攻时要有预定目标，做到抬手即是打，而不可虚作势、空划架。同样，在进攻中收腿落步，落脚也不能空落，而应该在落中实现

技击目的，如落中带搓击、勾绊等。另外，此谚语还暗含“见空不打”“见空不上”的意思，在对方暴露出明显的空当时，不能贸然进攻，否则可能正中其“诱敌”之计。

425. 瞪眼即举手，摇身脚紧随

【意释】

进攻意识一现，手即发出；身形一摇，脚即紧随。

【说明】

此谚语前一句强调意识与动作的关系，而后一句则强调了身形与步法之间的关系。“瞪眼即举手”指心中攻防意识一现，手已随意识而发，这体现出手与意识的高度协调。“摇身脚紧随”是指身形一动，则脚步要紧紧相随，这体现出身形与脚紧紧相配合的重要性。从武术进攻的过程来看，人的进攻意识、手法、身形、步法是一个整体，中间有一环节脱节，就不能实现有效击打。此谚语也说明，武术技击从意识出现到攻击的完成，时间越短越好，是人体内在意识和外形高度整合的状态。

426. 上下周全，取胜不远

【意释】

各类技法兼通，离取胜就不远了。

【注释】

周全：周到，完备。《后汉书·独行传序》：“此盖失于周全之道，而取诸偏至之端者也。”

【说明】

本谚语重点强调了武术技法完备的重要性。武术包括踢、打、摔、拿等技法，每个技法又可细化出多种招数与用法。各类技法兼通，如此可变化无穷，令对手难于应付，也就离“取胜不远”了。如戚继光在《纪效新书》中所言：“虽各有所长，但传有上而无下，有下而无上，就可取胜于人，此不过偏于一隅。”

戚继光作为中国古代著名的军事家、武术家，提出的“上下周全”的方法值得“各家拳法兼而习之”，可资借鉴。

427. **起手如闪电，闪电不及合眸；打人如迅雷，迅雷不及掩耳**

【意释】

出手快速如闪电，使人来不及闭眼；打人疾猛如炸雷，让人顾不上掩耳。

【注释】

（1）眸：眼珠。泛指眼睛。如：凝眸；明眸皓齿。

（2）迅雷：猛而疾的雷声。如：迅雷不及掩耳。《礼记·玉藻》：“若有疾风迅雷甚雨，则必变。”白居易《和古社》：“昨夜云雨合，烈风驱迅雷。”

【说明】

此谚语强调交手时速度要快，也十分形象地描绘了技击中“拳打人不知”的情形。中国武术各拳种虽训练途径有异，攻防理念有别，但对出手用招速度的要求却为一致，所谓“千来有千解，万来有万解，一快则无解”。所以，技击之道，缓者负，疾者胜，全看速度。形意拳中有“七疾”之说，将速度的重要性阐释得淋漓尽致：“七疾者，眼要疾，手要疾，脚要疾，意要疾，出势要疾，进法要疾，身法要疾。习拳者具此七疾，方能制胜。”

428. **以无法为有法，以无限为有限**

【意释】

没有方法即是方法，没有限制即是限制。

【说明】

这是李小龙所创截拳道的总纲，此拳理与意拳创始人王芗斋“拳本无法，有法也空，一法不立，无法不容”的指导思想相融通。

“无法”“无限”与“有法”“有限”是相对而言的，前者强调世界的无常性和运动变化的永恒性，后者则是就每一次具体格斗的方式方法而言；“无法”“无限”与“有法”“有限”是辩证统一的，前者由后者构成，后者包含在前者之中，正是以前者为指导才有后者的不断更新，正是后者的不断更新才成就了前者的理想状态。李小龙认为，修炼功夫的目的，不是击败对手，而是用它来影响我们的整个思想和生活方式。所以，他融摄中西哲学而成的武学思想不仅限于截拳道，也不仅限于各国武技，对世人的整个思维模式和行为方式也具有重要指导意义。

429. 心乱则意乱，意乱则拳乱

【意释】

心神烦乱则意识混乱，意识混乱则拳法杂乱。

【说明】

武术运动要求心到、意到，意到、拳到，须在心、意、拳三者之间形成密切联系，即所谓“意发于心，传于手”的过程要高度流畅。而“内三合中的‘心’，相当于具有思维、意识功能的中枢部分；‘意’相当于运动神经系统的传导功能活动”（周伟良《传统武术训练理论论绎》）；“意发于心，传于手”即是中枢部分发出指令，经运动神经系统的传导而到达效应器完成反射活动的过程。因此，心神烦乱则意识必定混乱，意识混乱则拳法必然杂乱。

430. 逢闪必进，逢进必闪

【意释】

对手闪躲，我必进身；对手进身，我必闪躲。

【注释】

逢：遭遇；遇见。如：千载难逢。《国风·王风·兔爰》：“逢此百凶。”

【说明】

此谚语阐述了技击的一般法则。一般而言，对方闪躲时处于虚势，我则进攻以实击虚。当对方进攻时处于实势，我则闪躲以虚避实。技击过程虽瞬息万变，但最终制胜离不开避实击虚，否则，以虚对虚则无从取胜，以实对实则两败俱伤，以虚对实则自取败道。以歌诀“他拳放过须忙进，腋下轻舒难抵挡”的技击情形为例，

“他拳放过”是在“避实”，“腋下轻舒”则是“击虚”。“避实”对应的是“逢进必闪”；“击虚”对应的是“逢闪必进”。但真实攻防，虚者实之，实者虚之，虚实之间，变化莫测。所以，在实战中需要准确而及时地判定对方“闪”与“进”的“真”和“假”，才能真正实现避实击虚，从而获取技击的胜利。

431. 闪即进，进即闪

【意释】

闪躲就是进身，进身就是闪躲。

【说明】

此谚语出自陈长兴《用武要言》：“何为闪？何为进？进即闪，闪即进，不必远求！何为打？何为顾？顾即打，打即顾，发手便是！”

在技击过程中，若只闪不进，则一直处于防守状态，因无进攻而无从取胜；若只进不闪，则一直处于进攻状态，因无防守而可能被敌乘机击败。所以，《用武要言》提出“进即闪，闪即进”的要求，即是指“闪”与“进”要合一，也即“顾打合一”，如此则解决了“只闪不进不能取胜”和“只进不闪容易溃败”的弊病。

432. 占先心不懈，相持手不软

【意释】

抢得先机时内心不可懈怠，相持不下时手法不能松软。

【注释】

懈：懈怠；松弛。如：常备不懈。《孝经·卿大夫》：“夙夜匪懈。”

【说明】

此谚语重在说明两两相较中“占先”“相持”两种状态下的应持态度。所谓“手不软”，与“心不懈”相对，尽管表面在言“手”应如何，实质上却是在凸显此时应有的心境。内心不松懈，手法自然不会松软。换言之，技击过程中，情况瞬息万变，在未取得最终胜利前，绝不可掉以轻心。这种心境有助于锻练和造

就习武者专注当下、得势不骄、遇难不弃的优良品质。

日常训练是与技击实战紧密相关的。武术训练中相互切磋技艺时，有“留劲不留手”的要求。这是因为在长期的武术训练过程中，若养成“留手”的习惯，会阻碍习武者在实战中对于空间与时机的判断，也就不利于形成“占先心不懈，相持手不软”的技击状态。这就要求武术习练者要在日常训练中注意培养自己“心不懈”“手不软”的技击意识。

433. 一力降十会，一巧破百拙

【意释】

力大一分可胜招法繁多，技巧一点也可破拙力数分。

【注释】

（1）降：降伏。

（2）会：熟习；能。

（3）拙：笨拙。与“巧”相对。如：手拙；拙于言辞。《老子》：“大巧若拙。”

【说明】

同类谚语有：“一力压十技。”“一力压三拳。”“一力抵十会，气大胜三分。”“力实莫轻视，一力强十会。”

此谚语以“一”“十”“百”等数字，凸显了“力”“会”“巧”“拙”之间的辩证关系。很显然，一个少年儿童，即使掌握多种武术技术，也很难击败虽不会武术却年富力强的小伙子；一位满身拙力之人，虽力大如牛，却也很可能被深谙技击之“巧”的功夫高手所击败。可见，一位武术高手，离不开“力”，更离不了“巧”，因为“力”是“巧”的基础，而“巧”则可促成“力”更为有效地发挥。

434. 以短逼长，以闪为进。以活为主，以速制慢

【意释】

以短打近逼长击，通过闪躲实现进身。以灵活多变为主导，用速打克制

慢招。

【注释】

（1）制：制止；控制。《淮南子·修务》："跳跃扬蹄，翘尾而走，人不能制。"

（2）逼：指的是接近、靠近、挤进，也指进攻时招招逼人之势。

【说明】

此谚语总结了实战中的四条应对策略。"短对长"，指以"短"打策略应对具有长距离进攻优势的对手。个头小、力量弱、兵刃不长等，皆为短。从表面上来看，短是弱点，然而短若运用巧妙却足可胜长。短欲胜长，常用"逼"法。双方交手，距离越近，则长者有弊，短者得利，如拳谚"长来短接宜入身"。长者周转不便，短者却可尽意发挥。如果短、长二者相遇，短者惧而逃避，长者则可借机发挥自身优势，"一寸长，一寸强"，短者必输无疑。

"闪为进"，其中"闪"本意为躲。如果闪仅仅是为了躲避，那是只守不攻。在该谚语中，闪应是进攻之法，在躲避敌人进攻的同时，步步为进，选取最佳时机进行出击。个头小、力量弱者在正面迎击身高力大者时必不占据优势，所以要以闪为进，避实就虚，方能奏效。

"活胜死"指的是活手胜死手，活步胜死步，灵活多变者胜生硬死板者。活者，既包括应敌对策的灵活多变，也包括身法闪转腾挪之变，以及手上招式、脚下步伐的千变万化等，在上述各种变化中寻求适宜时机以制敌。

"速制慢"，正所谓"兵贵神速"，在战术上，要以快取胜，以迅雷不及掩耳之势达到"打倒还嫌慢"的效果，或"随曲就伸"因敌变化而实现"后发先至"的精妙。

435. 远拳近肘贴身靠，远脚近膝挨身靠

【意释】

远距离用拳法、脚法，近距离用肘法、膝法，贴近挨身时用靠法。

【注释】

（1）贴：紧靠；挨近。如：贴身。史达祖《双双燕·咏燕》："爱贴地争

飞，竞夸轻俊。”

（2）挨：靠拢。如：挨肩。

【说明】

同类谚语有：“远用拳掌近肩胯，不远不近肘膝打。”“远则手足上中下，近则肩肘背胯膝。”“远则拳打脚踢，近则擒拿摔跌。”“远了便上手，近了便加肘。”“远了便脚踢，近了便加膝。”“远拳近肘靠身胯，不远不近弹踢把脚下。”“远踢，近打，搂住摔。远打，近抓，挨肩撞。”

在武术技法中，身体任一部位均可用于技击，也均存在技击之法。拳、脚、肘、膝、肩、胯形成了由远及近、由上到下的技术体系，其关键在于攻防距离的掌控，以及在不同距离内所择取的技术技法。整体而言，与对方距离远时，可采用拳打脚踢，攻其上、中、下各部；距离近时，则可用肘顶、膝撞、擒拿、摔跌之法；距离再近或挨贴在一起时，可采用肩挤、背靠、胯打、摔绊等技击之法。

436. 远拳近肘贴身靠，不合度数全无效

【意释】

远距离用拳法，近距离用肘法，贴身时用靠法，但角度、方位等若不合适，就没有效果。

【注释】

合度数：合乎尺度；合适。陆贾《新语·思务》：“进退遁法，动作合度。”

【说明】

“远拳近肘贴身靠”旨在说明使用相关进攻技术时需把握好运用距离，“远”“近”“贴身”即分别指与对手之间的不同距离。“不合度数全无效”则指出不论以上述何等技术进行攻击，其出击角度、击打方位及发力程度等均要达到最佳，方能显现理想效果。这体现出用招的巧妙。也即，同一招法，不同人运用，会显现不同效果，其关键在于用招者对于“度”的把握。从某种角度来讲，练习武术即是在不断探寻身体处于不同情况下所最为合适的“度”，甚至可以说，武术就是一种“度”的文化，蕴含着中国人对于“度”的深刻领

悟和实际践行。

437. 打人如走路，看人如蒿草

【意释】

打人如走路般自然，视对手如蒿草般脆弱。

【注释】

蒿：草名。有青蒿、白蒿等多种。

【说明】

此谚语在于阐明形意拳的技击要诀，这与形意拳的技术特征关联紧密。形意拳基本步法之一是鸡形步，平日练习中趟着步子移动已成为习惯，进攻处处不离鸡步。与人较技时，上步与平时走路无二样，欲进攻时才猛然出击，呈“起如风”之势。此谚语还强调习武者应培养沉着冷静、从容不迫的心理状态，这种心理状态可以消除由于对手身高、体壮、技强、声望大而产生的压抑、忧虑、紧张等负面心理。实战中，视对手如蒿草般脆弱，一方面可提升获胜信心，另一方面可以最大程度上发挥技术水平。

438. 顺势四两拨千斤，逆劲四两如千斤

【意释】

顺势而为，四两可拨动千斤；逆劲而行，四两沉重如千斤。

【说明】

此谚语体现出太极拳技击的劲力特征，也是各类武术技法的通用法则。太极拳运用处处成圆、引进落空、避实就虚等技法，使外力难以作用于己身，又以粘黏、挤按等技法使对手无法成功发力，从而体现出太极拳独特的技击特点。

所谓“顺势四两拨千斤”，是假设对手击来的力有“千斤”之大，我方不可硬抗，需通过身法、步法转换避开，同时顺其来力方向进行捋带，捋带之力只需“四两”，但作用在对手之力却是“四两”加“千斤”。该谚语前

半句也指出，在劲力顺势前提下方能四两拨千斤，以柔克刚，以弱胜强。而谚语后半句则完全相反，若不顺势捋带，而逆向行之，即便对手只有“四两”的力也犹如千斤之重。

439. 手是两扇门，全凭腿踢人

【意释】

两手如门重在防护，胜人关键在腿法运用。

【说明】

同类谚语有：“手是两扇门，全凭腿打人。”“两手两扇门，配合腿赢人。”“两手守大门，全凭脚打人。两手封住门，没腿打不了人。”“足踢敌人莫容情，全凭手领门路清。”

此谚语强调在两人搏斗中，双手主要发挥防护、引诱、掩蔽的作用，双腿发挥攻击对手的作用。人的上肢多完成灵敏性高的动作，以腿法攻击需配合上肢动作来吸引对手注意力以蒙蔽对方。从生理、解剖学角度来看，手与腿因长度、力量、动作范围和灵活程度不同，在技击过程中发挥作用不同。同时，一旦有机会可以腿法击敌，要注意的是应果断、坚决，切不可犹豫，以免留给对手可乘之机，而腿法进攻机会的掌握要全靠上肢动作的引领与配合。

440. 手去脚不动，打人不能胜。脚踢手不出，打人必负输

【意释】

没有腿法配合的手法攻击难以取胜，失去手法配合的腿法攻击必然会输。

【说明】

同类谚语有：“拳到步不到，打人不为妙。”“手到步不到，短打不得要。”

此谚语强调了技击中手脚相互配合的重要性。只用手法或腿法进攻，难以在交手中制敌取胜，手脚并用的进攻方式，才能让对手顾此失彼露出破绽。从力学角度来看，手到脚未动或不到位，则没有足够的下肢支撑力，其发力效果必然不佳。脚步到位而手上动作不到，就会影响发力效果。正如心意六合拳谱中所言“手脚齐到方为真”，技击需要手脚相随，也就是“脚出手到”。可见，手脚并

用不仅有利于发力和动作流畅，还有利于制造多点打击的进攻效果。

441. 有拳无腿难取胜，有腿无拳难占先。身心一动脚手随，手脚齐到方为全

【意释】

只用拳法而无腿法难以获胜，只用腿法而无拳法难占先机。心中意识一动，手脚随之而发，手到脚到力齐劲整。

【说明】

同类谚语有："手到步不到，打人不得妙。手到步亦到，打人如薅草。""手到脚不到，鬼也打不到；手脚一起到，金刚也跌倒。"

此谚语同样强调了手脚相互配合的重要性，尤为突出手脚齐到在技击中的重要作用。前两句在于说明"有拳无腿"和"有腿无拳"都很难克敌制胜，只有拳脚相加、上下配合才能在技击中灵活应变。"身心一动脚手随"在于指出一旦产生进攻意识，身体各部位应迅速相随而起，进入应战状态。最后一句强调手脚齐到才能达到预期的技击效果。武术中整体劲和冲撞劲的生发，尤为强调手法、身法、步法的高度协同在劲力蓄发中的关键作用，如形意拳讲求"头、肩、肘、手、胯、膝、足"七法并用，在每一进攻与防守动作中对身体各部分都有详细的要求和规格。

442. 蛮拳打死老师父

【意释】

蛮打硬拼可能会打败老拳师。

【注释】

蛮：粗暴凶狠；鲁莽；强悍。如：野蛮；蛮劲；蛮不讲理。

【说明】

此谚语主要有三层意思：第一，打架能够充分放胆者在技击中常会以精神力量、勇猛的气势压倒对方，所谓"狭路相逢勇者"，实战中胆子大则能将平日

所练技术水平发挥出来，甚至可能超常发挥。所以心意六合拳谱有“放胆即成功”“硬打硬上”之说，强硬的技击风格有可能把经验丰富的老拳师都打败。第二，老拳师练武时间长，遵从门派所设立的规矩，也严格按照拳种的固有方法进行格斗，这样会在实战中限制他的技术发挥，因而也就有可能出现无法应对“蛮拳”的现象。第三，武术界流传“拳怕少壮”的说法，老拳师虽然经验丰富，功力深厚，但是年龄较大，体力上不占优势，遇到蛮打蛮拼的年轻人则难以应付。

443. 彼不动，我不动；彼微动，我先到；后人发，先人拳

【意释】

对方不动我也不动；对方微动我先打到；后于对方出手却先打到对方。

【注释】

彼：他。如：彼退我进。《孙子·谋攻》：“知彼知己，百战不殆。”

【说明】

此谚语阐述了“后发制人”的技击策略。对方没有动作时静观其变，对方刚要发动进攻时，迅速出击控制对方，虽然是在对方动作后出手，但却能达到克敌制胜的目的。后发制人的关键在于观察对方进攻的微小预兆和变化，然后截击或避开其攻势，进而控制对方。

太极拳技法中有“闷劲”，即为“彼微动，我先到”的一种。即在技击中，当对方刚开始移动时，从前面实施迅猛的力将其弹回，致使其劲被“闷”住。由此可见，如果只是纯粹的速度比较，任何一个习武者都难以做到“后人动，先人拳”，中国武术并不是简单的速度比拼，实际上是运用合理的技术动作进行阻击或反击，最终达到“制人”的目的。

444. 彼静我乱，彼乱我静。静中用乱，乱中用静

【意释】

对方冷静我则扰乱，对方扰乱我则静待。冷静状态用扰乱之法，扰乱状态

用静待心态。

【说明】

此谚语揭示了技击中静与乱之间的关系。技击是斗智斗勇的过程，如果对方冷静观察伺机而动时，并不宜草率进攻，应让对方在慌乱间暴露出机会，诱其进攻或扰乱其阵脚暴露其破绽进而获胜。反之，如果对方使用此策略，就要保持冷静不能轻易上当。实战中攻防瞬息万变，敌我相互克制，静与乱也是相对而言的。这种技击策略源于《孙子兵法》的虚实变化，即："水因地而制行，兵因敌而制胜。故兵无常势，水无常形；能因敌变化而取胜者，谓之神。"在技击实战中，因敌的静乱变化而采用相应对策，正是孙子兵法在武术上的体现。

445. 先动为师，后动为弟。能教一思进，莫教一思退

【意释】

先进攻的占据主动，后进攻的处于被动。能进攻则进攻，切莫懈怠后退。

【注释】

教（jiāo）：使；令；让。《左传·襄公二十六年》："通吴于晋，教吴叛楚。"王昌龄《出塞》诗："但使龙城飞将在，不教胡马度阴山。"

【说明】

同类谚语有："能在一思进，莫在一思存。""宁在一气先，莫在一气后。""交勇者不可思误，思误者寸步难行。""进步不进身，必有胆寒之心。""一胆二力三功夫。"

练拳与临敌时要处处存一分抢占先机的心理。需进攻时，要坚决而果断地进。在战术上使用"以退为进"时，要时刻把握"进"的时机。此谚语更重要的是强调精神上要保持一种勇往直前、无坚不摧的信念，如果丧失斗志，平日所练技术都将无法正常运用，实战对敌难免失败。所以，有些传统武术习练者为了培养自己的胆量和敢于主动进攻的意识，练拳时间要求在子时深夜，寻找无人之处，独自一人练习，更有甚者在荒郊野外一人练拳，其目的就是在这种

特殊环境下训练出过人胆量。这些练法现今已经很少见了。

446. 有意莫带形，带形必不赢

【意释】

有某种意图时不要显露于外，一旦显露就难以取胜。

【说明】

同类谚语有："拳打三节不见形，若见形影不为能。"

此谚语出自形意拳，是解读"形"与"意"之间关系的经典之句。一方面旨在说明，习练形意拳十二形达到一定层次时，不要过多地停留在鸡、猴、马、燕、熊、鹰等动物姿态或动作本身"形"的层面。所谓"带形"指的正是过于执着于外形而忽略"意"的主要性，而技击中"意"才是发动进攻、灵活转化、适时变化的关键。

另外一层意思则强调与人搏斗时，攻防意图不能轻易表露于"形"。在实施时，要尽力减小动作"预兆"，才能出其不意地击中对方。如果进攻意图、欲攻部位外露于神色或动作外形，对方就会及早做好防守的反击准备，这样不但不能击中对手，还可能被对手乘势击中。

447. 拳打三不知

【意释】

出手应做到你不知，我不知，他不知。

【注释】

三不知：《左传·哀公二十七年》："文子曰：'吾乃今知所以亡。君子之谋也，始衷终皆举之，而后入焉。今我三不知而入之，不亦难乎？'"意谓自始至终都不知道。后谓诸事不知。《红楼梦》第五十五回："一问摇头三不知。"亦谓出于意料。

【说明】

此谚语在于强调施招用技的速度要尽可能地快。这里的"三不知"可从两方面进行理解。一是指“自己、对方、他人”，二是指“进攻力量、速度以及击打位置”。第一种说法主要指进攻的速度极快，对方尚未觉察时已然受击；动作迅速，旁人还没有看清已经结束战斗；动作自动化程度极高，在进攻时自己不需要通过思考，也处于一种“不知”状态。第二种说法强调进攻动作技术层面上的变化让对方无法知晓，因而对方无从作出正确判断，但是实战中瞬息万变很难拿捏如此精准。

448. 你打你的，我打我的。打得赢就打，打不赢就走

【意释】

你有你的打法，我有我的打法。能打赢就打，打不赢就走脱。

【说明】

此谚语是说技击中各用各法，对方攻上，我防上，对方攻下，我防下，处处根据对手的进攻套路走，那便永远处在被动挨打的地位。“你有你的打法，我有我的打法”强调了技击中不应让对手牵着走，而应有自己的节奏和策略，要在实战中占据主动。“我打我的”另一层意思是实战中要运用平时所练，即最擅长的技术。毕竟实战不同于日常练习，在应敌时的心理状态下，技术动作的发挥本来就会受到限制，此时一定要运用自己最拿手的、最稳定的技术。“打得赢就打，打不赢就走”，讲的是实战中要量力而行，运用自己最拿手的技术仍无法取胜则需要考虑结束战斗，不要死命硬拼做无谓牺牲。此谚语是传统武术中对于技击实践经验的总结，从自身安全的角度出发，最大限度地保护自我。

449. 拳贵神速，劲发宜促

【意释】

出拳贵在神速，发劲应当短促。

【注释】

（1）贵：重视；崇尚。《老子》：“不贵难得之货。”

（2）宜：应当。如：事不宜迟。

【说明】

此谚语强调了出拳和发劲的关键窍要。当决定进攻时，忌讳犹豫不决以及多余动作、复杂步移，如此容易暴露攻击意图，应意识坚定、果断，集周身之力迅速出击。“拳贵神速”是各拳种流派习拳练武的技击宗旨，非得经过刻苦训练、思考及实践方能达到。“劲发宜促”指出发劲要短促，犹如万钧之力爆发。实战中劲的发放多为爆发力、爆炸力，能在极短时间内产生极强的击打效果。短促而强大的劲力能达到速战速决的效果，可在顷刻间结束战斗。

450. “攻”字当头，“掩”字为先

【意释】

以进攻为目的，但要始终做好掩护。

【注释】

掩：遮蔽；遮盖。如：掩口而笑；掩人耳目。

【说明】

此谚语强调攻守须兼备，密切配合。在实战技击中，进攻是为了取胜，但一味进攻必然会出现防守漏洞，只攻不守不是最佳的进攻方式。以进攻为目的，要始终做好防守。一方面，防守本就是为进攻服务，好的防守在保护自己的同时，能促成更有效的进攻。另一方面，两人交手，攻与防瞬息万变，招式、技法、虚实的灵活转换在攻防两端也时常表现为攻即是守，守即是攻。所以，须攻防兼备，“攻”字当头，“掩”字为先。

451. 脚到手勾，拳来臂格

【意释】

脚踢来用手勾挂，拳打来用臂格挡。

【说明】

此谚语强调实战中因敌变化的重要性，需要根据对方的攻防技法作出相应变

化。实战攻防瞬息万变，要在极短时间内作出准确判断，就需要在千万次的模拟实战刺激下形成条件反射，以达到动作高度自动化，且攻守动作越简单、越直接越好。“脚到手勾，拳来臂格”就是简单实用的防守动作，即运用手臂防守对方的来拳和踢腿，但也不能局限于此。实战中，运用后撤、下潜、侧闪以及腿法同样可达到防守目的。同时，在防守期间要洞察进攻时机，因为对手在进攻时防守最为薄弱，以守为攻有时也是最常用的技击策略之一。

452. 狠打善，快打慢，长打短，硬打软

【意释】

出手狠的压制出手留情的，速度快的胜过速度慢的；长的强过短的，硬的能胜软的。

【说明】

同类谚语有：“快打慢，长打短，巧打拙，勇打怯。”

此谚语是对技击经验的提炼，强调实战中要“狠、快、长、硬”。“狠”是指技击时果断坚决的心理状态，技击中讲究“进步採打莫容情”，如果心存惧怕，则身形僵硬、动作变形、节奏混乱，平时所练技术动作难以在实战中发挥。必须达到“进人如走路，视人如蒿草”的境界，才能完全施展自身的技艺。当然，对于“狠、快、长、硬”，需要掌控好“度”。如果施招者过狠而难以自控、过快而手脚慌乱、过长而收放迟缓、过硬而身肢僵死，则会进入与此谚语截然相反的另一个极端。故而，这就需要在习练过程中不断自我感悟。只有处理好“狠”的度，既要“狠”，又要讲究谋略，做到“有勇有谋”，方能实现“狠打善”

在武术技击中，想要“拳打人不知”，就须有“出手如闪电，打人如迅雷”般的速度。在对方还没有反应过来时就已出手，使对手来不及防御。此谚中所谓的“快”不仅指进攻速度要快，也包括了防守时上肢和下肢的协调敏捷迅速。一般而言，速度快者相对于速度慢者更具优势，所以有“快打慢”之说。

拳谚云：“一寸长，一寸强；一寸短，一寸险。”“一寸长”则可以放长击远，其优势不仅在于自身的进攻距离长，还可以控制实战技击的节奏；而对方如果“一寸短”，则想打到我就难度较大，在进攻的过程中被我击中的可能性也较

大，因而说“长打短”。

“硬打软”可从两方面来阐释。一方面，是指功夫水平较高的人，劲力刚柔相济，发力猛，击打力度大、脆、透，以此攻击水平较低对手，即是“硬打软”；另一方面，是指具体的攻击中，使用硬度较大的膝、肘尖、拳面、指尖等部位攻击对方的肋部、眼睛、裆部、咽喉等比较软弱的部位。

453. 过手放对莫疏忽，一胆二力三功夫

【意释】

与人交手不能有疏忽，取胜首先靠胆气，其次是力量，第三是功夫。

【说明】

同类谚语有：“一胆、二力、三把式。”

此谚语强调了实战取胜的三个重要因素，依次为胆、力、功夫。第一是胆，胆不仅仅是胆量，它还包括“眼要毒，手要奸”的狠，因此功夫的习练要能达到“练时无人似有人，用时有人似无人”的境界。第二是力，主要指力量及运用力量的特殊方法（传统武术有力与劲的比较，认为“力方劲圆”，也有人将两者并列使用称为“劲力”），有“一力胜十会”的说法，认为掌握劲力比学会招式更为重要。第三是功夫，功夫包括劲力、招式、步法、身法等要素，是一个人武艺高低的重要评价标准。这就鼓励习武者在平时苦练功夫，并要多与人交手切磋，在实战中验证自己所学的技术，提升自我的心理素质，这样才能不断提高用于实战的真功夫。

454. 拳怕少壮，棍怕老练

【意释】

拳脚切磋怕对方年轻力壮，棍术较技怕对方经验丰富。

【说明】

此谚语主要强调徒手与器械实战的忌讳。徒手相搏，年轻少壮者气力充沛，闪展灵便，因而占有优势，即谓之“拳怕少壮”。体力是技术发挥的保障，如果没有体力保障，在实战中又不能速战速决，则时间一长就会反应变慢、速度下

降、力量变弱，在对战中会处于明显劣势。因此现代体育项目越来越注重体能方面的训练，高水平运动队配有专门的体能教练，以保证运动员在比赛时能够高水平发挥。

与器械相比，气力的优势往往不是很明显，而技法老练娴熟者能够占据优势。这是因为徒手搏击主要为近身格斗，体能和自身力量所起的作用更大一些，但是使用器械格斗时技巧更为重要。精熟地掌握器械则能做到器械与人合二为一，在实战中就能充分发挥器械的作用，面对运用器械水平低的对手就占据明显优势。

455. 拳打人不知，巧变敌莫测

【意释】

出手迅捷使对方难以察觉，变化巧妙使对手无法预测。

【说明】

此谚语主要强调速度与巧妙变化在武术中的重要性。攻防搏击中拳法应灵巧善变，做到出其不意，攻其无备。进攻时，不能轻易暴露进攻意图，在对方“不知”的情况下发起进攻才是最佳进攻时机，如果对方能够提前判断出我的进攻意图，那么我将陷入被动局面。因而需要巧妙变化，进攻路数不能单调而死板，让对方感到迷惑则可占据主动。此谚语还强调了速度的重要性，如要拳打人不知，没有速度不行；而要巧变，没有速度也难以做到。

456. 艺高人胆大，胆大艺更高

【意释】

技艺高超者胆大，胆大使技艺更高超。

【说明】

此谚语表达了武艺与胆量之间的关系。一方面，武艺高超者清楚自身能力，有足够的信心，因而有胆量挑战强手，这有利于提高自身武艺，形成一种技艺与胆量互相促进、共同提高的良性循环。另一方面，有胆量者有勇气做常人不敢做的事，敢于挑战自己有可能失败的比赛，在实战中敢打敢拼，更容易发挥平日所练，甚至超水平发挥，这有利于自身技法更加高超。当然，习武者在比武较技时要“胆大”、勇敢无畏，但平时不能表现得趾高气昂，要待人谦逊有礼。

457. 脚踏中门去夺位，就是神仙也难防

【意释】

脚踏对方中门夺位进身，就算是神仙也难以防住。

【说明】

此谚语主要强调抢占中门在实战中的重要性。此谚语出自形意拳拳谱，形意拳主要使用鸡形步，这种前脚上步后脚跟的步法有利于身体发力，也为踏中门提供了技术保障，因而抢占中门是形意拳重要的技击理论之一。其次，脚踏中门可以迫使对方向前后左右移动，我可借其移动重心之际发动攻击，可收到事半功倍之效。不同拳种的技击策略虽有所不同，但对于中门都比较重视，如咏春拳讲究“守中用中”，八卦掌提倡“奇正相生”。

458. 打人不露相，打人不见手

【意释】

打人不可提前暴露意图，让对方看不到自己出手。

【说明】

此谚语前半句讲交手之前应沉着镇定，动作毫无预兆，不要暴露攻防意图。后半句讲一旦交手应迅捷快速，在隐避自己真正攻击意图的同时，攻其不备。实战技击并不同于擂台参赛，需等双方运动员示意准备好后才正式交手，而是可在毫无防备的情况下随时出手，不暴露自身意图易于抢占先机，同时也应紧密防范对方突袭。

459. 彼斜我正，彼正我斜。以静制动，后发制人

【意释】

对方用斜身位，我则正身位；对方用正身位，我则斜身位。静待对方先出

手，我则后发以取胜。

【注释】

后发制人：发，发动；制，制服。《荀子·议兵》：“后之发，先之至，此用兵之要术也。”

【说明】

“彼斜我正，彼正我斜”提出了应敌姿势的变化，“正”即正身对敌，“斜”即斜身对敌。正身与斜身各有其利弊。正身对敌时，左、右侧手、脚与对手距离相等，有利于同时进行攻守，即一侧用于守，一侧用于攻。斜身对敌时，己方身体正对对手的面积最小，有利于防守的同时，也便于快速抢占有利位势重击对手。“以静制动，后发制人”则指出应敌策略的选择，中国武术技击之道总体上可分为先发制人和后发制人两种策略。“脚踏中门夺地位”“先下手为强”“主动强攻”都属于先发制人之策；“彼不动，我不动”“以静待动”则属于后发制人之策。

460. 上打阳，下打阴，两边打肋，中打心

【意释】

上打头，下打裆，两侧打软肋，中间打心口。

【说明】

此谚语是对实战进攻部位的经验总结。向上击打对方的太阳穴（头两侧上部区域），向下击打对方下阴（裆部），两侧击打对方的软肋，向中击打对方的心口。太阳穴、下阴、软肋和心口都是人体要害部位，击中可重创对手。少林有“八打八不打”之说，八打分别为：一打眉头双睛，二打唇上人中，三打串腮耳门，四打背后骨缝，五打肺腑胸膛，六打撩阴高骨，七打鹤膝虎胫，八打破骨千斤。八不打则为：一不打太阳为首，二不打正对锁口，三不打中心两臂，四不打两肋太极，五不打海底撩阴，六不打两肾对心，七不打尾闾缝府，八不打两耳搧风（梁以全《嵩山少林拳法》）。两者看似矛盾，实则不然。击打要害部位是针对不法之徒，而与人较技切磋则要害部位

“不打”。所有的武术门派都有相应武德要求，对于击打部位以及出手轻重程度均有限制。

461. 足来提膝，近便用膝，人退加踢

【意释】

脚踢来提膝格挡，近身就用膝顶撞，后退顺势用脚踢。

【说明】

“足来提膝”是以膝破腿的防御之法。第一，提膝比抬脚更快，因为防守本来就是被动动作，所以速度很重要。第二，膝关节提起后所形成的相对闭合的区域，可防止裆部被击中。第三，提膝是蹬踢技法的准备，防守对方进攻后可直接蹬踢对方腹部或下踹攻击对方下盘。“近便用膝”是攻击之法。近身时，膝法相较脚法更加隐蔽，而且膝关节比较坚硬，攻击力度也足够大，所以膝法攻击比较凶狠。“人退加踢”是指当对手退步防守时，可以顺势用腿踢出，以填补两臂长度之不足，这样更容易奏效。

462. 不必远求尚美观，只在眼前中间变

【意释】

不必为美观而强求动作舒展，只在眼前中间区域能变化克敌即可。

【说明】

同类谚语有：“不必远求尚美观，全在眼前寸间度。”

此谚语强调在实战中要注重实效，抓住重点。两人交手时，不必过于强求技术动作造型，能守护好眼前中间区域，时机来临时能够转引化发克敌即可。如咏春拳有“不消过笼”之说，即防守对方进攻时，只需防御好自身区域，幅度不宜过大。一是防护动作幅度过大，会增加回防距离，不利于再次防守；二是动作幅度过大，其惯性会影响下一动作的发力和速度。虽然简洁的动作难以呈现出舒展开阔之美，但却符合实战规律，因而该谚语强调“不必远求尚美观”。

463. 善圆能走化，抢角占上风，发须循直线，一点见真功

【意释】

擅长用圆能化解对方劲势，以抢夺优势位置，沿直线发劲于一点，显现功夫深浅。

【说明】

此谚语是武术先辈对技击策略的总结。善于用“圆”是武术技击的重要特征之一。走圆以身法为主，手法步法相配合，腰如车轮，善于走圆者可引进落空，将对方攻势化解于圆形之外。“抢角”主要以步法变化为主，辅以身法手法配合，此外还需要重心稳固才能抢占成功。虚实分明才能做到避实击虚，看准要害一击必中。进攻以“直线”为主，身法步法相配合，远距离冲拳须走直线，即便近身之时，仅在方寸间也要曲中求直，使劲力能充分发放出去。“点”是接触点，出击时做到周身一家，意念集中于一点，才能发出巨大的爆发力，功夫高深，从接触的一点上就可以反映出来。

464. 刚在他力前，柔乘他力后；彼忙我静待，知拍任君斗

【意释】

先于对方发刚劲，承接来力用柔劲；对方忙乱我静待，掌握节奏任凭对方进攻。

【注释】

（1）乘：趁；因。如：乘机；乘势。

（2）拍：乐曲的节奏，此处指的是动作节奏。

【说明】

此语出自明代俞大猷所著《剑经》，是对动静刚柔的说明。刚柔、动静是武术中常提及的两对矛盾。技击实战要遵循刚发柔化的原则，发力需要刚猛且抢占先机，即在对方尚未发力或将要发力之时。但如果对方已经发力，则需柔

化来力化解其攻势。在与敌对抗中，要尽量做到以逸待劳，避免不必要的无用功而消耗大量体力，控制好节奏掌握大局，伺机反击。

465. 头打眼，二打胆，三打力，四打巧，五打分寸，六打手脚快与慢

【意释】

技击之道，第一凭借眼的观察，第二是胆量，第三是力气，第四是技巧，第五是分寸，第六是手脚的快慢。

【说明】

此谚语是对技击要诀的总结。技击实战首先要能眼观六路，冷静观察局势。其次是胆量，胆量之重要在于有助于技法发挥，出手坚决果断，防守游刃有余，正如拳谚所云“放胆即成功”。第三是力气，“一力降十会”，力气充足可提升技法运用效果，增强打击力，也能对自身进行严密的防守，是攻防技法的力度保障。第四是技巧，手脚配合，上下相随，身法敏捷，随敌变化而变，可体现出巧打之妙，往往可事半功倍。第五是打分寸，即位置和力度控制要精准，这样才不会因反应过激而紧张过度，也不会因力量不足而没有效果。最后，手脚快慢主要指控制节奏，一味蛮打硬拼容易导致忙中出乱，让对方抓住机会顺势反击。反之，如果动作只慢难快，更会陷于被动境地。快慢相间，虚实转换，不断变化，可使对手时刻处于紧张状态而出现破绽，从而掌握出击主动权。

466. 拳打力不开，力打劲不开

【意释】

招式不敌力大，力大不敌劲活。

【说明】

此谚语将武术中的招式、力气和劲力进行比较，尤为强调劲力的重要性。在实践运用中，招式、力量、劲力均是克敌制胜的要素。具体而言，招式习的是对攻防方法和理论的初步掌握，若没有力量作为支撑，时常难以奏效或形成威胁。

如遇力大者，面对其势大力沉的攻击无法进行有效防范，亦不能以招式将其制服。但仅有力量也不行，力往往附有“硬”“蛮”“拙”的特性，直来直往，易发难收，缺乏变化。武术崇尚“劲力”，通过各门派特有的训练方法，可将力量转化为刚柔相济、虚实相间、灵活多变的“劲力”。在运用时，即可迅速直发或先化后发，也可斜闪横发或近身寸发，随用随有，随敌而变。

467. 力不打拳，拳不打功，功不打法，法不打艺

【意释】

力量大不敌拳技巧，拳技巧不敌功力强，功力强不敌技理精，技理精不敌艺境高。

【说明】

此谚语强调力、拳、功、法、艺分属不同层次的功夫，勾画出了习武之路上的五种不同境界。“力不打拳”是指面对拳术技巧，力量之大难以发挥，或被引进落空，或被转引失重，空有一身力气，却无法形成奏效攻击。“拳不打功”是指仅有拳术技巧则难敌功力高深者。技巧作为攻防之法固然重要，但若缺乏功力，则不能使之发挥威力。功力高深者，所施招数或许简单，却可形成有效击打。“功不打法”是指虽然功力深厚，但运用时不得法门，功力难以通过技法体现出来，遇到技理精湛者，仍会落败。“法不打艺”是指武术招式娴熟、技理精湛者，仍难敌深谙武技练用规律，并已将武术上升到“艺”的高度的习武者。

468. 百打百破，一快不破，一硬不破

【意释】

各种招法都有破解方法，但唯快难破，唯硬难解。

【说明】

同类谚语有：“百法有百解，唯快无解，唯硬无解。”

武术技击中，千招有千解，唯“快”和“硬”不易解。此谚语中的“快”，不仅指“出手如闪电，闪电不及合眸；打人如迅雷，迅雷不及掩耳”的进攻速度

之快，还包括防守时步法、身法等的综合之快。攻守两端均能做到迅捷灵敏，对手很难破解。此谚语中的“硬”主要包含两方面：一是劲力生发之硬，劲力生猛，硬进硬打，难以招架。二是身体抗击打之硬，持久且耐受的抗击打能力，在严守己身要害部位的同时，往往使进攻者无招可施。

469. 硬打不如巧躲闪

【意释】

硬打蛮拼不如巧妙躲闪。

【说明】

此谚语强调在攻防过程中，巧妙躲闪比硬打蛮拼更为实用、奏效。与敌交手，最忌以硬对硬，以蛮搏巧，如此不仅容易因缺乏变化而受制于敌，也会因一味硬蛮相拼体力不济而败下阵来。所以，最好利用躲闪之法，善圆走化，抢角占位，以巧取胜。“尚巧不尚力”是中国武术主要技击特征之一，其凸显着技击智慧，体现着技法水准，包含着身法、步法、手法运用等的综合能力。虽然中国武术中有不少提倡硬攻强取的拳种流派，但也仅是对进攻策略、实战风格的总体描述。即便是硬攻强取也要遵循击虚避实、攻守兼备、硬中带巧、强中有策的技击规律。

470. 柔化自当知斜闪，无力方能胜有力

【意释】

柔化对方攻势应知斜躲偏闪，力小才能胜力大。

【注释】

斜：不正。如：倾斜；斜面。

【说明】

面对力大者，强接硬化难以奏效，需采取避实击虚、柔化转引之策。柔化对方来势需在身法、步法配合下斜躲偏闪，先避其进攻锋芒再由势接转引化。如对方直面袭来，我当躲闪至其左、右斜身位，据具体形势施用相应技法。在

此需要指出的是，柔化一定要迅速、彻底，避免犹豫、顶抗，须转引对方的来力角度与方位，才可以小搏大，以巧胜强，否则不仅不能引进落空，反而会受制于人。

471. 借他千斤力，不费四两功

【意释】

能借力打力，则很少耗费自我力量。

【说明】

此谚语强调技击中的借力打力。中国武术尚巧不尚力，如当对方千斤巨力打来时，可运用如“以横破直”之法，在其身体上施加一个与来力成一定角度的横向力，从而削弱来力力度，而我方则不需耗费过大力量。若对方进攻速度极快、力量极大，以至于来不及左右斜闪时，也可顺势接手迅速后撤，引进落空。借力打力对“借打”时机的要求尤为严苛，时机不对，顺势不成，柔化不畅，借力难为。习练者唯有经过对判断、身法、步法、接引技法的反复锤炼，才能达到借力打力的效果。

472. 进步宜低，退步要高

【意释】

进身上步重心宜低，退步后撤重心要高。

【说明】

同类谚语有：“击敌应近敌，近敌身应低。”

此谚语强调与人搏斗时，进身上步要降低重心，退步后撤应提升重心。“进步宜低”一是有利于增强自身稳固程度，强化劲力蓄发的根基，减少蓄力时间；二是低重心使周身身肢紧凑，减少身体暴露面积，有益于进攻过程中对要害部位的守护；三是低重心进攻时，一旦成功近身，可顺势使用勾绊等技法，同时也可防止对方勾绊。“退步要高”主要在于重心高则步法灵，能快速撤离对方进攻范围或闪避其招数，由退再进，以闪为击，为后续攻防做好充分准备。

473. 只攻不守失误多，只守不攻取胜难

【意释】

有攻无守易现破绽，有守无攻难得取胜时机。

【说明】

此谚语强调攻防兼备的重要性。在实战对抗中防守只能自保，进攻才能取胜。普遍而言，进攻之时恰是防守薄弱之机，若一味进攻而忽略防守，很容易被对手抓住破绽。同理，若一味防守而无从进攻，也难有取胜时机。更何况，技法转换、步法变化、身位移动往往在顷刻间，对于防守而言，很难招招可防，式式可守，正所谓“只守无攻，再强无用”。只有在防守的同时谋求进攻，进攻的同时兼顾防守，才能最终取胜。

474. 圈内招连招，圈外环转步

【意释】

在圈内招招连发，在圈外则环转变化。

【说明】

此谚语主要强调圈内和圈外的不同技击策略。近身对敌位于“圈内”，交手双方彼此均触手可及，所以一旦进攻不成或缺失后续攻防，都会使自己身处劣势，因而必须招式连发，一击不中，顺势再起，在不断变化中迫使对方出现破绽。同理，即便是防守，也应做到招招连守，丝毫的犹豫都有可能败下阵来。在双方还未交手，处于“圈外”时，需要通过环转变化观察局势，应做到“敌不动，我不动，敌微动，我先到”，或是在对方不断调整应战姿势和角度的过程中，谋求进攻时机。此外，在双方环转时，也是心理耐力的比拼，若一方按捺不住，慌忙出手，很有可能处于被动。

475. 以我为主，攻防得宜

【意释】

只有以我的打法节奏为主导，才能攻守自如。

【说明】

同类谚语有："你打你的，我的我的。打得赢就打，打不赢就走。"

此谚语强调技击中"以我为主"的思想。两人交手时，应施以日常所练，运用擅长的攻防路数与打法节奏，扬长避短。若在攻防中处处受对方牵制，以己身之短"顺应"对方之长，或日常所学与擅长之式无从施展，只得被动挨打。如一方善长击，一方好短打，前者不知控制敌我距离，一味进身制敌，便很有可能遭受败式。武术讲究长期训练与反复练习，"久练为熟，久熟为巧，熟能生巧，巧能生精"，因而只有将自己长期练习的技法运用于实战，不受敌方干扰，以我为主，才能在攻防两端占得先机。

476. 硬者，非身手硬，劲硬也；快者，非进退快，转侧快也

【意释】

硬是劲力刚硬，而非身手坚硬；快是转侧敏捷，而非进退快速。

【说明】

此谚语主要阐明了武术中"硬"与"快"的正确含义。传统武术训练有多种通过练习身体硬度来提升攻击效果，以及增强抗击打能力的方法，如拍沙袋、插绿豆、打木桩、抓铁球、撞大树等，可练就"身手硬"。但此谚语所强调的"硬"是指劲力"硬"，劲力刚硬可使招式技法产生的击打更具杀伤力，其脆透性可在顷刻间伤及腑脏，迅速击败对手。形容劲力刚硬，甚至有"力透物背"之说。

武术中的进步快和撤步快是攻防基本要求。此谚语所强调的是转侧敏捷。在进攻端，转侧灵敏一方面可迅速拉长肢体进攻距离，如扭腰、转侧、顺肩，可使出拳距离延长；另一方面转侧灵敏有益于技法的灵活变化，声东击西，看似打左，瞬时击右，迷惑对方，使其难于防守。在防守端，转侧灵敏相较于移步躲避或撤步格挡更加快捷，也能在闪避对方进攻后，在最短时间内创造反击机会。

477. 不怕万招会，就怕一招熟

【意释】

一招精熟胜过万招粗通。

【说明】

此谚语阐述的是博与精的辩证关系，强调武技以熟为要。关于“熟”，戚继光在《纪效新书·长兵短用说篇》中的“杨氏梨花枪”处写道：“其妙在于熟之而已，熟则心能忘手，手能忘枪，圆神而不滞。”黄百家在《内家拳法》中述王征南先生拳法之熟时也写道：“拳不在多，惟在熟。练之纯熟，即六路亦用之不穷。”可见，“熟”即招势熟，变化熟。只有招熟才能在运用时得心应手，攻防得当。相对应的，“万招会”仅仅是粗通，无精熟而不得精要，克敌制胜之际也正是见于精要一招。

招式要想“熟”，在训练中就要处理好多与少的关系。在广学千式的基础上应该求精一招，正所谓“绝活”。如深谙技击之妙的郭云深、尚云祥，均是以“半步崩拳”的精熟运用而享誉武坛。

478. 长见短，不用赶；短见长，舍命忙

【意释】

械长者面对械短者，步法无需匆忙；反之，则需迅速变换。

【注释】

舍：放弃。《荀子·劝学》：“驽马十驾，功在不舍。”

【说明】

同类谚语有：“一寸长，一寸强；一寸短，一寸险。”“短对长，脚下忙。”

此谚语主要指手持长械者与持短械器者交手时，忌急于缩近距离以制敌，若如此长兵的优势就会消失殆尽。持长械者应利用长持技法控制敌我间距，抑制对方进攻，在周旋中从容谋求进攻时机即可。

手持械短者若想占据先机，就必须疾速进身至攻击范围之内，否则将一直处于防守状态而无法取胜。疾速进身的过程需要步法的连续调适与转换，因而“脚下忙”。一旦成功进身，可充分发挥“一寸短，一寸险”“一寸小，一寸巧”的技击优势。因此，尽管“一寸长，一寸强”，但持械短者未必就处于劣势，关键还取决于械短者“脚下忙”的能力。

479. 触即变，发如箭

【意释】

一碰触即变化，发招迅疾如离弦之箭。

【说明】

此谚语意在强调反应要敏捷，劲发如在弦之箭，一触即发。在攻防中，招式技法要富于变化，灵巧善变方能创造更多的制敌机会，且一旦时机成熟，当劲发迅疾。武术讲究“身备五弓”，即躯干与四肢如同五张弓一样蓄势待发，然后发劲如放箭般力透敌背。从生理学的角度来看，无论多么复杂的身体运动都是由肌肉收缩牵拉相邻关节形成的，用“弓”来描述劲力发放容易理解，也比较直观。而“触即变”表现为身体的反应速度，也和肌肉的迅速收缩能力有关。

480. 进手容易固手难

【意释】

击打容易，控制更难。

【说明】

同类谚语有：“打人容易卡手难。”

武术中，“进手”又称进招、发手，是技击中向对方发起进攻行为的术语。进攻属主动行为，进攻方式及击打部位均由进攻方依据具体情形作出选择。即便身处劣势，甚至是即将倒地或被击中时，仍可奋起一击。具有较强的主观能动性和本能施为。武术中也确有不少主张进攻、快攻、连攻的拳种，追求的是排山倒海的进攻节奏与气势，心理上强调“打倒还嫌慢”。所以说，进手容易。

“固手”指控制对方进攻的能力，这不仅取决于欲控方的主观意识，也有诸多客观因素。若想控制对方进攻，须做到处处占先，这需要作出精准预判，包括对方的进攻技法、击打落点、身法转换、步法移动等一系列的可能变化。如预判不准，不但无法控制对手，反而会被动受制。所以说，固手难。

481. 侧翼抢攻，一臂双功

【意释】

侧方位抢攻， 条手臂有双倍效用。

【说明】

同类谚语有："左右侧翼攻，一手千斤重。"

此谚语强调侧翼抢攻的有利性。人体两侧防守相对薄弱，抢攻对手侧部，能在极短时间内占据有利身位。因为在此情况下，己身正方位所对的即是对手侧方位。尽管对手侧方位所暴露的身体面积有限，但也缩小了我方攻击范围，提升了攻击准确性。况且，这种敌我位置，若技法运用合理，仅凭单肢手臂就能制敌，所谓"一臂双功"。如擒拿的运用，一定要闪至对方侧位，制造人背我顺的有利状态，使其另一手无法反击，做到既要拿人又要防人，我攻击容易，对方还击却很困难。

482. 招随劲变，劲随敌变

【意释】

招法随劲力改变，劲力因对手情状而变。

【说明】

此谚语强调的是招式和劲力的变化规律。招式和劲力是一对外与内、显与隐的矛盾体。劲力改变必然会引发招法改变，不同招法会生发不同劲力，劲力则根据对手情状而变。如对手直击，我则以横劲破直力。同理，如我方直击，对方接手撤步欲引进落空，此时若不变招换劲，必然受制于敌。劲力的自如转换需要长期训练积累。交手中，双方攻守变化莫测，招法变化往往是瞬间之事，很难依靠预判来组织应对招法，只有长期训练形成技术动作自动化，才可形成"招随劲变，劲随敌变"的能力。

483. 守己之中，取彼之中

【意释】

守护自我中门，夺取对手中门。

【说明】

此谚语在于强调武术“守中用中”的原则。在人体中门，面门、咽喉、裆部、心口以及软肋等都是要害部位，一旦击中，极易被对手重创，但也极易重创对手。所以，对于中门的守护与攻取历来受到各流派的重视。在实战中，仅针对中门进行攻击尤为困难，双臂的灵活性以及守护范围能够对中门进行严密防护。所以需要手脚配合，上下齐攻，使对手顾此失彼，忽略对中门的防护，才能更有效地进行攻击。

484. 打刁结合，奇正相生

【意释】

常用打法与非常用打法结合使用，相辅相成，互相转化。

【注释】

刁：狡诈。如：逞刁。凌濛初《二刻拍案惊奇》卷四：“官府晓得他刁，公人怕他的势，没个敢正眼觑他。”

【说明】

此谚语强调实战对敌要随机而变，灵活运用各种技战术。《孙子兵法》指出：“凡战者以正合，以奇胜。故善出奇兵者，无穷如天地，不竭如江河。”“打”指常法，“刁”指怪法。武术实战要将常用和非常用的打法和策略结合使用。如两人交手，一方对另一方的常用技法、善用招式、攻防策略等都了如指掌，在攻防两端就能够从容应对，使对手很难取胜。也即只有通过打刁结合之法，为常人之不常为之策，使对方虚实难辨，真假难分，才能出奇制胜。总之，技击不仅是体力和技能上的较量，也是相互斗智的过程，而打刁结合也只是其中一种表现形态，远近、上下、节奏等的变化都是迷惑对方以占据主动的方法。

485. 以攻对攻，贵在抢攻

【意释】

以进攻克制进攻，最重要的是要善于抢攻。

【说明】

此谚语强调抢攻的重要性。俗话说：“先下手为强，后下手遭殃。”两人交手中，若实力相当，通常会以攻对攻，长时间下去体力下降、反应迟缓是必然之事。在此过程中，善于抢攻往往会占据优势，克敌制胜。抢攻方法十分丰富，无论择取何种策略与技法，其目的都在于通过“抢”达到我顺人背、我快人慢的效果。一方面，可通过步法、身法的协同配合，抢占有利位置，以闪为进，一进即击；另一方面，也可制造时机，先发制人，不给对手留有回旋余地。

486. 以快制高，以灵制重

【意释】

以速度克制对手身高优势，以灵巧克制对手体重优势。

【注释】

灵：灵活。如：周转不灵。

【说明】

此谚语强调针对不同对手，要采取不同的克制方法。如果对方身材高大，我方则需通过快速移动，来弥补己身手脚较短（攻防有效距离短）的劣势。身材高大者身体重心偏高，步法移动相对较慢，我方若步移迅速、转侧灵敏，可调动、迫使对手增加移动，如此能够有效克制对手身高优势。如果对方体重较大，我方则需通过灵巧变化，来弥补自身体重较轻的劣势。体重大者普遍灵巧不足，移动、闪避、速度等方面会受到一定限制，灵活之身、巧妙之劲不仅可较好地躲避对方力大势沉的攻击，也可在顺势时运用四两拨千斤等技法，以小搏大，以巧克敌。

487. 遇软须硬进，遇强须软磨

【意释】

对方绵软，我则强攻硬打；对方强悍，我则柔化纠缠。

【注释】

磨：挫折；折磨。如：好事多磨。

【说明】

同类谚语有："硬者软接，强者巧躲。"

此谚语强调对手不同所采用的应对策略不同。《孙子兵法》认为："先为不可胜，以待敌之可胜。不可胜在己，可胜在敌。故善战者，能为不可胜，不能使敌之必可胜。"武术实战中，当对方身处劣势显露破绽时，正是《孙子兵法》所言的"可胜在敌"，这时强攻硬打可以达到一举摧毁对手防线的目的。但如果对方强硬，攻势猛烈，就要注重防守策略，"不可胜在己"。此时，多需软磨柔化对方攻势，利用多变技法与敌纠缠，同时寻找对方的破绽并伺机进攻。

488. 自跌自救，卧地打人

【意释】

主动倒地救护自己，采用地躺打法继续进攻。

【注释】

卧：趴伏。如：卧倒；卧伏。

【说明】

此谚语强调的是跌倒技术的要领与技击特点。跌打是跳跃、腾空、翻滚、扑跌等技巧动作的总称，包括空翻、侧翻、滚地雷、仙人跳、鲤鱼打挺、狸猫上树等多种招法。练跌打功既可提高身体灵巧的素质，还可增强练习高难度动作的能力；既可奠定地躺类拳术的习练基础，还可加强演习或交手过程中的自我保护。无论是被摔倒，还是自己借力主动摔倒，掌握落地保护的技能（自救）都是十分必要的，而且在落地之后仍可以运用各种绊、勾、踢、踹等方法进行攻击，即所谓的“卧地打人”。中国武术技术体系不仅有站立姿势的技术，也有倒地技术，其中有摔倒对方的技法，也有被摔时的反击方法，甚至在“倒地”各种技术基础上，还产生了以扑跌滚翻为主，腿法奇特、腰身柔软、跌法巧妙、随机取势的“地趟拳”。

489. 比手不留恋，留恋把心变

【意释】

交手时不能犹豫，犹豫则会改变心态。

【说明】

此谚语强调比试武艺时要干脆果断。武术实战的难度不仅在于技战术的掌握，还在于能守住“不变心”。中国武术谚语中有“一毒、二胆、三功夫”以及“狠打善，快打慢”的说法，意在强调心毒、胆大和手狠，都是为了防止在面临强敌时出现无法冷静、举棋不定的状态。此谚语提出应敌“不变心”“不留恋”，即要求在实战中也能如同平日练习一样，没有胜负的困扰、受伤的担心和紧张的情绪，最重要的是不可犹豫，一旦犹豫，徒增杂念，会影响技击状态，无法专心于技击本身。

490. 虚则实之，实则虚之。虚实互用，刚柔相济

【意释】

对方空虚我则实打，对方实打我则虚待。虚与实结合运用，刚与柔相互补助。

【说明】

此谚语强调虚实的变化规律，孙子兵法所提倡的虚实与奇正变化常被引入武术理论。武术实战讲究虚实互用，主要体现在：第一，招式的虚实变化，如在发起进攻时，对方若没有及时防守，则随即转为实招。如果对方搭手阻击，则成虚招直接变换其他动作。即所谓“彼能破，手则虚，彼不敌，手则实”。第二，劲路的虚实变化，诱敌之招的劲力隐含而非全发，以求随机而变；关键

的一击劲发刚猛，心要有无坚不摧的决断，劲的虚实变化相对于招式变化更加隐蔽和复杂。虚实包括的范围很广，力可以分虚实：蓄劲隐变为虚，直发全力为实；招可以分虚实：诱敌惊扰为虚，真招攻防为实；姿态可以分虚实：舒展轻柔为虚，束紧凝重为实；重心变化可以分虚实：可随意移动者为虚，支撑体重者为实。

491. 长拳带短打，虚实相结合

【意释】

长击与短打互带互助，虚与实结合运用。

【注释】

带：连带；附带。如：带叶连枝；话中带刺。

【说明】

此谚语强调长拳与短打、虚与实互为结合、运用的法则。长拳指较远距离时所运用的长击；短打指距离较近或近身时所使用的进攻技术。两人交手时，不可能一味长击或一味短打，应通过敌我距离的变化，远近游走，长击带短打，互带互助。同时，虚与实应结合运用，在招式、劲路、步法等方面的虚实变化中搅乱对方攻防部署，创造更多取胜机会。

492. 出拳打中央，闪身走外门

【意释】

出拳进攻对手中门，闪躲避让走对手外门。

【说明】

此谚语强调进攻与闪避的要领。进攻中门能够命中对手的要害并破坏其重心，所以中国武术对于中门非常重视，如谚语“守中用中”“洞出洞入紧相随”等都包含了对于中线理论的推崇。但如果对方进攻强硬猛烈，则应采用闪身走两侧避其锋芒的策略，这也是所谓的“遇软须硬进，遇强须软磨”。技击中抢占中门，距离对方躯干部位最近，有利于实施有效的打击动作，一旦击中则可于顷刻

间结束战斗。正因为“中线”重要，所以一般反应快、有经验的对手往往对此防守严密。一旦进攻中线受阻，则需要走两侧采用“避正打斜”的策略。

493. 出手不离腿，打人只一招

【意释】

用手法时配合腿法同时击打，往往可一招取胜。

【说明】

此谚语强调手脚配合的重要性。与人对抗时，若能做到手脚并用、相互配合，则能一招击中对方要害。手脚配合主要有两个方面。一是上肢进攻时脚步跟进，既可缩近与对手之间的距离，也可在击中对方时形成稳固的身体支撑，提高打击效果。击打效果与撞击瞬间的速度和有效质量有关，手到脚到是劲力齐整、脆透有力的前提。二是上肢与下肢进攻的组合及变化。比如，可采用脚踏对方中线攻击下盘的方法，扰乱其步法与重心，同时上肢对其上身要害部位进行击打；也可运用手法引诱或蒙蔽对手，下部以腿法进行实击。不论采取何种配合，其目的都在于使对手顾上顾不了下，防下防不了上。

494. 进身攻宜快，错位步要灵

【意释】

进身攻打速度要快，身形错位后步法要灵活。

【说明】

此谚语强调的是武术技法运用要突出“快”和“巧”。进身攻宜快，一是指进身步法要快，时机成熟应迅速插步或闪至对方左右侧身位，稍作迟疑就会失去进身机会。二是指进身后出手要快，由于敌我距离十分近，应果断迅速出击，攻敌之猝不及防。否则，一旦被对方抢先，在距离如此近的情况下就很难回防或躲避。错位步要灵，当身形在攻守中错位时，不必惊慌失措，可通过步法的灵活调动，及时调控身体重心，保持稳固。也可在错位之时，借势抓牢对方把位使用摔法，或进行踢击，给自己争取调整时间。

495. 明三前，知五要，取胜在眼前

【意释】

明白“三前”要领，知晓“五要”要诀，取胜就会比较容易。

【说明】

同类谚语有：“明三前，知五要，取胜如点头。”

此谚语强调“三前”和“五要”的技术要领。明三前，也可作“三前要明”，即“眼在前，手在前，脚在前”。眼在前强调的是两人交手过程中，眼睛要在招法之前，通过眼睛的观察迅速作出判断，选择出击或者防守的应对之策。“手在前”则是强调双方交手时，我方出手必须要在对方启动之前，且速度要快，这样击中对方的几率会大大增加。“脚在前”强调脚步要有抢先意识，这样有利于占得进攻先机，并可有效阻击对方攻势。

进攻时还需做到“眼毒、手快、步稳、身灵、气实”。眼毒不仅可以收集对方各种信息，以便准确迅速抓住攻防机会，还可作为震慑对手的有力武器。手快是武术基本技术要领。步稳一方面是基于扎实的基本功，另一方面来自于实战经验的总结。身法灵活才能进退合度，攻守自如。气实不仅指呼吸和顺以保持必要的体力，还包括发放劲力时腹压增大以提供稳定的腰腹力量支撑。

496. 胜败都须心定，得先最忌手忙

【意释】

无论胜败，内心都须宁定；抢得先机时最忌讳手法忙乱。

【说明】

此谚语强调技击实战需保持稳定的心理状态。攻防过程中实战者的沉着、冷静、临危不惧，有利于保证各种攻防技术的有效发挥。因此要在实战训练和对抗中，重视与加强实战者心理素质的培养。此外，实战中不可因一时占据优势而手忙脚乱，更不可因为对方的强大而失去取胜信心。在稳定的心理状态下，技击者才有可能超水平发挥，变被动为主动，在占得先机的情况下扩大战果，甚至可以弥补体力和技术的不足，直至取得最后胜利。

497. 高架子不经冲，低架子不经压，中架子较适中

【意释】

架势过高易被冲垮，架势过低易被压倒，架势适中较为合宜。

【注释】

架子：本意比喻事物的组织、结构、框架。如：发言稿先搭个架子，再作铺陈。引申义为拳术术语。指拳式动作和拳术套路，例如“拉架子”“盘架子”。

【说明】

此谚语主要强调要选择适宜的拳架高度。拳架高低应该适度，过高或过低都会影响演练及实战效果。选取合适的拳架是拳术练习的首要问题。高架子身体重心较高，经不住对方冲撞，抗摔能力不强；低架子重心低，身体虽稳但经不住对方下压。只有不高不低的中架子才较为适中。当然，无论高架还是低架，都要根据自身特点与习惯而定，并非是一个绝对标准。

498. 拳打三分脚打七，贴身短打进肘膝

【意释】

三分靠拳打七分靠脚打，贴身后用肘膝进行短打。

【说明】

此谚语是对拳家经验的总结。虽然就地域而言，武术有“南拳北脚”之说，但即使善拳的前者也很注重腿法练习。武术各拳种流派中，不仅有较具针对性的各种腿法练习，也有与攻防紧密配合的步法练习。“拳打三分脚打七”固然凸显出对腿脚之强调，但并非忽略了拳的重要作用，拳脚并用、适宜而动才能达到最佳技击效果。距离尚远不及进身时，多配合手法扰敌，运用连环腿法进行攻击或快速调动步法以进身击敌。一旦成功进身，应运用招招连发的短打技法逼迫对方漏出破绽，一举击敌。但不论是远距离时的踢击，或是进身时的短打，前后、左右、斜进、横闪、虚实等的转换都离不开脚步的支持。这也是“拳打三分脚打七”的说法缘由之一。

在武术对抗中，要根据不同距离选择适宜的进攻技法。近距离贴身时，肘法、膝法的使用在武术中占有重要地位。肘部形尖质硬，上臂短粗有力，肘的杀伤力强，击打力大。另外，肘关节活动灵活自如，肘法巧妙多变，其攻击方向几乎不受限制，可自下而上（如挑肘），或自上而下（如沉肘），还可自左而右（如盘肘），或自右而左（如掩肘）；也可自前而后（如掖肘），或自后而前（如推肘），尤其自前而后的击法，远比拳法迅疾。

膝法较之肘法更加隐蔽，且同样形尖质硬，杀伤力大。近身时直接提膝尤为便捷，还可快速左右连环攻击，有“膝打几处人不明，好似猛虎出木笼，和身展转不停势，左右明拨任意行”（《形意拳拳谱·拳经歌曰》）之说。再者，提膝是使用蹬踹技法的预备，若对方欲后撤闪避，可顺势蹬踹或勾绊。此外，提膝可有效防御对方踢击，并可防护裆部免受攻击。

499. 有进无退徒拼命，有退无进似逃命

【意释】

一味进击没有退守是蛮拼，一味退守没有进击好像在逃命。

【说明】

同类谚语有：“只攻不守失误多，只守不攻取胜难。”

此谚语强调实战一定要进退有度。只攻不防或只防不攻都不可取。进退是武术中的虚实变化之一。只进不退虽气势逼人，但若没有退守，没有攻防策略，只能算是硬打蛮拼，很容易被对手抓住破绽。反之，一味被动退守，无从进攻，即便不被对手击中，但也不能克敌，步步为退十分狼狈，好似逃命一般。

“见可而进，知难而退”是兵家所遵循的基本原则，一旦出现战机迅速进攻不可迟疑。若是暗藏杀机、不可冒进的形势则必须后撤，不要因对方示弱或激将而轻易上当，方寸尽失。合理运用攻防，知进知退才是正确的技击策略。

500. 退是假退，真退是败。步步向前，天下无敌

【意释】

退是假退，实为进，真退则败。每一步都蕴含进击之意，才能战胜对手。

【说明】

此谚语强调退不可真退，敢于进才可获胜。在与敌交手时，向后退步不能只是退后防守，而要心存进攻念头，以退为进。在实战中双方空间移动速度快，极佳的进攻距离和时机往往在瞬息之间，但若没有反击意识极易错过。对方的攻势虽猛，却可通过一次及时而准确的反击立刻取胜，这就要求在攻防两端，每招每式、每进每退中都蕴含技击之意，看准时机果断制敌。

501. 小打大全赖借力，矮制高专攻下路

【意释】

以小博大的关键在于借力打力，以矮胜高的关键在于专攻下盘。

【说明】

前半句也作“小力胜大力，唯有靠借力”。此谚语强调实战技击中要依据敌我不同情况采用不同策略，认清自身优劣，做到扬长避短，是武术攻防的重要战术。力小者不能和力大者直面硬拼，借力打力才是保全自己，获取胜利之关键。所以谚语有“任他巨力来打我，牵动四两拨千斤”“借他千斤力，不费四两功”的说法。

个头矮者对付个头高者，因对方身高手长很难进攻得手，有时甚至还未进入我方有效进攻范围，就已被动受敌。如此，避短扬长就很必要。首先，个子矮者往往身肢灵活，可运用辗转腾挪的身法、步法伺机接近对手。其次，个子高者身体重心较高，下盘受到攻击时移动相对较慢，所以专攻下盘取其薄弱之处易于制敌。以小敌大者或以矮对高，先天条件上都不占有优势，此谚语正是通过实践经验总结出的针对“小打大”“矮制高”的技击策略，也正是中国武术讲究智取的体现。

502. 闪展腾挪危转安，机动灵活败返胜

【意释】

闪展腾挪能转危为安，机动灵活能反败为胜。

【说明】

此谚语强调了机动灵活在交手中的重要性。实战时，控制好敌我距离是一切攻防技术奏效的前提。身体灵活地前后左右移动，重心上下前后的移转会让对方

难以击中，并迫使对方在身体位置移动中露出破绽，我便可寻找机会反败为胜。如果自己占有身体上的优势，在技击中则不需要这般闪展腾挪、灵活转化，因为这种大范围上下起伏、左右移动的战术会消耗很多体力，如果不能抓住机会一击必杀，时间过长也会因体力不支而处于劣势。

503. 一门攻，二门沉，三门紧追不放松

【意释】

梢节进攻时，中节要沉坠，根节则紧追不懈。

【说明】

同类谚语有："一门丢，二门攻，二门丢失三门攻。"

此谚语中的"门"是"节"的意思，一门、二门、三门分别指人的梢节、中节、根节。中国武术中有"三圆""三才""三尖"的说法。三节说主要出现在形意拳理论中，依据身体关节结构将身体分为梢节、中节和根节，上肢为梢节，躯干为中节，下肢为根节。上肢（梢节）还可分为三节：手为梢节、肘为中节、肩为根节。躯干（中节）的三节分别是：头为梢节、心为中节、丹田为根节。下肢（根节）的三节为：足为梢节、膝为中节、胯为根节，习武者需要清楚此三节。武术劲力的运化要求"梢节起，中节随，根节追"，即强调肢体的梢端与末端要形成整体，这也就是武术中所追求的整劲。

504. 出拳下边空，抬腿半边空，转身后边空

【意释】

出拳时拳下虚空；抬腿时半身虚空；转身时背后虚空。

【说明】

此谚语是对不同动作所产生的身体虚空部位的总结，也是做不同动作时的注意事项。双方一旦交手出招，其破绽也随之显现，如同两军对垒，采用强大攻势同时也会暴露出致命弱点。此谚语也指出，无论对方是出拳还是抬脚进攻，甚至是转身都会暴露出难以顾及的虚空部位，而这正是反击时机。同时，自己进攻时也要防守好对方可能攻击我的虚空部位，最为关键的是能在化解对方进攻的同时

成功反击对方弱点。

505. 拳来不能防因其快，箭来不能躲因其疾

【意释】

拳打来不易防守是因为它快速，箭飞来不易闪躲是因为它迅疾。

【说明】

同类谚语有："拳贵神速，劲发宜促。""百打百破，一快不破，一硬不破。""拳打不知，脚踢不防。"

此谚语用飞箭比拟拳速，强调进攻出拳速度要快，从而使对方难以防守。实战中如果进攻速度足够快，即可突破对方防守，正所谓"天下武功，唯快不破"。中国武术不仅有许多练习动作速度的办法，同时也非常注重心理意识方面的训练。如运用谚语或口诀表达动作快速的想象，提高进攻瞬间的决断力，锻炼一种必胜的信心，而这正是此类谚语给我们提供的难能可贵的财富。

506. 进攻要准，防守要稳；抢攻要快，反攻要狠

【意释】

进攻要精准，防守要沉稳；抢攻要快速，反攻要凶狠。

【说明】

此谚语简练地总结了武术进攻、防守、抢攻、反攻的技术要领。进攻要准确，不能没有目标，要在长期的实战训练中培养出根据对方身体姿势和移动变化，瞬间锁定进攻目标的能力。防守要沉稳，忌讳反应过激、动作过大，能阻截对方进攻即可，这种"沉稳"需要反复练习才能做到。抢攻要快，"快"才能实现"抢"，手快打手慢，不够迅速则难以奏效。反攻要凶狠，是指不能有心理顾忌，当迅速果断，更加重要的是够"狠"，才能从气势上压倒对方取得胜利。

507. 下动上不动，进步不能用；上动下不动，作拳必不重

【意释】

步法动上身不动，进步不起作用；上身动步法不动，打拳必然不重。

【说明】

此谚语说明身体整体性移动才能在实战中发挥作用。如果只是脚步前移，而上部身肢不跟进，即使脚步占据有利位势，也发挥不出进攻作用；如果只是上肢进行攻击，而脚下步法没有跟进，则打出的拳攻击力不够。所有的武术技法均要求周身的整体性，即传统武术所讲的“整体劲”，无论进退或是攻防，上下相随都是最基本的技术要领。因而，武术界有“手足齐到定要赢，若是手到步不到，打人不为妙；手到步也到，打人如把（拨）草”的说法。

508. 遇敌有主，临阵不惧。惊慌忘艺，一败涂地

【意释】

遇敌时心中有主意，临阵才不会惧怕。惊慌时容易忘记技法，致使一败涂地。

【说明】

同类谚语有：“临敌不怯场，胆大胜胆小。对敌若无胆向先，空自眼明手便。”

此谚语主要说明实战中心理状态对胜负的影响。遇敌时，心中要有主意，对于攻击时机、出招路数、防护手段、应敌策略等要有把握、分寸。即便实力不及对手，也应想好退防方式，做到有备无患，如此才能临阵不惧。相反，遇敌时紧张慌乱，很有可能忘记平时所学，应对无策，不知所措，致使攻防不在路数，一败涂地。

戚继光在《纪效新书》中提出：“既得艺，必试敌，切不可以胜负为愧为奇，当思何以胜之，何以败之。”因此只有在实战中摆脱胜负心和虚荣心，能以一种寻求真理、检验功夫、磨练自我的平常心对待，才能将所学技艺真正运用于实战中，也才能不断提高技艺，从而达到“遇敌有主”的境界。

509. 怯敌非只拳艺浅，多因缺胆少勇气

【意释】

遇敌胆怯并非只因拳艺粗浅，更多因为缺少胆量和勇气。

【说明】

戚继光《纪效新书·拳经捷要》中有“怯敌还是艺浅，善战必定艺精”之

语，此谚语巧妙地借用这一理论，道出了勇气与技艺发挥之间的关系，强调了一种勇往直前、遇敌不惧的心理状态。与人比试时，畏惧对手不仅仅是“拳艺浅”，还跟勇气、胆量密切关联。所谓“艺高人胆大”，只有平时所练技艺精熟，才能在实战中自信发挥拳技。而实战中的自信与勇气又是保证技术发挥的重要前提，即“胆大艺更高”。由此可见，技艺水平和实战勇气相辅相成，学有所成必然有试敌之胆，敢于试敌则能提高技艺水平。

510. 胆大试艺走天下，胆小自练难出院

【意释】

胆大者敢于试艺能走遍天下，胆小者封闭自练难出院门。

【说明】

此谚语主要强调要有胆识、多实战，武艺才能有长足进步。习武者应敢于同他人切磋试手，在彼此较量中提升武艺。相反，对于胆小者，自顾封闭自练，没有实战经验，不能见多识广，对于武术之理解始终局限在狭隘的自我认知内，其武艺终是难有所成。武术是前人格斗经验的总结，后学者不经历实践，即使能熟练掌握，无异于纸上谈兵。武术界流传着很多武术家通过比武切磋、交流拳技成为挚友的故事。学艺多，且常与人比试，方可“知足知不足”，才能更快地提高自身水平。

511. 练时以人为主，用时不由人主

【意释】

练武时以我为主，用武时因敌而变。

【说明】

此谚语强调武术练用要根据自身和对手的特点、情况进行。练武时应遵循“以我为主”的规律，明白自身优劣所在，采取针对性训练方法，扬长避短，补短增长，形成适合自己的技战术体系。而用武时则需灵活运用，因敌而变。招式技法没有固定形式，如何攻防完全取决于对手所施招式技法的具体情况，不能生硬死板。有些武术爱好者发现在实战中无法使用、运用套路编排的动作，这就可

以用“以人为主”和“不由人主”来解释。

512. 七分巧劲，三分力

【意释】

七分用巧劲，三分靠力量。

【说明】

此谚语是对武术劲、力关系的解读。各拳种流派对于劲、力的理解可谓众说纷纭，但大体上可以理解为劲比力要多变灵活，如“劲圆力方”。此谚语认为技击中要多一些灵活变化的劲，而少一些僵直笨拙的力。从现代体育训练学的角度分析，“劲”可以认为是一种武术的专项力量，不论是突出劲与力的区别的“劲高于力”说法，还是强调两者之间的融合的“劲七力三”表述，都在强调武术专项力量的重要性。

513. 不明短长，不打自伤

【意释】

不熟悉长短器械的用法，未对敌就会在自练中受伤。

【说明】

此谚语强调了熟悉武术器械用法是其熟练运用的前提。武术器械种类十分丰富，大体可分为长器械、短器械、双器械和软器械四类。此谚语阐明了没有掌握武术器械的基本用法，即使自我练习也会受伤，更难以用于实战。这是因为武术器械均有其自身技法特点，尤其是一些形制特殊的器械，如鸳鸯钺、峨眉刺、九节鞭、流星锤等。以九节鞭为例，不明其技理，不晓其用法，在应用时便有可能伤及自身，或用鞭时缠绕住己身。因此，要充分了解所使器械的特性。武术训练有严格的步骤，在掌握基本功的基础上再进行器械训练，进而练习器械的实战用法。

第四编

武术健身谚语

514. 拳医相融，一功两用

【意释】

拳术与医术相互融通，一种功夫有两种功用。

【说明】

武术与中医同为宝贵的传统文化遗产。精通拳术之人比较容易理解医术，反之亦然。如在治疗跌打损伤方面，有很多著名医师也是杰出的武术家，如郑怀贤先生。武术和中医不仅在原理上相通，即使在功用上也有相通之处。有些武术门派至今还保留着独门的中医药配方。因为在武术修习中难免有皮肉之伤，对此，很多传统武术师父都有相应药方。学生不仅学习武术，也随师父掌握一些医术。此外，练武者对于劲力的把握较为精准，用于传统按摩推拿时，对于穴位、关节的拿捏十分准确，这也是武术和中医结合，在武术反关节擒拿与点穴技法上的体现。因此，练武和学医可以相互促进。

515. 打拳壮筋骨，踢腿活四肢

【意释】

打拳可强壮筋骨，踢腿可灵活四肢。

【注释】

筋骨：筋肉和骨头，泛指体格。

【说明】

武术运动能够提高骨骼肌工作能力，也能对骨骼结构产生一定影响。在对老年人群体练武调查中发现，武术中一些绵缓型拳种对延缓骨质疏松及脊椎压缩性变形均有较好效果。此外，武术功法具有养生作用，如太极拳、大成拳的桩功有明显健身效果。踢腿可以拉伸肌肉，增加关节活动空间，加之上肢配合，起到全身锻炼的效果。武术拳种众多，适用于不同年龄的群体，练习时既可集体进行，也可两人对练，或是一人演练，且不受场地、器材等的限制，作为一项全民健身活动应进行广泛推广。

516. 常常练武术，不用上药铺

【意释】

经常练武可减少疾病。

【说明】

同类谚语有："常年练武术，不用上药铺。""没事常打拳，益寿又延年。""打拳打到老，寿长身体好。"

此谚语强调习武有强身健体的功能。人体不适度运动，脂肪就容易增加，导致发胖。脂肪一旦增加，血流就会不畅，从而增加心脏负担。尤其长时间不参与运动，会导致人体各项机能衰减，内脏器官功能衰退，思维迟缓，记忆力消退等现象。常年练习武术可促进血液循环，提供肌肉力量，增强关节韧带的强度和抗拉力，使人身形灵活，还可增强人体免疫力，减少疾病发生。所以有"常常练武术，不用上药铺"之说。

517. 练武不为逞强，目的在于健身

【意释】

练武不是为了逞强好胜，而是为了强健身体。

【说明】

攻防技击是武术的本质属性之一。习武者常进行模拟或实战来检验应敌能力，有"既得艺，必试敌"的说法。但中国武术倡导尚武崇德，忌随意出手伤人，亦不可人前逞强。关于此，各门派训诫中均有记载。经常打拳踢腿，可增强身体素质，达到强健身体之效。但也不可否认，往往习武术之初会因"武"而逞强好胜，欲四处试敌，将"技击"视为武术练习的唯一目标。但随着对武术理解的加深，会逐渐领会到武术的真谛在于止戈为武，是由武入道的途径，因而提倡

修心养性，健体强身。

518. 未习打，先学药

【意释】

未学格斗前先了解医药。

【说明】

同类谚语有："未练功，先学药。""练功不学药，练成痨病壳。""学打不学药，损伤难免却。""练拳不知医和药，临时何处抱佛脚。"

武术训练、实战中，损伤在所难免，懂得医药知识可进行及时自救或救治他人。再者，医药可辅助武术功法的增进。如铁砂掌的练习，训练过后在调配好的药汤中浸泡，有助于保护肌肤、肌肉及骨骼组织。因此，练武者非常强调懂医术。

519. 药补不如食补，靠补不如练武

【意释】

用药补养身体不如用食物，靠补养维持不如练武。

【说明】

此谚语强调了习武对于人体的益处。用药物补养身体，不如以合理膳食调养身体安全，然而任何补养维持都不如坚持习武。中医认为："风雨寒热，不得虚，邪不能独伤人。"只要人体正气不虚，外界刺激不会单独让人体生病，"邪之所凑，其气必虚"（《素问·评热病论篇》），"正气存内，邪不可干"（《素问遗篇》）。所以从预防的角度来看，通过练武提高身体的抵抗力，要比药补、膳食调养更明智。

520. 拳后百步，精神爽铄

【意释】

练完拳慢走一会儿，有助于精神舒爽。

【注释】

（1）精神：表现出来的活力。

（2）铄：明亮，光明。

【说明】

同类谚语有："拳后走百步，气贯丹田力量足。""拳后百步，到老不进药铺。"

武术非常注重准备及整理活动，"走步"便是拳家总结出的一种整理方式。武术运动强度较大，运动后身体引起的生理变化，并不会因运动结束而迅速恢复正常，人体脏器、肌肉需要舒缓、放松。因此，每次练功后要进行整理活动，俗称退火，这包括走步、关节筋骨的舒展和肌肉、头面部的轻拍放松及自我按摩等。整理活动可使全身筋络百骸得到逐渐放松恢复，是整个练功中不可分割的组成部分，对健康极为有利。

521. 拳后满身汗，避风如避箭

【意释】

练完拳后满身是汗，要像躲避箭矢一样躲避风吹。

【说明】

此谚语强调习武后应注意避风保暖。练拳时，身体肌肉剧烈收缩，所产生的热量致使体温升高，机体为保持恒定体温便出汗散热。练拳后，全身毛孔会呈张开状态，如遇风寒会降低体表温度，影响体热正常散发，易导致感冒。此外，练完拳，身上汗水若未干透，也不宜直接去洗澡。可见，中国武术从训练内容到练习方式，都非常注重健身安体，这也是武术深受自然养生思想影响的表现。

522. 金津玉液莫轻抛

【意释】

练拳中产生的唾液不要轻易唾弃。

【说明】

此谚语反映出习武者对唾液养生功能的关注。唾液是一种无色且稀薄的液体，被人们俗称为“口水”，在古代被称为“金津玉液”，是一种由三对大唾液腺（下颌腺、肋腺和舌下腺）分泌的液体和口腔壁上许多小黏液腺分泌的黏液，在口腔中混合而成的消化液。

练武时通常强调舌抵上腭，使唾液频生，吞咽下于丹田，认为这有助于延年益寿。如在一些练气养生的功法里，收功时会有特定的吞咽要求，随后还会做一些自我按摩作为辅助。

523. 入门不忌三害，倒如不练为佳

【意释】

开始练习武术若不忌讳“三害”，不如不练。

【说明】

同类谚语有：“入门三害切禁忌，不明此理伤身体；武贵得法艺练精，得其真谛妙无穷。”

“三害”即努气、拙力、腆胸提腹，普遍见于用力不得要领而强行发力时，对心脏及血液循环造成突然改变，长期如此会对身体不利，特别是对正处身体发育阶段的青少年损害尤大。所以此谚语提出，若不明“三害”不如不练拳。这三害也是初学者常犯的错误，它违背了人体生理机能的活动规律。因此，练武者必须要明白它的危害，从习武起初就要有意识地加以纠正。

524. 若要身体壮，打拳不能忘

【意释】

若想身体强壮，练拳就要坚持不懈。

【说明】

此谚语强调习武的健身功能。武术具有独特的健身功能，这也是广大群众以武强身的主要原因之一。青少年长期练习武术，不仅能强身健体减少疾病，还能培养其勇敢、顽强、坚韧不屈的意志品质，并为其良好性格的形成、人格的全面发展打下坚实基础。

525. 打拳不怕冻，难得重伤风

【意释】

经常练拳的人不怕冷，不会轻易患重伤风。

【说明】

同类谚语有：“感冒伤风，多在秋冬，练功习武，难得伤风。”

伤风通常在受凉、淋雨或过度疲劳等原因作用下，由身体抵抗力下降引致，如无并发症，一般在三至四天便会痊愈。适宜运动强度的打拳练武，会在一定程度上提高人体免疫水平，增强身体对环境刺激的能力，因而，在天气较冷时不会轻易患上伤风。但若强度过大，会导致身体疲劳从而免疫力下降，如此更易患伤风感冒。所以，习武训练应注意“度”的把握和“量”的控制，科学、合理安排训练计划。

526. 练功是金丹，卫生是妙药

【意释】

练功是健身的金丹，卫生是防病的妙药。

【说明】

此谚语强调练功的健身效果。古代方士炼金石为丹药，认为服之可以长生不老。葛洪在《抱朴子·金丹》里说：“夫金丹之为物，烧之愈久，变化愈妙；黄金入火，百练不消，埋之，毕天不朽。服此二物，练人身体，故能令人不老不死。”金丹妙药是古代人追求长生不老的丹药，此谚语中的“金丹”与“妙药”意指延年益寿的方法。武术练习不仅为了技击，很大程度是对健身的追求，正如前人总结的“详推用意终何在？益寿延年不老春”（太极拳《十三势歌》）。

527. 练拳使人乐观，乐观使人长寿

【意释】

练拳能使人变得乐观，而乐观有助于延年益寿。

【说明】

此谚语说明练拳可使人乐观，而乐观有助于延年益寿。经常练拳之人，投师访友相互交流、切磋，“以武会友”身心得以愉悦，有助于培养豁达乐观的性格。另外，经常练拳身体健壮，自身感觉良好，也有助于乐观心态的培养。

528. 治病不如防病，防病莫如练拳

【意释】

治病不如预防，防病不如练拳健身。

【说明】

此谚语运用“治未病”的道理说明习武健身的重要性。“治未病”是中医理论的精髓。人们总是在生病之后才想起治病，而防病于未然才是最正确的养生之道。经常练拳之人，通过坚持不懈的练习提升身体各项机能，增强身体免疫能力，使自己不易生病，起到防病健身的效果。另外，练拳不仅有利于身体健康，而且对于保持良好情绪、稳定心理状态、舒缓生活压力等方面也有帮助。

529. 松柏树千年不衰，武艺人青春常在

【意释】

松树和柏树可以千年不衰，练武能够保养青春。

【说明】

此谚语运用松柏长青来比喻习武者青春常在。武术技法包含屈伸、平衡、跳跃、翻腾、跌扑等动作，习练过程中人体各部位几乎都要参与运动，从而使人的身心都得到全面锻炼。实践证明，习练武术对外能利关节、强筋骨、壮体魄；对内能理脏腑、通经脉、增精神。武术运动讲究调息行气和意念活动，对调节内环境的平衡、调养气血、改善机能十分有益。

530. 专心研练防身术，无意之中能健身

【意释】

专心研究与练习防身术，自然能强体健身。

【说明】

此谚语阐释了武术技击属性和健身功能之间的关系。武术每个动作都关乎攻防技法，研习过程中，肌肉、关节、柔韧、体能、思维等各方面均需参与其中，起到大脑、肢体的“双修”锻炼效果。所以，研究和练习攻防技术，自然能获得强健身体的功效。

531. 打拳就是灵芝草，何必苦把仙方找

【意释】

练拳就是灵芝般妙药，何必辛苦地去寻找仙方。

【说明】

此谚语强调了习武的健身效果。此处运用“灵芝草”和“仙方”，来喻示人们对于健康的追求。我国哲学家子华子在公元前六世纪，就提出了生命需要运动的观点。他在《子华子·北宫意问》中指出：“流水之不腐，以其逝故也；户枢之不蠹，以其运故也。”认为人体营卫气血流通无阻，运行不已，就会健康长寿。此观点和现代科学认为的运动能增强生命的活力，使各器官、部位都得到锻炼，从而加强循环、呼吸等各系统的功能，提高人体对各种疾病的抵抗力，有利健康长寿的观点相一致。此谚语充分说明科学的武术锻炼具备延年益寿、祛病养身的功效。

532. 拳能疗病道理简，畅活气血体自健

【意释】

练拳能治疾病的道理很简明，气畅血活身体自然就会健壮。

【说明】

此谚语阐释了习武强身的原因。常言道：“人身血脉似长江，一处不到一处伤。”气血畅活对人体健康有着极为重要的作用。一般不经常运动或老弱病残的人，其气血运行往往存在滞迟或局部受阻的现象，这正是造成体弱、患病、早衰的重要原因之一。坚持打拳则能引活气血，使血脉流畅无阻，从而起到促进新陈代谢、增强身心健康和延缓衰老的作用。

533. 打拳先遛腿，伤病绕着走

【意释】

打拳之前先遛腿，打拳时不容易受伤。

【说明】

此谚语强调“遛腿”的重要作用。“遛腿”是指在压腿后，手扶支撑物原地单腿进行连续快速摆踢，其目的在于使偏于静止的肌肉韧带拉长。该谚语中的“遛腿”，不仅指踢腿练习，也包括现代体育中的热身运动。“遛腿”可以看作是武术专项热身运动的一种形式，王瑞元著《运动生理学》认为这是“为克服内脏器官生理惰性，缩短进入工作状态时间和预防运动创伤而有目的进行的身体练习”，包括身体各关节运动、韧带拉伸等。当身体充分热身后再打拳，可以预防、减少运动时的受伤。

534. 功后站一站，宁心清气升

【意释】

练完功后静站一会儿，可以使内心宁静清气上升。

【注释】

清气：中医学名词。指水谷精华的稀薄精微部分，与浊气相对。《黄帝内经》：“胃为五脏六腑之海，其清气上注于肺。”

【说明】

此谚语提醒武术练习者可在练拳后静站少时，通过呼吸调整使得“清气上升”，待身体机能恢复至平常，才算真正练习结束。武术有“收功”的说法，如同现代体育运动中的“整理运动”。“收功”一般不拘时间长短，包括一些自我按摩之法，如搓热双手擦擦脸，或是转腰晃臂。虽然，“收功”各门各派有各法，但都对此较为重视，不仅整套拳法有明确的收功动作，即便单个功法也有收功动作。

535. 拳后散散步，邪火保管散

【意释】

练完拳后散散步，能使身体中的邪火散发出去。

【注释】

邪火：中医指引起疾病的因素，亦指体弱引起的虚火。《红楼梦》第八十三回：“以鳖血制之，使其不致升提，且能培养肝阴，制遏邪火。”

【说明】

此谚语强调练完拳后，要散步慢走，使身体机能逐渐恢复到平常状态。从运动生理学的角度来看，运动后需要做整理运动让身体机能得到缓冲。拳后散步就是为了使激烈运动后的各部机能散热，从而起到邪火挥发的作用。

536. 拳后蹲下，周身气血合

【意释】

练拳之后蹲起数次，有益于全身气血整合通顺。

【说明】

此谚语强调练拳之后蹲起数次，有益于全身气血整合通顺。在中国传统养生方法中，下蹲动作被认为具有健胸强肺的作用。因为，当膝关节弯曲、大小腿紧贴时，可起到穴位重叠，相互挤压，以及推拿、按摩的效果。

537. 打拳练身，打坐养性

【意释】

打拳可以强壮身体，打坐可以修养性情。

【说明】

中国传统文化推崇动静结合，此谚语在表达习武可以健身的同时，也说明了静坐可以养性。练拳为动，打坐为静，一武一文，正是中国人追求内外兼修的典型反映。打拳是外在身体运动，静坐是内心修炼方法，两者如阴阳两极相互补充，彼此结合就形成了一种习武与悟道并重的独特方式。中国武术需要习练者将静坐所体悟出的“道”，通过拳脚展现出来，又要将拳术练习中的“争斗之心”通过静坐收敛起来。

538. 练拳不间停，力能长千斤，延年兼益寿，百病不能侵

【意释】

习练武术不间断，不仅可增长劲力，还可延年益寿、防病强身。

【说明】

此谚语出自少林拳法“甘风池拳”的行功歌诀，意在鼓励练习者要坚持练拳才能长力增功、延年益寿，这也正体现了武术技击防身与健身养生的功能。甘风池拳的拳路特点为结构紧凑，尤重实战技击，每招每式非打即防，技法刚劲有力，以刚为主，刚中有柔，出招迅速。传统武术强调将练武融于个人生活，以至于坐、卧、行、走无时无地不在练功，每天清晨醒来或晚上睡觉之前都会练功，并成为一种习惯，长此以往即可延年益寿、防病强身。

第五编

武术教学谚语

教学总体

539. 师徒无老少

【意释】

师父、徒弟不论年龄大小。

【说明】

同类谚语有："练功路上无老少。"

此谚语强调武术讲究"学高者为师"，与年龄长幼无关。孔子有"三人行，必有我师"的警句，以勉励每个人应时时刻刻向有学问、有见识的人虚心求教。此处的"师徒无老少"也同样提醒习武者，应不分老幼，向技艺比自己强的人虚心学习。武术不仅是一种格斗术，也是汲取了传统文化精华的身体文化。学习武术应有一颗"谦卑"之心，如此才能接触到更多高明的师父，学得更多技艺。

540. 能者为师，比手求艺

【意释】

有才能者可做师父，比试身手以获取技艺。

【说明】

此谚语与"师徒无老少"相似，强调习武要向技艺高超的人学习。传统武术有"一处磕头，四处求艺"的说法，其意为要学得武艺，必须磕头拜师，但要学得更多技艺，则需四处求学。此外，比试身手是增长技艺的有效途径，如此可见多识广，深明自身不足之处。诸多习武者即是因比武较技，发现对方武艺高强，后虚心向学，最终在武学上取得重大进步。

541. 师高弟子强

【意释】

技艺高强的师父，可以培养出技艺精湛的徒弟。

【说明】

此谚语可理解为“名师出高徒”。传统武术至今仍延续着“口传身授”的传承方法。师父不仅向弟子传授武术技术，也教授其武德教养、为人处事之道。由此，德艺双馨的师父会有很多人慕名而来投帖拜师，其不仅可在技术上传授精湛技艺，还可在武德修为方面给予弟子较大影响。

542. 严师出高徒，重道得真谛

【意释】

严格的师父才能培养出高明的徒弟，重视规律探索方可领悟武术真谛。

【说明】

同类谚语有：“过山要有好向导，高徒要有严师教。”“师父传帮带，徒弟成长快。”

此谚语指出了习武过程中“从师”与“已练”之间的关系。武术技术丰富而深奥，尤其技法精妙之处，非经过师父反复讲授与严格训练才能领会与掌握。所以说，严师方能出高徒。武谚云：“师父领进门，修行靠个人。”徒弟在习得练武方法后，应勤加思考，重视包括技法、劲力、功法等练用规律的探索与总结，如此才能逐渐领悟武术真谛。如果凡事均依靠师父指教，只能学一技用一技，不能举一反三，终是难有所成。所以说，从师而学只是入门，勤思已练才能有成。

543. 苦练三年，不如名师一点

【意释】

自己苦练三年，不如名师的一次点拨。

【说明】

此谚语强调获得正确有效的练用方法在习武过程中的重要性。武术技艺不是一味苦练便可获得，但在苦练的基础上如能得到“名师一点”，武技就可能迅速提升，这体现了武术习练的技巧性，以及口传身授的特点。武术技艺有严谨的练习步骤和方法。不符合训练规律的蛮练，也许会在短时间内取得明显进步，但长此以往会阻碍技术进入中、高级阶段的发展。

544. 学打三年，不如真传一话

【意释】

学习武术三年，不如一句真传。

【说明】

同类谚语有：“苦练三年，不如名师一点。”

此谚语在于强调武术技术传授中正确指导的重要性。在古代，武术被视为安身立命、养家糊口之技。民间有“无财不是贫，无艺才是贫”的说法，可见获取武术“真传”并非易事。所谓武术真传，是由武术先贤积累和总结出的训练规律与实践经验，具有很高的实践指导价值。在武术练习中，不能只知蛮练而忽视参考、借鉴前人经验，但同时也不能盲目迷信“真传”或“口诀”，只有用客观的眼光、理性的思维在不断的实践、思考中才能真正掌握武术技术。

545. 名师手下出高徒，却难教成怕苦人

【意释】

名师容易教出高明的徒弟，却难让怕苦之人有所成就。

【说明】

同类谚语有：“积艺成才，苦练成功。”

此谚语前半句强调的是名师出高徒，后半句指出习武须吃苦。习武要有名师指点，所谓“一层功夫一层理”，武术技理的每一次突破，都要由师父

传授其中精要，如此才能不断提升。但若遇到不肯吃苦的学生，即便再著名的师父也难使其有所成就。习武要有久练不辍的品质与毅力。如武谚“冬练三九，夏练三伏”即是习武须吃苦耐劳的要求。越是严寒酷暑越要坚持练习，一方面可提高身体对极端天气的适应能力；另一方面也可培养坚韧的意志品格。此外，习武过程中，练套路、拉韧带等均是枯燥痛苦的，很多人因此半途而废。尤其在实战对抗中，跌打扭伤以及被击败时的挫败感更是再正常不过，如果不具备地持之以恒、吃苦耐劳的顽强精神是无法坚持练习的。

546. 明师出高徒

【意释】

明白通达的师父能教出高明的徒弟。

【说明】

同类谚语有：“师父传帮带，徒弟成材快。”

“名师”指有名有才又会教的师父，自然能教出高明的徒弟。“明师”指知其然又知其所以然的师父，自然更能教出高明弟子。由此强调，有名有才而又明白通达的师父，才可能更加容易培养出高明的徒弟。

547. 师父不明弟子拙

【意释】

师父不明拳理则弟子拙笨。

【说明】

此谚语强调师父在习武学拳中的重要作用，意在指出拜师学艺要择名师、求真传。明师深谙武术技理，对于练用规律的总结，往往倾注着其毕生所学与感悟，是极其宝贵且可遇不可求的财富。因此，习武投明师，有助于深化对拳理技术的理解，少走弯路，提升习武、训练效率。反之，若师父在传授过程中方向引导错误或偏差，弟子即使再下苦功也难有大成。

548. 练武必求明师，习拳要在得法

【意释】

练武必须要找明白通达的老师，习拳重在掌握方法。

【说明】

同类谚语有：“投师不明，学艺不高。”

此谚语强调习武求明师和练武得方法。师父明白技理要义，才能带出高明的徒弟。技理要义是对武术练用所总结出的规律与方法。师父教得清清楚楚，徒弟才能练得明明白白，这也是明师能出高徒的主要原因之一。武术中有“练武要修德，练功要按辙”的说法，后半句谚语即指前人所总结的经验如同车过而留下“辙”，练武要遵循规律，科学练习，掌握了这些才能找到正确方向。

549. 徒弟技艺高，莫忘师父劳

【意释】

徒弟技艺高超、学有所成，不能忘记师父的功劳。

【说明】

此谚语教导学生应饮水思源，技艺学成不忘师恩。传统武术技艺千百年来延续着“口传身授”的传统，弟子在习武期间要跟随师父数年，经过师父在各方面的悉心指教，才能掌握方法、要领。很多弟子在此期间为了能提升技艺，往往吃住在师父家中，朝夕相处，情深意重，此番情义如同父子关系，使徒弟终身难忘。因此，徒弟技艺精湛，倾注着师父的心血，故学有所成，莫忘师恩。

550. 师勤徒不懒，师懒徒好闲

【意释】

师父勤快徒弟就不会偷懒，师父懒惰徒弟也喜好清闲。

【说明】

此谚语主要强调师父应“身正为范”。如果师父每天勤于思考，苦于钻研，会润物细无声地影响着徒弟的习武态度和习惯。而若师父时常三天打鱼两天晒网，徒弟也会动力不足，消磨时间。习武者要做到“拳不离手”，才不会荒废武艺。为师者不仅肩负着传承技艺的责任，也要“身正为范”，引导徒弟的习惯养成。其实，师父督促徒弟学习的同时，徒弟也在促进师父的不断进步，两者是一种“教学相长”的关系。

551. 各师父各传授，各拳路各变手

【意释】

不同的拳师有不同的传授内容，拳术路数不同变化方法也不同。

【说明】

在传统武术中，各拳家对武术的理解，往往渗透着强烈的主观认知，因而，在所传授内容上存在较大差异，这必然导致行拳路数不同，技法变化之法也不同。另外，传统武术练法和打法不同，练法用以演练，重视技术规范，而打法注重实战，讲究技术运用。不同的拳师在传授过程中各有侧重。武术在传承过程中不断地被发扬和创新，因此其不仅内容丰富，而且善于变化，将原本简单直接的技击格斗发展成为技术多样、理论完备的身体文化样式。此谚语道出了传统武术技术体系的重要特点，其本意是提醒习武者，要留心每一个动作的不同用法与变化。

待人

552. 勿恃拳，多恭谦

【意释】

不要依仗着自己会些拳脚而高傲自大，要待人谦恭。

【注释】

恃：依靠；凭借。

【说明】

此谚语强调习武者要谦逊待人。有些习武者因掌握了拳脚技巧，易滋生试手较技的想法。在与人交往中，言语稍有不逊便可能招惹是非，甚至大打出手，这不仅违背习武宗旨、武德要求，同时也会引来麻烦。因而，俗语有“淹死会水的，打死会拳的”说法。由此，诸多武术门派主张“好勇斗狠者不教”，以免徒弟在外狂傲自大，招惹是非。在历史上，凡武术大家均做人谦卑、温文尔雅，具备高尚的武德，从不以武欺人。即便用武，也是在维护民族大义之时，或用以制服蛮横无理、欺行霸市之徒。

553. 言必称三，手必成圈

【意释】

说话自称“三”，行礼必让手臂成圆圈，待人谦虚礼貌。

【说明】

此谚语是跤行与武林界的一句老话。言必称三，是约定俗成的自谦词和敬人词。武林中多以“三”为艺名自称，含自谦之意，表示能人背后有能人。手必成圈，是作揖为礼。此处指四指礼，即左手亮掌四指，屈拇指，右手为拳，左掌心与右拳面虚接，两臂微屈成圆圈。亮四指表示四海武林同道，屈拇指表示自谦，右手成拳喻以武会友，两臂成圈表示天下武林是一家。此谚语表明习武者要谦虚礼貌，要有良好的品性。

554. 武道之争有益，意气之争有害

【意释】

习武切磋有益，逞强好胜有害。

【说明】

此谚语提醒习武者不能有意气之争。武术技法是对实战经验的总结，不能只

是“纸上谈兵”，需要通过不断运用才能掌握其精髓，所以经常切磋交流有利于提升技术水平。但一味逞强好胜，常怀“意气之争”，则会伤人害己，因为争强斗狠已偏离了武术真意。戚继光在《纪效新书》中指出：“既得艺，必试敌，切不可以胜负为愧为奇，当思何以胜之，何以败之。”比技切磋不应以胜负为目标，其目的是要总结经验，提高技艺。此外，习武之人也要学习孔子“发愤忘食，乐以忘忧，不知老之将至”的思想，毕生追求的应以武入道的高层境界，而要放下一时的“胜负心”和“争斗心”。

勤奋

555. 学拳要趁早，莫待抛却青春童颜老

【意释】

习练武术要趁早，不要等到青春已过童颜已老。

【说明】

此谚语强调习武宜趁早。自幼习武称为“童子功”。青少年时期，身体处于成长发育阶段，正是练武增技的好时光。俗语有“花开在春天，学习在少年”“清晨不起误一天，少年不学误一生”。待到中年，体格已长成，四肢坚硬，琐事缠身，学习技艺则变得困难，因而古有“三十不学艺”的说法。此拳谚即鼓励学拳要趁早。不可置否，在武术界也有中年开始学拳仍成就斐然者，如据传李洛能开始学习心意拳时已近40岁，后经刻苦钻研终成一代宗师。当然，他在学习心意拳之前，已经具备了较好的武术基础。

556. 习武者当立志，人无志事不成

【意释】

习武者应有志向，没有志向则难成功。

【说明】

此谚语强调习武要有志向，如此才能不断激励自己。自古至今，有远大志向

者皆能顽强拼搏，克服困难，最终成就一番事业。在现代社会，就习武者而言，掌握一个动作的多种变化、熟练运用一项技术、成为某一级别比赛的冠军，都可以成为习武者的目标。有志向之人，不断坚持，日有寸进，终究会实现梦想，成为学有所成之人。

修养

557. 瘪谷昂头实谷低，功夫高超涵养深

【意释】

瘪的谷子昂着头，而成熟的谷子却低着头，功夫高超之人的涵养深厚。

【说明】

此谚语强调习武者为人要谦虚，有涵养。俗语有“骄傲来自浅薄，狂妄出于无知”，要明白“天外有天，人外有人”的道理。往往初习武术者会因一时之胜而沾沾自喜，也会因未遇过真正高手而偶出狂言，过分自负。反而，功夫越是高强者，越会“赢了从不说赢”，谦逊有礼，表现出深厚的涵养。旧时武术界，很多人通过比武切磋而成为朋友，因为他们谦虚待人，即使胜利也不让对方难堪，这正是此谚语所要阐明的道理。

558. 有理不在声高，有功不在外表

【意释】

有理者不在于嗓门高，有功夫的人不在于外表。

【说明】

此谚语强调了习武者要注重涵养。中国有句俗语“得理且饶人”，不能因理占三分就咄咄逼人。同理，习武之人应注重涵养修为，主要有两方面原因：第一，习武先修德，中国武术不仅关注技术传授，更为注重道德修养。第二，习武试手常较技切磋，经历过无数次输赢，就会逐渐明白练习功夫不是用以显摆或炫

耀，也就自然懂得“有功夫不在外表”的含义。

559. 能文能武是全才，只武不文是莽汉

【意释】

文武兼修是全才，有武无文是莽夫。

【说明】

此谚语提出了对习武之人的要求，即文武兼修，并且强调了文武兼修的重要性。古代有很多文武全才的人物，如范仲淹、辛弃疾，不仅文采传世，其军事业绩也值得称赞。再如宋朝大将狄青，起初甚至不识字，在范仲淹的教导下发奋读书，能将兵书背得滚瓜烂熟。后因在战场上屡建战功，而被宋仁宗提升为枢密使，最终成为文武全才的人物。古代有名的军事将领都是文武全才，如宋代岳飞，不仅治军有方，且擅写诗填词。明代戚继光，不仅练兵抗倭名留史册，且所著兵书《纪效新书》成为军事及武学的重要文献。

古之“三不朽”，指立德、立、功立言。对于习武者而言，“立言”更具意义也颇有难度。长期以来，武术实践先于武术理论，武术文献较少，且多是文言古文。所以，习武者更要文武同修，研究武术理论，总结前人经验，探索武术蕴含的科学规律。

560. 尊师友，明拳理，莫逞能

【意释】

习武者须尊师爱友，明白拳理，切莫逞能。

【说明】

此谚语分别从武德、习武方法、行为指导三方面对习武者进行规定。“尊师友”属于基本武德范畴。我国是礼仪之邦，尊师重道是中国传统伦理道德极为重要的一条，无论是文人还是武者都需遵从。“明拳理”是强调习武要钻研武术理论，不仅要研读武术典籍，学习前人所总结的习武经验，也要具有探索精神，在实践中不断验证与研究。“莫逞能”是对习武者行为的一种限定。黄百家在《内家拳法》中提到：“有五不传：心险者、好斗者、狂酒者、轻露者、骨柔质钝

者。”前四条都是关于人的品格，此谚语中“莫逞能”正是对于好斗、狂酒、轻露者的一种告诫。

561. 强中自有强中手，武艺谁敢夸能手

【意释】

高手之中更有高手，习武谁敢自夸是能手。

【说明】

此谚语告诫习武者要谦虚谨慎。武术是关于人体攻防的技艺，当所学技术在实践中得以运用，就会信心倍增，而这种自信心有时会愈发膨胀，使人狂妄自大，长此以往便不能虚心向学以精益求精，因而阻碍了武艺进步。

在体育比赛中也经常出现排名靠前的种子选手“爆冷门”输给从未听闻的对手，比武切磋亦然如此，这说明胜负不是完全由双方实力所决定的，不存在永远的“冠军”。因此，武者不能“自夸是能手”，只有将“骄傲使人退步，谦虚使人进步”的道理深化于心，牢记“强中自有强中手”的警句，才能保持不断学习的动力。

562. 习武千条戒，最戒嫉妒心

【意释】

习武有很多戒律，最重要的是不能有嫉妒心。

【说明】

此谚语强调习武者不能有嫉妒心，要谦逊向学，取长补短。心理学家认为，嫉妒是一种病态心理，不仅反映一个人的思想情操和道德品质，而且可导致某些功能型或器质性疾病，是自卑的表现，常伴随着不满、怨恨、烦恼、恐惧等消极情绪。学拳宜以涵养为本，争强好胜、好勇斗狠是习武者竞争心过盛的一种表现，嫉妒心即是由竞争心过盛引发的不良心态。民间有“文人相轻、武人相倾”的说法，这都和嫉妒心有一定关系，均是不可取的。

563. 收势草草了，莫怪人嘲笑

【意释】

打拳收势不认真，就不能怪别人嘲笑。

【说明】

此谚语强调收势在整套拳术中的重要作用。打拳应有始有终，从起势到收势，都要认真对待。自古以来，拳家对于收势十分重视，一是明显地表现出套路演练的终结点。二是对武术本身的尊重，收势具有一定的仪式感，是对传统武术规矩的恪守。收势潦草慌张会给观者留以轻浮、不稳重之感。这就如同写字，起笔端正，行笔合理，可收笔敷衍了事，那将会破坏整个书写气韵。

564. 打拳走过场，就是出洋相

【意释】

练拳敷衍了事，就得不到别人尊重。

【说明】

此谚语强调练拳要将攻防意蕴贯穿始终，才能富有武术韵味，赢得观众认可与尊重。打拳在此处意指套路演练，若不能将攻防技法与意念通过拳术展现，则演练显得心不在焉，失真轻浮，也就“出了洋相”，因而打拳不能敷衍了事。

将技击动作编排成套，是中国武术的一大特点。因而演练时有“练时无人似有人”的要求，即要将自己置身于技击场景，如此才能表达动作内涵，达到即便没有“对手”在场，也能让观者沉浸在攻防遐想中。当然，打拳毕竟是自我演练，和实战相去甚远，所以并不能将演练水平等同于实战能力。在实战中要做到“眼前有人似无人”，才能克敌制胜，而这需要平时的针对性实战训练。

565. 练拳不刻苦，怎会有功夫

【意释】

练拳不下苦功，就不会有功夫。

【说明】

此谚语强调刻苦勤奋在习武中的重要性。习武者不仅要刻苦练拳，也要将练习与思考融入日常生活，真正做到“拳不离手”。据说，当年郭云深反复练习崩拳，以至于将棉衣袖口磨坏。李存义之徒唐维禄，常是边走路边练功。武术界有“拳打千遍，身法自现”的说法，学拳不刻苦，终究难以掌握武术技巧。武术精进的要旨在于方法正确和刻苦训练，既不能方法不正确地蛮练，也不能掌握了方法却偷懒。

566. 初学不认真，改拳恼煞人

【意释】

初习武时不认真，过后再改很烦恼。

【说明】

武术界有“教拳容易改拳难”的说法。习武之初能够掌握正确动作及方法，可为日后学习打下坚实基础。但若初学不认真，使技术动作形成错误定型，以后再改正就尤为困难。训练学理论认为不同技能之间存在“迁移”现象，一个看似细微的技术细节，很有可能影响技术水平的整体发展。如此，在技术发展到高级阶段时，之前所练就的坚实“基本功”就更显重要。就套路演练而言，其技术本身难以用精准的标准进行衡量，错误动作可能习练多年难以察觉，这样的拳架改起来就更加困难。

567. 比武碰了钉，方知功不精

【意释】

与人比武失败，方知功夫不深。

【说明】

此谚语揭示了比武切磋是检验所学的有效途径。比武切磋输给他人后，方知功夫不够精熟、深厚。因而传统武术通过对练、拆招、喂招和实战训练，来提升与检验平日所学。唯有不断寻找自己需要改进的地方，才能不断进步。很多武术家都是在与他人交手中，不断总结、研究、实践、思考，终成为一代大家。如王郎在与人比武失败后，偶然看到螳螂捕食，于是受到启发创立了螳螂拳。王芗斋也是在不断与人切磋中逐渐创立意拳。

568. 打过三年拳，方知功夫浅

【意释】

练过几年拳，才会知道自己功夫不够。

【说明】

练过几年武术后，随着经验的积累和眼界的开阔，会逐渐认识到自己的功夫尚浅。武术初学者往往“无知者无畏”“初生牛犊不怕虎”，总想与他人比试切磋，急于检验所学，对武术的理解也相对简单，尚不能掌握其内涵和规律。武术是一项强调实际运用的身体运动，往往“看起来容易做起来难”。更何况，武术的技法、速度、调动、劲力等必须经多年研习才可至精熟，其运用更是讲究因敌变化，如此便难上加难。因此，该谚语指出越是通过数年实践、思考、琢磨、研究，越是会发现自身之不足。

569. 练拳能得法，功效自不差

【意释】

练拳能找到正确方法，功效自然不会差。

【说明】

同类谚语有：“学打三年，不如真传一话。”

此谚语强调练拳要得法。一味蛮练不得要领，难有成效。练武得法需要请明师指点、与拳友切磋、查阅前人拳论。按照武术客观规律进行练拳，就如同走路找准方向，再通过个人刻苦与努力，自然能获得良好效果。练习武术主要有两大方面的影响因素：一方面是先天性的，通过遗传获得；另一方面是后天性的，通过训练获得。前者是既定条件，不可改变，但即使是有运动天赋的人，如果后天练习不得法，仍难以掌握好武术技术。而如果天赋不佳，后天勤奋训练，方法得当，亦能弥补先天不足。

570. 走架躲烈风，拆拳忌手重

【意释】

练拳要避免风吹，拆招切忌出手过重。

【说明】

此谚语指出了行拳走架与拆招切磋的要求。首先，练拳尽量在避风处进行，拳谚有“避风如避剑”之说。行拳走架中肢体肌肉剧烈收缩，周身汗毛孔处张开状态，稍遇风寒会使体表温度迅速降低，从而影响体热的正常散发，易患感冒。其次，练拳时风吹过大，必然会影响呼吸，有碍于练拳。“拆拳忌手重”中的“拆拳”是将整套动作拆解开来进行技术讲解和练习，以促进实战运用。主要目的是让对方明白并掌握单个技法如何使用，所以出手力度应有所控制，以免受伤。另外，“拆拳忌手重”也是切磋技艺、以武会友的基本要求。

571. 阅历宜广而博，自练务少而精

【意释】

阅历要广博，自练内容务必少而精。

【说明】

此谚语表达了习武过程中多与少的关系，即要多看而精练。多看有利于增长见识，开阔眼界，加深对武术的理解与认识。但自己练时却要精专，所谓“贪多嚼不烂”，内容繁多就难以熟练掌握，更谈不上精通。所以武术界有“不怕千招会，就怕一招精”的说法，即一个动作练到“精”的程度，运用成“绝招”。如郭云深的崩拳练得对方防不胜防，无法破解，有“半步崩拳打天下”的美誉。

572. 宁可教初学者，不愿修烂架子

【意释】

宁愿教授没有基础的人，也不愿修正错误拳架。

【说明】

此谚语将"教拳容易改拳难"表达得更为通俗。授拳时，老师宁愿教授没有基础的初学者，也不愿修正已形成错误定型的拳架。所谓，"一步练错百步歪"，所练拳术一旦形成错误定型与习惯，需要下大功夫进行修正，且稍有疏忽就会延续错误动作。所以，武术和其他运动项目一样，提倡在起蒙阶段就要投明师，学对动作，打好基础。

573. 举止文雅讲理性，师徒之间敬如宾

【意释】

行为举止文雅而有度，师徒之间相敬如宾。

【说明】

此谚语是对习武者行为举止的规定，同时也强调师徒之间应互敬互爱。一方面，习武者遇事，不可以武欺人、以强凌弱，应以理服人、以德服人，待人处事谦虚而有气度。另一方面，师徒之间相敬如宾，应是以共同追求、研习、探索武学真谛为基础，并做到师父爱护徒弟，徒弟尊敬师父，互敬互爱，共同进步。这不仅是营造良好习武氛围的前提，也是我国注重礼仪的一种文化延续。

574. 师徒之间心不齐，手里黄金要变泥

【意释】

师徒之间心思不一，技艺再好也无法传承。

【说明】

此谚语是对师徒要凝心聚力的规劝。在武术界，师徒是武术传承的重要载

体，拳学思想、拳械套路、技术技法等，均在师徒的口传身授中得以代代相传，这就需要师徒心齐。一方面，师父能够传“真传”，将自身研修武术之经验、规律传授给徒弟。另一方面，徒弟也需要勤学苦练，反复琢磨。如此，师徒齐心方能将武术技艺进行传承、创新，使后学者能够学有所获、学有所得。反之，师徒间相互猜疑、提防，不仅不能维系“师徒如父子”的深厚情感，也会造成武术技艺的失传、误传。

575. 不怕徒弟教不好，就怕师父教无方

【意释】

不怕徒弟教不好，就怕师父教育方法不当。

【说明】

此谚语强调武术教授方法和教育方式的重要性。习武虽有天赋与资质的成分，但只要徒弟肯学苦练，都能学有所成，甚至练就“绝招”，其重要原因在于师父的正确引导与教授方法。如八卦掌创始人董海川的徒弟中，不乏已具备深厚功底者，但其根据每个徒弟的武术基础、劲路特点等因材施教，最终衍生出尹派、梁派、史派等八卦掌流派。再如心意六合拳，在教授时可根据徒弟的身体条件和天赋特长，分为罩技和钻技，让身高力大者由上而下远距离进攻，使身矮体轻者由下而上近身进攻。由此可见，武术传授需要师父从多方面、多角度对徒弟进行考察，依据其特点进行有针对性的教学。

576. 教不严，拳必歪；学不专，拳必滥

【意释】

教学不严格，拳架就会走样；学习不专一，拳艺就会低下。

【说明】

此谚语强调武术传承中教与学的注意事项。教要严，学要专。“严师出高徒”，武术技术需要在师父的正确示范下，加以学生刻苦练习才能掌握。所以，若师父教授不严格，对于要领、细节、规格等不严加传授，学生拳架就会

出现失真、走样等问题。三字经中便有“教不严，师之惰”的警句。“学不专，拳必滥”一方面指出武术习练过程中要做到“阅历宜广而博，自练务少而精”。另一方面则强调，学习武技要专一，以钻研的精神，心无旁骛地深入技理思考，才能逐渐精进。否则，难有大成。

577. 师父不过领路人，巧妙全在自用心。入门引路须口授，功夫无息法自修

【意释】

师父只不过是领路的人，拳中奥妙还需自己体悟。入门引导需得口传心授，功夫在自我修炼中不断增长。

【注释】

息：停止；息怒。息兵。自强不息。偃旗息鼓。生命不息,战斗不止。

【说明】

同类谚语有：“教艺在师，学艺在徒。”“师父领进门，修行在个人。”

此谚语前两句指出老师的作用在于领路，至于徒弟“走与不走”，或能发展到何等境界就在于徒弟自己了。在中国武术的拳种流派中，跟随老师学拳的人数众多，但最后成名成家的人极少，正所谓“花开满树红，结果几个成”。后两句指出传武学艺的方法，要通过老师口传心授，学生方能在反复演练中揣摩理解。在南怀瑾看来，“学习如同修行，要坚持到底”。武术亦然，习得武术技法之后，要勤加思考，举一反三，探索武术训练与实战的规律，要对武术技理形成独立理解，边实践边验证，边验证边提高。

578. 少年习武正当时，中年习武未为迟，老年习武尚坚持

【意释】

少年习武正是好时候，中年开始习武也不算迟，老年习武贵在坚持。

【说明】

此谚语说明武术适合不同年龄阶段的人群练习。少年儿童时期是人体速

度、灵敏、柔韧等素质发展的最佳时机。此时开始练习腰腿，出功较快，刻苦练习可奠定坚实的基础，因而许多体育项目都非常注重此时的训练，也是优秀运动员选材的重要时期。人至中年，身体各项生理机能有所减退，但理解力较强，可弥补身体素质上的不足，因而此时练武并不算迟。李洛能就是中年才开始习武，最终成为形意拳一代宗师。人入老年，体力不足，但如能坚持锻炼，仍可活动手足，恢复活力，同样也是一种精神寄托，对老年人的身心健康极为有利。太极拳、八卦掌缓慢、轻柔且对柔韧要求不高，很适合老年人习练。

第六编

武术训练谚语

579. 入门三年架子皮

【意释】

学武要先练三年基本拳术动作和套路。

【注释】

（1）入门：入“武术之门”，指开始学习武术。

（2）架子：指拳术动作和套路，如拉架子、盘架子。

（3）皮：①指包在外面的东西，如书皮；封皮。②表面，如地皮。

【说明】

此谚语反映了武术学习的规律。“入门”本质上是指入“武术之门”，却也隐现着中国传统宗法制度对武术的深刻影响，即诸武术流派或拳师与从学者之间，在习武过程中缔结成了一种模拟血缘的关系。所以，“入门”也隐含有“入该武术流派或该拳师之门庭”的意思。“入门三年架子皮”中的“三年”是概数，并非确指。

各武术流派的初学者，普遍会经历较长的“拉架子”过程，具体时长则由师父要求或从学者悟性高低等因素所决定，但一般维持在三年左右。其缘由有大致如下三点：一是三年筑基可为日后学习核心技术奠定坚实基础；二是三年基本技术与套路的练习较为枯燥，但却能磨练习武者心性，使其德技并进，练拳炼人；三是“入门三年”可使师父对从学者进行细致考察，“宁可失传，决不误传”。该谚语中的“架子皮”颇具深意，即指非核心内容，这更凸显出师父以“入门三年架子皮”的方式，来考察从学者的深意所在。

580. 拳技书艺两相通

【意释】

拳技和书法理念相通。

【说明】

此谚语主要阐释了武术与书法的理念相同。书法和武术同为我国传统文化瑰宝，都以历史悠久、博大精深而著称。首先，书法和拳技都讲究气脉，技法衔接追求行云流水般的顺畅飘逸，以及表现形式上的阴阳顿挫，且武术动作和书法结构有着异曲同工之妙。据传萧显在书写山海关“天下第一关”的题匾前，曾练武、咏诗很长时间，最终写出气势宏伟之字。其次，武术与书法都从各自实用功能层面不断突破，成为更高层次的艺术表现，即书法不再仅仅是传递内容的文字形式，而升华为抒情达意的艺术表达与创作，武术也不仅仅是技击格斗的手段，而是提升为肢体表现攻防艺术的审美层面。

581. 拳法贵天生

【意释】

拳法崇尚返璞归真。

【注释】

天生：天然，自然。

【说明】

此谚语强调拳法要以自然为宗旨，崇尚返璞归真。一方面，任何拳种均有其方法，从日常训练到实战攻防，任何技术的练用都有法可依。在初学之时，应严格按照方法练拳长功。但当练至一定层次，任何技术的练用又“法无定法”，无需拘泥于限定招式，经过不断揣摩、思考及反复实践、验证，最终达到“随心所遇皆为招”的境界。另一方面，任何拳法均有其规律。所以，练拳应结合前人经验，探索、遵循一定的规律，通过日积月累的研习，能够以己之悟，参透“天生”的武术为何，即其真谛与本质。再者，在长期的武术练习过程中，应有意识地突出自身特点，将自身天赋得以发挥，这才是真正顺应自然之道。也可以说，每个人都有自己的性格、秉性、特长，最好的拳法不是师承大家而是适合自己，能将自己的优势发挥到极致，这也是“拳法贵天生”的另一层含义。

582. 头三脚难踢

【意释】

武术入门阶段的基本功训练尤为重要。

【说明】

此谚语强调在武术入门阶段，筑牢基本功的重要性。武术技术的精进需具备扎实的基本功。所谓“头三脚”是指在武术入门阶段，围绕力量、速度、柔韧等展开的一系列基础练习。比如正踢腿，其不仅是最为基本的武术腿法，也是习练侧踢腿、外摆腿、里合腿、弹踢、正蹬的基础。在武术练习中，一个看似简单的动作，也可能包含丰富的攻防含义，并可衍生出多种招式技法，是多项基本功的综合体现。所以，对于初学者而言，“头三脚”需经过日积月累的训练才能掌握扎实。“头三脚难踢”不仅适用于武术领域，诸多传统技艺如书法、绘画、戏剧等，都存在“入门难”的现象，也都非常注重基本功的筑牢。

583. 三分练，七分养

【意释】

拳术训练中三分靠打练，七分靠调养。

【说明】

此谚语指出武术的练与养之间的关系。武术训练不仅关注技法、功力等的提升，也非常注重日常调养，讲究“打、练、养”相结合。如诸多武术拳种将站桩、走步、静坐等置于与打练同等重要的位置。王芗斋所创意拳即将技击、养生作为练拳追求的两大目标，其中站桩为入门的必练功法。太极拳练习时也强调科学练拳，站桩调心、画圆调气、慢练调形，非常重视练养结合。

584. 拳为种，棍为师

【意释】

拳为武术修习的根本，棍为器械训练的基础。

【说明】

此谚语运用“种”和“师”，喻示拳术和棍法在武术中的地位。“会拳术”好比是萌发“会器械”的种子，正所谓“拳成兵器就”。因为，练拳为手眼身法步打下基础，再练器械就犹如手臂的延长。棍属于较易掌握的兵器，有“月棍、年刀、一辈子枪”的说法。掌握棍法便为其他器械习练打下了基础，因为棍法和其他兵器有很多相通之处，程宗猷在《少林棍法阐宗》指出：“凡武备众器，非无妙用，但身手足法，多不能外乎棍，如枪之中平，拳之四平，即棍之四平。”因此有“棍为百兵之首”的说法。

585. 要在人前献技，就得暗地练熟

【意释】

要在人前展现技艺，就得私下练习精熟。

【说明】

此谚语规劝习武者要勤奋刻苦。俗话说“台上一分钟，台下十年功”，要想拥有高超技艺，并获得他人认可，需要日积月累的沉淀和反复训练。人前表演不同于日常练习，难免产生紧张心理，即使平日练熟练的动作也可能出现遗忘或连接不畅等现象。因此，习武者要经常“拳不离手”，以达技艺精熟的目的。

586. 冬练劲，夏练筋

【意释】

冬季练劲力，夏季练筋骨。

【说明】

同类谚语有："冬练三九，夏练三伏，冬天增力，夏天增气。"

此谚语说明武术训练内容的侧重根据季节变化而有所不同。"冬练劲"是因为冬季身体代谢速度减缓，能量消耗变小，针对性训练可增加身体绝对力量。在此基础上进行劲力练习，有助于劲力生发到最大限度。夏季身体代谢速度加快，韧带更为松弛，进行伸筋拔骨的训练可增强柔韧性。根据冬夏两季温度差别来安排不同练武内容，体现了武术训练符合客观规律的特点。但这只是总体上训练内容的考虑，实际练习要灵活运用。

587. 下乘无功，上乘无拳

【意释】

低水平者重视招术而缺乏功力，高水平者重视功力而不受拳式限制。

【说明】

此谚语指出不同功力者的区别。所谓"下乘无功"，水平低者往往重视招术，但因缺乏功力练习，所施招法缺乏攻击力。在实战中，虽也能辗转腾挪，避实击虚，但击中对方并不能产生效果，仅仅是技法表现。"上乘无拳"是武术修为较高的境界，不受拳式所限，因具备纯熟的功力，以至于可忽略技法的固定攻防模式，做到起手即是攻，回手即是防，达到随心所欲亦为招的境界。

588. 出拳肩先动，出腿胯先移

【意释】

出拳时肩膀会先动，出腿时胯部会先移。

【说明】

此谚语是对于防守经验的总结。对方出拳时肩部会先动，而出腿时胯部会先走，明晰这种规律有利于防守，提前作出判断。当然，无论肩部还是胯部，其移动幅度都很小，且速度极快，没有敏锐的观察力和相应的实战经验作为基础，即使知道这一规律，想要判断对方进攻依然困难。武术技术中，有些进攻动作限定肩和胯的预摆幅度，如咏春拳的日字冲拳、形意拳的劈拳，肩部稍有移动，拳就已经击出，所以不能完全凭借死盯着肩或胯来判断对方进攻，要结合普遍性规律，也要摸索对手的个人动作习惯。

589. 有心守形意，无心成功夫

【意释】

“有心”修炼的主要是外形和意识，“无心”才真正成就了功夫。

【说明】

此谚语出自孙禄堂的拳论“有心守形意，拳打十分力。无心成功夫，柳动好生风”。孙禄堂精通形意、太极、八卦，主张“名则有少林武当之分，实则无内家外家之别”。此谚语透露出习武的两种层次：有心与无心。有心是武术学习必须经历的阶段，着力于武术的形与意的练习。无心就是不再执著于动作的形与意的一种自然而然的状态，即不被限定在武术动作的门派、标准、规格上，也不被意念所困惑，施展技艺完全出于自身的反应，也就是所谓的“拳无拳，意无意，无意之中是真意”，从而在实战中达到“眼前有人似无人”的境界。

590. 习拳学艺三年，不可一日无师

【意释】

习武学艺前三年最关键，不能离开老师的指导。

【说明】

此谚语强调武术技术需要口传身教，在打基础阶段，不能离开老师的指导。马国兴在《古拳论阐释》中提到，内气、内劲的生成、形成阶段，如果没有明师口传身授，加之自己平日刻苦练习与不断思考，是不会领会与掌握的。武术技法丰富且藏有变化，每一层功夫的渐进都离不开老师长期的指导。此谚语另一层意思是习武入门和初级阶段需要老师全程“看护”才能技法规范，但提升阶段要“师父领进门，修行靠个人”。

591. 力是先天本能，劲乃后天练成

【意释】

力量是人先天具有的能力，但劲力却是要后天练出来的。

【说明】

此谚语强调劲与力的区别。传统武术理论关于力与劲的看法并不一致，有人将两者严格区别开来，也有人将劲等同于力。此谚语建立在劲与力的不同观点之上，认为力是先天具有的能力，如“天生神力”之说。在现代，通过科学训练增强身体力量是竞技体育重要的练习方法。而劲是后天练习所获，是运用武术技法配合内在行气将内在力量运发而出的一种力，具有较强的技巧性，且具有很强的穿透力，这是单纯肌肉发出的力无法比拟的。

592. 百看不如一练，百练不如一专

【意释】

看得多不如扎实去练，练得多不如专而精。

【说明】

此谚语强调武术训练中的广博与精练之间的关系。观看他人演练只能停留在认识的浅薄层面，只有亲身习练才能体会动作过程，掌握技术技巧。“看”是武术习练的第一步，然后经过模仿、熟练、变化、提高才能逐渐掌握技术动作。如果总是停留在“看”的层面，好高骛远，是永远学不会武术的，更难以达到运用自如和随敌变化的境界。

此外，练得多不如练得专。正如戚继光在《纪效新书·长兵短用说篇》中认为杨氏梨花枪“其妙在于熟之而已。熟则心能忘手，手能忘枪，圆神不滞”，只有将技术技法练至精熟程度，才能在实战中得心应手。

593. 练从难处练，用从易处用

【意释】

练习时要深度挖掘技术内涵，运用时则从简易处发挥。

【说明】

此谚语强调武术技术练用的普遍规律。平时习练要勤于思考，善于深挖技术内涵，针对“简单”动作亦应做到“多思多想”，以求筑牢扎实的基础。如形意拳三体式看似简单，但其技术内涵尤为丰富，对于“内三合”“外三合”的要求十分严苛，甚至精细到脚趾的力度。不经数年研习，很难领会其真谛。同时，三体式是形意拳之基筑，由此才衍生出“十二形”等技术，有“万法源于三体式”之说。所以，深度挖掘基础技术的丰富内涵，是武术技术渐进至精熟的必然路径。

另外，武术技法的平日练习与实际应用，因诸多主客观因素而区别甚远。在实际运用中，应尽量使用经过平日练习而熟练掌握、不易出错的动作或技法。如郭云深享有“半步崩拳打天下”的美誉，其原因就在于将崩拳练至精熟，“不怕千招会，就怕一招绝”。所以，只有在平日习练中做到“练从难处练”，在运用时才能收放自如，简单迅速，一击即出，一出即应。

594. 练大使小，练长用短

【意释】

练时舒展用时紧凑，练时长打用时短发。

【说明】

此谚语着重说明拳式练习与技法应用的区别。拳式练习时，行拳走架在遵循技术规格的同时应尽量舒展，处处到位，劲发远长，这有利于技术动作的过程感悟，也有益于劲力增长。但在实战应用中则拳式变化不宜大开大合而应求小求速，其原因主要包括三个方面：第一，动作幅度过大会暴露更多的身体面积，不利于严守要害，且易露出破绽。第二，进攻时拳式过开不宜回收，影响技法变换速度。第三，所谓“打拳要长，发劲要短”，劲力短发可缩短蓄发时间，一发未中，可顺势迅速再发。再者，在方寸之间猛然生发的劲力可造成较大的破坏力。

595. 拳从口出，气随拳运

【意释】

拳从下颌发出，气息随拳法运行。

【说明】

此谚语在于强调出拳姿势和气、拳之间的协调关系。形意拳要求“拳从口出”，如劈拳、炮拳，其原因在于如此出拳姿势可以有效占据中线，既可为进攻提供最为便捷的路线，还可时刻做好防守准备。此谚中的“口”也可作胸口理解，如崩拳、钻拳、横拳均是自胸口位置发出。由此可见，“拳自口出”更侧重于强调攻守占据中线的规律，并非限定拳必须从“口”出。在武术中，“气”往往和“力”关联密切。在此谚语中，“气随拳运”可理解为行气发力要随着拳势的变换而变化，能掌握周身行气顺应拳术规律的方法，其武术境界也就达到了较高水平。

596. 习拳不练气，终究一场空

【意释】

练拳不练气息，终是徒劳无功。

【说明】

此谚语强调武术中练气的重要性。在传统武术理论与实践中，气、劲、力、意是尤为重要的概念和实践要旨。武术训练常常将练气融于拳架之中，每个动作的缩展、开合、进退、动静无一不是在练气，而且贯穿于技法始终。“以气催力”即是在说明气在劲力发放中的主导作用。若力无气催，练习再长时间也无法将力道练至精熟，终究是徒劳无功。

597. 有功夫的像口钟，没功夫的像盏灯

【意释】

有功夫的人浑厚沉稳如洪钟，没功夫的人轻飘微弱如灯火。

【说明】

此谚语指出有无功夫给人感觉上的差异。此谚语可从三方面进行阐释。首先，身怀功夫者因长期训练而身强力壮、体魄健硕，给人留以浑厚沉稳的印象。而未习武者看起来轻柔文弱，缺少苍劲有力的英气。其次，如在遇到歹徒或与人

发生摩擦时，有功夫者遇事从容稳健，且不轻易显露武功。而没有功夫的人遇事易胆怯惊慌。再次，身怀武技者在实战训练中练就了较强的抗击打能力，可比喻为“像口钟”，如金钟罩、铁布衫等就是以防御为长的训练方法。而未习武者在这方面轻飘微弱，喻为“像盏灯”。

598. 腰乃功之本，腿是功之根

【意释】

腰是功夫的核心，腿是功夫的根基。

【说明】

此谚语强调腰腿功夫在武术中的重要性。武术基本功很重要，其中腰功又是重中之重。腰为人体中段，一个踢腿或迈步都离不开腰，而且在身体发力过程中具有重要的传递功能，在变化身体姿势中具有提高速度的作用，所以称为“功之本”。腰功的内容不仅包括了常见的下腰、拧腰等柔韧性练习，还包括了拳脚发力腰的拧转与配合的练习。

腿是人体的根基，在发力过程中为身体提供向上的力，在步法移动中起到非常关键的作用，因而有“力发始于腰，根力脚下找”的说法。武术任何一个技术动作变化都离不开腰的灵活转动、弹性变化与力量支撑，也离不开腿的推动与变换。

599. 一身之劲在于腰，一身之气在于腹

【意释】

劲由腰中发，气自丹田吐。

【说明】

此谚语强调劲力在腰，气息在腹，说明身体中段在武术练习中的重要作用。腰在劲力发放中起着极为重要的作用，武术口诀中对此也多有描述，如“劲由腰发多根基，贯入两肋四肢躯，发到手足成一点，丹田叫力山也移”“起于足跟，强于腰间，发于手足”等。武术不论采用腹式呼吸法还是逆腹式呼吸法，运气主

要在于腹部，因而又有“肩肘手要沉坠，足膝胯要提拔，全身气劲归丹田，突然一声惊雷炸”的说法。

600. 练拳不习打，临阵少方法

【意释】

练拳不学打法，临阵缺乏应对方法。

【说明】

此谚语强调了从武术训练到实战运用的重要性。武术锻炼以技击动作为基本内容，习武者练习拳术套路，也能以此掌握一些攻防动作，了解技击动作的攻防含义。但是如果只是单练，不进行实战格斗的练习，遇人对搏时会因为没有攻防意识、缺乏攻防距离感而掌握不准攻防时机，或者是见人袭来自己先忙乱，用不上平时所练的攻防招法。

此外，武术套路技击动作是模拟实战格斗而编排的，这些动作是与想象中的“对手”进行搏斗的动作。所以练拳必须经过“习打”的实战训练，才能将套路所练的技术提炼成为可以临阵使用的实用技术。

601. 手似流星眼似电，身似游龙腿似箭

【意释】

手法快速似流星，眼神敏锐似闪电，身法灵活似游龙，腿法迅疾似飞箭。

【说明】

同类谚语有：“拳技以眼为尊。”“拳眼齐到，招招有效。”“出拳如弩箭离弦。”“身似游龙，腰似蛇行。”“出腿似箭，猛如钢鞭。”

此谚语运用了比喻手法说明武术手、眼、身、步的技术要求。手灵活而快速，眼要随手而动，达到“眼到手到”的境界，身要灵活变化，腿步移动快速。武术谚语中存在大量的比喻手法，“手似流星，眼如闪电”是突出其快的程度，“身似游龙，腰似蛇行”则形象地描述出动作轨迹，“出手如钢锉，回手如钩竿”强调了动作意念活动。

602. 身如弓，手似箭，腰似螺丝步似钻

【意释】

身形饱满如张弓，手法迅疾如飞箭，腰部拧旋似螺丝，脚步转动似锥钻。

【说明】

同类谚语有："身似弓弩，拳如药箭。"

此谚语是武术中对于身、手、腰、步的要求。"身如弓，手似箭"主要体现了出拳之快速要如离弦之箭；"腰似螺丝"主要体现腰的灵活转动（也有将腰形容为游龙）；"步似钻"主要体现了要以步赢人夺取有利位置。当然，人体的生理结构决定出拳发力不可能和拉弓射箭一样，运用这个比喻主要是强调躯干对出拳的助力作用，但实际上并不适宜过度回收身体以达到蓄力（拉弓）的效果，因为出拳前手臂的回拉虽然可以增加肌肉的初长度，以增强出拳的力量和速度，但也会导致整体进攻动作速度下降，从而影响动作的实际运用效果，不利于在实战中及时抓住战机完成进攻动作。

603. 拳如流星，眼似电；腰如蛇行，步赛粘；精要充沛，气宜沉；力要顺达，功宜纯

【意释】

出拳迅疾如流星，眼神锐利如闪电；腰身灵活似游蛇，步伐稳健似粘黏；精力要充沛，内气要沉稳；发力要顺达，功力要精纯。

【说明】

此谚语是武术技法中对于"手法、眼法、身法、步法、精神、呼吸、劲力、功夫"的总体要求。"手"要像流星般轻快、敏捷、有力；"眼"要如闪电般明快、锐利；"身"主宰于腰，腰要像"蛇行"那样灵活、柔软、坚韧；脚视为身体的"根"，根被移动或拔起则身体必然失去平衡，因此"步法"要像"粘在地上一样"不掀脚；"精神"要饱满、贯注；"呼吸"要善于运用腹式呼吸法，注意气沉丹田，达到以气促力的效果；"劲力"的发放要顺畅、通达；

"功力"要精纯深厚。

604. 体要松，气要固，神要凝

【意释】
身体要松沉，气息要稳固，精神要凝聚。

【说明】
此谚语总结了练拳需遵循的要领。练拳时身体要放松，不宜肢体僵硬。而气息要稳固，神情要凝聚，不心浮气躁，这样才能做到步法稳健、腰身灵活、手脚敏捷，从而达到"形与意合、意与气合、气与力合"的要求。此谚语中"体要松"，不能使身体过于放松，其原因一方面会导致身体姿势不够端正；另一方面过于放松精神应敌自然反应会变慢，所以王芗斋在《习拳一得》中强调："松即是紧，紧即是松，松紧紧松勿过正。"

605. 一练胆，二练眼，三练身法，四练闪

【意释】
习武首先练胆量，其次练眼法，第三练身法，第四练步法。

【说明】
同类谚语有："一要眼尖，二要手捷，三要胆稳，四要步坚，五要力实。"

此谚语说明了习练武术中胆量、眼法、身法和闪躲的重要性。第一是胆量，与敌交手，胜负就在一瞬间，手软必败，胆怯必输。第二是眼，眼睛时刻观察对方变化以捕获出击的时机，而且镇定自若的眼神也会起到震慑对方的作用，在心理上占据优势。第三是身法，在打拳与应敌时，灵活而快速的身法变换至关重要，有"身似游龙"的说法。第四是闪躲步法，闪躲步法是重要的防守方法，有时"闪即是进"，防守的同时也伺机进攻，从而达到"攻防一体"的效果。

606. 只求神意足，不求形骸似

【意释】
只追求精神意识的圆满具足，而不着重外在姿势的简单相似。

【说明】

同类谚语有："只要神意足，莫求形骸似。不求形骸似，但求意念真。"

此谚语强调了武术"神意"的重要性。许多武术习练者只注重追求形式招法，而忽略精神意念的锻炼，更不明拳意，因而学拳难得其法。当然这并不意味着外形姿态的学习就可以马虎，武术的学习要经历从形似到神似的阶段，习武第一步是力求形似，首先将拳架姿态练得相似，这也需要刻苦勤练才能做得到。然后在此基础上再求神似，向内求武术的精气神，这一阶段相对更加困难。

607. 欲学惊人艺，须下苦功夫。深功出巧匠，苦练出真功

【意释】

要学惊人技艺，必须刻苦用功。用功深厚造就巧匠，刻苦训练成就真功。

【说明】

同类谚语有："要练功，不能松；要习武，不怕苦。""秀才是考出来的，功夫是练出来的。"

此谚语告诫习武之人，勤学苦练是通向成功的不二法门。所谓"绳锯木断，水滴石穿"，武术是一项极富技巧的身体运动，不经过反复练习、长期训练无法掌握其中奥妙。所以，习武者都会"拳不离手"，每天练功不辍，有些武术大家其身形都带有"拳意"，无时无刻不在练功。"勤者才，惰者庸"，只有下苦功夫，才能练出高超的技艺。

608. 曲不离口，拳不离手

【意释】

曲要勤唱，拳要常练。

【说明】

同类谚语有："行走坐卧，不离这个（练功）。"

此谚语强调习武者应常练不辍，从而达到一种"练功生活化"的状态。任何技艺都需要长时间练习才会熟练，即所谓的"熟能生巧"，只有异常熟练才能运用自如。"拳不离手"含有"专一"和"有恒"两层意思。习武要专一，即对所

习武艺应专心致志、朝夕揣摩、刻苦研练，就能找到武术技艺的奥秘所在。练功要有恒，就是将毕生精力用于探索武术，持之以恒不断学习。太极拳家陈发科每日练拳数十遍。因此要想练好武术，就要随时随地地练习，甚至将武术生活化，抓住一切机会练功。

609. 教人容易松手难，练艺容易醒悟难

【意释】

教人技艺容易，但很难造就武术英才；学练武技容易，但很难领悟武学真谛。

【说明】

此谚语强调“体悟”在武术习练中重要且难得。教人武术技艺尚且不难，但能放手让其自己深刻体悟却很困难。中国武术与儒道佛多有结合，此谚语是颇有禅味的一句话。佛教禅宗不立文字是为了更加彻底地进行体悟，正所谓“悟是禅宗的存在价值”。武术拳理千千万，但不免也有偏颇之词，甚至会影响习武者自己的判断，只有在实践中勤于思考，在学拳中不断体悟，才不会被拳论中的只字片语所遮蔽，不被一门一派所限定，甚至能跳出武术的视野看武术，从而获得拳艺上的突破。

610. 拳无拳，意无意，无拳无意是真意

【意释】

不拘泥于招法，不执著于意识，出手自然合乎规矩才是拳法真谛。

【说明】

同类谚语有：“拳无拳，意无意，无意之中是真意。”“拳无形，形无意，无形之中有真意。”“功是功，力是力，无意之招才为艺。”

从现代体育的理论来看，当大脑皮质对人体手足的控制已经达到自动化程度时，在实战中，能够对对方的袭击本能地作出迅速的判断和反应，而不是拘泥于拳术固定的招法，也无意去思考如何进攻或防守，这才达到了武术的上乘境界。但是初学者没有经历过练形和练意，这时候的“无拳无意”是一个全然不知的状态，遇敌进攻也会有条件反射，如闭眼、防守动作过大、低头等，处

处被动而难以抵抗对方进攻。“无拳无意”必须是经过前期拳与意阶段的训练才能达到的境界。

611. 习拳纯熟见真功，虽只数招用无穷

【意释】

习拳至纯厚精熟才可得见真正的功夫，如此寥寥数招即可变化无穷。

【说明】

此谚语强调练拳重在精熟而非追求数量。有些练习者学习拳架贪多，只学习动作却不求甚解，最终练了很多招式却没有一家精通，更难以运用于实战。练架子是“知己”的功夫，练推手是“知彼”的功夫。先“知己”而后才能“知彼”，知己知彼才能百战不殆。任何一派的功夫都需要由生到熟，只有精熟才能运用，不练到一定火候（纯熟）不能算是真功夫。习武最重要的在于所学动作的运用，只有练得精熟才能谈及如何运用，即使专练几个招式，若能在运用中熟能生巧，也有可能变化出更多运用方法。正如俗语所说“千招会不如一招熟”，都强调了单个或若干个高质量的招式强过许多低质量的招式。

612. 平时练，急时用；平时松，急时空

【意释】

平时刻苦练习，紧急时才能用得上；平时练习松懈，急用时则手足无措。

【说明】

此谚语强调平时勤加练习是武术技法运用的积累与准备。“平时练，急时用”与“养兵千日，用兵一时”意思相似。如果平时疏于练习，所练动作并不精熟，遇敌时则心乱而手忙，武艺难以有效发挥。戚继光在《纪效新书》中指出：“平日十分武艺，临时如用得五分出，亦可成功；用得八分，天下无敌。未有临阵用尽平日十分本事，而能从容活泼者也。”实战承受异于平常的心理压力，对方随时变化而存在许多不可控制的因素，因而平时所学难以尽数发挥，习武者平时需要刻苦练习，力求将技艺练得足够扎实，才能在对敌时将所学技艺充分发挥出来。

613. 对练打基础，硬仗出真功

【意释】

对练只是用来打基础，硬仗中才能锻炼出真功夫。

【说明】

此谚语强调实战练习的重要性，认为与强敌对抗才能提高功夫水平。武术练习中的对练离真正的实战还有差距，对练时的动作都是预先安排好的，只要知道对方下一步动作就不会产生过多的紧张，但对练时相互之间的距离控制以及对于动作的感觉与实战还是有相似之处的，因而对练练习可以为实战打好基础。实战是无法预知对方动作的“对练”，而势均力敌的对抗更是对自己身心的一次考验与挑战，所以有“硬仗出真功”的说法。

614. 练武要实心，为人要虚心

【意释】

练武要诚心实意，为人要谦虚礼让。

【说明】

此谚语在于强调武者习武与为人需遵循的主要原则。练武要实心包含两层意思：一是习武需要脚踏实地，容不得半点含糊，功夫过不过硬，一搭手就知道，练武最后要经过实战检验，没有实实在在的功夫自然不行；二是中国武术种类繁多且博大精深，习武要专心，只有实心实意地专注于一家一派，通过长期学习奠定扎实的武术基础，才能触类旁通获得较高的武学成就。但是习武人容易有点手脚功夫就沾沾自喜，甚至成为一个骄傲自满的人。俗话说“无知自满足，博学多谦虚”，真正有功夫的人因为经历多、见识广反而会行事低调，为人虚心。功夫高的人往往比较谦虚，谦虚的态度又会进一步提高功夫，因而二者是相互促进的，这也是对“谦受益，满招损”最好的注解。

615. 学拳容易坚持难

【意释】

学习拳术容易，长久坚持练习却很难。

【说明】

此谚语强调习武者要有恒心。武术初学者往往“三天打鱼两天晒网”，刚开始凭着兴趣学上几招动作或练几天拳脚，但要一直坚持下去，做到持之有恒却很困难。俗话说“学拳者多如牛毛，成功者凤毛麟角”，均表达了学拳者虽然人数众多，但能有所成就的却极少。这其中有个人天赋和师父教授方法等多方面的原因，但一个重要的原因是大多数人只有三分钟热度，并不能很好地坚持，虎头蛇尾终究难以学有所成。

“兴趣是最好的老师”。坚持习武也并不是完全依靠过人的毅力才能完成，如果在学习过程中不断发现自己感兴趣的地方而喜欢上练武，则坚持习武就不再是件困难的事，对武术有着极度热爱的人，往往能“苦中作乐”。老一辈武术家每天都要练拳，有些不仅喜欢自己练拳，就是看别人打拳也是一种享受，在充满快乐与满足的状态下坚持练功就成了一件比较容易的事情。

616. 拳贵精熟，功在有恒

【意释】

练拳贵在精通纯熟，功夫在常练不辍中增长。

【说明】

此谚语主要在于劝戒习武者要保持精亦求精、持之有恒的态度。武术也称为功夫，所以练功夫含有长期积累与磨练的意思。拳术的精妙在于熟能生巧和运用的千变万化，而功力来自长期的练习与积淀。如形意拳练习讲究三层功夫：明刚、暗劲、化劲，不同阶段有不同练法，低级阶段掌握不了就不能进入更高阶段的学习；太极拳也是由站桩开始，以划圈练习为基本功，再逐步练习套路；心意六合拳现在仍保留着单式练习的传统，一式不练精熟师父就不会教授新的动作。

这种学习内容与阶段的安排体现了传统武术对于技术精熟的追求，体现了“求精不求多”的思想，只有将技术动作练得精熟才能追求运用，而掌握了运用才能寻求更多的变化，所以长期持久的练习才能出真功夫。

617. 学艺苦中求，艺在勤中练

【意释】

学艺需历经困苦，练艺需勤奋用功。

【说明】

同类谚语有：“勤奋出才智，苦练出功夫。”“习武有诀窍，勤奋第一条。”“练拳习功，贵在有恒；一招一式，苦练而成。”

此谚语强调只有刻苦与勤奋，武艺才能不断进步。武术技术学习要讲究要领，练习也有方法可循，这些也可称为“要诀”，习武“要诀”主要在于勤奋。勤奋对于学习而言，不分行业和领域，文武之道都是一样的，只有秉着一种锲而不舍的精神，持之以恒地专心练功，最终才能有所成就。

古往今来有所成就者皆为勤奋好学之人，武术界勤奋出功夫的例子很多。形意拳大师郭云深磨破衣袖苦练崩拳；杨露禅前后三次赴陈家沟学拳，最终开宗立派；孙禄堂向前辈不断求教，终于学贯形意、八卦、太极而自成一家。武术先辈苦练功夫的故事，在于告诉我们勤奋是学有所成的先决条件，即使是具有习武天赋的人如果不勤奋练习，武艺依然难以达到很高层次，相反，即使身体条件不占优势，只要刻苦练功仍会获得成功。

618. 学武不用问，第一要吃苦

【意释】

学武不用问如何练好，第一个要求就是能吃苦。

【说明】

同类谚语有：“学艺贵于恒，懒汉终无成。”

此谚语强调习武需要勤奋刻苦。学习任何一门技艺都需要有持之以恒的毅力。有些习武者总沉迷于一些武术“绝学”和“绝招”，认为一旦获得所谓

“秘诀”，就找到了习武捷径，忽略了此谚语所强调的习武第一个要求即是吃苦。刻苦学习往往能将看似平常的技术练成“绝招”，但如果习武不够勤奋，即使得到精妙的“绝招”，也会由于练得不够精熟，掌握技术达不到火候，临敌实战时仍不能运用。

619. 要练武，莫怕苦；要练功，莫放松

【意释】

要练习武术，就不要怕吃苦；要练就功夫，就不能有懈怠。

【说明】

此谚语强调习武不能怕苦。常言道：“只要功夫深，铁杵磨成针。”不论是武术套路的精湛演练，还是武术实战的技法自如，都需要日积月累地练习。习武是一个从量变到质变的过程，不经过点点滴滴的积累，则无法获得长足进步。

“锲而舍之，朽木不折；锲而不舍，金石可镂。”（荀子《劝学》）武术技艺的掌握就如同庖丁解牛的道理一样，在实践中不断总结和磨练，最终达到游刃有余、自由运用的境界。要想功夫上身，不是一朝获得秘籍或遇到高人指点就能一下掌握，一招一式都需苦练而成。

620. 打深井，出甘泉；勤苦练，出硬功

【意释】

井打得深，才能流出甘甜的泉水；勤学苦练，方可习得过硬的功夫。

【说明】

此谚语强调勤学苦练的重要性。打井取水时，只有井打得够深，才能打出品质好的水。同样道理，练武如果只是浅尝辄止，不勤奋便难以练出过硬的功夫。常言道“冬练三九，夏练三伏”，武术的内在规律，正是通过长久的习练、思考、体悟才可逐渐掌握。如仅仅一个劲法的转换就需要实践千百次才能运用自如。武术技艺是无止境的，很多武术家终身习练不辍，真正做到了“曲不离口，拳不离手”。

621. 少林功夫出苦恒，绝无妙诀自成雄

【意释】

练好少林功夫需要刻苦与坚持，没有什么妙语诀窍可使人不练而成。

【说明】

此谚语强调刻苦和坚持才能练出少林功夫。习武需要刻苦、勤奋、有恒心，其中道理自不用多说。此外，“苦恒”二字与少林寺静坐参悟的禅宗修炼方式具有深切关系，少林武术讲求“禅拳合一”，习武之“动”与参禅之“静”要紧密融合，“苦恒”即是习武与参禅都要必经的过程。另外一层意思是说，少林武术并没有什么惊世秘诀，却能具有如此巨大的影响力，甚至有“天下功夫出少林”的说法，多少习武者梦想能去少林一睹少林武术的风采，也正是因为这种“苦恒出真功”的精神。

622. 练功好比学挑担，日久能挑两座山

【意释】

练功犹如学习挑担子，日久功深则挑担愈重。

【说明】

此谚语说明学习武术其实就是一个不断积累、逐渐进步的过程。初学武术，往往注意手的动作时，脚的动作就有可能跟不上，注意前面往往忽略后面，总是顾此失彼。随着练习的时间累积，手上动作逐渐熟练后就不需要刻意考虑，只要注意脚上动作就能手脚协调一致。动作再熟练些，身体的姿势和动作技术方面的问题已经不用思考，运用时只需要考虑什么时候用、如何运用、如何变化这样的战术问题。最后，随着实战经验的不断积累，应敌可以达到不假思索就自然完成动作的状态，即达到“拳无拳，意无意，无拳无意是真意”的境界。

623. 初练有决心，遇难有信心，不断有恒心，钻研有专心

【意释】

初练武术要有决心，遇到困难要有信心，坚持不懈要有恒心，刻苦钻研要

专心。

【说明】

此谚语所列出的“四心”，正是习武过程中在不同阶段遇到问题的应对方法。初练武术要有决心，只有下定决心才能克服现实困难，为提高功夫打下坚实的基础。但是练习时间一长，就可能想放弃；动作难度高，可能就不想再练；时间安排不过来，可能就此停止练武。遇到这些困难，习武者就需要有信心，才能做到不放弃，坚持到底。长期练武需要有恒心，才能积少成多，不断进步。老一辈武术家常常是坐卧行走处处想着技击，时时身带拳意，有如此钻研的劲头，武术技艺自然能够练成。

624. 拜师学艺，诚心诚意是本；从拳习剑，每招每式归真

【意释】

拜师学艺，诚心诚意是根本；习拳学剑，每招每式探得真髓。

【说明】

此谚语强调学艺需遵循诚心和求真两个重要原则。如果对师父不信任，就会导致学习技艺的决心动摇，练习时则会心不在焉，很难学有所成，因而诚心拜师是安心习武的前提。所谓的“名师出高徒”，一方面指教学效果离不开师父悉心指导，另一方面徒弟诚意拜师、一心学艺也是非常重要的。此外，习武不能有为了人前炫耀而只图动作美观的想法，那样学得的只是花拳绣腿，学练武术每一个动作都要追求它的合理与准确，学的是真实自然的武艺，练的是实实在在的功夫。

625. 架子天天盘，功夫日日增

【意释】

拳架坚持每天练习，功夫才能逐日长进。

【说明】

盘架子是练套路的俗称，坚持习练套路可深化招式技法的理解，以及劲力

生发的连贯自如。戚继光说“故择其善者三十二势，势势相承。遇敌制胜，变化无穷，微妙莫测”，体现了编写套路者的用意。但是要清楚，套路是经过编排的武术动作，它不是实战本身，需要经过拆招的练习，还要针对实战的专门训练，才能拥有技击运用的能力，这样功夫才能不断增进。

626. 熟读王宗岳，不如临阵多

【意释】

熟读王宗岳以精通理论，不如多临阵以加强实践。

【说明】

王宗岳所著《太极拳论》被奉为太极拳的经典。武术拳理拳论是前人的经验总结，是习武者琢磨技理的重要途径，但是如果没有实战经验，以及来自实战对拳理的检验，有可能对拳理理解不清楚，搭起手来含含糊糊，成为“光说不练”的嘴把式。因而习武需要“知行合一”，记住武术理论容易，但要将这些理论运用到搏击实战中则需要多实践才能逐渐掌握。

627. 比赛必有一胜，苦练必有一成

【意释】

比赛必有一方胜利，苦练必有一技可成。

【说明】

此谚语在于强调实战运用和坚持练功的重要性。习武竞技对抗胜负是常有之事，但人们总想取胜，其取胜是凭借平时的刻苦训练和对赛后的经验总结。同理，要想在比武较技中获胜，在方法得当的前提下持之以恒地练习，最终会有所成就。民间俗语“学会三天，学好三年”，很多武术家的高超武艺都是终其一生不断苦练而成，因而“苦练必有一成”在于激励后学者应坚持着自己的目标，相信坚持苦练终有所成。

628. 无功难致用，无巧不是艺

【意释】

功力不够难以有效运用，灵巧不足难进技艺之境。

【说明】

武术动作没有功力，在技击中就不能发挥其效果，当无人之时，无论武术技法多么娴熟和迅速，动作姿势如何变化，都只是“演练”。唯有具有深厚的功力，在实战中才能化解对手的攻势。此处“功力”不仅仅指力量，也包括运用技术的熟练程度、对敌行动的判断、把握时机的能力等。另外，武术要讲究技巧，步法、身形等都要在武术技术中体现，身形转动，步法灵巧，不是有勇无谋的硬打硬拼，而是在动作精熟掌握的基础上寻求灵巧变化，这才称得上“艺”。武术中由“技”到“艺”是境界的提升。

629. 学艺容易，练艺难；练艺容易，守艺难；守艺容易，懂艺难

【意释】

学习技艺容易，练熟难；练熟技艺容易，持之以恒难；持之以恒容易，精通难。

【说明】

同类谚语有：“练功容易守功难。”

此谚语将习武按照由易到难划分为：学、练、守、懂。跟着师父学武术，只要求根据动作轨迹比划出相对应的姿势，相对而言算是容易的，但真正使自己练习的功夫上身、动作熟练并会运用，难度就比较大了；比练武更难的是“守”，俗话说，“一日不练，自己知道，二日不练，行家知道，三日不练，大家知道”，会练还能守得住这门武艺，需要持之以恒的毅力；比“守艺”更难的是“懂”，对于动作的路线和用法了解得透彻，而且还能知道技术背后的文化内涵，不仅要自己能练，还懂得如何教，做个真正的行家里手不仅需要武术技术层面知识和长期不懈的训练，还需要通晓其他门类的理论和知识。

630. 酸加、痛减、麻停

【意释】

拳术训练身体酸重时加量，疼痛时减量，麻木时停止。

【说明】

同类谚语有："酸多练，痛少练，麻不练。"

此谚语主要是对武术训练中调整运动量的经验总结。合理掌握运动量是逐步提高练功水平的关键一环。现代训练理论中讲究"没有大运动量就没有训练，没有恢复就没有训练的效果"，只有大运动量才能刺激肌肉力量促进其增长，酸的感觉是肌肉在大负荷训练时的正常反应。注重大负荷训练的原则同样适用于武术，当训练后感觉肌肉酸痛，可增加运动量，继续练习，即"酸加"；如出现局部疼痛，且逐渐加重，说明某一部分肌肉或肌腱有缺隐性炎症反应，应减小运动量，防止加重和扩大炎症，这是"痛减"；若感觉到身体某一部位麻木且逐渐加重，这是局部神经受压或血液瘀滞的征兆，须立即中止训练，纠正错误练法，减小运动量，即"麻停"。

631. 拳术入门须身授，口传心法悟为先

【意释】

拳术入门必须得到亲身传授，对于口传心法重在体悟。

【说明】

此谚语强调武术学习中学生自悟和师父身授同样重要。"口传身授"是中国传统武术技术传承的主要方法，口传的是技术要诀，身授的是拳架身形。此谚语强调习武开始阶段必须要由师父亲自身传授拳脚、身形，这是打好武术基础的关键时期，拳架如果学得端正、规范、标准，则其后学习能够水到渠成，如果开始姿势就学歪，那后面还需要改拳再练，难度很大，即所谓的"教拳容易，改拳难"。

口传的技术要诀是武术技术标准，用以提高技艺水平，但是并不是全靠死记硬背，自身参悟尤其重要。武术界有"教艺在师，学艺在徒"的说法。师父只是

习武的领路人，其关键还在于自身刻苦练习，正所谓“师父领进门，修行在个人”。在习武路上只有不断钻研、遇到困难不畏惧、总是精益求精的人才能悟得武术中的奥秘。

632. 练拳不忘观拳

【意释】

练拳不要忘记观学他人拳艺。

【说明】

“练拳不观拳”强调的是在练拳过程中不要观拳，以分散自己的注意力，而此句主要在于强调练拳的人也要多看看他人练拳，见识广则有助于加深自己对武术的理解，不仅要多看本拳种门派的人练拳，还要多看其他门派，甚至还要观看国外的武技训练过程。只有眼界开阔，才不会固步自封。武术界虽有“关门教拳”的现象，但也有“井淘三遍吃好水，人从三师艺自高”和“一方拜师，八方学艺”的说法。只有不断学习和比较，才会使自己武艺有进步，旧时还有师父与师父之间互换弟子相互学习的做法，是为徒弟能够学习更多的技艺。

633. 练拳如绣花

【意释】

练拳应如同绣花般细致，有耐心。

【说明】

此谚语运用绣花来形容练拳时需要耐心和细致。练拳和绣花相似之处在于：第一，武术非常注重基本功的训练，如同绣花都是从简单易学的图案开始，如果随意越级直接学习难度动作，结果只会因为没有足够扎实的基本功而以失败告终。第二，武术技术细腻精致，粗心大意难以做好。练拳如同绣花一样是一门精细活儿，需要耐心也需要精益求精的态度才能练得好。铁人王进喜曾经讲过“打井要猛如老虎，细如绣花”，正是凭借这种胆大心细创造出大庆油田的神话。练武看起来是动胳膊动腿的体力活动，但如果不是细心如绣花，也难以掌握武术技术、练出功夫。

634. 练拳炼人，拳练一生

【意释】

练拳即是对人的锤炼，需要一生不断。

【说明】

此谚语主要强调武术对人的全面提升以及练武需要终身坚持。武术技术的练习要求精细，心浮气躁的人是很难掌握的，因而习武者必须静下心反复练习，不断琢磨与思考，这样的过程也会使人逐渐变得做事细心、对人耐心、态度积极、内心坚韧，所以有“练拳炼人”的说法。另外，武术博大精深，练武之人越练越会发觉自我的缺陷与不足，逐渐会促使练拳者形成谦虚的待人态度。武术技术的掌握不是一天两天的事，有些难度动作可能需要一年半载的练习才能学会，因而习武人一般都具有坚忍不拔、刻苦勤奋的品质。习武练拳需要长期坚持还因为不练则退，而长期坚持也能使自己终生受益。

635. 以专精为尚，以慢练为功

【意释】

习拳崇尚专精，在慢练中出功夫。

【说明】

此谚语在于强调武术要精练与慢练。初学者易有“贪多求全”的想法，总想习得更多技术动作或一招制敌之法，其实即便看似简单的动作也要经过反复习练才能实践运用。练习武术要注重专而精，一招精熟足以胜过万招粗通。此外，练功时不能一味求快，而要注重慢练。第一，慢练可以使身体更清晰地体会动作细节，有利于形成正确的动作定型。动作规范与精准是实际运用的基础。第二，慢练有利于培养精神高度集中以及捕捉攻防时机的能力，可对攻防做到较为精准的预判，达到实战运用要求。第三，慢练可以更好地体会劲力传递的过程与细节，为瞬间发力打下基础。

636. 慢中求功，快练灵活

【意释】

慢练以提升功力，快练以寻求灵活。

【说明】

此谚语概括了快练与慢练的目的与作用。“慢练”是一种增长功力之法，如以“松柔”为主要特征的拳种，其强调要避免僵力、蛮力或顶抗之力，这就需要沉心慢练才能逐渐领悟与掌握。当然，慢练也能够培养迅速找到对方力点与节奏的能力，为实战中的“快”做好准备。快练是武术中常见的一种练功方法，快速完成动作能有效刺激相关肌肉，提高神经控制肌肉的能力，随着动作质量的提高，身手也越练越灵活，因而快练是训练身法灵活的重要方法。

637. 静专功夫，动求劲力

【意释】

静练专注于功力，动练则重在锻炼劲力。

【说明】

此谚语主要强调武术中静与动的不同训练目的。肌肉力量有动力性练习和静力性练习之分，静力性力量指的是肌肉在等长收缩时产生的力量，它使身体维持或者固定于一定的位置和姿势。武术中包括坐、卧、站等均有静力性练习方法，如人们熟知的“扎马步”。静力性练习有助于增强肌肉等长收缩的能力，同时可以锻炼长时间保持某种姿势的能力，显然也是一种“功夫”。动练的主要目的在于练劲力，劲力是武术有别于其他武技的显著特点。如形意拳劈拳要来来回回成千上万次的习练才能练出精熟之劲，所以有“动求劲力”的说法。

638. 动练出巧，静悟可精

【意释】

动练使技法灵巧，静悟使功夫更精。

【说明】

此谚语指出动练与静悟的作用。“熟能生巧”是诸多传统技艺习练的普遍规律。久练是成熟的前提，武术技法需要手眼身法步等多方面的协同配合，拳打千遍其义自现，由量变方可质变，久练成熟，熟能生巧。该谚语中“动练出巧”，“巧”为综合之“巧”，包括观察、意识、反应、调动、攻防等。同时，《论语》提出“学而不思则罔”，武术亦然。长久的练习不能缺少对招式、技法、劲力、攻防等的综合思考与探索，深度挖掘技术内涵，剖析拳种理论，不断审视、体悟自己所习之术，继而修正、提升、精进，方能精益求精，有所成就。

639. 拳法在熟不在多

【意释】

拳法练用重在精熟，不在习得数量多寡。

【说明】

此谚语强调习练拳术技法不要一味追求数量，应注重质量。有些习武者希望短时间内学习尽量多的武术技法，虽然广泛接触各门派技术有助于开阔眼界、增长知识，但所学动作越多，精练时间就越难以保证，如此只能停留在“练”的层次上，不够精熟则不能运用。因而只有精熟才算是吃透功夫。在实战中，真正决定胜负的往往只在一招。而一招又可以派生出各种变化，在一招熟的基础上，再练习其他动作，这样实战的能力才能不断得到提升。

640. 拳贵久，不贵多

【意释】

练拳贵在长久坚持，不在习得多寡。

【说明】

此谚语强调练武之妙不在数量多寡，而在贵于坚持。吴殳在谈论枪技时说：“精妙入神之法，而皆出于封闭中，此须心领神悟，又有百倍练习之工，乃能得之，岂粗心力猛者能与哉。”（吴殳《手臂录》）可见，勤于思考，悟得其中的道理只是第一步，若想练有所成，则需要“百倍练习之工”。学习武术虽然非常讲究方法与技巧，但并不提倡“速成”，有时只是基本功也要练上数月甚至数年的时间，坚持习练才能为日后功夫的“水到渠成”提供条件。

641. 理不通，艺不精

【意释】

拳理不精通，拳技不精湛。

【说明】

此谚语强调拳理的重要性。不懂拳理，仅一味盲目练习很难达到技艺精湛的境界。太极大家杨澄甫说：“中国之拳术，虽派别繁多，要知皆寓有哲理之技术。”如太极拳、八卦掌等蕴含着深刻的哲学思想，若不懂太极阴阳、五行相克之理，很难在拳术上有所突破。更何况，武术根植于传统文化之沃土，其理论深受诸多文化学派的影响进而形成，是解释技术要领、指导技击实践、规定拳架标准的主要依据。只有单纯的拳技习练，而不将其融汇于文化的思考当中，拳技难以精湛。

642. 百艺通，莫如一艺精

【意释】

粗通百家技艺，不如精通其中一艺。

【说明】

同类谚语有：“艺贵精不贵多。”“通十招，不如精一招。”“千手空，不如数招精。”“不怕千招会，就怕一招精。”“千招会不如一招熟。”

此谚语主要强调武术在精不在多。武术界虽然有许多通晓多家拳法的大家，但必有其最为擅长的拳种。在此基础上，融会贯通、取长补短才造就了高深功夫。从实战而言，精通一家拳法要比粗通多家拳术更为实用，如此可提高拳法的运用能力，从熟而精，运用自如。

643. 改拳容易换劲难

【意释】

拳架容易修正，劲力较难变换。

【说明】

同类谚语有："打拳容易换劲难。""练功容易换劲难。"

此谚语主要强调武术劲力具有不易转换的特点。初学拳时如果学得不扎实、动作不准确或劲力不清楚，长期练下来形成了动作定型，再想"改拳"就很困难。对于习武者来讲，学习套路拳架要比练劲容易，因为劲隐藏于动作之中，不易发觉也难以体会，而且劲力多变化。所以，掌握劲力是武术学习中较为困难的部分，也是众多武术前辈终身苦练追求的目标。

644. 千招易得，一劲难求

【意释】

招法容易习得，劲力较难练好。

【说明】

此谚语主要在于强调劲力的重要性。武术界有"千招易得，一劲难求"的说法。武术招式经过日习月练较易掌握，但劲力较为抽象、模糊、隐含、多变。武术是"节节分家、节节贯穿"的功夫，所以劲力的传导与生发需要周身高度的协调配合，是意、气、力的高度统一。只有在成千上万次的练习、思考、体悟中才能渐渐掌握运劲规律，所以也有"三年练拳，一劲难求""拳法在懂劲，拳理是劲道"的说法。

645. 外不顺，内不和

【意释】

外形不顺遂，内在不和谐。

【说明】

此谚语主要在于强调内外和顺的习武要领。武术理论有内外三合之说，"外要顺"即手与足合、肘与膝合、肩与胯合，外形之合是身体整体如一的发劲基础。外部动作如果不顺畅、姿态不协调，就很难做到"内三合"，即心与意合、意与气合、气与力合。内合外顺是武术习练的重要准则。

646. 人老功夫不老

【意释】

人会变老，但功夫常练常新。

【说明】

此谚语强调学无止境，功夫常练常新。人虽然会逐渐衰老，但对武术技法的理解也在日益加深，通过不断习练，可参悟出武术技法的多种变化以及不同劲力的运用方法。动作越练越熟，对劲力的把握也越来越精准，以达“久练成熟，久熟为巧，熟能生巧，巧能生精”的境界。

647. 各派自有各派法，体用不一难得法

【意释】

各流派练用方法各有不同，但练、用分离就很难求得其中奥秘。

【说明】

此谚语强调武术各家均有其练用方法，必须练用合一才能得其精妙。以太极拳为例，走架、推手、散手是太极拳各流派较为统一的习练方法。因为在行拳走架中练得的招法，需要通过推手、散手检验其正误。拳理讲“练是怎么练，用就怎么用”，所以练用需一致。从另一层意思来说，武术各拳种间的技术体系差异甚大，不能将精于柔化的功夫用以硬打硬攻，也不能将主攻打法的技法用以防守，“体用统一”才是运用和检验武术的正确方法。

648. 高楼大厦地基深，底功扎实拳才精

【意释】

地基深才能建起高楼大厦，基本功扎实才能练出精湛拳技。

【说明】

此谚语主要强调基本功的重要性。底功是基本功的俗称，主要用于身肢的牵

拉，使肌肉弹性和关节活动幅度得到增长，还可提高各部韧带收缩能力，其方法有压、耗（静力性拉伸）、控（保持身体姿势）和踢，包括肩、腰、步、跳跃、平衡、跌扑、滚翻等，为进一步的武术训练打下基础。只有基本功扎实过硬，才能练就高超的武术技艺。

649. 名拳纵然有长短，优劣在人不在拳

【意释】

名拳纵然也各有优缺点，但功夫高低在人不在拳。

【说明】

此谚语强调功夫的优劣在于习练者而不在于拳种本身。武术拳种丰富，门派林立，各家各派在技法上各有侧重。首先，从单方面而言，武术拳种各有长短。但从学者有武艺高强者，也有技艺平庸者，其中原因正是“优劣在人不在拳”之理。其次，拳为死，人为活，各拳种在技法上虽有长短优劣之分，但从学者若想有所成就，往往一处拜师八方学艺，想尽一切办法向前辈和高手求教，以取长补短、精益求精。故此，从学者的学武态度、勤奋程度、刻苦与否，即是“优劣在人不在拳”的体现。

650. 有形有意都是假，技到无心始见奇

【意释】

拳架和意识都是假借，技法练用达到自然境界才显现神奇。

【说明】

此谚语强调武术“技到无心”才是最高的境界。开始练习武术技术动作时，一招一式均需意识控制，长久练习才能达到动作自动化的水平。如形意拳明劲、暗劲、化劲三个阶段，练至化劲时则主要以走化为主，实战中“敢于逆来顺受，擒纵在我”，如此也达到“拳无拳，意无意，无拳去意是真意”的上乘功夫，即“技到无心”的阶段。

由招式训练到实战的过渡阶段，需要将动作练习时的外形模仿和意念训练转变为一种完全随机应变的技击状态。招式训练是“立”的过程，规定所有动作轨迹和用力方法以及意念活动等，但实战训练却要“破”之前过于死板的规定，达

到“无心”“无意”“无拳”的状态。没有开始阶段的“立”，则永远无法入门，没有最后阶段的“破”，则所学技术无法在实战中得以运用。

651. 快慢刚柔变障惊，不识拳性艺难精

【意释】

快速、缓慢、紧刚、松柔、变化、隐藏、突然，不清楚拳法的这些本性，技艺就难以精湛。

【注释】

（1）变：应变、应对。

（2）惊：出人意料。

【说明】

此谚语强调习武必须知晓的拳性。武术的招式数不胜数，劲力也是千变万化，但武术的特性主要包括快速、缓慢、刚强、柔软、变化、隐藏和突然七个方面，不明白这些特性，武术技法很难练精。武术中快慢不是简单的速度变化，而是根据对手动作进行的适度改变，是一种节奏控制的技巧而非动作速度的练习。拳术的刚柔主要体现在刚发柔化中，即攻防转换的能力与技巧，不能一味强攻，也不可以被动防守，当需要以柔化刚时，积极防守阻击对方进攻。当需要以刚催之则果断出击，锐不可当。进攻意图不能轻易暴露给对方，要会隐藏自己的动作和攻防意图，时机一到则突然发动进攻，正是所谓的“善守者藏于九地之下，善攻者动于九天之上”（《孙子兵法》）。

652. 会、对、好、妙、绝

【意释】

武术练习有五种境界：学会、练对、用好、巧妙、精绝。

【说明】

此谚语将武术技术进阶依次划分为会、对、好、妙、绝。武术动作练会是习武的第一阶段，但只是身体姿势大体上的掌握，技术要领并不一定都准确，因而

第二阶段就是要保证技术动作要对，即符合动作要领。第三阶段就要追求动作的质量，也就要做到练得好。动作质量要达到要求，还需寻找到技术细微的妙处，这是第四阶段。练到了妙处未必就能称绝，能将看似平常的武术动作练成“绝”招，是武术的最高境界。

此谚语列出武术训练的不同水平层次，前面两个“会”与“对”属于初学阶段，而后面三个是层层递进，不断提高，难度也是越来越大。人们常说的“久练成熟”相当于“好”的阶段，“熟能生巧”也只能算是“妙”，只有像郭云深那样使用半步崩拳三次击败同一对手的境界，方可称得上“绝”。

653. 拳为武艺之源，功为百艺之基

【意释】

拳术是各种武技的根源，功力是各种技艺的基础。

【说明】

拳术是武艺的基础，这包含所有武术技术踢、打、摔、拿的基本要求和闪展腾挪的变化，而器械是手臂的延长，使用方法上与拳术略有不同，但技术要求与拳术基本相同，有“拳成兵器就”的说法，所以说拳术是各种武艺的源头。

“功为百艺之基”，因为功力练到家就会脏腑坚实，筋骨强健，内外合一，气力通达，可为练习各种技艺打下良好基础。因而历来武术家都非常注重练功，并发明了铁背心、铁绑腿、铁鞋等练习装备，使用大石球、大杆、水缸等常见器物，还摸索出拍沙袋、打木桩、撞大树等方法。当然，拳术是器械和对练、实战的基础，但并不是拳术练得好，武术就算练成了。尤其是实战，仍需要进行专门的训练才能掌握。

654. 拳为武艺之源，棍为兵械之祖

【意释】

拳术是各种武技的根源，棍是各种兵器的始祖。

【说明】

武术的技术内容可分为徒手技术和器械技术类。徒手技术又可分为演练、推

手、对练和实战等。拳术技术是学练各种徒手技术和兵械技术的基础，可将手持兵械的动作视为手臂延伸的拳艺。因此，练好徒手拳术，再学其他技艺就会容易许多。兵械的项目有数十种之多，其形制包括长的、短的、软的、有刃的、带刺的、装钩的等。学练兵械技术应先学棍，因为棍不长不短，无刃、无刺、无钩，既易制作，又易练习，不会因初学时身械不协而造成重伤。棍练好了，掌握了身械协调的基本规律，熟悉了操作兵械一些共性的技法，再学习其他兵械就容易掌握了。

655. 明于术而不拘于术，脱规矩而不违规矩

【意释】

通晓技术但不受其限制，脱离要领但不违背规律。

【说明】

同类谚语有："明规矩而守规矩，脱规矩而合规矩。""有规无须再循规，无意之中自合规。"

此谚语主要强调习武者要突破现有限定，但不能违背其本身的规律。依"武术"一词的字面含义而言，武术就是练武之术、用武之法。练武者必须明晓其术，按其术要求进行训练，遵循术的要求进而运用。但是如果只是拘泥于旧术而没有结合自身的改变，则就是墨守成规，就不能很好地发挥个人的身体条件、技能特长和个性特点。因此，要"明于术而不拘于术"，要结合个人特点创造性地去运用。当然这种创造不可违背武术基本规律和特征，此即所谓"脱规矩而不违规矩"。

656. 打拳要长，发劲要短

【意释】

手法要放长，发劲要短促。

【说明】

此谚语通过长短的比较来说明打拳和发劲的技法要领。此谚中的"打拳"，泛指进攻对方的动作。在攻防格斗中，"一寸长，一寸强"，差一点就打不到对

手，因此要力求放长击远。但发劲时要力求短促，应在出手接近目标时再爆发“寸劲”击中对手。当然此谚语主旨在于运用长与短来强调动作与发劲之间的区别，而并不是指凡拳必打长，凡劲必发短。

出拳的动作可长可短，这要因与敌的距离而定，有“远打火箭钻心，近打翻弓断弦”的说法。劲发长或短也与控制击打效果有关，一般而言长发劲力所造成的“推力”效果明显，让对方失去平衡而跌倒或腾空飞起（意拳有“打人如挂画”之说），短发的劲力不会有明显的撞击力，但可在一寸之间猛然发力造成的破坏力较大。在比武切磋时要“留劲不留手”，指的就是控制劲力的发放。

657. 根于脚，发于腿，主宰于腰

【意释】

劲力发放根基在脚，发动在腿，主宰在腰。

【说明】

同类谚语有：“运动在梢，机关在腰。”

此谚语在于表明武术发力遵循自下而上的顺序。首先劲力的根基在于脚，发于腿，人体在站立姿势下，身体前后左右移动都需要脚蹬地发力。其次，劲力主宰在于腰。腰部是身体躯干正中部位，下肢蹬地是向上的，但上肢的很多武术动作是向前或向后的，腰就起到中间的转换作用。如咏春拳冲拳过程中，腰髋的拧转摆动是非常重要的发力技巧，特别在没有后脚明显蹬地的动作中，腰不仅是动作转换、身法变化的“机关”，也是在短距离发挥较强击打效果的关键。

658. 无人似有人，有人若无人

【意释】

练习时眼前无人似有人，饱含技击意识；技击时眼前有人似无人，心态冷静自如。

【说明】

同类谚语有：“操演时面前无人如有人，临阵时目中有人似无人。独练时无

敌似有敌，应对时有敌似无敌。”

此谚语阐释了武术心理训练的要诀。“无人似有人”指个人习练要有“临敌感”，每招每式都在和“假想敌”进行攻防转换，这有助于习练者理解武术攻防含义，提升演练时的武术韵味。“有人若无人”是指一旦遇敌不要惊惶失措，能够如单练时去运用招式即可，更加重要的是身临实战中的紧迫感与危机感会促进技击动作完成的速度与质量。实战中，面前有人，但心里要像无人一样，做到“稳心进攻如走路，遇着就此要求胜”。

659. 拳路有千条，道理只一条

【意释】

拳术训练方法各式各样，但根本理法是通贯的。

【说明】

此谚语强调的是拳路可能会变化万千，但拳理不会变。中国武术拳种众多，且流派风格迥异，面对如此繁杂的技术体系，对于初学者而言的确难以选择，往往会陷入“贪多求全”的思维中，而不知习武贵在明理，只有掌握拳理才能算是“登堂入室”，窥见武术真谛。学习拳术是通过外形姿态与动作的练习来体悟武术所蕴含的道理，学拳不能沉迷于动作，太过追逐“细枝末节”的不同，而要力求懂得武术的本源和规律。拳理明白则可以举一反三、触类旁通，唯有这样才是“一以御万，简以御繁”的正道。习练不同拳种的习武者能在一起交流，所谈论和探究的正是这个“道理”。

660. 一招功底硬，余招一点通

【意释】

一个招法习练功底过硬，其他招法均一点就通。

【说明】

此谚语意在说明武术招式内容的连贯性与共通性。武术套路招式节节贯穿，此招的习练亦是彼招的获得，但前提是对于已学招式能够有效把握，并以此为基础能充分领会式与式之间的异同，进而可以较快习得其他武术内容。学习任何技艺都存在练得一招功底深，再学则能一点就通的现象，因为技术体系中总体要求是一样的，主要在于精熟地掌握其中一项技术，其他动作则只是在此基础的变化。传统武术训练体系中非常关注学习的初级阶段，形意拳开始要站桩三年后再学习动作，太极拳也是先站桩、画圈，达到要求再开始学练套路。

661. 练拳不晓理法术，十年数载一糊涂

【意释】

练拳不能贯通拳理、方法和技术，即便训练多年也仍旧不懂拳术。

【说明】

此谚语主要强调拳理的重要性。练拳如果只是习得空架子，而不深究拳理、方法、技术，即使习练再长时间也是徒劳。如练习太极拳，若不懂“无过不及，随曲就伸”之理，则拳架难符标准。推手中，不明“偏沉则随，双重则滞”，就很难占得优势。所以，只埋头练拳不问拳理，练拳就是糊涂地练，不会有什么成效。再者，武术不仅是技击格斗，还包含传统养生、兵家思想、中国哲学、古典美学等丰富内容，如果全然不去体会其中含义，那就会“十年数载一糊涂”。

662. 习拳首重精气神，本末倒置徒伤身

【意释】

习拳最重要的是炼养精气神，若舍本逐末则只会伤害身体。

【说明】

此谚语强调习武者首先要注重精气神的练习。“精气神”理论对道家与传统养生影响深远，这来源于“形气神”说：“形者，生之舍也；气者，生之充也；神者，生之制也；一失位，则三者伤也。”（《淮南子·原道训》）阐明了形、气、神三者紧密的联系。精气神作为习拳的内部要素，隐藏于动作之中，只能通过习武者内化而得。若在习武之初，没有很好掌握精气神，致使身体内外不相协调，形神不一，不仅武术动作缺乏韵味，甚至可

能会招致身体损伤。

663. 光说不练嘴把式，光练不说傻把式

【意释】

只会说而不能练是嘴上功夫，只知练而不能讲是粗拙武者。

【说明】

此谚语主要强调习武需要能说会练。有些武术练习者说起武术理论头头是道，讲述门派故事也是有声有色，但不能演练招式、套路，更不能搭手实战，成为俗话所说的“嘴把式”，手上没有真功夫。“只练不说”意思不是练拳的时候不说，而是指只知道练拳不知道其中道理，讲不清楚个所以然，这样往往是不懂拳理的“傻练”，所以称为“傻把式”。

武术界中所谓的“全把式”，指的是能演练出拳术内在的韵味，搭手可以实战，停手可以讲清拳理的人，是手上有真功夫、讲拳理也能分析很透彻的习武者。传统武术经常是师父边练边讲解技术用法，所有徒弟听完师父教导后，再开始练拳。师父一旦发现有问题，又停下来集合徒弟再讲，如此反复，几乎就是练拳的整个过程。说得再精彩也只是“嘴把式”，练得再绝妙也只能是“傻把式”，“说”与“练”缺一不可，唯有“能说能练”才是“真把式”。

664. 光想不练枉然，光练不想也枉然

【意释】

习武时只思考不实践和只实践不思考都是徒劳的。

【注释】

枉然：徒劳无功、浪费时间。

【说明】

“思而不学则罔，学而不思则殆”，武术技艺的学习讲求练习与思考的统一

与结合。武术技法的形成与发展过程深受中华传统文化的影响，重视体悟是武术练习的鲜明特点之一。此外，武术技法中的技击性本质也要求在武术学习的过程中要重视练习与思考的统一，只有身临其境的想象、思考与坚持不懈的勤奋练习，才能成就练习者高深的武学造诣。

665. 练拳千招，一熟为先。练势多年，一快为主

【意释】

练习拳法千招，首先追求的是技法精熟。练习拳势多年，最主要的是为了提高速度。

【说明】

此谚语强调练拳贵在精熟，运用重在快速。武术技术体系丰富庞杂，有“南拳北腿，东枪西棍”“十八般兵器”之说，习武者可能涉猎多种门派，练习的动作可能成百上千，但只有达到精熟的程度，才能在实战中得以运用，所以有“不怕千招会，就怕一招精”的说法。练习的动作可能会很多，但如果练不出足够快的速度是难以在实战中运用的，不论怎样的招式总有破解的办法，但是当速度快到一定程度时，则令对方防不胜防，即所谓的“天下功夫皆有破招，但唯快不破”。

666. 读书要讲，种地要耪，练拳要想

【意释】

读书要能讲，种地要锄土，练拳要思考。

【说明】

此谚语运用读书和种地的例子来说明习武者要勤加思考的道理。第一，文武之道实则相通，读书之人能将自己所学知识讲出来才能内化知识，这个“讲”不仅是一种表达与运用，也是思考的过程，习武者也需要这样的过程。若想将拳的动作与变化学会则需要思考，而且动作的运用更需要细究，不仅要想练的是什么，也要考虑如何练才更加有效。第二，学习武术不是单靠勤奋刻苦就能学好的，武术技术精细且富于变化，不经仔细揣摩和摸索难以掌握，声东击西、奇正相生等武术战术不加思考与体会也难以熟练运用。

667. 未学功夫，先学跌打

【意释】

学功夫要先学跌扑滚打技法。

【注释】

跌打：是跳跃、腾空、翻滚、扑跌等技巧动作的总称。

【说明】

此谚语强调了基本功练习在武术学习过程中的重要性。跌打技术包括抢背、空翻、侧翻、滚地雷、仙人跳、鲤鱼打挺、狸猫上树等技术或招式，是武术基本功之一。武术学习最开始是打基础阶段，是武术学习这一循序渐进过程中最重要的一环，基本功的好坏也可以反映出习练者的“功夫底子”是否扎实，是衡量习练者水平高低的一个重要评价因素。

668. 学拳容易改拳难

【意释】

新学拳法容易，纠正拳架较难。

【说明】

此谚语强调学武之初就要注重技术动作的正确与规范，以免养成错误习惯，难以改正。学习武术套路并非难事，但全面掌握诸动作规格、技法细节等，就需要长期的思考与实践。所以，习武过程中，老师与学生要严格遵守动作规范与要求，着力养成正确规格与意识，以形成技术动作规范化。再者，拳架是劲力的外显，规范拳架亦是奠定劲力正确生发的重要基础。

669. 宁练筋长三分，不练肉厚一寸

【意释】

宁可使筋只加长三分，也不要令肉增厚一寸。

【注释】

（1）筋长：即韧带、肌腱、肌肉的伸展性增长，特指柔韧。

（2）肉厚：即僵肉隆起成堆。特指绝对力量。

【说明】

此谚语旨在说明武术练的是筋骨劲，而非纯粹增厚肌肉产生的僵劲、拙力。相对追求身体绝对力量的增肌运动项目，武术习练更侧重于柔韧性与灵活性的提升，并不提倡僵硬力量训练。此谚语中“筋长三分”是指习练者通过练习使韧带、肌腱等有所伸长，即指柔韧性有所提高；“肉厚一寸”则是指习练者通过练习使得肌肉变得僵硬、厚实，这在某种程度上将直接影响习练者的灵敏度和柔韧度等。可见，武术运动的项目特点决定了武术的力量训练是建立在适宜身体灵巧性的基础上，单纯的身体力量训练手段在武术中并不多见。武术追求技击技巧而非崇尚“暴力”，这也体现出长期以来儒家提倡的君子修为，因而习武者往往具有内敛、稳重的独特气质。

670. 操练不按体中用，修到终期艺难精

【意释】

拳术训练若不遵循技法运用规律，练到最终技艺也难以精通。

【注释】

体：本体；指练习的动作本体。

【说明】

同类谚语有：“练拳不知体中用，枉费工夫终无成。”

此谚语强调了练拳时应遵循拳术自身技法运用的规律而进行理解性练习。“体中用”主要指的是在原本技术理论体系中寻找其用法。中国传统武术是典型的流派武术，流派本身的理论体系是支撑武术流派技术要求、训练方式、运用方法的基础，倘若跨越拳种流派进行“体用分离”的验证方式，自然难以寻找到武术真源，所以枉费工夫也难以窥得武术真谛。

671. 要想散手会，还得二人喂

【意释】

要想真正学会散手，还得靠两人喂手的方式练习。

【注释】

喂：即喂手，传统武术、格斗运动教学方法的一种。

【说明】

此谚语重点强调了喂手在格斗对抗中的重要作用。散手是建立在对成套武术动作进行“拆招”的基础上，所进行的模拟实战练习方式，而“喂手”则是两人在限定动作范围内进行的攻防训练。任何运动技能的获得与提高，都需要遵循学习的一般规律，尤其是身体技能类训练，更不能凭借想象进行练习。武术亦然，忽视限定条件的“喂手”和武术基本功训练，只能停留在打“野拳”的层次上，虽然也能练出一些自己善于运用的武术招式，但终究难以达到更高的武术层次。

672. 能动能静，拳道之圣。动而不静，拳道之病

【意释】

动静合宜者，才真正精通拳术规律。只动不静，则是拳术规律中的弊病。

【注释】

圣：谓所专长之事造诣至于极顶。如：诗圣；草圣。

【说明】

此谚语重点说明动静结合在武术训练中的重要性。动和静是拳术的主要表现形式，动静随心所欲则是武术上乘境界，能动而不能静则说明了习武者基本功尚不牢固。在习拳过程中，并不存在绝对的动静状态，两者相对存在。所谓“动中有静，静中有动”，即说明了绝对运动与相对静止的统一性。从习拳循序渐进的过程而言，应先练动功，后习静功，最后达到动静结合、外动内静、外静内动、随意而动的境界。

673. 武术讲八法，拳脚要踢打

【意释】

武术强调“八法”，拳脚要经常踢打。

【注释】

八法：是指手法、眼法、身法、步法，精神、气息、劲力、功夫八种方法总称。

【说明】

此谚语强调习武要遵循“八法”和坚持刻苦练习。“八法”是武术八种功法的总称，要求做到“手快，眼明，身活，步稳，精沛，气沉，力顺，功纯”，这些是各拳派均要注重的习武技术要求。可以看出，武术八法既注重外练，也强调内修，属于技术总体要求。武术练习应依照要求进行，才可能事半功倍。谚语中“拳脚要踢打”，强调的是只有长时间的刻苦练习、拳打脚踢，才能提高习练者对武术八法的掌握程度，将此武术技术灵活运用。

674. 外练手眼身法步，内修精神气力功

【意释】

外形要练习手法、眼法、身法、步法，内在要修炼精神、气息、劲力、功夫。

【注释】

（1）外：外形，形体。

（2）内：体内，内在。

【说明】

同类谚语有：“外练手眼身腰马，内练心神意气力。”“外重手眼身法步，内修心神意念足。”

此谚语从身体内在修炼与外形动作练习的角度，突出了武术八法“内修外练”的整体性，即所谓“内外合一，形神兼备”，同时强调了武术八法对于外在形体练习的要点，又着重指出了其对于人体内在“精气神”的塑造。此谚语中

“外练手眼身法步”同“外练手眼身腰马”“外重手眼身法步”等，均说明了人体外在形体手法、眼法、身法（腰为轴）、步法（南拳中称为扎马、走马）的重要性；“内修精神气力功”同“内练心神意气力”“内修心神意念足”等，均指出了精神（心神）、气息、劲力、功夫对于人体内在修炼的重要性。

675. 内外合一，形神兼备

【意释】

内修与外练和融为一，外形与精神相从相用。

【说明】

此谚语强调武术的整体性特点，这是中国武术区别于西方竞技体育追求身体外部运动“更高、更快、更强”的一大特色。中国武术历来讲求“内外兼修，形神兼备”，注重形体与精神的共同修炼，许多拳种流派也都注重“内外合一”的练习方法。如形意拳六合说（即内三合与外三合）、查拳“精、气、神”说等，都较好地说明了“内外合一，形神兼备”的重要性。

676. 外练筋骨皮，内练一口气

【意释】

外练使筋骨皮强健，内练使内气充盈。

【注释】

（1）筋骨皮：是指人体的肌肉、肌腱、韧带、骨骼和皮肤，引申为人的身体。

（2）气：使人体器官发挥机能的动力，呼吸之气和意识支配在体内运转的“内气”。

【说明】

此谚语旨在说明练武者既要“外练”又要“内练”，“外形”与“内气”相协调，二者兼备，缺一不可。此谚语中“筋骨皮”指人体的外表部分，即肌肉、骨骼、韧带等；“气”是指人体内在的元气、活力、动力等。“外练筋骨皮，内练一口气”主要强调的是习武者应注重外练拳技与内练功法的结合，达到内外俱练的目的，以使得外练和内练相互协调、相互促进。

677. 习武有三贵，贵博贵精尤贵通

【意释】

习武贵在广博、精湛，尤重贯通。

【注释】

（1）博：广博、广泛。

（2）精：精湛。

（3）通：贯通、精通。

【说明】

此谚语重点说明了“博”“精”“通”三者在习武中的重要性，尤其突出地指出了“通”在三者之间的重要作用。此谚语旨在说明在习武的过程中，不仅要博学众家之长，更重要的是融会贯通众家之所长。武术拳家各门各派，皆各有其所长，但基本招式与技法大同小异，博学众家当然更好，如孙禄堂集太极、形意、八卦之要汇成孙式太极拳。武术界诸多拳种如戳脚翻子拳、劈挂翻子拳、八卦太极拳等，都是将不同流派拳种融合在一起的典型。古往今来，文武之道的根本规律是相通的，广博是学习的基础，精通是专业的突出，通达则是技能的融合，三者是一个渐进的过程。

678. 一得有功亦可贵，百法无效皆可废

【意释】

哪怕只学一点内容，只要有用，即属可贵；纵使学会百般技法，若无效用，也都可抛弃。

【说明】

此谚语旨在说明运用效果是评判武术技术的标准。习练武术不应在许多没有实际应用价值的招式上花费太多的精力和时间，要注重对适用于实战技能招术的学习和掌握。武术应用中“一招鲜，吃遍天”的俗语，讲的就是习武要讲求实

用，哪怕只此一招，只要实用也很宝贵。

679. 正楷未精，休要骤学草书；拳路没熟，休想迅速神化

【意释】

学字正楷不精通，不要急于学草书；练拳套路没纯熟，别想很快出神入化。

【注释】

（1）拳路：拳法。

（2）神化：做升华；事物的提升或精炼。

【说明】

此谚语主要强调拳术学习如学书法要先精楷书一样循序渐进。正楷发源于隶书体，由于字体工整、稳定，因其形体方正，具有严格的法度而被称为“真书”和“正书”。草书属于隶书的一种变体，突出练笔、简写与变化，具有极高的艺术价值。此谚语借书法中先学正楷打好基础，再学草书以求变化的规律，来说明拳路是武术的根基，精通拳路才能再求“神化”。习练武术应首先打好根基，从基本功开始，理清拳法路线，循序渐进，才能使得功力出现大的提升。

680. 鼓越敲越响，拳越练越精

【意释】

大鼓越敲越响亮，拳术越练越精湛。

【说明】

同类谚语有：“钟越敲越响，武越练越精。”

此谚语借鼓常敲而响的道理，来说明武术要常练才能长进。新乐器往往需要经过一段时间使用，才能演奏出理想的声音，并且使用时间越长，越能凸显出该乐器的特色和韵味。此谚语将习武的过程与鼓使用的过程相比较，认为习武者只有不断地练习拳术，下功夫越大，拳术就会越精湛。只有在不断练习的基础上，功夫才会精益求精。此谚语还说明了持之以恒的练习对武术技术提高的重要性。

681. 进功如同春蚕吐丝，退功如同流水即逝

【意释】

功力提升如春蚕吐丝般缓慢，功力倒退如流水即逝般快速。

【说明】

此谚语说明武术功力进步缓慢，而功力倒退快速。武术技术要求细腻严谨，要想功夫上身，则需要长期反复练习，要将武术细微之处都掌握，这样功力才会慢慢提升，像“春蚕吐丝”一样，说明功力进步要经过长期练习才能取得。“流水即逝”是形容功力下降速度快，功力不增加，它就如流水般快速消退。该谚语用“慢”和“快”来形容功力进步和倒退，旨在说明习武不能因为一点成功而骄傲自满，也不能因一点失败而一蹶不振，以坚持不懈、持之以恒的决心才能提升功力。

682. 学拳三年，丢拳三天

【意释】

拳术学好需要很长时间，功力减退却很快速。

【说明】

此谚语旨在说明丢功容易练功难的道理。在习武过程中，短时间内能学会一些招式或拳术，但想练好，必须长期琢磨并练习，才能由会到熟，由熟到懂，逐步达到有条不紊、得心应手的程度。如果不能持之以恒地练习，功力会很快消退。该谚语同“进功如同春蚕吐丝，退功如同流水即逝”“武功武功，不练落空”等表达含义相近，意在告诫习武者练武贵在坚持不懈，切忌三天打鱼两天晒网，否则最后终将劳而无获。

683. 把式把式，全凭架势。没有架势，不算把式。

【意释】

武术样态全凭拳架呈现，没有拳架就不算武术。

【注释】

（1）把式：武术，是民间对武术运动的传统称呼。

（2）架势和架式：姿势，动作外形，即动作规格。

【说明】

此谚语主要强调习武要注重动作规格与拳架姿态。把式，即武术的传统称呼；架势，即动作规格。在一般拳械中，架势在把式中占据较大比例，该谚语上半句与下半句共同指出了架势（架式）在把式中的重要作用。由此说明，在学习把式时，应多加强对架势的学习与掌握。俗语“光说不练假把式，光练不说傻把式，连说带练全把式”，从练习出发，对把式的习得进行了实质性剖析，对架势精髓的学习与掌握提供了参考。

684. 久练为熟，久熟为巧。熟能生巧，巧能生精

【意释】

长久训练可熟练，熟练长久可巧妙。熟练催生巧妙，巧妙催生精湛。

【说明】

此谚语主要阐述了在习武过程中“练、熟、巧、精”四者之间的递进关系。“练、熟、巧、精”是武术习练者所要经历的四个主要阶段。“久练”即指长时间的武术练习，在武术中“拳打千遍自来熟”，表明武术技巧是通过久练而习得；“久熟”即是在久练的基础上逐渐形成固定的动作模式；“生巧”即是在久熟后，武术技术发生创造性的自我发挥，当悟性达到一定程度，不仅技艺越加精湛，心神也能渐入化境。同时，该谚语还说明了习武者想要实现技艺精湛的目标，还是要遵循习武的渐进过程，以“久练”为基础，方能达到由“练”渐“精”的境界。

685. 不经一师，不长一艺

【意释】

不多经历一位老师的传授，就不能多学得一种技艺。

【说明】

同类谚语有：“井淘三遍吃好水，人从三师武艺高。”“经师不到，学艺不高。”

此谚语表达了“师从多人武艺高”，旨在说明习武者应广采博学，旁涉诸家，汲取众长，融会贯通。多经一师则多长一技，在学习过程中不断汲取诸家长处，接受多位老师的教导和指点，不断地改进自身缺点，才能使自己的武术技术不断提高。

686. 拳术门门都有道，一门不到一门黑

【意释】

各种拳术都有自己的方法，一种拳术不会就不了解一种方法。

【注释】

（1）道：法则、规律；方法。此处取“方法”之意。

（2）黑：看不见，不熟悉，不知道。

【说明】

此谚语强调了中国武术的博大精深。在众多拳派中，每种拳术虽然在其套路、技法、拳理，以及练习方式、方法等方面都大同小异，但各拳派均有其独特的方法与技巧，如果一处奥妙习练不到，其拳理就永远无从知晓，武艺就不可能达到更高境界。辩证来看，由于各家拳派有各自的特长与专精的技巧，“一门不到”就不能掌握某拳术的练习方法和技巧，就可能会影响习练者学习其他拳技，自己的武艺就不能全方位提升。

687. 既得艺，必试敌

【意释】

已经学得技艺，就要进行实战验证。

【注释】

既得：已经获得和掌握的。

【说明】

该谚语出自戚继光《纪效新书》，旨在说明实战在练习中的重要性。作为具有重要影响的军事家和武术家，戚继光极为重视从平时格斗到临阵杀敌的技能转换过程，强调实战是检验武艺的最终标准，也由此提出“怯敌还是艺浅，善战必定艺精”的观点。武术是一门技击术，掌握一门技艺的最有效手段就是通过实战来检验技能，进而增长习练者的临场经验和培养习练者的实战应变能力。同时此谚语重点强调的是习练者技术练习一定要与其攻防技击相结合，并非指掌握了一门拳技之后，就必须要与人进行拳脚格斗。

688. 学到知羞处，方知艺不高

【意释】

武术习练到自知不足时，才清楚自己水平有限。

【注释】

羞：难为情，自己的缺点和不足。

【说明】

此谚语旨在说明武术技艺永无止境，要知道自己的真实水平。在日常学习中，我们不仅要善于发现自身存在的不足，还要勤学勤问勤思考，以备不时之需。《礼记·学记》曰：“是故学然后知不足，教然后知困。”在学习过程中，随着我们学习的深入，知识积累越多，视野就逐渐开阔，反而感觉自己懂的东西越少。武术学习也一样，中国武术拳种众多，每一门派拳种，都有其独特的技术特征和练功的方法技巧，随着自身武术技艺的提升和视野不断开阔，练习到一定程度时，会认为自己要学习的武术技术还有很多，这时候才明白自身水平的有限，只有通过不断反思，才会激发习武者不断进步。

689. 千拳归一路，一路通，百路通

【意释】

各种拳术的大规律终究一致，一种拳术精通，其他拳术也能通晓。

【注释】

（1）路：种类，拳理相同的种类。

（2）通：了解、懂得，精通。

【说明】

此谚语意在说明，虽然武术有不同门派，但各门各派拳术道理是相通的，习武者只要精通一个门派的拳术，其他门派的拳技也就容易理解。在此谚语中，“千拳归一路”是指各家门派拳理相通，而不是各家拳派都是相同套路；“一路通，百路通”是指精通一门派拳术后，对其他诸家拳种流派理解也就容易。该谚语旨在表明，习武者在学习过程中，要学一门精一门。精通一门之后，再涉猎其他武技，自己武术水平才会不断攀升。

690. 初学三年，天下去得；再学三年，寸步难行

【意释】

初学武术，自以为可到处试手切磋；学习日久，方知自身尚有诸多不足。

【说明】

此谚语说明习武者随着习武时间的增加，逐渐对自己有准确的认识。一般来说，习武是一个循序渐进的过程，但往往有很多习武者在刚开始习武时，眼高手低，自恃着有些拳脚就到处找人切磋，以为学些拳脚就天下无敌。但是，随着习武日久，才知道自己武术技艺尚有诸多不足，殊不知一山更比一山高。因此，武术学习要求时刻保持谦虚之心，充分认识自己的不足，不能目中无人，不可有好胜之心。“三年”仅是一个时间的代名词，并非实指“三年时间”。

691. 拳之再拳不在拳

【意释】

功夫在于反复习练而不在拳术本身。

【说明】

此谚语中“拳”字共出现三次，第一个“拳”意指“功夫”，第二个“拳”

意指“练拳”，第三个“拳”意指“拳术”，“再”字有“反复”的涵义。此谚语说明，功夫的好坏不在拳术本身，而在于你能否不断地反复练习，也强调武术功夫的获得是不断努力的结果。

692. 招没绝，功夫有绝

【意释】

招法无穷，但功夫可练至精绝。

【说明】

此谚语主要说明招式不能成为绝招，只有功夫才能练出绝妙。拳，人人可打，功却不是人人可成；招式可以通过传习进行传承，但功夫是通过刻苦习练而得，传习只能传其技，而不能传其艺，前辈们在招术上所企及的高度无法延续，所以才有了“招没绝，功夫有绝”之说。同时该谚语还从侧面反映出招式学习相对容易，而要通过招式练习达到技艺精湛的境界，却是一个需要不断练习的过程，即要想习得惊人技，还须痛下苦功夫。

693. 拳成兵器就，莫专习刀枪

【意释】

拳术造诣深，兵器自然得心应手，不要只学习刀枪技法。

【说明】

同类谚语有：“锤成家什就。”

“锤成家什就”即“拳成兵器就”。“锤”是拳的通俗称谓，“家什”即器械。两则谚语均旨在说明拳术是器械的基础，器械是拳术的延伸。拳术练习可对手眼身法步的配合形成基本规范，掌握武术运动的基本规律，拳术达到一定水平，器械习练自然得心应手。反之，若拳术基本功尚较薄弱即开始刀枪技法的习练，极有可能适得其反，从某种程度上也将影响拳术演练。所以，在进行器械练习前，应对拳术基本功进行扎实练习。

694. 拳打卧牛之地

【意释】

在卧牛大的小空间就可打拳。

【说明】

此谚语有三层含义：第一，虽然成套拳法移动范围较大，但也可因地制宜，将技术动作“由大变小”，以“短小紧凑”进行练习。第二，习练者可进行武术单式练习，如形意拳劈拳，以提升习练者对劲力生发、随身即转的步法等的掌握与体悟。第三，从实战出发，与敌交手前进后退仅在咫尺之间，在狭小的空间进行两人拆招、喂招的练习，有助于攻防意识、应激反应等的培养。

695. 动则法，静则型

【意释】

动要变化有法，静要定势成型。

【说明】

“动则法”，即运动时身体各部位要配合得法。武术练用中，招式变化、步法移换、身法转侧、眼法随动等均有方法，且相互之间需协调配合。“静则型”，即静止时定势要协调自然舒展。定势要沉稳，手型、步型、身型应符合技术规格。动时顿挫有致，静时威严有力。此谚语从动静出发，对演练要求提出了总体方法。在演练时，还应注意动与静之间的相互变化，做到动中有静、静中有动、动静合一，方能达到拳技演练的最高境界。

696. 慢拉架子，快打拳，急打招儿，法多变

【意释】

拳架慢调，套路快练，招法急出，方法多变。

【说明】

此谚语是对武术训练程序的总结。“慢拉架子”是指拳架招式应慢慢调整，使之符合动作规范、技法要求。如此，套路练习方可在动作准备、方法合规的基础上求疾求快，以训练协调性、敏捷性以及招式的出招、变招速度，为实际运用奠定基础。

“急打招，法多变”则指出施招应迅疾，且能根据对手攻防招式的转换而灵活多变。如劈挂拳训练中要求“理（拳理）象（拳势）会通、体（健身）用（技击）兼备”，即拳理与拳势融会贯通，既注重强健体魄，又重视技击攻防，故历来注重“慢拉架子，快打拳，急打招儿，法多变”的训练程序。

697. 慢拉架子快打拳，刚柔缓爆急为先

【意释】

拳架慢调，套路快练，在刚柔缓爆的节奏变化中以猛烈为首。

【注释】

急：急速、快捷；猛烈、剧烈，如急风骤雨。

【说明】

此谚语可从武术练、用两方面进行阐释。一方面从武术演练来看，“慢拉架子”可理解为练拳之前对人体呼吸、骨骼、肌肉、关节以及各部机能等调试到最佳状态，然后进行套路快练。在此过程中应表现出包括刚猛、柔和、舒缓、爆发等鲜明的节奏变化，其中更要体现出招式衔接、身步移换等的猛然之感。

另一方面从技击而言，“慢拉架子快打拳”可理解为劲力生发的一种，通过“慢拉架子”的外部形态，将内部意气聚集于一点，而后瞬间击发。整个过程是以有意识的“蓄力”为前奏，再迅速向目标发出。在节奏变化方面，应注重刚柔缓爆的顺机而动，最终猛然击出。如峨眉矮桩拳的技法特点就要求“慢拉架子快打拳，刚柔缓爆急为先，出手专攻下三路，拳变指来钩带翻”。

698. 入门先找形，练功不忘形

【意释】

习武起始先找准技术规范，日常练习不忘遵守规范。

【说明】

此谚语强调了技术规范在习武过程中的重要性。“形”在该谚中即指“技术规范”。在习武起初，应先找准技术规范，这是武术技能渐进的基础。武术任何技术均有其规范，从最初阶段的手型、步型、手法、步法、身法、眼法以及体态等，到高层次的技法、功法、劲法，乃至武德要求，都有较为系统的规范。找准技术规范仅是习武第一步，还应在习练过程中时刻遵循技术规范，使之成为自然习惯，达到出手即是规范的程度，如此功夫才能日渐精熟。

699. 六合不相连，必是学艺浅

【意释】

“六合”若不能连系互助，技艺便不够高深。

【说明】

此谚语中“六合相连”，是武术理论与练用中的重要概念和实践要旨，即“内三合”与“外三合”的连系互助，重点在于心、意、气、力、手、脚、肘、膝、肩、胯之间的协调运作，讲究一松全身无处不松，一合全身无处不合。武术本就注重周身一家，练用过程中，每一动皆为全身内、外各部位的联动，才会产生形齐力整的效果。做到“六合相连”需要长期的体悟与实践。在行拳走式过程中，“外三合”涉及人体中节、梢节、根节之间的肢体相合，这需要长久的练习才能做到动动相合，节节贯穿，将外三合理论融汇到拳架之中。在此基础之上，才能更好地进行内三合的体悟与探索。内三合是心、意、气的协调配合，是产生内在中和之气的基础。当内在中和之气能支配外在形体结构，内外能协同运作时，才能实现劲力齐整。所以，从掌握外三合到内三合，再到内外三合连系互助是一个漫长的体练思悟过程。

700. 打拳不遛腿，必是冒失鬼

【意释】

打拳不提前遛腿，必是鲁莽之人。

【注释】

（1）遛腿：指腿功练习中踢摆腿等“动转”练习。

（2）冒失鬼：指举动鲁莽、轻率的人。这里指不成功的意思。

【说明】

此谚语重点说明了踢摆腿在武术运动中的重要作用。其主要体现在以下三点：首先，踢摆腿练习可以使韧带、肌肉、骨骼等保持较大弹性，同时还可有效避免因准备活动不充分而导致的运动损伤。其次，踢摆腿练习是武术腿部技术的基本功之一，从某种程度上而言是完成腿部技术动作与套路技术动作的基础，是提高运动成绩的主要因素之一。再次，踢摆腿练习是提高腿部力量、速度、耐力、爆发力等素质的基础，长时间踢摆腿练习，可以提高腿法在实战应用中的效率，提升击中目标的概率，增加击打目标的力量。

701. 长拳即短打，短打即长拳

【意释】

长拳可作短打用，短打亦可作长拳使。

【注释】

（1）长拳：泛指遐举遥击、进退疾速的徒手攻防技术和运动形式。

（2）短打：泛指贴身近战、势险节短的徒手攻防技术和运动形式。

【说明】

此谚语旨在说明“长拳”与“短打”相辅相成。在训练中，不应拘泥于“长拳”与“短打”的技术特点，而要加强“长练短用”“短练长打”的灵活转换，提高依据具体情况运用不同打法的能力。戚继光《纪效新书·长兵短用说篇》图势解说，“用长贵短，用短贵长，此艺中妙理”，即充分阐述了“长拳即短打，短打即长拳”的拳谚真谛。

702. 紧了崩，慢了松，不紧不慢才出功

【意释】

过紧会崩裂，过慢易松懈，松紧有度才能练出功夫。

【注释】

（1）紧和慢：猛烈和放纵，指运动强度的大与小。

（2）崩：破裂；受伤。

【说明】

此谚语强调习武过程中“紧”与“慢”需适度。行拳过紧会“僵而不活”，过慢则会“散而无形”，只有精神状态与运动负荷恰到好处，才能实现功力的快速提升。当“紧”与“慢”作为人的精神状态时，可理解为精神过度紧张，易导致疲劳过度、运动损伤，而松懈的精神状态又会出现动作无力、形神不聚等现象；当作运动负荷时，可理解为过度的运动负荷，易导致习练者肌肉僵硬、动作无法舒展，而过小的运动负荷，又会导致动作疲软、没有力度等现象。因此，在习练过程中要尽量做到“紧而不僵”“慢而不散”。

703. 随师三年不走形

【意释】

随老师习拳三年，拳架才会相对固定。

【注释】

走形：走样，指没有掌握。

【说明】

此谚语强调了老师在习武过程中的重要作用。武术通过肢体表现技术技法，习练过程不仅漫长，且需名师指点。若仅靠个人体悟，很难有所精进，且常会在动作规范、习练方法、劲力传导等方面走入误区。老师在习武过程中，应起到引领作用，指导学生掌握正确的动作规范、方法及发力方式等，但诸如上述需要老

师长期的口传身教，才能使从学者真正筑牢细节要求以及内在要领。所以，该谚语指出随师数年，才能固定拳架。

704. 练一家，观百家

【意释】

习练一家拳法，观习百家所长。

【说明】

同类谚语有：“一处磕头，百处学艺。”

此谚语强调了习武不应“闭门造车”，应“融百家之所长，合精华于一身”。武术拳派众多，且各家拳路皆有异同，只限一家所学，而不通百家之长，往往难有大成。许多著名武学大家的轶事，均充分体现了“练一家，观百家”的深刻内涵。

705. 一处磕头，百处学艺

【意释】

在一个地方拜师，到多个地方学艺。

【说明】

同类谚语有：“一方拜师，八方学艺。”“多从一家师，多懂一家艺。”

磕头拜师是我国传统技艺领域自古而今的入门行规。此谚语既表达了“从一而终”的拜师观，也强调了“八方学艺”的重要性。虽一处磕头，但可在基础筑牢，精通一家的基础上，寻求武艺高强者进行深造。毕竟，武术拳种流派繁多，各家拳术皆有所长，而习武贵能广学博通，如此，博取众家之长，弥补自身之短，武艺方可有成。

706. 经师不到，武艺不高

【意释】

不经历多位老师指点，武术技艺难以精湛。

【说明】

同类谚语有："不经一师，不长一艺。""井淘三遍吃好水，人从三师武艺高。"

此谚语强调师父指导在习武中的重要作用。武术技术体系庞杂，难以自学而成，又往往一位老师所授技艺相对有限，难以处处擅长，面面俱到。这就需要习练者在习武过程中，从不同老师处习得其精通之术，再经由自己加以总结，勤加练习，方可在诸方面日渐完善。

707. 取百拳之善，补自家之短

【意释】

吸取各种拳术所长，弥补自家拳术不足。

【说明】

同类谚语有："取百家之长，补自家之短。"

此谚语中"善"通"擅长"，主要强调练拳要取长补短。李小龙勤于学习古今中外各路武技，通过对其的优劣分析，从而集众家之所长，最终创出"截拳道"。武术拳种繁多，有善长击者，也有好短打者，有精拳法者，也有通腿法者。对习武者而言，在精通某一拳种以及可充分发挥自身优势的基础上，能够多方面涉猎其他拳术所长，完善提升自己，终会练有所成。

708. 识人教，武艺高；识人劝，艺精湛

【意释】

懂得向人请教，武艺才会高超；懂得听人劝告，武艺才能精湛。

【说明】

习武过程中，应时刻保持谦逊好学的良好态度。"识人教"指应勤于向高人请教，积累经验，增长见识，经由自己总结后做出思考与实践。"识人劝"指虚心听从他人意见和建议，择其善者而从之，其不善者而改之，通过博采众长提升技艺。概而言之，天外有天，人外有人，习武谦虚，态度诚恳，才能有利于自身

进步。

709. 学会三天，练好三年

【意释】

学会拳术只需数天，练好却要多年。

【说明】

同类谚语有："学拳三年，丢拳三天。"

此谚语中的"三"并非实指。"三天"主要形容时间较短，"三年"意指时间相对较长。此谚语与拳谚"一日练一日功，一日不练十日空""欲学惊人艺，须下苦功夫"等，都集中表达了学好一门拳技，必须经过刻苦习练的深意。习武期间，由生到熟，由熟到巧，由巧到精，容不得丝毫懈怠，同时也说明了习武重点在于长期过程性的"练"，而非简单阶段性的"学"。

710. 拳不敌法，法不敌功

【意释】

习得招术不如掌握方法，掌握方法不如功力提升。

【说明】

此谚语指出要辩证地看待招术、方法和功力之间的关系。习得招术而不明运用之法，仍是徒劳，招术仅是让习练者知道为何使用，掌握方法才能够使其明白如何使用。但掌握方法却不具备功力，其技法运用依然不起作用，技法的施用因功力才得以具备威力。所以，将招术、方法、功力结合练习，才能实现技艺的提高。

711. 未学打人，先习挨打

【意释】

学习技击前先培养自我保护能力。

【说明】

此谚语主要说明学习技击，首先要学会“挨打”。“挨打”是一种对技击技术的直接体验，也是一种心理锻炼，同时也是提高抗击打能力的有效途径。“挨打”到一定程度，自然能够形成一定的抵抗能力，并且能够从“挨打”中总结出自我防护的经验和“打人”的技巧。“未学打人，先习挨打”在现代武术运动中，主要通过加强自身抗击打能力，再经由两人模拟实战的方式，来提升“打人”与“挨打”的技巧。

712. 练拳须明理，理通拳法精

【意释】

练拳必须明白拳理，拳理精通拳技才会精湛。

【说明】

此谚语主要指出精通拳理是拳技得以精湛的重要因素。练拳应研习拳理，通过对拳术规范、规格、规律的探索，可使拳法精益求精。如太极拳主张“随曲就伸”“借力打力”，而这与人们平常的用力习惯背道而驰。由此，破除原有拙力，而练就武术所追求的劲力，首先要“明拳理”。拳理是前人的实践累积和智慧总结，有助于深化技法理解，指导习武实践，起到事半功倍的作用。正因如此，拳理精通拳技才会精湛。

713. 古来习拳知兵法，不知兵法莫练拳

【意释】

自古以来练拳都应懂兵法，不懂兵法拳技难有大成。

【说明】

同类谚语有：“从来演拳通兵法，不知兵法莫演拳。”

此谚语强调了武术与兵法的密切关系。古代历史上，武术作为战场上的格杀术，曾一度出现过“兵武不分家”的盛举。兵法与武术始终处于一种亦分亦合的

微妙境地。诸多军事将领，其武术造诣颇深。不少留存于世的武术典籍均于古代行兵打仗中撰写而成，兵法中的战术思想也深深影响着武术的攻防策略。此外，“技击性”也始终是连接武术与兵法的契合点，因此便形成了“不知兵法莫练拳”的风尚，一直延续至今。

714. 人生之道，讲究礼貌；拳法之道，崇尚自然

【意释】

做人处事，需注重礼仪；拳法规律，贵在自然。

【说明】

知情达理是人生之道，顺其自然是拳法之道。此谚语将人生之道与拳法之道作对比，重点阐述了“礼貌”和“自然”之于人生和习拳的重要意义。中国传统文化中的“道”是世界构成的基本元素，也是事物最根本的原则与规律。儒家所追求的“彬彬有礼，然后君子”的理想人格，反映出中国人对于礼的追求。习武尤重“自然”，追求于自然而然中习得武术本真。总之，以礼貌为人生之道，人生自然顺风顺水；以自然为习武之道，武技自然渐入佳境。

715. 功夫吃工夫

【意释】

功夫提升需要大量时间练习。

【说明】

此谚语强调功夫提升需要消耗大量时间和精力，功夫的练就程度往往与工夫的消耗时间成正比。荀子《劝学篇》指出：“不积跬步，无以至千里；不积小流，无以成江海。”千里之行始于一步一步的积累，江河大海都是由条条溪流汇聚而成。练功尤重于此，日复一日的练习，就是为了能将“工夫”升华为“功夫”。拳谚“冬练三九，夏练三伏”“台上一分钟，台下十年功”“太极十年不出门”等，也都说明了功夫习练需要耗费大量的时间和精力。

716. 练武不刻苦，纸上画老虎

【意释】

练武不刻苦，武术便如纸老虎般没有实际作用。

【说明】

同类谚语有："练不苦，拳必空。"

此谚语强调习武要刻苦。"纸上画老虎"是指看似强大，但无实际效用。练武不能仅是纸上谈兵，只有通过锲而不舍的练习，才能明白其实际效用，取得实质性进步。拳谚"练武不认真，功夫难上身""拳不离手，曲不离口"等，都说明功夫要勤学多练，才可能有所成。

717. 拳打千遍自来熟

【意释】

打拳次数足够多，拳法自然纯熟。

【说明】

类似拳谚有："拳打千遍，体力真现。""拳打千遍，其义自现。""拳打千遍，身法自然，功夫自现。"

此谚语旨在说明拳术在于多练。经过数以千遍的练习，动作规范、技法呈现等可以建立起固定模式，形成条件反射。在进入动作自动化阶段后，拳术演练自得娴熟，每个招式动作既符合拳理要求，体现攻防含义，又可流溢出质朴的武术韵味。此谚语中的"自来熟"，不仅指动作技法之纯熟，也在于拳义、内涵等方面的理解。

718. 武无止境，术无终地

【意释】

武术进境永无休止，技术学习没有尽头。

【说明】

此谚语重点说明了武术之博大精深，学无止境。武术文化不仅在于其历史悠

久，更在于其博大精深。各家拳派不仅自成体系，拳械套路繁多，拳理拳论浩瀚如海，技击手段更是丰富多样，因而有习武者感叹“穷其一生而不能学全”。此谚语中的“无止境”更多强调的是一种境界，“无终地”则更多蕴含着终身习练、永远追求的信念。

719. 武功武功，不练落空

【意释】

武术习练若不持之以恒，最终仍是一场空。

【说明】

同类谚语有：“久久为功，搁下稀松。”“习武有诀窍，勤奋第一条。”“欲得惊人艺，须下苦功夫。”

此谚语重点强调了勤于练习是保持武术功力的重要手段。很多拳谚都强调“勤学苦练为习武之首要”。“不练落空”与“搁下稀松”都说明了习武不能断断续续，要持之以恒。武术经过长时间练习，会提高功力及身体机能，同时，动作掌握程度和完成程度均会有所提升。但经过一段时间停练，功力、身体机能以及招式技法的掌握程度都会相对下降，长此以往最终仍是一场空。

720. 拳艺在身不在嘴，闲话少说勤踢腿

【意释】

拳术是练出来的，不是讲出来的，要少讲闲话多练习。

【说明】

此谚语旨在阐明拳理讲起来容易，但没有经久的身体践行仍无法真正参透其内涵，更不能将拳理与实践相结合。拳谚也有“一层功夫一层理”的说法，功夫练不到，其理难通，反之亦然，练功与研习拳理应互为结合。如此，对于拳理的领会才能不浮于表面，练功也能在拳理的指导下正确进行。“闲话少说勤踢腿”在于劝诫习武者不要“光说不练”，与其夸夸其谈，不如把时间多放在踢腿、打拳上。

721. 一招一式，千练而得

【意释】

每一招式精髓的获得，均需经过千万遍不断的练习。

【说明】

此谚语重点强调了每一招式精华的习得，都需要勤加练习。武术每个技法自有其精髓，一个看似简单的动作，也许需要长期练习才能掌握，这期间需要不断地琢磨、调适。如形意拳三体式，可能需要数年甚至更长的时间才能掌握真谛。

此谚语还蕴含着另一层意蕴，即“千练而得”有“好功不耐练”之意。再难的招式，都经不住日复一日、年复一年的经久练习。一招一式的精髓，总会在习练者千万遍的修习中显露无遗。

722. 拳打万拳，才会好看

【意释】

拳打万遍，拳势才会优美。

【说明】

同类谚语有：“拳打万遍，不打自转。”

此谚语强调拳术要反复练习，才能练得顺遂舒展。习练者在掌握正确动作技术后，需要经过长时间的反复习练，使技术动作规范定型，加之不断思考、揣摩、尝试、检验，才能实现“越练越熟，越练越好看”的渐进过程。质言之，拳打万遍，精益求精，其观赏性自然会增强。

723. 贪多嚼不烂，拳理少专恒

【意释】

贪图量多难以理解深刻，拳理重在精少、专一、有恒。

【说明】

此谚语借用“贪多嚼不烂”的道理，来说明习武者对“拳理”学习要精少、专一与有恒。拳理的掌握与研习，应注重少而专，探求其中精髓，切忌博而不精。在此谚语中，“少”是指习武者不应一味追求习练拳技的数量，而应保证习练质量；“专”是指能够专心致志地对某一拳技进行深入研习；“恒”是指应持之以恒地将拳理付诸实践，不断进行检验与探索。

724. 意发神传，心动形随

【意释】

思想通过意识传达，心思一动外形随之。

【注释】

心：武术运动中的“心”指思维器官及其产生的思想、意识和精神等。俗称“心思”“心意”“心神”。

【说明】

此谚语说明了武术运动中心、神、形、意之间的关系。习武者经过长时期的反复训练，会在运用、理解与领悟武术技法的过程中，建立起心、神、形、意之间的自动关联，当这种关联达到较高程度时，便可逐步实现“意发神传，心动形随”的效果，使得身心和合、内外如一。

725. 武术不扎根，谁练归谁人

【意释】

武术没有固定所属，训练刻苦者便拥有好功夫。

【说明】

此谚语强调了武术训练中刻苦用功的重要性。武术作为一项技艺，并没有固定所属。同所有传统技艺一样，都需要从学者付出时间和汗水，才能学有所成。对习武者而言，持之以恒地训练，认真勤奋地思考，才能逐渐掌握技术技法，明白拳学拳理，最终运用精熟，深谙技理。正如拳谚所言，“拳打万遍，其义自见”，只要能够持之以恒、坚持不懈，必能功夫上身、学有所成。

726. 苦练是基础，巧练是门道

【意释】

苦练是习武有成的前提，巧练是掌握技术的诀窍。

【说明】

武术训练是一个漫长而艰辛的过程，要求甚为严格。从武术基本功到武术技法，从体能、技术到战术与心理，都需要细致完整且艰苦卓绝的练习，绝非一朝一夕便可获得成功。苦练是成就优秀武术运动员和武术家的必经之路，对于苦练的谚语描述有很多，如："舒服不成材，成材不舒服""台上十分钟，台下十年功""拳艺无止境，苦练出真功""欲学惊人艺，须下苦功夫"等。

苦练是习武有成的前提，但是一味地苦练并不能达到理想效果。习武者应在苦练的基础上"巧练"，要学会思考、总结，在训练过程中汲取经验，借鉴现代体育科学的研究成果，遵循武术独特的运动规律及方法技巧，方可事半功倍。因此，只有将苦练与巧练相结合，武术水平才能得以升华和飞越，谚语"拳要好，三凑巧，方法多练加琢磨"等也有此意。

727. 习拳循序进，才能出上品

【意释】

循序渐进练习拳术，才能练就上等功夫。

【说明】

此谚语有两层含义，一则为习武需夯实基础。武术讲究外练筋、骨、皮，内练精、神、气，唯有打牢基础，对拳术精益求精，才有可能到达拳术之上乘；二则为对毅力、心性的历练。古有"先练性，后练功"之说，武学成就与个人品行休戚相关。习武不能骄傲，且需要以恒心和毅力为基础，脚踏实地，才能在武学和德行上取得较高修为。

728. 练功如打铁，百炼成纯钢

【意释】

练功如同打铁，千锤百炼出真功。

【说明】

同类谚语有："字无百日功，拳打千日通。"

该谚语指出学武需要苦练。俗语云"百炼成钢"，指出由铁到钢是一个质变的过程，必须要经过反复锤炼，不断去除杂质，由量的积累最终达到质的飞跃，最后才可"百炼成钢"。练武与炼钢道理相通，讲究"拳练万遍，其义自见"。习武是一个体悟的过程，由"一招一式"到"收发自如"，由外在之"形"到内在之"神"，都需要成千上万次的锤炼。

729. 拆拳和走架，莫丢隆冬和炎夏

【意释】

拳术练习不能躲避严寒酷暑。

【说明】

"拆拳"和"走架"是武术训练的核心构成。拆拳即拆解拳招，主要包含两方面：第一是对招式技法原理、作用及其不足之处等的透彻理解；第二是对招式技法进行实战模拟。拆拳有益于加深对技法运用的领悟，有助于提升技击水平。

"走架"与"拆拳"密不可分，相互结合。以太极拳为例，只有通过不断的走架练习，方可逐渐明白"以心行意，以意导气，以气催身，以身催手"的内在要求，以及达到手、眼、步、身、精、气、神的高度统一，使身体各部处处洽和、周身相随、节节贯穿。

"拆拳"和"走架"是技击训练的重要内容，不管夏季三伏天还是冬季三九天，都应坚持不懈地练习，体验技法，思考内涵，最终领悟武学真谛。

730. 庄稼怕误农时，练功就怕脱节

【意释】

庄稼耕收怕错过时节，功夫练习怕间断脱节。

【注释】

农时：农业生产中，配合季节气候，每种作物都有一定的耕作时间，称为农时。

【说明】

此谚语意在说明习武坚持不懈、循序渐进的重要性。武术学习一般要经过基本功、套路演练、拆招喂招、实战模拟等数个阶段，每一阶段都不可或缺。前一阶段的习练扎实牢固，可为后面阶段的学习打下基础。此谚语中“脱节”意为上下不连贯，武术训练如水到渠成，忽略其中任一阶段，训练过程均不完整。如忽略套路阶段的训练，会因缺少攻防技法，致使拆招、喂招难于领悟。因此，武术习练贵在坚持不懈，循序渐进。

731. **一天不练，手生脚也慢；两天不练，功夫丢一半；三天不练，成了门外汉；四天不练，只能瞪眼看**

【意释】

武术短时间不练，动作生疏滞慢；再过一段时间，功力明显下降；继续不练，逐渐成为外行；长期不练，则基本荒废。

【说明】

同类谚语有：“一日不练自己知道，两日不练行家知道，三日不练利巴（外行）知道。”“一日不练一日功，十日不练十日空。”“一天不练手脚慢，两天不练丢一半，三日不练腰腿废，十日不练屈伸难。”“若要功夫好，一年三百六十早。”

此谚语以“一天”“两天”“三天”“四天”等词，夸张而又形象地说明武术练习如逆水行舟，不进则退，强调练武必须常练不辍、坚持不懈，否则即便已经练成的功夫，也可能会得而复失。从现代训练学角度来看，长期训练可以使技术动作在“拳打千遍”的过程中得到强化，形成动力定型，提高运动素质。但习武者仍要遵循“适宜负荷和适时恢复”的科学训练原则，一味地坚持训练可能会造成负荷过度，引起机能降低，在心理和生理上受到损伤。在身体疲劳达到一定程度时，应适时地安排必要的恢复性训练或者停练休息一两天，在机体获得超量恢复时再度训练，效果会更加明显。

732. 学拳不认真，功夫不上身

【意释】

学拳不认真，难以练出功夫。

【说明】

类似拳谚有“初学能认真，日久功自深”。

此谚语意在强调习武态度的重要性。武术需要口传身教，诸多细节、窍要非认真琢磨、反复思考不能逐渐掌握。踏实有恒、精益求精的习武态度，可以充分调动和发挥习武者的智力因素及智力效应，使所学牢靠，基础扎实。如若平常习武不用心钻研，即便有名师指点，也难有所成。习武如此，做任何事情亦然，只有态度端正，踏实认真，持之以恒，才能有所收获。

733. 学一招求精，守一招则死

【意释】

每学一招都要精益求精，但固守一招则难再进步。

【说明】

此谚语强调习武要精益求精、灵活创新。“学一招求精”即每学一招一式，都要明白细节，明晰拳理，精益求精，正所谓“百练不如一专”“不怕千招会，就怕一招熟”。但拳谚亦云“明于术而不拘于术”，所以，“守一招”是固步自封、不善思考的表现，在实战中容易被敌手摸清门路，加以克制。习武者应在“精练一招”的基础上博采众长，举一反三，从其他流派汲取精华，反哺自家，从而使功夫精纯而招式又富于变化，达到灵活创新的目的。

734. 散手拆拳手宜轻，若用杀手心歹毒

【意释】

拆招模拟下手宜轻，下杀手者用心歹毒。

【说明】

同类谚语有："疆场搏敌莫留情，切磋拆拳手要轻。"

拆招是武术训练中的常用方法，通过对招式的拆分、单练和对练，可提高实战技能，是习练者掌握招式技法运用的有效手段。拆招模拟是一个循序渐进的过程，由慢到快，由单一技法到动作组合，由指定动作到自由发挥，其目的在于培养习练者对实战技法的适应和理解。在拆招时要点到为止，出手宜轻，应防止因招式过猛过毒而造成的伤害。若有习练者在拆招模拟时出手凶狠，其必用心歹毒，不可教授。

735. 拳练百遍，身法自现；拳练千遍，其理自见

【意释】

拳术练习百遍，身法自然显现；拳术练习千遍，拳理自然领悟。

【说明】

此谚语意在强调武术技法重复练习的重要性。在武术中身法具有重要作用，武术习练者需通过拳术的反复练习，即"拳练百遍"才能周身协调，劲力顺达，身法才能灵活运用，自然显现。再通过成千遍的练习，才能理解领悟拳理，形成自己对武术的独到认识。此谚语说明，对于身法掌握和拳理领悟，没有捷径可寻，唯有千百遍的练习。

736. 先走后拆是真传

【意释】

先练好动作规格再拆招讲打是正确方法。

【说明】

武术习练有完整的过程，并且学练先后有一定的规范。一般来说，如果要进行拆招练习，就必须先要练习好动作规格，要掌握最基本的"架势"，只有最基本的动作规格掌握以后，训练才会有章法。如在散打练习中，只有先掌握基本拳法、基本步法和基本拳法步法组合，才能进行拆招讲打。在咏春拳中，先要掌握挫手、撩手、沉桥、粘打等技法，以及四平马、三字马、追马、独立步等步型，才能进行拆招练习。因此，练习好动作规格是拆招的前提，进而才可讲打。

737. 招要求整，势要求圆

【意释】

招式习练追求齐整，拳势运转崇尚圆活。

【说明】

一招一式的演练，要求式正招圆，力量顺达，劲力齐整，如此才能求得招法精髓。拳势运转崇尚圆活，唯有圆活，才能变转如意，心动形随。同时，中国武术对于整与圆的追求，也体现了传统文化对于武术技法的深刻影响，展现了浓郁的民族文化特征。

738. 早不朝东，晚不面西，午不朝南，永不向北

【意释】

练拳起势要求早晨不朝向东，傍晚不朝向西，中午不朝向南，任何时候都不朝向北。

【说明】

此谚语是对习练武术功法套路面朝方向提出的要求。“早不朝东，晚不面西，午不朝南”是由于历来武术习练者练拳或练功时多为户外，因此不宜面对太阳光源的方向，以免阳光刺眼。此外，这种朝向还兼有“对镜去病”的效果，即可以通过观察自己动作的影子来判断动作是否正确。

练武者从不面向北方起势练拳，是一种文化意义上的避讳。练拳起势又称“拜拳”，若以面朝北方起势，则为“拜北”，容易使人联想到“败北”之意。因此，练武者忌讳面朝北方起势练拳。此外，有拳家从武术“气”的角度解释这一原因，“早不朝东，晚不面西，午不朝南，永不向北”是人体内气与大地气场的方向通顺一致的要求。

739. 静里含动，动不舍静

【意释】

静态中蕴含动势，动态中不舍静意。

【注释】

（1）动：指形体外部和体内“气息”（感觉）的运动，前者可视为“外动”，而后者可视为“内动”。

（2）静：指形体与精神的宁静，前者可视为“外静”，后者可视为“内静”。

【说明】

武术里的“动”与“静”是相对且辩证的关系。“动”和“静”是武术的主要表现形式，动静随心是习武者所要追求的目标之一。武术中并不存在绝对的“动”与“静”，所谓“动中有静，静中有动”也说明了绝对运动与相对静止的统一。从习拳过程来看，多先练动功，而后习静功，最后达到动静结合、外动内静、外静内动、随意而动的理想境界。正如拳谚所云：“能动能静，拳道之圣。动而不静，拳道之病。”

740. 咬牙断筋，有助拳狠

【意释】

崩断筋骨般紧咬牙齿，有助于打拳更具威力。

【说明】

任何劲力的生发都需人体各部位肌肉群的协同参与。紧咬牙关是动员人体肌肉群的方法之一。《岳武穆九要》对此拳理有相关描述可作参考，其文为：“气生于骨，而联于筋，不及乎齿即未及乎筋之梢，而欲足乎尔者，要非齿欲断筋，甲欲透骨不能也。”

741. 拳为功苗，功为拳本

【意释】

拳法是功力的衍生，功力是拳法的根本。

【注释】

（1）苗：①本义：泛指初生的植物。②事物的开端；事物的预兆。白居易

《读张籍古乐府》："言者志之苗，行者文之根。"

（2）本：①本义：草木的根或靠根的茎干。②事物的根基或主体。《论语·学而》："君子务本。"③根源，本源。《礼记·大学》："物有本末，事有终始。"

【说明】

此谚语说明的是拳法与功力之间的相互关系。"拳"是指武术套路招法；"功"为武术功力。武术学习注重武术招法的掌握；练功则是通过拳术招法的练习，不断提升武术整体的劲力，也称为功力。"拳为功苗"在于说明拳法招式动作，实际上是功力的呈现形式；"功为拳本"揭示了功力相对于招法动作的根本地位。

742. 三年拳架月工枪，学套拳路一晚上

【意释】

以三年拳架练习作基础，学好枪法只需月余，学个拳术套路则仅要一晚上。

【注释】

工：擅长，善于。

【说明】

"三年、月、一晚上"都是概数，是指时间的相对长短。此谚语说明的是基本功、器械、套路习练难度的不同。此外，有了一定的基本功，再继续学习拳械套路就会相对容易。武术基本功极为重要，其中包括力量、柔韧、速度等基本素质，还包括桩法、步法等基本技法。基本功内容丰富，习练难度大，因而有"入门三年架子皮"的说法。

武术基本功扎实，学习和掌握其他技法就会很快。枪术技法以拦、拿、扎为精华，简单实用，月余时间即可基本掌握，但此亦仅就枪术基本技法而言，要想真正领悟枪法之妙则需要较长时间，有"月棍、年刀、一辈子枪"之说。套路是由各项武术基本功、身法、步法、技法等编排组合而成，基本功扎实，学一套拳术套路就很简单，所以说"学套拳路一晚上"。

743. 练功不练腿，到头是白给

【意释】

只打拳不练腿，终究难有所成。

【说明】

同类谚语有："打拳不遛腿，必是冒失鬼。"

此谚语强调腿部基本功的重要性。腿脚为全身支柱，必须要根基牢固。特别是对于武术习练者而言，要尤为注重下盘的稳固。腿部基本功的练习方法主要有踢腿和站桩。踢腿又称"遛腿"，主要在于提升腿部柔韧性、灵活性与爆发力，可拉筋拔骨、柔化肌肉，增强韧带与关节的抗损能力。此外，踢腿还能锻炼腿部灵活度，这也是各种高难度技法的基础。腿法足够灵活，击打才能敏捷准确。所以说，练拳要想增加功夫，必须要练习腿功，否则最终难有成就。

744. 虚灵生速度，稳准出效果

【意释】

松虚、轻灵提升速度，稳定、准确显现效果。

【说明】

此谚语主要强调武术中松虚轻灵和稳定准确的重要性。"虚灵"一方面强调的是周身松虚、轻灵，移动敏捷协调，另一方面也是指对技法虚实转换、灵活变化的掌控能力。所以，松虚、轻灵有助于提升技击中的反应与速度。

稳定和准确是评价功力高低的重要标准。拳谚有云："拳打不空回，回空不为能。"与敌交手要出手必中，使用技法应有极快的速度和极稳定的准度。出手不走眼，力度准确不偏差，才能在实战中显现效果。

745. 方法对，力出劲，功不长，我不信

【意释】

方法正确，拙力化为巧劲，长此以往功夫肯定能增长。

【说明】

此谚语强调了习练武术时方法正确的重要性。武术劲力的运化较为丰富，大致可分为刚劲与柔劲、明劲与暗劲以及直劲、横劲、竖劲、斜劲等。传统武术各派对劲力发放的认识较为统一，即源于腿脚，经于腰，发于肢。

习武者注重步法稳固，讲求下盘要“有根”，这是因为武术所有劲力都源自地面反作用力于腿脚；此外，腰为周身之轴，主宰四肢，劲力发放必须经由腰部；劲力发放最终呈现于肢体。武术劲力练习的主要方式有站桩、盘架（技法套路的演练）等“空练”方法和击打实物、抗力练习（绑沙袋）等“实练”方法。在练习发力时，方法正确，拙力可转化为巧劲，坚持训练，功力必然增长。

746. 手心空，使剑活；足心空，行步捷

【意释】

手心涵空，可使剑法灵活；足心涵空，可使步法快捷。

【说明】

“手心空”和“足心空”能影响人手脚的灵活度。当手心、足心涵空时，手腕和脚踝的肌肉群就会自然放松下来，其运动幅度就会增大。当手心和脚心实着时，手腕和脚踝的肌肉群会主动紧张拉伸，从而限制其活动幅度。

“使剑活”是剑法的显著特点。剑术中“剪腕花”“撩腕花”“云转花”等技术动作均要求松把（也称“空把”）持械，即一手或两手松握剑柄，涵空手心，甚至用拇指和食指两指控制剑械，这样有利于体现出剑器本身轻灵迅捷的技法特点。“行步捷”是武术对步法的基本要求。步法迅捷对拳术攻防动作影响很大，“先看一步走，再看一出手”即说明了这个道理。在评判武术技艺时，首先看步法是否能够做到动迅静定。步法之活要求脚着地不可踩得过实，即足心要空。

747. 光学不练功难精，光练不学意难通

【意释】

光学不练，功夫难以精湛；光练不学，技理难以精通。

【说明】

此谚语强调的是学与练要紧密结合。学是为了更好地练，如此方能学以致用。

武术技法招式需经反复磨练达到动作定型，才能在实战中反应迅速，运用自如，并及时根据对手攻防作出正确应对。所以，勤练苦练是功夫精湛的必经之路。

“光练不学意难通”包括三层含义：一是学习新难技法，有助于深化对之前所学的理解与体悟；二是新老内容结合习练，可融入更多思考，达到举一反三的目的；三是不仅要加强技术学习，也要提升拳理素养，两者互为结合，才能相互促进。所以，学与练只有相互配合，功力才会不断提高，对于拳理认识会更加清晰，否则只能停滞不前，难有大成。

748. 学的是手眼身法步，练的是精神气力功

【意释】

通过外在手法、眼法、身法、步法的练习，达到锻炼内在精神、气息、劲力和功法的目的。

【说明】

同类谚语有：“外练手眼身腰马，内练心神意气力。”“外重手眼身法步，内修心神意念足。”

此谚语意指习武应“内外兼修”。“外练”包括手法、眼法、身法和步法，“内练”包括精神、气息、劲力。在武术习练过程中，精神委顿、气息短促、劲力不足者，往往会相应呈现出掌无力、眼无神、身不灵、步不稳等现象。可见，精神、意念、气息、劲力等“内练”要素可在“外练”中得以体现，反之亦然。如此，武术习练中，“外练”与“内练”应协调统一发展，相互作用，以达“内外兼修，形神兼备”之境。

749. 功是基础，拳为中心，打是应用，械属发展

【意释】

功法是拳术的基础，招法是拳术的中心，技击是拳术的应用，器械是拳术的发展和延伸。

【说明】

此谚语诠释了功法、拳术、技击与武术器械在武术训练中的定位。康戈武

《中国武术实用大全》定义为："武术功法是为掌握并提高武术套路和格斗技术，诱发武技所需的人体潜能，围绕提高身体某一运动素质或煅炼某一特技而编组的练习。"功法练习是习武的基石，应常练不辍。

拳术涵盖了广泛的武术内容，从手型、步型到一定数量的拳法、掌法、肘法及各种腿法、跳跃和平衡等都属于拳术的训练体系。武术基本技术的强化有助于基本动作与完整动作的巩固与提高，以"拳为中心"的训练有益于习武者技法、技能的全面发展与成熟。

技击属性是武术的根本属性。武术技法学习的重要目的在于运用到技击中去，以实践来检验所学动作的实用性和有效性。在技法学习的过程中要注重学练和实战运用的紧密结合，以避免"会练会讲不会用"问题的出现。

器械是肢体的延长，器械练用是拳术的发展和延伸。所以，拳术的相关功法、招法、用法，也与器械练用关联紧密。当然，作为拳术的发展和延伸，器械练用也有其相对独特的功法、招法与用法，构成器械练用的技法体系。

750. 先练前后左右纵横走，后练踢打摔拿应用手

【意释】

先进行前后左右等不同方向的步法练习，后进行踢打摔拿等实战技法的训练。

【说明】

此谚语重在诠释技击训练方法，即先练步法、身法，再练拆招等实战技法。在实战对抗中步法、身法要灵活多变，即前后左右等不同方向的移动要迅速灵活。如此，即便不能较好地进攻对手，也能因身步敏捷而不被对方击中。拳谚云"教拳不教步，教步打师父"，强调的就是步法在实战中的重要作用。练好步法后再练习踢打摔拿等各种实战技法，有利于技法的连贯配合和高效运用。灵活巧妙的步法可为有利攻防位置的占取奠定基础，加之各种技法配合运用，更有助于提升实战能力。

751. 练功不练拳，好似无舵船；练拳不练功，终归一场空

【意释】

只练功力不练招法，好似无舵之船没有方向；只练招法不练功力，终归难有收获。

【说明】

同类谚语有："拳无功，一场空。""练功不练拳，只得身体健；练拳不练功，落得一场空。""练武不练功，到老一场空；练功不练气，还是不成器。""练拳不练功，交手下盘松；练拳又练功，根基如山重。""练拳不练功，临阵浑身空；练拳又练功，全身似强弓。"

此谚语阐明了"功"与"拳"的重要性，以及二者在武术技术体系中的紧密联系。此处的"功"，是专项体能、力量、柔韧等素质的总称；此处的"拳"，是各种招式、技法、技巧的总称。只练拳不练功，所学招式技法会因缺乏力量、速度、柔韧等，而不具威力、动作迟缓、技法生硬，更难以运用于实战。只练功不练拳，则即便具备良好的专项素质，但因缺乏招式技法这一载体而难以将其展现，在实战中也无法有效发挥作用。所以，练拳练功应相辅相成，共同进步。

752. 腰挺则劲出，腰塌则劲蓄，腰软则劲散

【意释】

腰部挺拔有助于发劲，腰部塌住有助于蓄劲，腰部松软则使劲力松散。

【说明】

此谚语旨在说明腰部运动形态对于发力的影响。腰部为上下半身贯通的连接部位。腰部不松劲力很难传达，也会影响劲力齐整及身手灵活。因此，腰部有着极其重要的作用，历来受到习武者重视。

"挺腰"使腰椎曲线自上而下呈反弓形，有助于劲力的上下贯通、传导，即所谓"力由脊（腰脊）发"。"塌腰"使腰椎部的肌肉收缩且下沉，一定程度上拉伸腰椎曲线，劲力能够收聚，有助于最终的劲力发放。"腰软"即腰部肌肉松软无力，违背了"以腰发力"的技法规则，不仅使劲力松散，无法聚合，更容易造成腰部损伤。

第七编

其他武术谚语

太极拳

753. 强攻失太极

【意释】

强打硬攻违背太极拳技击规律。

【说明】

此谚语强调了太极拳随劲则活、强行则滞、主张智取而非强攻的技击特点。太极拳讲求以静制动、以柔克刚、避实还虚、借力打力。从这些规律可以看出，太极拳需依据对手攻防的实际情状作出应对之策。如对方强攻，我则巧取；对方刚猛，我则柔化；对方巨力来袭，我则借力发人，一味强打硬攻会反受于人，有悖于太极拳技理主张。假若一意孤行抢攻对手，反而会被对手“后发而先至”。

754. 挤排化在先

【意释】

运用挤排技法前要先化解对手的劲力。

【说明】

此谚语强调了挤排技法的运用要领。挤是向前推挤的发力方法。挤排法的关键在于腰腿的发力，要求动短、意远、劲长，周身合力于交点。挤排法也常用来破解捋法和採法，如我施力向前，对方顺势接手捋带或採拿，此时我可迅速跟步进身以化解其势，再继续顺其劲力，朝其虚空处发力，变被动为主动，致使其捋带或採拿，不攻自破。

755. 按推劲须整

【意释】

按劲与推劲的发放必须连贯完整。

【说明】

此谚语强调按、推劲的发力贵在于“整”。按、推是向前、向下推按之力，按推连贯运用即是完整的发劲过程。一般情况下，按劲在前，推劲在后，按以控制，推以发力。平时推手训练中，许多人先习练按压技法以及劲力的控制，以干扰对方发力和移动，之后再习练推法，最终要保证推按连贯、完整，如此才能发出齐整之劲。

756. 按前有一化

【意释】

使用按法前要先化解对方劲力。

【说明】

同类谚语有：“挤排化在先。”

此谚语表达了按劲发放之前，应先将对方来劲进行化解。太极拳中按法是最常见的劲法之一，在使用时首先要化解对方来力。如对方击来，应先顺其来力稍加化解，再进行下按或回按，如此方能奏效。如果直接对来力施以按劲，或许能改变力的方向，但却不能对力量进行化解，仍会被对手击中。如对方朝我面门击来，我直接下按，或许能使面部免受击打，但因未走化其力，对方仍有可能击中我胸口。所以，按前需有一化，先化再按发才是正确方式。

757. 採拿宜拔根

【意释】

运用採法、拿法时要使对方重心不稳。

【说明】

此谚语强调採法和拿法的技术要领。运用採法和拿法时，最好能破坏对方重心，使其失去重心控制，即所谓的“拔根”，如此则更有益于展现採法和拿法的技术效果，使对手在倾跌中被控制。

758. 採前要轻，採时要实

【意释】

採前手法要轻灵，採时劲力要用实。

【说明】

此语主要强调採法的技法特点。採法在运用前要轻灵，有利于手法的灵活多变，迅速敏捷；在运用时要抓牢，有利于防止对手挣脱。採法轻盈灵活，才能更好地感知力点，可拿其手腕、肘、肩等身体关节。一旦採拿必须抓牢固实，防止对方滑落和逃脱。

759. 出隅使採法，进隅用肘靠

【意释】

用採法使对方出圈，待对方进我圈后，我用肘法或靠法进攻。

【注释】

隅：角落。

【说明】

此语强调太极拳採法、肘法、靠法的运用时机。运用採法，借力使力，使对方出己圈而进入我圈，此时我便可视双方距离而采用肘法或靠法。太极拳肘法、靠法尤为丰富，使用肘法可顶撞、可坠击等，给对手造成重创；靠法距短劲促，更加难以防范。

760. 化人要柔，发人要顺

【意释】

走化对手时劲力要松柔，发放对手时劲力要顺达。

【说明】

走化对手时劲力要松柔，松柔才能更好地缓冲来力，牵引捋带。发放对手时劲力要顺达，顺达才能集全身之力于一点，刚柔快慢随意掌握。

761. 发人不远，自跌路遥

【意释】

发人若不能顺遂放远，自己则可能因顶劲而跌出。

【说明】

此语强调太极拳劲力发放要遵循顺、沉、松等发力要点，不要用顶、抗等致使身体呆滞的劲力，这样不仅容易被对手顺势借力发出，而且会令自身重心不稳，甚至导致跌倒现象的发生。太极拳技法讲究以力借力，人进我退，人退我进。所以，在感知到对方发力时，应迅速化解对方劲力，以化为发；若化劲不成，则不可勉强，一味强行化解，会使两者劲力相顶，轻者出现跌倒现象，重者伤及身体。

762. 机由己发，力从人借

【意释】

化发时机由自己掌控，劲力要从对方转借。

【说明】

此谚语指出了太极拳化发“由己”与劲力“从人”之间的关系。在推手过程中，化发时机可根据具体情状自己掌控，但应判断精准，否则化发不成，反会受制于人。再者，应充分做到能够运用劲力变化来转化对手之力，借对手之力增强己身进攻效果，如此就达到了“借彼力”还其自身的目的。其要紧之处在于善于改变力的方向，以及及时调整有益于自身发力的位置。

763. 虚非全然无力，实非全然站煞

【意释】

松虚不是完全不用力，沉实也并非过度用力。

【说明】

此谚语强调了虚实转换的一般要求。虚实是太极拳练用核心，虚实转换不好会导致周身劲力不畅，身体失去重心。虚并非完全不用力，实也并非过度用力，对于虚实的把握，即是一种变势转化的灵活状态。虚要虚而不懈，实要实而不僵。由虚至实或由实到虚，要在虚中有实、实中有虚中换转自如。

764. 一动无有不动，一圈无有不圈

【意释】

一处动而处处动，一处走圈而处处走圈。

【说明】

此谚语强调太极拳练用“处处动，处处圈”的运动特点。练习太极拳时，一动而内外、上下、左右无有不动，周身处处相随而动，即“一处动而处处动”。“一圈无有不圈”则强调太极拳是画圈绕圆的运动。在外形上，由足关节运动带动膝关节走圈，膝关节运动带动腰胯走圈，腰胯运动带动肩部走圈，肩部运动带动肘、手走圈。在体内则气血循环走圈。在练圈时，由大圈练到小圈，由小圈练到无圈，最终练就“一圈无有不圈”。

765. 无处不是圆，无处不是拳

【意释】

行拳处处要走圆，圆到之处皆为拳。

【说明】

此谚语强调了太极拳“圆”的运动特点。以“圆”运转，没有终点周而复始，没有折处而处处圆活。行拳时，手法、身法、步法要做到圆活完整、上下相随，进而使周身组成一个“圆”的整体，即“无处不是圆”。太极八法的运转正蕴含于“圆”的整体之中，所以圈到之处皆可运用太极技法，即所谓“无处不是拳”。

766. 太极八法掤为首，捋劲不丢神抖擞

【意释】

太极拳八法中的掤是最重要的，捋法是攻防的前提。

【说明】

此谚语强调了掤法和捋法在太极拳技法中的重要性。掤是太极拳技法之本，即身体无时不由内向外持续着外撑之力，其主要用于缓冲外力，也由此衍生出其他技法。与人交手时，双方搭手时皆用掤法，以感知对方劲力，辨别其大小、方向。在此基础上，无论攻防皆可以捋展开。如两人搭手之后，对方若趁势挤按，我则可顺势捋带，或引进落空使其跌倒，或捋化后直接向前逼击，使其猝不及防。

767. 掤劲沉劲不可丢，拙劲僵劲不可有

【意释】

掤劲、沉劲始终蕴含，拙劲、僵劲不可留有。

【说明】

此谚语强调太极拳的劲力应始终蕴含掤劲、沉劲。掤劲犹如气球撑圆，演练时运用掤劲可展现招式技法的圆活有力，不仅双臂呈掤撑之劲，四肢和躯干都要有掤撑劲，即所谓“身备五弓”。掤劲用于太极推手，具有缓冲对手劲力的作用。另外，沉劲也应贯穿于太极拳练用始终，否则气力飘浮，其劲必微。周身处处掤沉，劲力自然浑厚沉实。

太极拳练用时，拙劲、僵劲不可有。就演练而言，僵拙会影响动作规范，无法体现太极拳松柔之美和行云流水之感。就应用而言，僵拙因缺乏灵活有碍于劲力化解，且易受人控制，在劲力蓄发时，蓄不充分，发不彻底。僵拙之力在攻防两端均会造成极大影响。

768. 顶抗成硬手，瘪丢成软手

【意释】

顶抗来力动作僵硬，瘪凹丢劲动作懈软。

【说明】

此谚语强调太极推手的要诀在于“不丢不顶”。顶抗来力，会造成动作僵硬，容易受制于人。瘪凹丢劲，则动作绵软、懈怠，攻守两端均不能有所作用。“不顶抗”说明了太极拳本就是“舍己从人”的功夫，但“处处退让”亦不可取，所以要强调不可“瘪丢”。太极拳不仅有柔化技法，也有迅速迎击的“闷劲”等。所以，太极拳最终追求的是“不硬不软”灵活巧妙的技击方法。

769. 不谙柔化，何来用黏

【意释】

不精通柔化，就无法运用黏劲。

【注释】

谙：熟悉，精通。

【说明】

此谚语强调太极拳柔化的重要性。黏劲根据对手攻防的运动轨迹而施用。如此，必须精通柔化，其是黏劲运用的前提。如对方袭来，直接接手相对，会与来力形成顶撞，无从黏住对方。只有接手同时进行柔化，卸掉其力，才能顺势随其劲力而黏。运用黏劲需先柔化而后为之，或者边柔化边粘黏，所以有此“不谙柔化，何来用黏”的警示。

770. 练拳要韧，推手要黏

【意释】

练拳时要有韧劲，推手时要有黏劲。

【说明】

此谚语强调练习太极拳和推手的技术要诀。练拳时要求动作松柔，但不失内力支撑，如此才能具有韧劲。对于韧劲“度”的把控，需要长期练习，既不可过柔而松散、懈怠，也不可过刚而生硬、僵蛮。刚柔和谐、阴阳平衡恰是柔韧之“度”。

推手时则强调遵循引进落空、粘黏连随、不丢不顶等要领。练好“黏劲”，首先需要学会“听劲”，以判断对手劲路与虚实。其次，应通过长期训练，使“黏劲”能够黏得住，可自如地根据对手变化进行黏随，这就需要手法、身法、步法的协同参与。

771. 由松入柔，运柔成刚

【意释】

由放松生出柔劲，柔劲运转而成刚劲。

【说明】

太极拳练习要求“有心求柔，无意成刚”。首先，“松”是意识之松，并将此意识支配于身体。学会松，经过反复练习才能由松演变为富有劲力的“柔”，再由“柔劲”运转成“坚刚”之劲。太极拳要做到刚柔相济，有刚无柔则防守欠佳，有柔无刚则进攻无力。“柔劲”的练习需要各关节、肌肉组群松而不懈，柔而不软，具有内力支撑，但又不可刻意蛮硬。“刚劲”的生发需要内力运转，聚柔成刚。由此，如果没有很好的柔劲作为基础，其刚劲则难以纯透。当然，由柔至刚也应辩证地看待，如至柔至刚的极端程度并不可取，所谓极柔则废、极刚则折，但在最大程度上求柔，以及最大程度上为刚，是习练太极拳所要追求的目标。

772. 初学知打圈，再学明缠绕

【意释】

初学要懂得走圆画圈，深学要明白劲力缠绕。

【说明】

此谚语重点强调练习太极拳的基本步骤。初练太极拳时，应以走圈划圆为主，以掌握动作基本路线和运动规律为目的。练圈走圆应遵循由大到小的幅度变化。待深入学习时，应懂得太极拳劲力如何缠绕，做到如蚕吐丝般连绵不断，柔和缓慢，以圈绕圈。划圈是达到和谐连贯的必要前提，逐渐才可“得心应手”“心身相应”。招式一起，能够一动则内外、上下、左右无有不动，一圈无有不圈。

773. 要想拳练好，必把圈练小

【意释】

要想练好太极拳，一定要把圈练小。

【说明】

此谚语强调圈练小是练好太极拳的关键。太极拳走圈从大圈、中圈、小圈，一直演变为无圈，是功力不断提升的过程。圈走大在于帮助习练者有效掌握动作路线，也可使演练舒展大方。待到动作娴熟时，走圈就可逐渐缩小至中圈。待中圈练得更加精熟，便可由中化小。小圈更益于实际应用，因为在应用时，攻防转换很快，技法施展通常在瞬间完成，走圈多呈现于细节之处。若应用时仍以大圈而行，必然会暴露攻防意图及身体空隙。走圈划圆的最高造诣莫过于无圈之境。看似无圈，实为有圈，全身处处皆太极，全身处处皆是圈。

774. 运力如抽丝，两手如撕棉

【意释】

劲力运转缓慢柔韧如同抽丝，两手动作好似撕开棉团。

【说明】

此语凸显了太极拳劲力运转松柔慢匀的特点。太极拳劲力运转讲求沉心静气、缓慢柔韧，如同抽丝般连续不断、连绵不尽，双手运转则好似撕开棉团的形态。

775. 式式不断，劲劲不同

【意释】

招式连绵不断，劲力不断变化。

【说明】

此谚语重点对太极拳练用时的招式变换和劲力发放提出了具体要求。在招式上，练用之时均需式式衔接流畅，似断非断，似停非停，动静有序，即“式式不断”。“式式不断”可以保证动作连贯性，也有助于劲力的瞬蓄瞬发。在劲力上，太极拳要求劲力虚实变化莫测，虚中有实，实中有虚，让对方不明虚实，如此唯有“劲劲不同”，方能使得对方难探究竟。

776. 百动不如一静，百练不如一站

【意释】

大量动练不如适度静站。

【说明】

太极拳要求松静自然，守静而不妄动。“静”是最根本的诀窍。“站”即站桩，感受内在“阴阳平衡”。“静”和“站”是为了更好地体悟“动”和“练”，以此深度掌握太极拳技理内涵。大量的动练当然必不可少，但加之适度静站则可使气力顺畅、身活根固，深化对动练的体悟与理解。

777. 妙手一运一太极，太极一运化乌有

【意释】

手法巧妙一动即分阴阳，阴阳变化令人捉摸不定。

【说明】

此谚语重点说明了阴阳之理贯穿于太极拳的一招一式。太极拳技法巧妙，周身一动，处处皆体现着阴阳变化，如进退、虚实、开合、左顾、右盼等的即时变化，故言之“妙手一运一太极”。太极拳在攻防两端的阴阳变化令人捉摸不定，看似引化，可瞬时变劲发人于不知；看似发人，亦可以发为化，引进落空。每一技法的运用，均通过阴阳虚实的瞬间转化得以完成。势无定势，招无定招，完全依随对手之力，自如运转，相机制敌。

778. 走不离粘，退不忘撵

【意释】

走化不离粘连，退步不忘撵随。

【说明】

此谚语强调在实战中要善于运用粘撵劲力。粘连黏随是太极拳的主要技术要领，粘（黏）要轻灵准确，如此可使技法灵活多变；撵（随）劲要控制劲力走向，使其不能轻易走化或蓄发。太极拳走化不离粘连，时时处处顺应的同时，也于顺中有控；对手撤步退守时不忘记撵随，紧随对手劲力不放。总之，做到“粘紧连，撵相随”，才能有效控制对方的劲力变化。

779. 化即是打，打即是化

【意释】

化防就是进打，进打就是化防。

【说明】

此谚语旨在强调要辩证地看待进攻与防守、化劲与打劲之间的关系。就攻防而言，打与化是一刚一柔的不同劲力类别，两者相互依存。化劲孕育着打，打劲包含着化，化与打相辅相成。化防是为了以化为进，进身击打。进打是为了及时化防。太极拳实战要注意虚实劲力的迅速转化，通过有效控制对手劲力的转换，做到虚中有实，实中含虚，在虚实变化之中化解对方劲力，实现有效击打。

780. 动急则急应，动缓则缓随

【意释】

对方动作急速，我则急速应对；对方动作缓慢，我亦缓慢相随。

【说明】

此谚语强调太极拳技法因敌变化的特征。此句出自王宗岳《太极拳论》，意指双方在切磋过程中，可通过听劲、目视等方法来感受对方劲力发放的变化和意图，进而根据对方目的来采取相应招式进行应对。“动急则急应，动缓则缓随”可以说是对技术熟练程度的描述。“动急则急应”并非慌乱应招，而是劲在势先，意在劲先，反应灵敏，变化灵活，总比对方先手。这就是“彼不动，己不动；彼微动，而己意先动”的意思。同理，“动缓则缓随”也是即时调整自己劲势轻重缓急，以意控劲、以劲控势，起到不丢不顶、粘黏连随、无过不及、守中固己的作用。因为“动缓”一则听劲足，变化灵；二则劲易蓄，蓄则能化能发，我若盲动反而易造成被动。比如对方缓退我盲进，易被对方引化；对方缓进我盲退，易被对方逼近发出。所以，“动急则急应，动缓则缓随”是推手中训练和体悟对手变化的应变能力。

781. 进之则愈长，退之则愈促

【意释】

对方进身，我则愈加深远令其不可触及；对方退身，我则愈加紧促令其不可躲避。

【说明】

此谚语是太极拳的进退技术要诀。此句出自王宗岳《太极拳论》：“仰之则弥高，俯之则弥深；进之则愈长，退之则愈促。”意为当对方进身攻击时，我则顺接其势、劲进行延长引化，使其攻势、劲力殆尽，无法触及我身。当对方退身回防时，我则应随其退势，急促紧跟，逼其重心落空，无处躲避。进退灵活需要手法、身法、步法的协同配合，一进俱进，一退俱退。

782. 一步进裆，神鬼难防

【意释】

步法一旦踩进对方裆下位置，即使神鬼也难再防住。

【说明】

此谚语重点强调了实战中脚踏中门的重要性。其主要原因有二：首先，裆部是人体要害部位，极为脆弱，一旦被对手进裆，就很难防守，易被重伤。其次，裆部位于人体重心轴，被对手进裆会致使重心不稳，身体失衡。太极拳中有诸多进步方式，其目的即在于破坏对方重心，配合相应技法瞬间制敌。该谚语也旨在指出，两人交手应注重下盘的防守，防止对方“一步进裆”，同时也要加强重心稳固的训练，保证身体的平衡协调。

783. 捋手不引进，必然使拙劲

【意释】

用捋不能引进落空，发劲必然拙笨。

【说明】

此谚语主要强调了捋劲的技法特点。太极拳有歌诀：“捋劲意何解，引导使之前，顺其来势力，轻灵不丢顶，引之使延长，力尽自然空，重心自维持，莫被他人乘。”从中可看出，捋法的技击原理即引导对方来力，使其尽可能延长殆尽以致最终落空。如果引进不彻底，便会与对手形成顶抗之力，如此再行发力必然笨拙，难以奏效。

784. 由己则滞，从人则活

【意释】

由着自己则劲力滞塞，顺着对手则劲力圆活。

【说明】

此谚语强调太极拳的劲力生发应顺人而施。拳谚云："能舍己从人，才能随心所欲。"太极拳讲求招灵劲活，以对手变化而变化，不可盲目变化，肆意发劲。完全顺由自己发劲，很容易受制于人，劲力滞塞难以催发。只有顺应对手，根据对方劲力变化采取相应对策，才能顺其势，借其劲，不顶不抗，借力打力。如此，不仅可在顺势借劲中防护己身，也可在此过程中谋求进攻时机，还可保证劲力圆活，攻防自如。

785. 太极不借力，老汉也难敌

【意释】

用太极拳而不会借力，连老汉也打不过。

【说明】

类似拳谚有"太极拳法理唯一，顺人之势借人力。"

此谚语强调了太极拳借力打人的技法特点。太极拳主张以柔化力、引进落空、借力打力，若不会借力用力，一味蛮拼硬打，很难占据优势。所谓"无力打有力，手慢打手快"，太极拳只有善于发挥自身优势，以"无力"化"有力"，借力发人，才能做到"四两拨千斤"。明代俞大猷《剑经》亦云："须知他出力在何处，我不于此处与他斗力，姑且忍之。待其旧力略过，新力未发，然后乘之，所以顺人之势，借人之力也。"这说明了顺人之势、借人之力的重要性。所以，在练习过程中，若练劲而不懂劲，练功而不懂功，练到最后也只能是"无用之功"。

786. 先以心使身，从人不从己，后身能从心，由己仍从人

【意释】

初学以意识支配身体，劲力顺着对方而非自己；熟练后身体能随着意识变化，劲力顺着自己也顺着对方。

【说明】

此语重点说明了太极拳在不同习练阶段，意识与身体以及从人与从己的关系变化。对于初学者，行拳过程以意识支配身体，招式劲力随对手变化而变化。在

此阶段，拳术不精熟，劲力不自主，尚处于“从人”层面。当熟练掌握太极拳技后，招式技法的转化即可随意识而动，与人交手也可自如掌控劲力变化，既顺从自己，也应顺他人，即“由己仍从人”。

初始阶段“从人不从己”，是由于技术动作尚未定型，“从己”会导致技术动作变形走样以及劲力僵化生硬，而当技术动作进入自动化阶段后，意识就可以较好地掌控技术规范与劲力运化，从而实现由“不从己”到“由己”的关系转变。

787. 面前有手不见手，胸前有肘不见肘

【意释】

手在面前却变化莫测，让人不能预料，肘在胸前却变幻无常，让人无从捉摸。

【说明】

此谚语强调太极拳中手与肘的技法变化要迅速。“面前有手不见手”是指虽然太极拳在练习时较为舒缓，但实际运用时的手法招式却灵活迅捷、变化莫测，一个手法可根据对手攻防变换出多种连带技法，让对手难以预料。“胸前有肘不见肘”是指太极拳练习时两肘自然下沉，运动过程中肘不离胸。在实际运用中，以“圆”为主要技法路线的运动方式，使得肘法变化尤为巧妙，其顶、撞、盘、压的技法转换常令对手难以捉摸。如此，在切磋中，手和肘施招及变换速度要非常快，做到打无影，去无踪，让对手无从反应；若速度迟缓，就很容易被对手攻击，难以逃脱。

788. 上下一条线，两手围着纵轴转

【意释】

身体上下保持在一条线上，两手随身体纵轴而转动。

【说明】

此谚语强调了太极拳两手技法应围绕身体纵轴运转。“上下一条线”，

即从头顶至尾闾要保持在一条线上，头顶上顶，尾闾下垂，上下一线，有利于身体保持蓄劲待发之势。“两手围着纵轴转”的原理有二：其一，围绕纵轴，重心不变，有利于身体保持平衡；其二，身体平衡有利于保障连续施招的速度与力度。

789. 得机得势借人力，指拨千斤巨人跌

【意释】

抓住时机，占据形势，借其来力，以手指即可拨动千斤巨力使人跌倒。

【说明】

此语阐明了太极拳顺势借力、以巧胜拙、以小搏大的技法特点。王宗岳《打手歌》云：“任他巨力来打我，牵动四两拨千斤。”假设对方千斤巨力来袭，应看准时机闪避对手正面进攻，迅速移至有利位置，而后顺其力来方向捋带化解，使对手劲力无法起到作用，反而因重心失衡，做到以小取大，以巧胜拙。太极拳不是强打硬上的拳种，讲究巧妙借化对方劲力，追求“舍己从人”高超境界。在实战中，要抓住时机，借助对手之力以增加己身之力，采用智取巧胜的策略进而制敌。

790. 金肩银胸锡蜡肚

【意释】

在太极推手中，肩比胸重要，胸比肚关键。

【说明】

此谚语强调太极推手中不同人体部位的作用。太极拳所有动作、技法围绕“圆”而产生，也遵循“圆”的特性而运用。在太极推手中，肩膀运化劲力的作用尤为突出，肩部的转动和高度放松，能使上肢、胸、背等处全部放松下来，从而达到上肢轻松灵活，下肢沉实稳固。同时，肩靠或以肩带动的技法在进攻时频繁使用。胸部位于人体纵轴之上，在攻防两端，胸不仅可通过含胸化解劲力，也可用于顶撞对手。而腹部位于身体重心位置，其作用往往在于辅助劲力的化解与

蓄发。太极拳劲走曲线不断变化，浑身上下各个部位都各有其用，正如此谚语所述，是太极拳前辈的经验总结。

791. 出手指中线，打轮不折点

【意释】

进攻要指向对手身体中线，推手要圆顺而无棱角。

【说明】

此谚语强调太极拳进攻时应以对方中线为指向。打轮是太极推手的俗称，推手过程中要圆活不能有棱角。人体中线不仅有要害部位，且是身体重心，一旦中线被破防，极易受伤与失衡。折点就是所说的棱角，在推手过程中接、引、化皆需圆顺，手臂、手腕、腿部、肩部、胸部、背部等不可有折点，如此才易于化解对手劲力，也易于进攻对手。

792. 走架即是打手，打手即是走架

【意释】

练习拳架即为运用，似在与人推手；练习推手即为检验，似在自练拳架。

【说明】

此谚语是阐明太极拳走架和推手的辩证关系。

太极拳由套路（也被称为“走架子”和“盘架子”）和推手两个重要部分组成，谚语中“走架”是指太极拳套路练习。因为，每个动作的“手、眼、身、法、步”都很细腻严谨，因而称为“盘架子”，其主要目的在于要掌握推手的基本技术动作和发力方法。走架是知己功夫，在与无形的人推手，而推手练习则是对走架子的检验。最终，练习拳架与推手相互融通，互为彼此。

793. 太极犯双重，到老依旧空

【意释】

练太极拳犯双重之病，练到老也没有功夫。

【说明】

所谓“偏沉则随，双重则滞”，习练太极拳，忌讳双重之病，是因为双重则虚实、轻重、急缓变化不灵，也即阴阳不明，自然身法呆滞，难于应用，正如《太极拳论》所云：“每见数年纯功不能运化者，率皆自为人制，双重之病未悟耳。”

794. 体松静气内外合，虚实刚柔聚一身

【意释】

放松身体气息平静内外合一，虚实刚柔一身俱备。

【说明】

此谚语是对太极拳练用要领的概述，即体态松静，平心静气，呼吸自然，内外合一，虚实刚柔兼备，且心、意、气、神、形完整合一。练用时劲力要刚柔相济，步法移动时要虚实转换，脊柱旋转时要轻灵圆活，发力时要积聚一身，上下相随，周身完整统一。在打拳时，应按照要求进行练习，才能达到练习的最佳效果。

795. 天天走太极，治病又防身

【意释】

天天练习太极拳，既能强身健体又能防身自卫。

【说明】

此谚语强调太极拳具有健身养生和防身自卫的作用。谚语云：“内练精气神，外练手眼身”“外练筋骨皮，内练一口气”等，说明长期练习太极拳对人体外部形态和内部器官具有良好的强身健体的作用。另外，太极拳还具有攻防技击的作用，通过走架与推手，提升招式的实际运用能力，以提升技击实战能力，从而起到防身自卫的效果。

796. 气功太极拳，常练成铁汉

【意释】

经常练习太极拳和气功，身体如铁汉般强壮。

【说明】

此谚语强调太极拳具有健身价值。太极拳具有行云流水般的艺术美感，又具有疏通经络、调理气血的功效，是强身健体的一项运动。太极拳的养生健身功效越来越受到国内外学者和专家的重视，被称为“中国慢芭蕾”，并对其展开研究。依据中医理论，太极拳运动实则为一种“以意导气”“以气运身”的导引术和吐纳法，通过呼吸来调节气血、疏通经络，是其达到强身健体的主要原因。经常练习太极拳能提高身体素质，增强免疫力，促进新陈代谢，协调脏腑的正常运行，且有利于达到身心和谐的境界。

797. 会不会，金刚大捣碓

【意释】

会不会太极拳，通过金刚大捣碓的演练就能显示出来。

【说明】

此谚语说明金刚大捣碓在太极拳中的重要地位。金刚捣碓是太极拳的典型代表动作，可体现出步法、身法、手法、进退、引化等技法要点。金刚大捣碓曾是太极拳秘不外传的招式，历来受到众多太极拳家的重视。拳谚“太极拳，会不会，来个金刚大捣碓”，充分体现了该招式在太极拳中的重要地位。

形意拳

798. 打遍天下老鸡形

【意释】

鸡形在心意六合拳技击中被广泛运用。

【说明】

此谚语意在说明心意六合拳中鸡形的适用性和普遍性。心意六合拳为形意拳前身，其技法要求为“鸡步龙身虎抱头，熊肩坠肘猴子相”。鸡步是心意六合拳主要的步型、步法，蕴藏着足踩、踢打、膝撞等技术。鸡步练习不但有利于心意六合拳基本腿法的练就，同时也是心意六合拳身法灵活多变的基础。

“老鸡形”不仅指步法的灵活运用和腿法的击打技术，同时也贯穿于劈、挑、肩、脚、打等技击方法。拳谚中“随高打高，随低打低，打遍天下，就如老鸡”，指的就是老鸡形在对敌时要手、脚和身法并用，敢打敢拼，上下齐动，快速灵活，使敌难防，因此有“打遍天下老鸡形”之说。

799. 要学形意拳，先站三年桩

【意释】

站桩是练习形意拳的基础。

【说明】

形意拳，又称行意拳、心意拳等，与太极拳、八卦掌齐名，是中国三大内家拳之一。形意拳以五行拳（劈、崩、钻、炮、横）和十二形拳（龙、虎、猴、马、鸡、鹞、燕、蛇、鼍、骀、鹰、熊）为基本拳法。形意拳基本桩法为三体式，也是学练形意拳最重要的基本功。三体式桩法包含了形意拳对人体各部位在练拳时需注意的24条法则，简称“二十四法”。所有形意拳技法都离不开“二十四法”所规定的基本法则，各种拳路动作尽管变化万端，但原理和要领都与三体式相一致，故有“万法出于三体式”之说。学练形意拳必须要先学习形意拳的基本桩法，在站桩的过程中掌握拳法原理、矫正身法姿态，而站桩是一个长期过程，又有“要学形意拳，先站三年桩”的说法。

800. 万法出自三体式

【意释】

形意拳各种技法均衍生自三体式。

【说明】

三体式是形意拳基础桩法，也是最为重要的桩法。形意拳的各种招式技法均由三体式衍生而出，所以，习练形意拳要从站三体式桩开始。三体式桩站到一定程度，可以形成形意拳内外合一的境界，即内三合（心与意合、意与气合、气与力合）和外三合（手与足合、肘与膝合、肩与胯合）内外相合。通过站桩还可以使练习者体会身体各部姿势要领，养成正确动作定型，进而达到培养内在力量、调节内气的作用。因此形意拳注重三体式桩法的修习，各种技术招法都是在三体式桩法的基础上产生的。

801. 三劈不如一站

【意释】

多练劈拳不如适度站桩。

【注释】

劈：劈拳，形意拳中五行拳的一种拳法。

【说明】

此谚语意在突出形意拳站桩的重要性。形意拳以五行拳（劈、崩、钻、炮、横）和十二形拳（龙、虎、猴、马、鸡、鹞、燕、蛇、鼍、骀、鹰、熊）为基本拳法，以三体式为基本桩功。劈拳以桩为拳，是形意拳中威力大、简单实用的拳法之一，其动作自三体式开始，是三体式的变化。技法特点表现为不动为三体式，动则为劈拳，因而练劈拳必定要有桩功基础。多站三体式桩有利于功夫更快地上身，具有纠正身法形态、体会拳劲、增长气力、内外相合的作用。只有三体式练得足够扎实，习练形意拳才能达到事半功倍的效果。

802. 少练三体式，老来浑圆桩

【意释】

年轻时多练三体式，老年时多练浑圆桩。

【说明】

此谚语主要说明不同的桩功，对于不同年龄练习者的不同作用，应根据实际情况选择相应的桩法练习。浑圆桩与三体式同属形意拳桩法体系，动作要领大体相同，但两手和两脚摆放位置和意念松紧程度不同。浑圆桩步法以半马步为主，

着重意念放松，达到周身气息浑然一体。它不但对内脏起到良好的调节作用，也可调养人的精、气、神，并使周身劲力得到充实，有助于习练者增强功力、调养身心，适合体弱者和老年人练习。相比较而言，三体式桩步以虚步为主，姿势要领繁多，对身体素质要求较高，消耗体力较大，对功力增长效果也较为明显。因此，年轻人应该多练三体式，但对于老年人而言不宜多练。

803. 心意诚于中，肢体形于外

【意释】

内在心意是什么样子，外在肢体就表现出来。

【说明】

此谚语在于强调形意拳中意和形的关系。形意拳追求意动身随，内意和外形要高度统一。无论是演练套路，还是与人较技，形意拳的一举一动，都要心中有意、以意领先。攻防进退，吞吐趋避，所有的动作也都在意识指导下进行。

形意拳将搏杀动作寓于模仿各种动物的特点之中，象形取意是其特点。无论何种形意拳，其技法都是“意”的外在表现，如劈拳有似斧劈物之意，崩拳似箭有射物之意，虎形有猛虎扑食之勇，蛇形似草上飞有拨草之能等。此外，通过意的内动，还可以增强其对中枢神经系统功能的刺激，进一步强化身体的协调功能。

804. 收如猫伏，纵如虎放

【意释】

收束如小猫蜷伏，纵放如猛虎蹿身。

【说明】

形意拳尤其强调收与纵的对比，要求收束如小猫蜷伏，聚、合、紧、整；纵放如猛虎蹿身，开、展、疾、猛。收与纵实则为身法中的阴阳两端，能收能纵、收纵自如，才可阴阳变化令人难防，因而才有“能大能小是条龙，只能小不能大是条虫”的说法。

805. 静如山岳，动则崩翻

【意释】

静时如山岳般沉稳，动时则如山崩岳翻般猛烈。

【说明】

此谚语主要讲的是武术练用要动静结合、相辅相成。太极拳《十三势行功心解》中有“静如山岳，动如江河，蓄劲如开弓，发劲如放箭”之说，讲的即是太极拳中动与静的技法要求。在形意拳中，如修习三体式时，应呈现出静时如山岳般沉稳，一旦由“三体式”变为“劈拳”，则要瞬间聚力，顷刻生发。强调静时极稳，动时极迅。

806. 身动时如崩墙倒，脚落时如树栽根

【意释】

动身势急速快如墙崩塌，落脚沉稳扎实如树栽根。

【说明】

此谚语主要讲的是形意拳身法和步法的技法要领。形意拳起身进攻时，劲力的催生不仅有向前的力，也有向下坠落之力，进步发力讲求“刹车劲”。身体移动要势急身快，犹如墙体瞬间崩塌毫无预兆，势大力沉，劲发惊炸，使人难防。

形意拳的步法尤为重要，劲由根生。在使用技法时，首先要步法和身法“吃”进去才能力及对手，将其跌出，步法要做到稳且活。进攻时应步步稳健如树生根，只有下盘步法稳固，才能借助脚蹬地之力，经过腿、腰、肩、臂的传递，最终达于手。

807. 起如钢锉，落如钩竿

【意释】

起手钻拧如钢锉，落手挂搂似钩竿。

【说明】

同类谚语有："出如钢锉，回如钩竿。出手要抖，回手要勾。"

此谚语主要说明的是形意拳技法要点。"起如钢锉"是指双手双臂向前击出时，要具有拧裹、挤摩、挫顶之劲力，恰如手握钢锉锉物，如此，劲力生发才能"聚、合、整"。"落如钩竿"也称为"回手似钩竿"，意为回手不可空回，应含有勾、搂、压、按、捋、带的劲力。一是可避免对手趁我"旧力略过，新力未生"之际发起反攻，二是可将对手勾住或搭手趁机施拿法。做到出手有招，回手有法，两臂攻防作用可充分发挥，拳式变化紧凑无间，使敌防无可防。

808. 意发势随人难防，气动力追勇自生

【意释】

意识发动则拳势紧随，令人难以提防；内气动转则劲力紧追，勇猛自然而生。

【说明】

该谚语指出了意、技、气、力协调配合的重要性。意发则势随，气动则力追，是经过长期训练后身体内外和谐的一种表现状态。在此状态下，施技者的身体各器官、肌肉群积极调动、协调配合，给人一种意到势到、身法自然、气顺力达、劲力充沛的感觉，在气势上占据优势，技法上也令人难以防范。

809. 发步进人须进身，身手齐到方为真

【意释】

上步进攻时身体必须跟进，身和手同时攻到才符合技法规律。

【说明】

同类谚语有："进招须要先进身，手脚齐到方为真。""上法须要先上身，手脚齐到方为真。"

此谚语主要强调的是步法、身法和手法要相互配合，协调运用。以形意拳为例，形意拳打法多为直行直进，"进人"就是靠近对方身体，一是可破坏对方重心，卸掉其防守；二是有利于直接、快速、准确地运用技法重创对手。

"身手齐到方为真"，一是指进身攻击时，要借助进身的惯性和脚蹬地以及

转腰所产生的力量，通过手来发出，故要身、脚、手齐到方显威力。二要注意的是，一旦近身，敌我距离拉近，双方都处于对方有效攻击范围内，因而需要尽早以身催拳完成进攻动作，从而抢占先机获得主动。如果是“步到手未到”或者“手到步未到”都会陷入被动。没有办法及时进攻或是虽然有进攻动作但劲力不足，都难以有效控制对手。

810. 不知起落枉伶俐，不知进退枉学艺

【意释】

不懂得起落之要，枉自身法灵活；不懂得进退之道，枉自学习武技。

【说明】

此谚语强调的是武术身法的起伏变化和攻防进退的重要性。练习武术讲究“阴阳动静起落进退”的变化，身法的好坏是评价功夫高低的重要标准。身法转换的灵活巧妙要有重心的起伏变化，一是多方位的来回移动可以迷惑对手，使其难以找到适合的出手角度和出手机会；二是有利于伺机寻找对手破绽，从而有效进攻对方。

重心的起伏变化还体现在攻防进退上，拳谚有“进步宜低，退步要高”之说，即为进步时降低重心，有利于增强身体稳定性，还可使身体紧凑，减小攻击目标，增加对方攻击难度；退步时要提高重心，不仅有利于维持身体后撤时的身体平衡，还有助于脚步的灵活运用。进与退是衡量进攻与防守能力的重要标准，攻防进退需见机而动，有利于打乱对方防守和进攻节奏，达到优良技击效果。

811. 迈步如犁行地，落地如树生根

【意释】

迈步时脚要贴地前行如犁耕地，落地时脚要沉稳扎实如树生根。

【说明】

同类谚语有：“迈步如行犁，落地似生根。”

此谚语主要指出了形意拳中步法的技法要领。形意拳的步法要领为“犁行踩砸，疾动紧随”，迈步时脚要贴近地面，似排开阻物般向前推进，犹如犁地一

般。形意拳进步打拳时讲究“刹车劲”，进身落步时对往前快速跟进的身体有一个制动，这要求全脚掌着地，五趾抓地，沉稳踏实，如树生根一样，落步是为了实施具体的技法，脚步不稳就会影响劲力的发出。

812. 磨经磨胫，意气响连声

【意释】

两手臂、两胫骨相磨而行，意与气相互催发而出响声。

【说明】

类似拳谚有：“磨经磨胫意气响连声。”

此谚语主要讲的是形意拳手脚的起钻要法。“磨经”是指上肢，即后手沿前肘与前手沿后肘相磨而行，充分体现形意拳“打中护中”的技击特点。“磨胫”是指踝骨相摩产生瞬间阻力使脚产生弹射劲力。形意拳在进步时要求两脚紧贴着移动，动作要领为提肛、两条大腿夹紧。形意拳的磨胫步意气相连，迈步稳健有力，有利于六合整劲的发放。

“意气响连声”指的是形意拳整劲发出会有声响，一是脚步落地时的声音，双脚落地时踏地之响；二是由嘴发出“咦”的声音，这是整劲从丹田深处发出、由内气内劲激荡而形成的“雷音”；三是两臂、两腿胫骨摩擦和身体震荡产生的衣服摩擦和震抖的声音。形意拳功夫高深者，单凭打拳时的声响就能判断其水平。

813. 脚踩中门夯落空，消息全凭后足蹬

【意释】

前脚要准确踩入对方中门，其中关键全靠后足蹬地。

【说明】

此谚语讲的是形意拳中双脚在步法行进中的不同作用。形意拳技击特点鲜明，进攻要求拳要握紧，步法平稳，脚要落实，发势迅猛，劲力饱满。形意拳步法以直进直出为主，“护中夺中”是形意拳最重要的技法特点之一，其优势在于攻击距离最短，能直击对手要害。

进步攻击时，前脚要踩入对方中路，不要落空，脚贴地面如犁行。“消息全凭后足蹬”是指形意拳进身击打的劲力来源，全由后脚用力蹬地所形成的推进力供给。上肢则要求两手争衡对拨，彼此呼应。两前臂要内外旋转，似拧绳一般，起落钻翻，拧裹进退。手脚齐进齐落，拳法与步法协调一致，方能进攻势大力沉、效果明显。

814. 心如火药，拳如子，灵机一动鸟难飞

【意释】

心神如火药，拳发如飞弹，心神动则拳发令人难逃，好似飞弹击鸟令鸟难飞。

【说明】

同类谚语有：“身似弓弦手似箭，弦响鸟落见神奇。”“身如弓弩拳如弹，弦响鸟落见奇鲜。”

此谚语主要讲的是武术技击中要意往拳到，动作迅疾。与敌相抗时，意念催动身体紧随，所施技法就会紧凑完整，劲力脆透顺达。在实战时，精神要集中，方能做到灵动、快速。一旦抓住时机进攻，就要意志坚决，绝不手软，出手快、准、狠，每一招都要给对方造成杀伤。因此，在对敌时心为主导、拳为心使、心往拳到、目标难逃，就如同火药催动子弹将空中飞翔的鸟打落一般。

815. 前手打人，后手使劲

【意释】

前手进攻发招，后手发劲催逼。

【说明】

此谚语指出了前后手的配合要点。普遍而言，前手在进攻中用于发招，或是实招出击，或是虚招诱敌，后手则处于蓄劲待发，与前手互换催逼的状态。前后手的配合互换需在瞬间完成。前后手连续出招是以脊柱为中轴进行运动，前后手要配重平衡，当后手收回力量加大时，前手为了维系二者间的平衡，击打时的速度、力量都会有所增加。如形意拳劈拳，前手进攻可向前、向下劈，一掌劈出，

含有撞、顶、挫、拧等多种劲法，可以控制对方出手，使其挑不动、拉不动、拨不动，此时后手则有向下压、拉、拧、按等劲法相配合，增强前手效果。

816. 不招不架，只是一下。犯了招架，十下八下

【意释】

对方来不及防守，我一招奏效。对方防守，我则连续发招。

【说明】

同类谚语有："不招不架只是一下，犯了招架便是十下。"

在武术实战中，两两交手往往在瞬间决出胜负，其紧要之处在于出手要快，令对方来不及防守，直中对手要害，如此可一招制敌。若对方已有防备或防御较好，一旦出击未中，不可迟疑犹豫，要顺势连续出招使敌难以防范。在日常训练中，要注重连贯技法的使用。因为，进攻时，与敌距离较近，攻防转换来不及思考，全凭日常训练中的技法组合形成动作自动化。

817. 起如虎之扑人，落如鹰之抓物

【意释】

起手钻扑疾猛如老虎，落手勾抓准狠似雄鹰。

【说明】

此谚语阐明了形意拳手法的技法要领。形意拳为象形拳，动作技法多以模仿动物形态而成。起手有模仿虎扑之意，要求如虎扑食，起钻迅疾，凶猛往上扑起。"落如鹰之抓物"是取鹰的捉拿之技，以迅雷不及掩耳之势袭击猎物的特点。以"鹰抓物"比喻落手，体现了落手时的迅猛稳健和可擒可抓的技法特点。

818. 沾实用力须开声，惊打一巧破千斤

【意释】

沾身实在后发力要出声配合，惊炸击打时用技巧可破千斤来力。

【说明】

此谚语指出形意拳发力需以声催力，讲求惊炸巧打。以声催力可以激发人体潜能，强化劲力发放的效果。发声前的憋气，有利于增加胸腹腔内压，反射性地加强骨骼肌张力。发声时以短促吐气配合技法，可增加其速度和力量。两人交手时，一旦形成沾身情状，即可迅速以声催力，既可给对方造成惊吓，也可因发声助力增大击打威力。再者，“惊打一巧破千斤”强调出击迅猛，瞬间爆发，以“惊炸”之势造成对方刹那犹豫，即便对方来力巨大，亦能以巧应对，从容化解。

819. 起如风，落如箭，打倒还嫌慢

【意释】

起手如风急，落手如箭快，已将对手打倒犹嫌速度过慢。

【说明】

同类谚语有：“起无形，落无踪，起如蛰龙升天，落如霹雳击敌。”“起如箭，落如风，追风赶月不放松。”

此谚语体现了形意拳快攻直取的技击特点。形意拳进攻要求起手与落手如风急、如箭快，不给对手留有攻防时机。这就要求手、脚、身的高度统一，一到俱到。一旦进攻，势如破竹，锐不可当，步法要求前步进，后步跟，快速连动，直逼对手。动作起势如风，突然而至，毫无预备，落时如离弦之箭，瞬间击中目标，动作一气呵成、快无可快，在心理上保持“打倒对手还嫌慢”的状态。

820. 遇敌犹如火烧身，硬打硬进无遮拦

【意释】

遇敌时犹如被火烧身般惊起而动，硬打硬进让对方无法抵挡。

【说明】

实战对敌并不是坐而论道，而是顷刻定胜负，时而甚至毫无准备，直接应战。与敌相遇时，应犹如火烧身般惊起而动，迅速调动全身各部的能动性，进入应战状态。“硬打硬进无遮拦”是指直接进攻目标，不可存有丝毫犹豫和迟疑。

实战双方不仅是斗勇竞技，也是心理较量，一方若意志坚毅一往无前，则会在很大程度上影响对方的心理状态，致使其手脚慌乱，逐渐落败。因此，不论技艺高低，首先要气势逼人，敢打敢拼，在心理上占据优势。

821. 前打一丈不为远，近者只在一寸间

【意释】

远打一丈之距不算远，近在一寸之内亦可击。

【说明】

同类谚语有："拳打丈外不为远，近者只在寸间变。"

此谚语在于说明攻击范围要可近可远，远可丈远，近可尺寸之间。击打目标主要依赖于速度、力量、位移等的综合之快。远距离进攻时，要运用迅疾的步法移动及出手速度，进身击敌，即便敌我间距一丈，也能瞬间拉近距离。当近距离击打时，不能运用放长击远的加速度来提高击打效果，而要依靠身体束展开合的变化技巧和"寸劲"的发放，尺寸间即可重创对手。

822. 武艺虽真窍不真，费尽心机枉劳神

【意释】

技法规范但诀窍不明，纵然费尽心思地苦练也是徒劳。

【注释】

窍：比喻事情的关键或要害。如：诀窍。

【说明】

此谚语在于强调学习武艺不仅要明白技法规范，更要明其诀窍。学习武技要知晓其内中诀窍，不仅要知其然，也要知其所以然。如形意拳，有内三合和外三合之分，因此，形意拳有"习练形意拳，务必内外兼修，神形合一，自虚无而起，自神无而还，习而悟之"的说法。若只顾外在的手、眼、身法、步等规范，而没有掌握内在意、气、力等的习练诀窍，就不能真正参透形意拳拳理，即使再刻苦努力练习，也难得其精华。

八卦掌

823. 好汉怕三穿

【意释】

面对三穿掌，好汉也要谨慎应对。

【说明】

此谚语强调了三穿掌在八卦掌中的代表性及其威力。三穿掌是八卦掌中用法最多也最活的掌法。一般为先后三掌连续穿出，空间轨迹呈侧立三角形，三个穿击点形成三棱形箭头形状。三穿掌每一掌皆要以腰作轴，因而周身一体，动作连续性较强，令对方应接不暇，防不胜防，所以有“好汉怕三穿”的说法。

824. 百练不如一走

【意释】

多次练拳不如适度走圈。

【注释】

走：此处指八卦掌的走圈。

【说明】

同类谚语有：“走为百练之祖。”“百练走为先。”

走圈是八卦掌步法练用的重要表现形式。腿为人体运动之根本，拳术中的进退躲闪均需要腿的参与，常练走圈可使腿力坚强而灵活，达到步法进退自如的目的。所以，八卦掌走圈过程中所进行的身法、步法训练，远比单一技法练习更为重要。因此，“走”是八卦掌的突出特点，也是最基本的练功方法。

825. 避正打斜，以正驱斜

【意释】

避开对方正面进攻，攻击其侧门；以我之正面进攻，击打对方侧门。

【注释】

斜：不正，歪斜。此处指身体的斜面弱侧。

【说明】

此谚语指出了八卦掌通过走转变招，以避开对手正面攻击的特点。同时，要以己身正面击打对方背势，也充分体现了八卦掌以巧取胜的战术原则。与敌交手时，八卦掌动作拧转走穿，使身体形成一种螺旋劲，适合踏偏门避开对方正面进攻，从而斜身反击。如此出掌隐蔽且突然，使对方防不胜防。

“以正驱斜”是指当运用步法变化、转换走圈，迫使对方拳走偏门斜身以对时，则无须再左右旋走，可以正身面敌，以便用最短的进攻路线快速出击或阻击对方攻势。董海川的入室弟子刘德宽，曾创编出走直线的直趟八卦掌，包括了许多正身对敌的八卦掌技法。

大成拳

826. 穿裆蛇形三顿首，梅花弹腿三炮锤

【意释】

大成拳“穿裆脚”“蛇形脚”和“夫子三顿首”技法，吸收了梅花拳、弹腿和三皇炮锤的内容。

【说明】

大成拳是王芗斋于20世纪20年代中期，在形意拳基础上吸取百家之长所创，又称意拳。其拳法体系包含站桩、试力、步法、发力、试声、推手、单操

手、断手、健武等技法。大成拳在实际应用上，除了使用形意拳中的劈、崩、钻、炮、横及十二形的方法之外，还吸收了八卦掌中的削掌、揭掌和掖掌以及太极拳中的“离粘随”等技法。至于大成拳中的“穿裆脚”“蛇形腿”和“夫子三顿首”的用法则是吸收梅花拳、弹腿和三皇炮锤的技法而成。

827. 力断意不断，意断神犹连，神连再生力，力量不空亡

【意释】

劲力断但意识不断，意识断但心神仍连系，心神连系可使劲力再生而不消亡。

【说明】

此谚语指出大成拳习练所要遵循的法则，与之类似的说法还有“神动、意动、力量动”。“神”和“意”都为大脑意识活动。大成拳将“神”“意”之区别认识为：“神”为“第一信号系统”，对于外界的动静变化最先感知。“意”为“第二信号系统”，是身体对外界变化产生的反应作出的判断。“神”为本能反应，而“意”则为主观能动反应。劲力的发出受“神”和“意”的控制和影响，而且“神”和“意”是劲力的主要链接，使劲力断而犹续。

828. 力在二争之间用，冷炸弹抖随意行

【意释】

劲力在阴阳两争之间运用，则冷、炸、弹、抖随意变化。

【说明】

争力，也称为两争力，贯穿于大成拳技击技法之中。大成拳主要练就全身处处有这种方向相反的争力，如一个伸掌的动作就蕴含有前伸后撤、上托下压、外撑内裹的力量。所以，大成拳招式技法，争力无所不争，也无处不争。如果能吃透劲力在两争之间的要诀，那么随后的冷、炸、弹、抖等不同形式的

劲力变化可随意而行、自然而发。

829. 不动之动速于动，极速之动犹不动

【意释】

蠕动快于外动，速度极快犹如未动。

【说明】

此谚语中的动是绝对的，而不动则是相对的。《大成拳谱》认为：“大成拳试力的动作，讲究大动不如小动，小动不如蠕动（蠕动即是姑荣、鼓蠕）。鼓蠕的动作虽微不可见，却是全身皆动。”“蠕动”是大成拳的重要发力方式，在站桩时的表现为外形（主要指手臂等大关节）相对不动，内动却生生不息。

近距离攻击对手时，可通过肌肉的内动松紧、筋膜的蠕动，将力以极小的幅度、极短的距离、极快的速度发出，这比身体大幅度的攻击速度要快得多，故说“不动之动速于动”。真正的快是让人来不及反应之快，有迅雷不及掩耳之势，对方未及反应，动作就已结束。因为“蠕动”幅度小、速度快、距离短，外形看似没有动，故说“极速之动犹不动”。

830. 抬腿就怕虎扑子

【意释】

抬腿进攻时就怕对方使用虎扑反击。

【说明】

此谚语的完整说法为“抬腿半边空，抬腿就怕虎扑子”，指抬腿进攻时就怕对方使用虎扑反击，因为起腿进攻时易失去平衡，遭虎扑冲撞则身体易摔跌。因此，运用腿法时要巧妙，注重隐蔽性，或拳脚相加让对方无法招架。踢法劲力来源于全身的整体配合，抬脚踢击的速度越快越好，要快出快收。

其他拳种

831. 里帘必争，来留去送

【意释】

抢占对方中线，对方进攻则吞其来势，对方后退则顺势而入。

【说明】

此谚语主要讲的是咏春拳的攻防理论。“里帘必争”体现的是咏春拳的中线理论，与敌相对要抢占中线，中线进攻距离最短，拳快力猛，对手难防。防守时也务必占据中线，有利于卸去对方进攻之力，从而将对方的攻击排斥在自己的防守圈外。

“来留”是指面对对方进攻时，不仅要将对手防住，还要尽可能将其留住，可利用咏春桥手相接，顺对方力的来势将其控制，即对方进攻时要吞其来势，牵其来力，引进落空。“去送”是指若对方强力击我，我可不与之硬接，而改变其进攻方向，并顺势加力让其失势；若对方抽手收回，我则顺势而入，跟进反击。

832. 不顶不硬，以巧力化千斤

【意释】

不顶抗不硬接，以巧劲化解对手千斤来力。

【说明】

此谚语体现的是咏春拳崇尚巧打的特点。咏春拳属我国南拳拳种，据传严咏春偶见白鹤与青蛇激烈争斗，她仔细观察后顿有所悟，于是将蛇鹤相斗的缠绕吞吐动作，结合南派少林拳法创编出咏春拳。咏春拳攻防中多采用闪身、贴身、近打等技法，动作敏捷、快速，刚柔相间，强调水无常形，式无常式，法贵应变。在与敌交手时，咏春拳崇尚卸力化力，以巧打御敌，而不是硬顶硬抗。咏春拳有一手对两手的化力方法，即“擒（按）头翘尾，擒尾翘头，擒中间飘膀起”，从而用巧劲化解对方千斤之力。此技法在太极拳等拳种中亦有所提及。

833. 太极八卦是一家

【意释】

太极拳和八卦掌技理相通。

【说明】

此谚语说明太极拳和八卦掌拳理相通。所谓“无极生太极，太极生两仪，两仪生四象，四象生八卦”。太极拳、八卦掌均是以中国传统哲学为背景，构建起自身指导性拳理的拳法。所以，太极拳里也有八卦的道理，八卦掌中同样蕴含着太极的理念。归根结底，二者指导思想是一致的。

834. 太极奸，八卦滑，论毒毒不过心意把

【意释】

太极拳借力打力，用劲灵巧；八卦掌身法多变，捉摸不定；心意把闯中硬进，招法狠毒。

【说明】

此谚语以“奸”“滑”“毒”三字，形象说明了太极拳、八卦掌、心意把三者在技击上的突出特色。以“中”言之，太极拳空中，八卦掌变中，心意把实中。空中而致奸巧，变中而致圆滑，实中而致狠毒。太极拳之奸，在引进落空，粘连黏随，借力打力，四两拨千斤。八卦掌之滑，在走转之活与身法之灵。八卦掌基本运动形式为绕圆走转，寻八卦八个方位连线以走圈，讲究纵横连环，随走随变。因此，走法滑，取滑之圆润、流利。由走法而带动身体姿势的转换，形成了八卦掌身法拧旋翻转、灵活变化、流转无方的运动特点与技击风格。

心意把，是河南少林寺中传习的一种散招练习法。有人考证认为此技是心意六合拳鼻祖姬际可“读书古寺”“传艺河南”时传留于少林寺的。心意把共二十大势，其名目有起势把、左右把、翻身把、地盘把、起纵把、腾挪把、亮翅把、展翅把、推上把等。心意把只有单势练习形式，无套路，直线往返练习。少林心意把的架势，与河南马学礼一系心意六合拳传人练习的拳架相近。少林心意把的

拳理载于《少林古传秘本拳谱》第一章“十法”。此“十法”与清雍正年间成文的《心意六合拳谱》第九章“六合十大要序”相同。故，有人也称“太极奸，八卦滑，心意（形意）狠”。其实，心意把、心意六合拳（心意拳）、形意拳，三者之间有着紧密的关联性，也都以硬打直撞、招法狠毒著称，而它们之所以能形成此风格，归根结底还在于内容简洁、形式简单的训练方法与理念。

835. 太极如摸鱼，八卦如推磨，形意如捉虾

【意释】

太极拳注重听劲，手法慢运如摸鱼；八卦掌走圈拧转，用劲多变如推磨；形意拳直发直取，轻出重收如捉虾。

【说明】

此谚语借“摸鱼”“推磨”“捉虾”，形象地概括了三大内家拳手法、用力以及劲力收发过程的技术特点。习练太极拳，其手法应如摸鱼一般，在缓慢移动的过程中，把握“听劲”。如在太极推手中，对练双方主要通过“听劲”来探知彼此用力特点。“八卦如推磨”，意指八卦掌用力特点。八卦掌“行步如趟泥，前行如坐轿”，其迈步力量不只有向前，还有向下碾转的劲力。同时，八卦掌招法的千变万化，亦是由此两股劲力的相互转化而来。形意拳简洁朴实，动作多直线往来，讲求快攻直取。此谚“形意如捉虾”，即是突出形意拳出手轻快、直发直取的特点。在《逝去的武林：一代形意拳大师口述历史》中认为：“练形意拳时，要如捉虾般，出手的时候很轻快，收手的时候，手上要带着‘东西’回来，这‘轻出重收’四字便是练拳口诀，千金不易。”

836. 太极妙中言，八卦制中言，形意直中言

【意释】

太极拳贵在引进落空之妙，八卦掌贵在控制对手之巧，形意拳贵在直进直取之功。

【说明】

太极拳讲求“借力打力”“四两拨千斤”，鲜有强攻直取。双方交手，尽可

能巧妙走化，无处受力，引进落空为能，体现拳术之“妙”。八卦掌通过走、转、拧、翻、推、托、带、领的“八法”运用及灵活组合，在身法、步法、招法的配合下，着力控制对手的出招、移动，尽显其控制之妙。形意拳“硬打硬进无遮拦”“直攻直取”的强悍风格，体现了“直”的特性。

837. 太极十年不出门，形意当年打死人

【意释】

太极拳学练用时较长，形意拳习练见效较快。

【说明】

太极拳的博大精深，不仅见于其外在招式，还体现于内在拳理。《太极拳论》有言，“由招熟而渐悟懂劲，由懂劲而阶及神明”，概括了太极拳习练的三个步骤，由一至三，需日积月累而成。就招式而言，学练太极拳需先站桩，体会“虚灵顶劲”“含胸拔背”等基本招式，此“三年一小成”；就懂劲阶段，要去除身体拙劲、蛮力，达到内在松柔，此“七年一中成”；就神明阶段，是领悟太极拳理的阶段，以至最终达到“刚柔相济”“随心所欲”，此“九年一大成”。由此而知，欲以太极对敌，非十年而不能为。

“形意当年打死人”，突出了形意拳的劲道与功力以及见效之快。有关形意拳劲力练习，主要通过桩功，其包含站桩、跑桩与走桩，主张通过桩功达到增力效果，提高实战能力。应敌之时，形意拳以意领气，以气催力，往往在瞬间发劲，使出拳具有较大穿透力。形意拳练习，只要方法正确，一般见效较快，故有“当年打死人”之说。

838. 八极，八极，脚不离地

【意释】

八极拳步法注重脚不离地。

【说明】

八极拳行进以震脚、碾步、闯步为主，有拥挫步、跺碾步与翻身跺子步法。“脚不离地”可由上述步法而知。如闯步，其要求：在一脚震地后，另一脚迅速

向前冲趟而出，以带身体向前闯出。此“冲趟”便要求“脚不离地”。脚“趟地”而出，便于蓄劲、发劲。除步法外，八极拳“脚不离地”亦体现在其腿法上。如八极“搓踢”，其技法要求踢腿击打点不高于对手膝关节，而落至膝关节以下，以此破坏对手脚下重心，达到以巧劲击倒对方的目的。此外，“身不舍正门，脚不可空存”，亦是对八极拳“脚不离地”的说明。

839. 洪门一头牛，打死不回头

【意释】

洪拳练用勇猛如牛，劲刚势烈，勇往直前。

【注释】

洪门：清朝民间秘密团体之一，又称洪帮。是从天地会发展出来的一个帮会，以反清复明为宗旨。相传以明太祖年号洪武的洪字为代称，入会者均称洪门或洪家兄弟。流行于长江、珠江流域，并在海外华侨中建立致公堂等组织。此处应指洪拳。

【说明】

洪门拳的代表拳术为“洪拳”，又称“红拳”。洪拳有湖北洪门拳、四川洪门拳之分。此谚“洪门一头牛”便是用来形容湖北洪门拳刚劲勇猛的技法特点。洪拳习练过程中，要求身正步稳，下盘沉实；发力时，要求转腰、合胯、扣膝、蹬腿，以便蓄力后猛力发劲，如此即如牛一般，冲劲十足，故有后文“打死不回头”一说，也旨在阐明洪拳技法招招相接，连绵不断，丝毫不给对方喘歇之机。

840. 八极参劈挂神鬼都害怕，劈挂参八极英雄叹莫及

【意释】

八极拳融合劈挂拳神鬼见了都害怕，劈挂拳融合八极拳英雄也感叹不及。

【注释】

参：①加入在内。②相间，夹杂。

【说明】

八极拳与劈挂拳可结合练用，进而达到技法互补、增强功力的效果。八极拳，属短打拳法，其动作刚猛，手法上讲求寸截寸拿、硬打硬开，这恰与劈挂拳“鞭子劲”的放长击远、回环往返互为补充。除击打范围外，两者的互补性还体现在彼此的技法特点上。八极拳讲求“熊步虎爪”，取熊之镇定、虎之威猛，而劈挂拳讲求“鹰翅蛇腰”，取鹰之轻灵、蛇之蜿蜒。此外，发力过程的相同点，又可使二者相辅相成。八极拳发力起于脚跟，经腰际，终于手指尖，因此具有极大爆发力；而劈挂拳所使“鞭子劲”亦是如此，其双脚如鞭把，腰如鞭杆，手如鞭梢，因此，其发劲又有“一举手则全身力”之说。

841. 练好螳螂手，无跤也会有

【意释】

练好螳螂拳，不练摔跤也会使用摔跤技法。

【说明】

螳螂拳，属象形拳种，取螳螂之勇而得名。《庄子·人间世》便有言：“汝不知夫螳螂乎？怒其臂以挡车辙，不知其不胜任也。”螳螂步法，多疾步连环，即“拖步”，俗称“拖挂步”。其具体技法为：以一足拖地，谓铁牛耕地；前进腿有踩踏，后退步有提插；腿法不多，以高腿不过肩，实腿不过胯为主，表现为步步是腿。尤其在实战中，以“拖挂步”对敌，可使对手频频摔跤，故有此谚。

842. 百折连腰尽无骨，一撒通身皆是手

【意释】

以腰相系曲折松柔好似全身无骨，一旦展放处处可击恰如通身是手。

【说明】

此谚语选自明代唐顺之《峨嵋道人拳歌》，该拳歌以峨眉派拳术为背景，形象描述了峨嵋道人拳技之高超。该谚所截取拳歌内容，旨在突出峨眉拳系的软功之柔韧。以腰为轴，依靠核心力量的传布与支撑，使得全身各处松柔若无骨，但却柔而不散，充满内力。如峨眉蛇行步（之字步），即体现了身法波浪如蛇的特

点。在技击时，通过肢体、技法的延展舒放，进行全面攻防，宛如通身是手。

843. 出手不离面，落手劈三山

【意释】

出手就要进攻对方面部，落手就劈击对方左颧骨、鼻梁和右颧骨。

【说明】

此谚语强调通背拳出手和落手的技击要点。通背拳，又称通臂拳，其手法主要有摔、拍、穿、劈、攒等。通背拳出手先为掌，以掌击面，落手直劈三山。人体面部左右颧骨和鼻梁三处因高于面部其他器官，而被喻为“三山”。同时，此“三山”亦是人体面部最易攻击和造成杀伤的部位，这对于讲求技击实用性的通背拳来说，无疑可作为最佳进攻选择。所以，通背拳出手便直攻面部，强调准、狠，以达到攻击效果。

844. 身展一寸，手长一尺

【意释】

身体延展一寸，手可远击一尺。

【说明】

通背拳，又称通臂拳。“通”，即通达的意思。“通背”，则需腰背发力，经肩达臂，以放长击远。其技法主要要求为：展身，展肩，以带动两臂尽力向前、向上抡转，以达放长击远的目的，所以有此谚“身展一寸，手长一尺”之说。

845. 收拳犹如弓拉满，出拳好似放弩箭

【意释】

收拳时身体如满弓饱含劲力，出拳迅疾好似弩箭发射。

【说明】

此谚语强调通背拳特有的身法、手法、劲力等特点。通背拳技击主张放长击

远，所以整个出击过程，需腰、背、肩、拳协同用力。通臂拳以腰发劲，是蓄劲与发劲的动力点，此谚中“弓拉满”，即以腰蓄劲，背部呈浅弧形。通背拳劲法讲求冷、急、脆、快，劲力由脊背而发，经肩、肘、腕，直达手指。所以以拳发劲，有“掌肩似箭”“出拳好似放弩箭”的说法。

846. 琵琶骨活如扇，两手相连似星串

【意释】

肩胛骨灵活如摇扇，两手运使相互连系好似星串。

【注释】

琵琶骨：指肩胛骨。其运动主要有上提、下抑、外旋、内旋、外展、内收6种形态。

【说明】

通臂拳技法主张松肩展背、抡臂成圆。其劲力以腰发出，传至肩背，终至手掌。以展肩带动双臂抡打，需将肩背柔韧性尽力放大。“琵琶骨”是肩部抡转的主要连接点，其外展幅度的增大，可带动整个肩膀扩展，从而使肩膀如扇般进行外展与内旋，所以又有“两膀活如扇”之说。通背手法主要有摔、拍、穿、劈、攒等，两手相连似星串，即体现了手法的连续与快速。

847. 两膀活如扇，法由手中出

【意释】

两肩膀灵活如摇扇，各种技法均由两手变化而出。

【说明】

“两膀活如扇”已于上条谚语中作出解释。通背拳劲力发放于腰，经肩背，抵手臂，其整个劲力传递过程需贯通一体，灵活协调。手作为手法变化的最后一个环节，是最终体现各种手法变化的部位所在，故说“法由手中出”。同时，两膀活如扇，也为手法的繁复变化奠定了基础。

848. 掌如绵，臂如鞭，拳打如抽鞭

【意释】

两掌松软如绵，两臂松柔如鞭，打拳冷弹脆快如抽鞭。

【说明】

通臂拳掌法，以柔活舒展、轻舒自然为特点。两臂柔软如鞭，却又柔中有刚，其“刚”主要由冷、急、脆、快、硬等劲法表现出来。通臂拳出拳特点为“出拳不见拳，点到才变拳”，讲求出拳时先为掌，以最快速度如鞭甩出，在贴近敌人时，迅速变拳出击。其拳法为中拳，拳形讲求四指握拳，中指凸出呈尖。中拳出如钻，疾如风，两臂交换使出，锐不可当。

849. 一见屁股掉，便是戳脚到

【意释】

一见屁股掉转，就是要使用戳脚技法。

【说明】

“手打三分，脚踢七分”的戳脚，是一种以腿法为主的拳种。其腿法主要有砸丁、后挑、踹、拐、点、蹶、蹬等。戳脚技法主张以臀部发腿，由脊背出手，此谚“屁股掉”便是配合戳脚腿法而进行的。戳脚腿法中，以前踢腿接后踢腿最为厉害，“屁股掉”即是两个动作之间的连接点。“屁股掉”，指戳脚中的转臀动作。在由前踢转为后踢时，需经碾脚、拧腰、掉臀，而后后腿才能顺利踢起以击敌。

850. 蹶子脚，看家宝

【意释】

蹶子脚是戳脚的核心技术。

【说明】

戳脚文趟子具有架小紧凑、灵活善变等技法特点。此谚语中的蹶子腿，即是戳脚文趟子中的重要技击腿法。蹶子脚分高、中、低三盘，三盘踢法无大区别，只是位置上的改变，其高可至头，中至胸腹，低至裆。蹶子脚发腿明快、猛烈，体现了文趟子拳绵里藏针、寓刚于柔、后发制人等特点。练得好，可断石条、破木柱。

851. 虚虚实实难招架，指上打下手飞翻

【意释】

虚实互生让人难以防护，手法指上打下翻转灵巧、快速多变。

【说明】

戳脚翻子兼具戳脚脚法之灵活、翻子拳手法之密集的特点，因而表现为手脚兼备、手重防上、脚重击下的特点。其基本技法主要有，上肢以冲、劈、搂、挑、崩为宗，砸、扣、裹、带、封为系，在技击运用中手法多灵活、快速多变。下肢有勾、拦、扫、弹、踢。注重上下肢配合，虚实结合，在变化中击打对手，使其难以招架。戳脚翻子同时突出“翻”字，突出拳脚并用之变化，即上翻下、左翻右、手翻足等技法。

852. 忽进忽退应机变，转还回打急如电

【意释】

忽进忽退随机而变，在盘旋折返中来回击打急速如电。

【说明】

此谚语强调戳脚翻子技法运用的特点。戳脚翻子要求腿功的运用，应练得像骆䮝那样灵活多变，可随机应变，忽进忽退，进退自如。在攻防技击中，戳脚翻子的旋身法为来回盘旋，折返不定。所以，在保证两脚移动范围的同时，需提高旋转，才可回打“急如电”。

853. 出手拳掌打，回手鹰爪抓，双拳密如雨，脆快一挂鞭

【意释】

出手以拳掌击打，回手如鹰爪回抓，双拳出击密集如雨，劲脆速快好似一挂鞭响。

【说明】

此谚语反映了翻子拳技法的主要特点。出手时以拳或掌进行攻击，若未击中，还可以鹰爪收手进行抓带，再寻进攻时机。翻子拳拳派较多，在河北、京津传习的有燕青翻子、寸翻子、鹰爪翻子等。此谚语中的“出手拳掌打，回手鹰爪抓”，即突出了鹰爪翻子的出拳特点：出手拳，回手爪。翻子拳双手出击时密集如雨，劲力脆快如鞭响，体现了其拳法劲力变化迅速的特点。

854. 形醉意不醉，步醉心不醉

【意释】

形态看似倒歪如醉，意识实则清醒；步态看似凌乱如醉，心神实则清醒。

【说明】

醉拳，是模仿醉汉状态而创的象形拳术。习练时，如同人喝醉般，步伐琐碎，左晃右歪，手法亦似无招可施，但实际上只是“形醉意不醉”，其意识仍处在高度戒备状态，随时可攻可防，暗含着醉拳的攻防技法，如闪展腾挪、虚守实发、逢击而避、乘隙而入、指东打西等。“步醉心不醉”则指步法的无程式化，形同醉酒者，但实则步碎身活。醉拳的步法主要有提、落、进、撤、碎、击、碾、盖等，在醉步中，审时度势，观察对手，伺机攻防。

855. 寓拳法于醉形，藏机关于跌扑

【意释】

融拳法于酒醉般形态中，藏技巧于跌扑滚翻内。

【说明】

醉拳，因模仿醉汉而成拳，所以看似左歪右斜，跌跌撞撞，实则暗含不同于一般拳术的技法内容，其特色便在于跌扑滚翻的动作。醉拳跌扑滚翻的内容主要有鷂子翻身、拨浪子、单提、盘腿跌及乌龙绞柱等。这些跌扑动作在醉拳技击中，看似根基不稳，似倒非倒，却因其中暗含武术技击之法，往往令对手措手不及，在不知其所以然的情况下被击打重伤。

856. 上盘百枝摇，下盘似生根

【意释】

上盘俯仰摆晃如百枝摇动，下盘飘而不浮稳实似生根。

【说明】

此条谚语指出醉拳似醉非醉、似倒非倒的技术风格与动作特点。醉拳技术动作主张模仿醉汉前俯后仰、跌跌撞撞之状，然其步法虽左摇右摆、左歪右斜，重心却变化灵活、稳固。尤其在暗含定数的碎步中，藏有勾、绊、缠、蹬等腿法，随时依形式而出击，毫不懈怠，这些都源于其重心的作用。醉拳虽外形似醉汉，却意在迷惑敌人，虽步碎快急，却如生根般稳固而不飘浮。

857. 练得硬桥硬马，方能稳扎稳打

【意释】

练得桥法刚硬、扎马稳固，才能稳扎稳打。

【说明】

在南拳技术体系中，人体前臂称为“桥”，把运用前臂进行攻防的技法称为“桥法”。“桥法”是南拳主要手法，包括盘桥、切桥、沉桥、架桥、滚桥、截桥、穿桥等。练习“桥法”通常要对前臂内外侧进行针对练习，如以两人对碰来增强前臂硬度，使其刚硬、内蓄劲力，如此可提升进攻威力和防御效果。

南拳步法以四平马为主，其次为四六马、二字马，亦称为大马、小马和半马。南拳强调“扎马桩”，有“未学功夫，先学扎马”之说，其目的在于使下盘稳若磐石。步法稳健可为步法移动快而不浮、灵而不乱打下良好基础。所以，练

就“硬桥硬马”是南拳习练的基础，只有基础打好，“方能稳扎稳打”。

858. 桥来桥上过，马来马发标

【意释】

以己之桥手压对方桥面而进击，以己之步马硬冲对方步马。

【说明】

南拳以“桥”喻“手”。双方交手时的搭、过、收、发皆有赖于桥。在此条谚语中，当对方以桥手攻来时，我亦运用桥手压过其手臂进击。“马”指步马，当对方步马进攻时，我亦以步马硬冲其步马，运用各种步法移动的方式，把需要的步型运用到有利的攻防位置。但不论是桥法还是步马，都不可以硬碰硬，而应采取适当的方法进行压制、破防与周旋。此外，若遇对手比自己强时，应以“偏门巧入”的对策进行合理攻防。

859. 鹤法全靠摇宗手

【意释】

鹤拳全凭刚柔变化弹抖发劲。

【注释】

（1）摇：摆动。如摇曳、摇晃等。鸣鹤拳中手法和身法的变化方式称之为摇。

（2）宗：方言，弹、抖、撞的含义。狗从水中爬上岸时，通常总要发出一种弹抖之劲，把身上的水在片刻之间弹掉、抖净。狗的这个动作叫“狗宗身”，这种弹抖之劲叫“宗劲”，该谚语中的“宗”，便是此意。此谚鹤拳“宗手”，便取“宗”之弹抖意思。

【说明】

鹤拳属南拳拳系，其独特之处在于“宗劲”。“宗劲”由腰而生，形成强烈的弹抖之劲。当这种弹抖之劲运用至手法，便形成了“宗手”。“宗手”讲求手足相对，以两臂弹抖生发劲力。“鹤法全靠摇宗手”，突出的是鹤拳的刚柔相济。“摇”为柔，“宗”为刚，刚柔相济，方可达到“收手软如绵，出手弓送

矢”的击打效果。

理论

860. 天下功夫出少林

【意释】

各种拳种多与少林寺有渊源。

【说明】

该谚语在于凸显少林功夫的博大精深、深奥精微。少林拳历史悠久，影响深广，是传统武术的重要组成部分。少林功夫内容丰富，仅各类套路就多达数百种。除此之外，少林禅宗思想是中国传统文化重要组成部分，以禅入武、习武修禅，成为少林功夫有别于其他拳种流派的鲜明特色。少林功夫因其体系庞大、内涵丰富，常作为重要题材，成为其他拳种繁衍的基础，对其他拳种的创造与发展起到重要推动作用，所以享有“天下功夫出少林”之美誉。

861. 拳起于易，理成于医

【意释】

拳理由《易经》起始，因中医而丰富。

【说明】

此条谚语概括了中国武术与中国传统文化及中医的密切关系。《易经》是中国传统文化尤为重要的组成部分，根植于中国传统文化的武术受《易经》影响颇深。作为武术拳理学说的主要来源，《易经》对武术的影响是武者体悟武术真谛的理论出口，如《易经》中的阴阳五行学说，对太极拳、形意拳等诸多拳种理论、实践给予了深远影响。“理成于医”指出了武术与中医的紧密关系。中医对武术而言，其为武术的发展奠定了科学理论基础。在某种程度上，中医对身体的认识，决定了武术训练的方式。同样，武术对中医的补充，亦体现在强身健体上。如武术讲求精气神，即通过武术习练达到身体由内而外的锻炼，进而调身、调心、调意。

862. 南捕虎，北踏龟

【意释】

南方拳术擅长手法，北方拳术擅长腿法。

【说明】

一捕，一踏，隐喻了南北武术所擅技法之不同，即“南拳北腿”之说。南方拳种与北方拳种相比，风格迥异，特点鲜明。北方拳种，尚腿法，架大舒展。南方拳种善手法，主短打，出拳猛烈。南北方拳种差异，与其人体体型差异有关。北方人身高腿长，体格健壮，反映到武术技法上，即突出腿法，刚健有力。而南方人体型偏小，所以拳法讲求近打，力量猛烈。除此之外，南北地域文化差异，也影响了南北武术流派的风格差异。

863. 南重拳，简短手；北重腿，简长手

【意释】

南方重视拳法，多用短打手法；北方重视腿法，多用长打手法。

【注释】

简：选择。如简选。

【说明】

此谚语旨在说明“南拳北腿”的技法特点。南北拳种之差异，主要源于南北方民众体型之差异。南方人普遍体型偏小，故重视拳法，以进身短打为主，从而扬长避短，所以有“南重拳，简短手”之说。而北方人先天身高腿长，所以在技法选择上，注重腿法运用，充分发挥身体优势，即便拳法也讲究放长击远，所以又有此谚“北重腿，简长手”之说。

864. 自古拳术三大用，强身防病兼防身

【意释】

拳术练习自古至今有三大用途：强身健体、预防疾病、防身自卫。

【说明】

武术的功能价值较为丰富，主要有强身健体、预防疾病与防身自卫。除此之外，武术还有娱乐身心、锻炼意志、培养品格、陶冶情操等作用。武术主要通过身体运动，增强人体各部机能，提高免疫能力，从而起到强健身体、预防疾病的效果。武术攻防是其本质，通过武术习练，可提高习练者攻防技击能力，从而达到防卫自身之目的。

865. 南拳，北腿，东枪，西棍

【意释】

南方擅长拳法，北方擅长腿法，东部擅长枪法，西部擅长棍法。

【说明】

“南拳”概指流布于我国长江流域和长江以南地区的拳种，门派繁多，拳势猛烈。与“南拳”所在地域相对应的则是北方，以腿法著称，即“北腿”，主要散布于黄河流域以北，腿法是其主要进攻方式，具有架大舒展的特点。“东枪”指杨家枪，又称杨家梨花枪。对于“东枪”的推崇，戚继光早在《纪效新书》中有言：“枪法之传，始于杨氏，谓之曰梨花，天下成尚之，推崇备至。”因当时杨家枪法多在山东等地传习，所以谓之“东枪”。“西棍”主要指河南少林寺的少林棍，其在少林功夫中占据重要地位。抗倭名将俞大猷就曾对少林棍赞誉：少林寺以棍法名天下。少林棍法动作简单，技击性强，历史上有“十三棍僧救唐王”的典故。

866. 武艺源于招，不练探不着。武艺玩个性，不练难成家

【意释】

武术由招法组成，不练招法则不明拳理。武术习练追求本性的彰显，不练则难成方家。

【说明】

此谚语概括了习武者自入门直至成为大家所必须经历的习武阶段。第一阶段为招法习练，也是技法积累阶段。习武者首先要勤加学练武术招法，通过武术招

法动作的反复琢磨与练习，才能逐渐明白武术的内在规律和原理。武谚“入门三年架子皮”也是在强调基础技法练习和积累的重要性。第二阶段为拳技特点的形成，其最大特点在于形成自身特有的拳技风格。当习武者对拳技招法、用法、练法非常熟稔后，须根据自身理解、技击规律和拳法原理，结合自身心得体会，形成独具特色的拳技风格。习武者只有经过长期练习达到一定造诣时，才能凝成对武术的独特见解，渐成大家。

867. **蓄势散手，着人成拳**

【意释】

蓄势待发时松散两手，触人发劲时需紧握成拳。

【注释】

着：触及某物，接触。如：着地。

【说明】

此谚语强调了蓄力与发劲的一般特征。蓄劲待发时两手需松散，否则会使手臂及连带肌肉紧张僵硬，从而影响出拳速度与力量。在触人发劲的瞬间需紧握成拳，劲力聚集于拳面一点发出。拳谚“柔过渡，刚落点”以及“不到尽头不发力”均阐释了同样的道理。此外，劲力生发时，力起于脚，途经于腰，其余各肢体要节节贯通，尤其腕关节不可上撩或下栽，否则影响劲力的最终传送。

868. **人人各具一太极，但看用功不用功，只要日久能无懈，妙理循环自然通**

【意释】

人的本性圆满具足，能否成功全看个人努力，只要长期坚持不懈地用功，奥妙的拳理相互印证自然能够贯通。

【说明】

该谚语指出人之本性是圆满具足的，天地为一大太极，人身便可为一小太极，但最终能否明心见性，贯通拳理，就需要个人的后天努力与不懈坚持。太极阴阳是事物发生、发展、变化的规律和根源。武术中包括身形、技法、移动、内外、攻防等的一切变化均是太极阴阳的表现，故有“一阴一阳谓之拳”的说法。经过个人努力与不懈坚持，才可能从拳理、实践中悟出其中道理，正所谓“功夫在拳里，大道悟中求”。

869. 劲丢则动作变，劲错则动作乱

【意释】

劲力丢失则动作走样，劲力用错则动作凌乱。

【说明】

此谚语指出劲力对技术动作的影响。武术需要人体各部位和关节共同参与，劲力缺失和错用，会对武术技法与动作姿态产生显著影响。“劲丢则动作变”即在完成技术动作时，如没有劲力支撑，人体各部位、关节不能进行有效整合，以致动作变形走样。例如：“弓步”要求“前弓后蹬”，如果后腿丢劲、曲弯，则整个动作呈现会因此而变形。

“劲错则动作乱”即在劲力发放时，如劲力没有依照正确劲路进行传递，技术动作就会前后颠倒，劲力发放受到阻碍，最终致使动作紊乱无条理。例如：太极拳“坐腕”要求手腕自然沉坐，掌根下沉，手指节微微上翘，如果劲力使用不当，则会造成动作僵硬，从而导致动作出现紊乱现象。

870. 软十三，不敢沾

【意释】

遇到擅长柔劲的太极拳习练者，要谨慎应对。

【注释】

沾：接触。《洛阳伽蓝记》：“沾水则高下不平。”

【说明】

太极拳古称“十三势”，因其柔和缓慢、连绵不断的特点，也被人们形象地称为“软十三”。太极拳以近身的粘连黏随、柔化引接、借力发力见长。王宗岳

《打手歌》中就有“粘连黏随不丢顶”之说。太极拳在与人交手时，要占据优势，就必须在粘连黏随等近身打法上发挥特色。此处所谓“软十三，不敢沾”，一是在于突出太极拳善于近身的技法特点，二为警示与善太极拳者交手时，应尽量避免与之近身缠斗。

871. 洪家讲桥马，蔡家讲快打

【意释】

洪家拳注重桥手和马步训练，蔡家拳以快速灵巧的击打为特色。

【注释】

（1）桥：是南拳技法，即运用前臂进攻和防守的方法称为“桥法”。

（2）马：即马步。

【说明】

此谚语意在说明洪家拳和蔡家拳不同的技法风格、特点。洪家拳和蔡家拳均属南方著名拳种，特点突出，讲求实用。洪家拳俗称洪拳，技法注重“长桥大马”，即攻守以前臂的“桥法”为主，步法以马步居多，洪家拳的马步有四平大马、子午马、麒麟马、吊马、坐盘等。故此，洪拳训练以“桥马”为重。

蔡家拳拳法讲究“快速灵巧”，注重攻击对手“偏门”，进步迅疾，步法稳健，放长击远，擅发长劲。此外，蔡家拳在攻防中还可暗中藏手，突然袭击使对手防不胜防。因为其特点是快步抢攻、转身走马，故称“蔡家讲快打”。

872. 胜负拳家常事，不必惊奇惭愧

【意释】

习武者切磋、比试有胜有负是正常的，对结果不必惊奇或惭愧。

【说明】

此谚语旨在说明要以平常心对待武术比赛、切磋中的胜与负，要做到胜不骄、败不馁。武术比赛或切磋是对习武者应用武术能力的检验，其胜败与心理、

技能、体能、战能等因素有关，而这些内容只是武术体系的一个组成部分。武术谚语有“拳以德立”，即武术是建立在道德基础之上的，也有“无德无拳”之说，明确了技术之外“道德”成为武术存在的首要条件。武术属于体育，也属文化，与艺术也有交融。武术作为中国体育的组成部分，体系庞大，传统武术包括129个拳种，流派数量难以统计，竞技武术已传播到世界各地。根据2020年3月7日国际武术联合会官方网站数字，国际武术联合会已有155个会员。武术作为中国文化的组成部分，与中国传统哲学、美学、兵学、伦理、养生等相融共生，在历史长河中不断丰富发展，使“武术文化”成为中国传统文化中的专题文化，许多拳种也由此进入中国非物质文化遗产名录；作为中国艺术的组成部分，不仅武术舞台剧在世界各地广泛展演，而且武侠电影也成为世界电影中的中国流派，对外传播中国形象。

主要参考文献

［1］张大为. 武术谚语释义［M］. 北京：红旗出版社，1988.
［2］彭卫国. 中华武术谚语［M］. 北京：电子工业出版社，1988.
［3］康戈武. 中国武术实用大全［M］. 北京：今日中国出版社，1995.
［4］全国体育院校教材委员会. 武术理论基础［M］. 北京：人民体育出版社，1997.
［5］全国体育院校教材委员会. 中国武术教程［M］. 北京：人民体育出版社，2004.
［6］中国武术大辞典编辑委员会. 中国武术大辞典［M］. 北京：人民体育出版社，1990.
［7］江百龙，林鑫海. 明清武术古籍拳学论析［M］. 北京：人民教育出版社，2008.
［8］陈安槐，陈荫生. 体育大辞典［M］. 上海：上海辞书出版社，2000.
［9］邓树勋，等. 运动生理学［M］. 北京：高等教育出版社，1999.
［10］王瑞元. 运动生理学［M］. 北京：人民体育出版社，2002.
［11］陆耀飞. 运动生理学［M］. 北京：北京体育大学出版社，1988.
［12］田麦久. 运动训练学［M］. 北京：高等教育出版社，2006.
［13］戚继光. 纪效新书［M］. 马明达，点校. 北京：人民体育出版社，1988.
［14］马兴国. 古拳论阐释［M］. 山西：山西科学技术出版社，2001.
［15］郭志禹. 武术文哲子集［M］. 北京：现代教育出版社，2010.
［16］周伟良. 传统武术训练理论论绎［D］. 上海：上海体育学院，2000.
［17］任海. 中国古代武术［M］. 北京：中国国际广播出版社，2011.
［18］程大力. 中国武术：历史与文化［M］. 成都：四川大学出版社，1995.
［19］赵国庆. 中国武术史话［M］. 湖北：湖北人民出版社，2000.
［20］张继生. 中华武术礼仪［M］. 北京：中国旅游出版社，2012.
［21］温力. 中国武术概论［M］. 北京：人民体育出版社，2005.
［22］李先五. 太极拳［M］. 北京：中国书店出版社，1988.

[23] 余功保. 盈虚有象：中国太极拳名家对话录 [M]. 北京：人民体育出版社，2006.
[24] 解守德. 太极内功心法 [M]. 北京：人民体育出版社，2006.
[25] 孙剑云. 孙剑云·孙式太极拳诠真 [M]. 北京：人民体育出版社，2003.
[26] 张肇平.《太极拳语录》注解 [M]. 北京：北京体育大学出版社，2008.
[27] 童旭东. 孙氏武学研究 [M]. 北京. 中国书籍出版社，2008.
[28] 张山. 中国武术百科全书 [M]. 北京：中国大百科全书出版社，1998.
[29] 于志钧. 中国传统武术史 [M]. 北京：中国人民大学出版社，2006.
[30] 万籁声. 武术汇宗 [M]. 山西：山西科学技术出版社，2006.
[31] 张岱年. 中国哲学大辞典 [M]. 上海：上海辞书出版社，2011.
[32] 冯志强. 太极拳全书 [M]. 北京：学苑出版社，2000.
[33] 徐长青. 少林历史与文化 [M]. 郑州：河南人民出版社，2008.
[34] 吴景川. 少林十路镇山拳 [M]. 北京：北京体育大学出版社，2002.
[35] 梁以全. 嵩山少林拳法 [M]. 济南：山东教育出版社，1982.
[36] 薄家聪. 意拳述要 [M]. 北京：人民体育出版社，2009.
[37] 杨遵利. 形意拳述真 [M]. 太原：山西科学技术出版社，2004.
[38] 李新民. 心意门秘籍 [M]. 北京：人民体育出版社，1995.
[39] 孙豹隐. 形意拳 [M]. 北京：北京体育学院出版社，1993.
[40] 阎耀武. 山西车派形意拳 [M]. 太原：山西人民出版社，1985.
[41] 薛仪衡. 通背拳 翻子拳 劈挂拳 [M]. 南昌：江西科学技术出版社，1987.
[42] 刘殿琛. 形意拳术抉微 [M]. 山西：山西科学技术出版社，2003.
[43] 陶子鸿. 心意六合拳 [M]. 银川：宁夏人民体育出版社，1985.
[44] 吴忠农，张华达. 踢打摔拿 [M]. 北京：北京体育学院出版社，1992.
[45] 沈寿. 太极推手问答 [M]. 北京：人民体育出版社，2005.
[46] 于化龙. 心意古捶 [M]. 香港：陈湘记图书有限公司，2003.
[47] 曹志清. 形意拳理论研究 [M]. 北京：人民体育出版社，1993.
[48] 凌善清. 形意拳图谱 [M]. 太原：山西科学技术出版社，2004.
[49] 尚济. 形意拳技击术 [M]. 太原：山西科学技术出版社，2013.
[50] 姜容樵. 八卦掌 [M]. 北京：人民体育出版社，1963.
[51] 马友清，刘敬儒. 程氏八卦掌 [M]. 北京：中国友谊出版公司，1987.
[52] 鲁越，许奎元. 体育规则实用全书：卷7 [M]. 北京：长江出版社，2003.

[53] 刘义明. 苌氏武技全书[M]. 太原：山西科学技术出版社，2009.
[54] 苌乃周. 苌家拳全集[M]. 陈万里，等，整理. 北京：中州古籍出版社，2013.
[55] 黄葵. 孙子兵法导读[M]. 北京：中国国际广播出版社，2008.
[56] 张向荣. 孙子兵法解读[M]. 贵阳：贵州人民出版社，2009.
[57] 邹纯朴. 中医经典导读[M]. 上海：上海科学技术出版社，2010.
[58] 徐皓峰，徐骏峰. 武人琴音[M]. 韩瑜，口述. 北京：人民文学出版社，2014.
[59] 宝鼎. 形意拳与内功十三段[M]. 林暄，整理. 成都：四川科学技术出版社，1988.
[60] 徐皓峰. 逝去的武林：一代形意拳大师口述历史[M]. 李仲轩，口述. 海口：南海出版公司，2009.